Peter Kutter
Moderne Psychoanalyse

W0011696

Peter Kutter

Moderne Psychoanalyse

Eine Einführung in die Psychologie
unbewußter Prozesse

mit 33 Abbildungen

Verlag Internationale Psychoanalyse
München - Wien 1989

Anschrift des Autors:

Professor Dr. med. Peter Kutter,
Institut für Psychoanalyse der Universität Frankfurt, Senckenberg-
anlage 15, Postfach 11 19 32, 6000 Frankfurt/M. 11

Lektorat: Dr. Jürgen Kagelmann, Petra Glück, Dipl.-Psych.

Redaktion: Dr. Gerhard Arlt

CIP-Titelaufnahme der Deutschen Bibliothek

Kutter, Peter:
Moderne Psychoanalyse : e. Einf. in d. Psychologie
unbewußter Prozesse / Peter Kutter. – München ; Wien : Verl.
Internat. Psychoanalyse, 1989
    ISBN 3-621-26516-3

Umschlagentwurf: Dieter Vollendorf, München
Herstellung: Wilfried Wirth, Regensburg
Satz, Druck und Bindung: Ludwig Auer GmbH, Donauwörth
© Verlag Internationale Psychoanalyse 1989
ISBN 3-621-26516-3

*Gewidmet den Studierenden der Psychologie,
von denen mich viele seit 1974 an der Universität Frankfurt
in ihren Referaten und Diskussionsbeiträgen angeregt haben,
verstärkt über Psychoanalyse nachzudenken, Widersprüche zu
klären, Lücken zu füllen und psychoanalytische Theorie und
Praxis wissenschaftlich besser zu begründen.*

Inhalt

IX

X

Vorwort

Warum eine neue Einführung in die Psychoanalyse?

Den bereits vorhandenen zahlreichen Einführungen in die Psychoanalyse eine weitere hinzuzufügen, bedarf der Begründung. Es stimmt zwar, daß einige der gängigen Einführungen in die Psychoanalyse mittlerweile veraltet sind, so die viel gelesenen von Charles Brenner (1967), von Gustav Bally (1961) oder Lawrence S. Kubie (1956). Dafür überschwemmten aber eine ganze Reihe neuer Einführungen den Buchmarkt: Siegfried Elhardts *Tiefenpsychologie* (1971), Sebastian Goepperts *Grundkurs Psychoanalyse* (1978), die *Einführung in die Neurosenlehre und psychosomatische Medizin* von Sven Olaf Hoffmann und Gerd Hochapfel (1984), die gute aktuelle Übersicht über die Psychoanalyse, vorgelegt von Wolfgang Mertens (1981) oder die knappe, aber präzise Information über Psychoanalyse aus dem Frankfurter Sigmund-Freud Institut (Muck et al. 1974). Dazu kam als Ereignis auf dem Buchmarkt das erste *Lehrbuch der psychoanalytischen Therapie* von Helmut Thomä und Horst Kächele (1985), dessen erster Band (*Grundlagen*) unter Mitarbeit zahlreicher Fachgelehrter nicht nur in die Lage der Psychoanalyse einführt, sondern ihre „Essentials" Übertragung und Beziehung, Gegenübertragung, Widerstand, Traumdeutung und Erstinterview detailliert erörtert, implizite und explizite Regeln psychoanalytischer Therapie herausarbeitet und Mittel, Wege und Ziele der Psychoanalyse ebenso ausführlich wie tiefgründig abhandelt.

Am Institut für Psychoanalyse im Fachbereich Psychologie der Universität Frankfurt, dem ich seit 1974 als Hochschullehrer angehöre, existiert eine Auswahl psychoanalytischer Literatur, die den Psychologie-Studenten, die dort neben den klassischen psychologischen Fächern Psychologische Diagnostik, Klinische Psychologie, Pädagogische Psychologie sowie Arbeits- und Organisations-Psychologie auch in Psychoanalyse geprüft werden, zur Orientierung dienen. Einige der genannten Einführungen sind dabei aufgeführt, andere nicht. Diskutiert man mit den Studenten darüber, so stellen sich Mängel heraus, die diese Texte für das Prüfungsfach vielfach nicht ausreichend erscheinen lassen. Auf der anderen Seite sind zu den einzelnen Prüfungsgegenständen, die im Rahmen des Prüfungsfaches Psychoanalyse geprüft werden können, wie z. B Persönlichkeitstheorie und Krankheitslehre, jeweils eine ganze Reihe von Monographien aufgeführt, die alle zu lesen den Studenten überfordern würde.

An der Universität werden keine künftigen Psychoanalytiker ausgebildet. Hauptfach-Studenten der Psychologie und Nebenfach-Studenten in Psychoanalyse können und sollten grundlegende Kenntnisse erwerben über die Theorie und Praxis der Psychoanalyse, ihre Persönlichkeitstheorie und Krankheitslehre, die Theorie psychischer Störungen, über ihre Behandlungs- und Beratungsmethoden sowie über ihre zahlreichen Anwendungsmöglichkeiten in Gesellschaft und Politik, in Literatur und Kunst, in Anthropologie und Philosophie. Bislang gab ich mich damit zufrieden, wenn der Studierende wenigstens ein Buch zu jedem der genannten Gebiete gelesen hatte, um sich auf die Prüfung vorzubereiten. Aber auch diese Empfehlung erschien vielen angesichts des umfangreichen Lehrstoffs der anderen Fächer eine Überforderung zu sein. Das war der Ausgangspunkt für mich, eine Einführung in die Psychoanalyse zu verfassen, die einerseits über die doch sehr knappe Information der Bücher von Charles Brenner, Wolfgang Mertens oder der Autorengruppe des Sigmund-Freud-Instituts hinausgeht, andererseits aber nicht den hohen Anspruch von Lehrbüchern hat, die eigentlich für praktizierende Psychoanalytiker geschrieben sind, wie zum Beispiel Wolfgang Lochs in fünfter Auflage erschienene *Krankheitslehre der Psychoanalyse* oder Helmut Thomäs und Horst Kächeles *Lehrbuch der Psychoanalytischen Therapie.*

Bei der Auswahl der Kapitel dieses Buches ließ ich mich von den Interessen der Studierenden leiten, die seit 1974 meine Vorlesungen und Seminare an der Frankfurter Universität besuchen. So entstand eine wissenschaftlich fundierte Einführung in die Psychoanalyse, die für einen größeren Leserkreis bestimmt

ist und auch psychosoziale und medizinische Hilfsberufe errei-
chen soll. Alle an Psychologie und Psychoanalyse interessierten
Leser sind angesprochen, seien sie in der Sozialarbeit, in der
Medizin, der Psychologie oder in ganz anderen Berufen tätig.

Aber auch für Ausbildungskandidaten und praktizierende
Psychoanalytiker wird das Buch nützlich sein, um sich wieder
einmal eine Überblick zu verschaffen oder um die bereits vorhandenen Kenntnisse aufzufrischen und da und dort zu erweitern.

Ziele und Inhalte des hier vorgelegten Buches unterscheiden
sich in vielfacher Hinsicht von meinem früher publizierten
Taschenbuch *Psychoanalyse in der Bewährung, Methode, Theorie und Anwendung* (Kutter 1984a). Dort zog ich anhand von
weiter zurückliegenden und verstreut erschienenen Aufsätzen
einen Zwischenbilanz, um zu sehen, was sich an der Psychoanalyse, so wie sie sich mir persönlich darstellte, bewährt hat und
was nicht. Dabei hatte ich besondere Aspekte der Psychoanalyse als Methode und als Theorie hervorgehoben. Von den
Anwendungen der Psychoanalyse behandelte ich lediglich solche, die mich damals gerade interessiert hatten, wie einzelne
Beiträge der Psychoanalyse zur Gruppentherapie und zu gesellschaftlichen Fragen.

Im vorliegenden Buch geht es um etwas völlig Neues: Das
Material, aus dem das Buch entstanden ist, stammt aus Vorle-
sungs- und Seminaraufzeichnungen, die sich in fortwährender
Auseinandersetzung mit den Studierenden an der Universität
mitttlerweile so weit differenziert haben, daß sie zur publika-
tionsreifen Aufarbeitung geradezu herausfordern.

Die „neue alte" Kritik an der Psychoanalyse

Weitere Anreize, das vorliegende Buch zu schreiben, gaben die
zahlreichen kritischen Abhandlungen der letzten Jahre, in denen der Psychoanalyse im Kreuzfeuer vernichtender Kritik geradezu der Todesstoß versetzt werden sollte: Vor zwanzig Jahren prophezeite ein Journalist in einer Besprechung der Lin-
dauer Psychotherapiewochen angesichts der jährlich anwach-

senden Gilde der akademischen, meist nicht analytisch orientierten Psychologen, daß „Freuds Psychoanalyse" in zehn Jahren keine Rolle mehr spielen und durch neue psychologische Richtungen, wie Verhaltenstherapie, kognitive Psychologie und Lerntheorie, ersetzt sein werde.

Der Journalist Ruprecht Skasa-Weiß zitierte 1969 in der *Stuttgarter Zeitung* (Nr. 110 v. 14. 5. 69, S. 37) den bekannten Hamburger Psychologen und Gesprächstherapeuten Reinhard Tausch. Seine Prognose lautete: „Tod in 10 Jahren." Sie hat sich nicht erfüllt. Die Psychoanalyse lebt nach wie vor und hat sich in mancher Beziehung weiterentwickelt. Andere psychologische Richtungen blieben aber nicht untätig.

In der Tat hat sich die Landschaft auf den Gebieten Psychotherapie und Psychoanalyse in den letzten zehn Jahren entscheidend verändert: Man folgt nicht mehr den verschlungenen Pfaden psychoanalytischer Interpretationen durch alle Höhen und Tiefen der Seele, sondern ist experimentell-naturwissenschaftlich ausgerichtet und orientiert sich an ausgeklügelten experimentellen Versuchsreihen, in denen amerikanische College-Studenten wie deutsche Psychologiestudenten einer zunehmenden Zahl faktoren-analytisch abgesicherter, ebenso reliabler wie valider Untersuchungsinstrumente ausgesetzt werden. Deren Ergebnisse führen dann über immer raffiniertere statistische Verfahren zu zählbaren Mittelwerten und Standardabweichungen. So erhält man sicher viele interessante Details, die aber zu wenig praktischen Konsequenzen für die Therapie führen.

Die psychoanalytische Theorie und Praxis bewährt sich dagegen in der täglichen Arbeit in psychologischen Beratungsstellen, in psychotherapeutischen und psychosomatischen Kliniken und in der Arbeit des frei praktizierenden medizinisch oder psychologisch vorgebildeten Psychotherapeuten immer wieder neu. Es fehlt zwar immer noch an harten objektivierten Daten über die Stichhaltigkeit der psychoanalytischen Theorie und über die Effektivität ihrer Behandlungsmethoden. Aber die Versuche, die Psychoanalyse als *Tiefenschwindel* hinzustellen, wie es Dieter E. Zimmer (1986) tut, oder ihre Methoden als ineffektiv zu bezeichnen, wie es Hans Jürgen Eysenck zuletzt 1985 macht, oder ihre Theorie als unwissenschaftlich zu bezeichnen – Tenor des Buches von Christof T. Eschenröder (1984) *Hier irrte Freud* –, sind deswegen unbegründet, weil die mit psychoanalytischen Mitteln gefundenen Ergebnisse *mit Methoden untersucht werden, die dem Gegenstand der Psychoanalyse,* nämlich den unbewußten Phantasien, *überhaupt nicht angemessen sind.*

Eysenck und die anderen Kritiker der Psychoanalyse sind sicher hervorragende Kenner der statistischen Verfahren, der Wahrnehmungspsychologie, der Lern- und Gedächtnispsychologie. Sie kennen die Psychologie der Kognition, der Motivation und Emotion. Sie verfehlen aber mit den für diese Bereiche geltenden Instrumenten konstant das, womit sich die Psychoanalyse beschäftigt, nämlich *die uns nicht bewußten Prozesse,* wie sie zwischen beobachtbarem Reiz einerseits und ebenso beobachtbarer Reaktion andererseits im „schwarzen Kasten" der Seele ablaufen. Die Kritiker der Psychoanalyse gehen also mit unbewußten Prozessen um wie Physiker, die mit den Mitteln der klassischen Physik (z. B. der Mechanik und der Elektrotechnik) Gegenstände der modernen theoretischen Physik (z. B. der Atomtheorie) überprüfen wollen.

Um nun nicht den polemischen *Angriff auf das Reich des König Ödipus,* wie ein „Spiegel"-Titel (1984) in großer journalistischer Aufmachung verbreitet, mit einer ebenso polemischen Darstellung zu beantworten, sollen im folgenden die Theorien der Psychoanalyse, ihre Methode und ihre Anwendungen ebenso anschaulich und lebensnah wie wissenschaftlich fundiert vermittelt werden. Um davon profitieren zu können, wird allerdings eine gewisse Unvoreingenommenheit vorausgesetzt. Eingefleischte und auf das Feindbild Psychoanalyse fixierte Leser werden voraussichtlich das Buch genau so abtun wie andere Darstellungen der Psychoanalyse auch. Wenn aber nur wenige Skeptiker durch die unprätentiöse Darstellung des Stoffes veranlaßt würden, ihre eigene Position noch einmal zu überdenken, dann wäre ein entscheidender Zweck des Buches erfüllt.

Danksagung

Elfriede Friedrich hat den ganzen auf Band gesprochenen Text getippt. Hans-Günther Mainusch hat den mehrfach geänderten Text mit seiner elektronischen Schreibmaschine immer wieder neu verarbeitet. Michaela Schierer und Elvira Schmidt halfen beim Korrekturlesen. Ihnen sage ich meinen herzlichen Dank. Besonderer Dank gebührt aber den Mitarbeitern des Lektorats vom Verlag Internationale Psychoanalyse, vor allem Petra Glück und Dr. Jürgen Kagelmann sowie Herrn Wirth von der „Herstellung". Die Zusammenarbeit mit ihnen hätte nicht besser sein können. Dr. Gerhard Arlt verdanke ich manche stilistische Verbesserung. Den äußeren Rahmen ermöglichte ein Forschungssemester. Ohne die Tatsache aber, daß mir meine Frau vieles andere abgenommen hat, wäre das Buch nicht fertig geworden. Ihr gilt daher besonderer Dank.

I.
Menschliche, allzu menschliche Konflikte – im täglichen Leben und im Spiegel von Literatur und Film

Unsere täglichen Konflikte

Jeder weiß aus dem täglichen Leben, wie schmerzlich es ist, Außenseiter einer Gruppe zu sein, zu erleben, wie man übergangen wird und ausgeschlossen bleibt. Nicht minder schmerzlich ist es, wenn einen der Partner im Stich läßt, jemand anderen vorzieht oder sich gar für immer von einem trennt. Wenn sich solche Erfahrungen aber häufen, dann ist guter Rat teuer. Die erste Reaktion ist, einen Freund um Rat zu fragen, der vermutlich sagen wird, daß es ihm einmal genau so ergangen sei. Manchmal wird auch ein professioneller „Helfer" aufgesucht, der, ist er psychoanalytisch orientiert, die wiederholt auftretenden Probleme mit Hilfe der psychoanalytischen Theorie verstehen und erklären kann. Häufiger wird, weil dies so Tradition ist, ein Arzt aufgesucht, der gegebenenfalls mit Hilfe seiner umfangreichen Labordiagnostik eine eingeführte Krankheitsdiagnose feststellt.

Der zur conditio humana gehörende seelische Schmerz ist damit in den Rang einer medizinisch anerkannten Krankheit erhoben worden und der Träger der Diagnose in die Rolle des gesellschaftlich akzeptierten Kranken. Die Psychoanalyse will etwas anderes, nämlich über die in uns wirkenden unbewußten Vorgänge informieren, sie bewußt machen. Wir stecken damit viel länger im Bereich allgemeiner Leidenschaften, bei unvermeidlichen Konflikten, bei existentieller Angst und menschlicher Begrenztheit. Der übliche, schnell begangene Weg der Medizinalisierung alltäglicher psychischer Leiden kann damit vermieden werden. Die Medizin erleichtert es uns heute sehr, für unsere Ängste und seelischen Nöte eine passende Diagnose zu finden, ein Etikett, das uns vor der Erkenntnis mancher peinlicher Wahrheit schützt und uns damit über uns selbst täuscht.

Die Literatur der großen Dramen und Romane dagegen spricht in dieser Beziehung eine offene Sprache.

Erster Exkurs: Unsere Konflikte im Spiegel der Literatur[1]

Die Tragödien des Abendlandes – z.B. Homers *Odyssee* und Vergils *Aeneis* oder die Weisheitslehren des nahen und fernen Ostens – zeigen, daß menschliches Leben immer untrennbar mit Schmerz und Leid verknüpft ist. Sehr deutlich wird dies in den Tragödien des Sophokles: *König Ödipus, Ödipus auf Kolonos* und *Antigone*. Die Bearbeitung der griechischen Mythen durch Aischylos in *Die Sieben gegen Theben*, in der *Orestie* und im *Gefesselten Prometeus* stehen den Tragödien des Sophokles in nichts nach. Gram, Weh, Fluch und Untergang sind hier die Themen. Es geht um Mord und Todschlag, um Rache, um Schuld und um die Angst vor Strafe durch die Eumeniden; Tragödien, deren Aktualität sich davon ablesen läßt, daß moderne Inszenierungen wie die der *Orestie* durch Peter Stein oder die der *Medea* durch Hans Neuenfels sich nach wie vor großer Beliebtheit beim Publikum erfreuen. Ein weiterer Zeuge für die Macht unbewußter Prozesse ist Heinrich von Kleists Gestalt der *Penthesilea* in der Interpretation von Hans Jürgen Syberberg und Edith Clever[2].

Würden hier nicht tragische Stoffe allgemeinen menschlichen Lebens abgehandelt, das Interesse eines aufgeklärten modernen Publikums wäre nicht so groß. Die klassische Literatur wäre ohne die Darstellung der sich ständig wiederholenden Probleme und Konflikte um Liebe, Leid, Eifersucht, Tod, Haß, Rache und Neid nicht denkbar. Shakespeares Dramen zeugen von

Liebesleid und Liebeslust, von der *Komödie der Irrungen,* von der Liebe *Romeos und Julias,* von *der Widerspenstigen Zähmung,* von den tragischen Entwicklungen großer Herrschergeschlechter, aber auch von Komik und Witz des allzu Menschlichen. Die großen deutschen Romane von Wolfram von Eschenbachs *Parsifal,* bis hin zu Thomas Manns *Buddenbrooks* oder Hesses *Glasperlenspiel* berichten von Unordnung und frühem Leid, von den tragischen Verstrickungen menschlicher Lebensläufe und von den Möglichkeiten ihrer Bewältigung. Die Abgründe menschlicher Seele sind in Dostojewskis Romanen *Schuld und Sühne, Der Idiot* und *Die Gebrüder Karamasow* nicht minder ergreifend dargestellt wie in Leo Tolstois Werken *Krieg und Frieden, Anna Karenina, Der Tod des Iwan Iljitsch, Die Kreuzersonate, Herr und Knecht* oder *Das Licht leuchtet in der Finsternis.*

In der neueren Literatur finden wir in den Romanen Heinrich Bölls, bei Elias Canetti, bei Max Frisch und Peter Handke sowie in den Büchern vom James Joyce, Günter Grass, Henry Miller, Milan Kundera bis hin zu Erzählungen von Bodo Kirchhoff und Botho Strauß genug Stoff, um uns selbst in unseren täglichen allzu menschlichen Schwierigkeiten wiederzuerkennen.

Zweiter Exkurs: Unsere Konflikte im Spiegel des Films

Nicht anders ergeht es uns in modernen Filmen, von denen ich Thomas Braschs *Domino*[3] wegen seiner hervorragenden Darstellung unerfüllter Sehnsüchte nach Liebe und Anerkennung ebenso hervorheben möchte, wie die Filme des früh verstorbenen Rainer Werner Faßbinder, in denen die Abgründe menschlicher Seele scharf beleuchtet werden. Einige Filmregisseure wie z. B. Luis Buñuel befassen sich ganz besonders mit der Psychologie des Unbewußten und mit dem Zwischenreich zwischen Phantasie und Wirklichkeit. Hier ist z. B. Wim Wenders und Peter Handkes neuer Film *Der Himmel über Berlin*[4] zu nennen oder Woody Allen, der in seinen Filmen den menschlichen Schwächen immer noch eine heitere Note abgewinnt, während Luis Buñuel den Zuschauer viel härter mit den Realitäten unbewußter Antriebe konfrontiert.

Ein Beispiel dafür ist Luis Buñuels Film *Belle de Jour*[5]: Die Gattin eines Chirurgen lebt tagsüber das aus, was andere allenfalls in der Nacht träumen – sie geht in ein Freudenhaus und scheint die Rolle einer Schönen des Tages durchaus zu genießen.

Gleich zu Beginn des Films fährt eine schöne junge Frau in der Kutsche an der Seite eines Mannes, von Dienern im roten Livree begleitet, durch einen herbstlich verfärbten Schloßpark. Die Kutsche hält. Die Diener steigen aus. Die Frau wird entkleidet, mit den Armen an einen Baum gehängt, ausgepeitscht und schließlich von den Dienern vergewaltigt. Die folgende Szene zeigt die Frau, unbefriedigt an der Seite ihres Mannes im Bett liegend, ohne die geringste Spur von Zärtlichkeit oder Erotik. Wir sehen die Frau in oberflächlicher Konversation mit Gästen, während der Mann ganz von der Arbeit als Chirurg an einer Klinik ausgefüllt ist.

Wenn wir nun weiter nur das sichtbare Verhalten der Frau verfolgen, dann werden wir Zeuge, wie sie sich schön macht, einmal eine Blumenvase fallen läßt, dann, eine dunkle Sonnenbrille auf, von zu Hause weggeht, um ein ganz besonderes „Etablissement" aufzusuchen, an dem sie erst vorbeigeht, dann unschlüssig davor wartet, schließlich aber entschlossen die Treppe hinaufgeht, vor der Tür wieder zögert, wobei wir ihre Füße sehen, die sich vor- und zurückwenden, um sich dann doch nach vorne zu richten. Oben angekommen ist die Frau aufgeregt, beruhigt sich aber unter den begütigenden Worten der leitenden Madame. Damit hat sie in die Rolle einer Amateur-Prostituierten eingewilligt.

In das Geschehen sind zwei kurze Szenen eingeblendet: Eine, in der ein Handwerker ein kleines Mädchen, offensichtlich die Frau als Kind, – wie es in einer Filmkritik wörtlich heißt: – „obszön anfaßt" oder „unsittlich berührt". Die andere Szene zeigt das Mädchen bei der Kommunion, als es die gereichte Hostie verweigert.

Es folgen sehr realistische Szenen im Bordell: ein Bonbonfabrikant läßt sich von halb entkleideten Mädchen verwöhnen, er entdeckt die gehemmte Séverine (die von Cathérine Deneuve gespielt wird), er entkleidet sie und faßt sie brutal an, und als sie sich weigert, ihm zu Willen zu sein, wirft er die sich wehrende Frau schließlich aufs Bett, um sie zu vergewaltigen. Ein Professor der Gynäkologie verkleidet sich, eine Peitsche unter dem Arm, in einen Diener und bittet „Belle de Jour", ihn mit der Peitsche zu schlagen. Er fällt ihr zu Füßen und fleht sie an: „Treten Sie mich, ich liebe Sie so". Als Séverine sich diesen Versuchen des Mannes versagt, springt eine Kollegin ein, schlägt den Professor wunschgemäß in sich steigerndem Ausmaß – „fester schlagen!" –, während Séverine die Szene, von Madame dazu angehalten,

4

durch einen Spalt der Tür beobachtet und ihren Absçheu bekundet. Ein asiatischer Kunde ist der nächste, ein großer athletisch gebauter Mann, der nicht viel Umstände macht und rasch auf sein Ziel zusteuert. Wir werden nach dem Akt, der selbst ausgeblendet bleibt, Zeuge, wie Séverine der Kammerfrau auf deren Frage, wie es gewesen sei, antwortet: „Was weißt Du schon davon".

Halten wir einmal ein und schauen uns das Verhalten Séverines näher an: Sie lebt unbefriedigt an der Seite eines viel beschäftigten Mannes. Sie hört von dem Etablissement. Sie geht dort hin, zögert mehrfach, läßt sich schließlich aber nach Überschreiten der Schwelle des Hauses und nach Überwinden ihrer Hemmungen auf die sonst verdrängten sexuellen Handlungen ein und wird dabei offensichtlich befriedigt. Ein überzeugender Beweis dafür, daß es unbewußte, ins Bewußtsein drängende, vom Bewußtsein aber wegen ihres verpönten Charakters immer wieder abgewiesene Impulse gibt, die unser Denken und Handeln bestimmen.

In einem anderen filmhistorisch berühmten Beispiel aus der Stummfilmzeit, *Geheimnis einer Seele*[6] (in der Regie von Georg Wilhelm Pabst, höchst persönlich beraten durch Karl Abraham und Hanns Sachs), geht es um die Beziehung zwischen einem Mann, gespielt von Werner Krauß, seiner Frau, von Ruth Weyner dargestellt, seiner Mutter (Ilka Grüning) und seinem Vetter (Jack Trevor). Wir werden Zeuge, wie sich zwischen diesen vier Personen psychische Konflikte abspielen, die etwas von dem deutlich werden lassen, was die Psychoanalyse mit „Ödipus-Konflikt" meint.

In der ersten Szene sieht man, wie Mann und Frau in gutbürgerlicher Ehe zusammenleben. Die Frau wünscht, ihr Mann möge zur Vervollständigung ihrer Frisur am Nacken einige Haare abrasieren. Da wird das Fenster des Nachbarhauses aufgestoßen und jemand ruft „Mord". In der nächsten Szene versucht die Frau, den Mann zu verführen, der bleibt aber passiv. Darauf kündigt der Vetter seinen Besuch an. Ein japanischer Dolch und ein sogenanntes Kwanon, ein japanisches Fruchtbarkeitssymbol, kennzeichnen seine Persönlichkeit. Nächste Szene. Der Mann träumt: ein Sturm kommt auf, der Boden wankt, der Vetter zielt, auf einem Baum sitzend, mit seinem Gewehr auf den Mann. Der Mann rennt die Wendeltreppe eines Turmes hinauf, es erscheinen Glocken, die sich in Frauengesichter verwandeln, die ihn auslachen. Der Mann sieht wie der Vetter seine Frau küßt. Er ist empört. Frau und Vetter fahren zusammen Boot. Der Mann trommelt verzweifelt an die Wand des Schlafzimmers und versucht, mit einem Säbel auf seine Frau einzuschlagen.

In der folgenden Szene taucht der Vetter wirklich auf, bringt der Frau Blumen und unterhält sich mit ihr, während der Mann ausgeschlossen ist. In einer anderen Szene sind dagegen die beiden Männer zusammen, während die Frau allein bleibt. Der Film stellt aber deutlich heraus, daß es der Mann ist, dem durch den Vetter die „Hörner aufgesetzt" werden. Um sich abzulenken, geht er in eine Kneipe, läßt dort den Hausschlüssel liegen und findet sich unversehens bei seiner Mutter wieder, die ihn mit Essen verwöhnt und ihm das Fleisch zerkleinert, weil er es aus Angst, das Messer zu berühren, selbst nicht schneiden kann. In einer weiteren, für heutige, aufgeklärte Menschen etwas belustigend wirkenden Szene ist der Mann beim Psychoanalytiker, der ihm auf den Kopf zusagt: „Sie fühlen sich durch den Vetter bedroht. Sie haben Angst vor seiner Ankunft, die Frauen verhöhnen Sie und Sie empfinden Schuldgefühle Ihrer Frau gegenüber, weil Sie sexuell nicht mehr potent sind. Deswegen reagieren Sie so eifersüchtig." Das bedeutet: „Unbewußt werfen Sie ihrer Frau vor: ,Du verweigerst Dich mir und gehst stattdessen zum Vetter, wie Du dies schon als Kind erlebt hast'." Der Film versäumt nicht, den positiven Ausgang der betont bürgerlichen Geschichte des Fin de Siècle dem Zuschauer vorzustellen. Dies wird jedoch, für die damaligen Verhältnisse typisch, nicht direkt gezeigt, etwa mit einer Bettszene, sondern nur indirekt durch ein Bild ausgedrückt, in dem die Geburt eines Kindes angedeutet ist.

Der Film zeigt deutlich die Angst des Mannes vor der Frau, seine Abhängigkeit von der Mutter, den Leistungsdruck, die Eifersucht gegenüber dem Vetter und die unbewußte Aggressivität gegenüber der Frau. Als der Mann das Rasiermesser am Hals der Frau ansetzt, um ihr ein störendes Haar zu entfernen, und im gleichen Moment „Mord" aus dem Fenster des Nachbarhauses gerufen wird, werden beim Mann Todeswünsche gegenüber seiner Frau geweckt, die ihrerseits zu Schuldgefühlen und Selbstbestrafungstendenzen führen. Das „ödipale Dreieck" zwischen Mann, Mutter und Frau ist deutlich zu sehen. Die Bindung des Mannes an die Mutter verhindert die Entwicklung einer reifen Beziehung zu seiner Frau. Die Übertragung der Mutterbindung auf die Frau macht diese zu einem derart wichtigen Objekt, daß das Hinzukommen des Vetters unerträgliche Eifersucht beim Mann auslöst. Als „Gesetzmäßigkeit" finden wir im „Ödipal-Dreieck" 1) eine liebevolle Beziehung zu einer wichtigen Person, 2) Eifersucht, wenn diese liebevolle Beziehung durch das Hinzukommen einer dritten Person bedroht wird und 3) eine haßerfüllte Beziehung zu dem Rivalen, die sich bis zu Todeswünschen steigern kann.

Die ödipale Dramatik, wie sie sich in der klassischen Form der sophokleischen Tragödie zeigt, hat Pasolini für das anspruchsvolle Publikum der Gegenwart in seinem Film *Edipo Re*[7], in dem Silvana Mangano die Jokaste und Franco Citti den Ödipus spielen, in eine moderne Form gebracht. In diesem Film sind moderne Gegenwart und klassische Vergangenheit in sich ergänzender Weise miteinander kombiniert:

„Du bist da, um meinen Platz einzunehmen. Das erste, was Du mir nehmen wirst, wird sie sein, die Frau, die ich liebe", sagt der Mann im Angesicht seines in der Wiege liegenden eben geborenen Kindes. In der griechischen Tragödie packt der Hirte den ausgesetzten Sohn an den Füßen und fesselt ihn daran, so daß sich im Sinn von „nomen est omen" das erfüllt, was der Name Ödipus bedeutet, nämlich „Schwellfuß".

In der folgenden Szene wartet das kinderlose Königspaar Polybus und Merope in Korinth auf Nachwuchs. Sie nehmen das vom Hirten aufgefundene Kind an Kindes statt an. Später ahnt zwar der Heranwachsende: „Du bist nicht der Sohn dieses Vaters und dieser Mutter", kann dies aber nicht glauben. Deshalb ergreift ihn panische Angst, als das delphische Orakel ihm verheißt, er werde seinen Vater erschlagen und seine Mutter sexuell besitzen. Er nimmt Abschied, um dem prophezeiten Schicksal zu entgehen, wodurch er es aber erst, ohne die Zusammenhänge zu ahnen, heraufbeschwört. Im Glauben, der Sohn von Polybus und Merope aus Korinth zu sein, meidet er Korinth und wandert gen Theben. In einer eindrucksvollen Szene dreht er sich um sich selbst. Dann begegnet er einer respektgebietenden Persönlichkeit, die erhobenen Hauptes auf einem von Pferden gezogenen Wagen thront. Weil Ödipus den Weg nicht freigibt, droht die Ehrfurcht fordernde Gestalt: „Wenn Du die Straße nicht freigibst, lasse ich Gewalt anwenden". Da stößt Ödipus einen markerschütternden Schrei aus und flieht aus der Szene. Die Wagenlenker verfolgen ihn. Er, zunehmend in Wut, erschlägt sie nacheinander, rennt zurück, verhöhnt den auf dem Wagen sitzenden Alten und erschlägt ihn schließlich im Affekt.

In Theben herrschen derweil die Dämonen der Pest, die niemand besiegen kann. Die Sphinx, ein Ungeheuer, halb Mensch, halb Tier, aber mit göttlichen Eigenschaften, spricht: „Der Abgrund, in den Du Dich stürzt, liegt in Dir selbst". Niemand weiß, warum das Unheil auf der ganzen Stadt liegt. Das von Kreon befragte delphische Orakel sagt: „Der Mann, der eine schwere Blutschuld auf sich geladen hat und dessen Opfer Laios wurde, lebt in der Stadt". Dazu meint der Seher Teiresias: *„Wenn Du wissen willst, erkennst Du"*. Und Ödipus, noch nicht wissend, daß er unwissend die Tat begangen, will sie rächen.

7

Darauf der Seher: „Dein Wesen sollst Du nicht erkennen, Du könntest es nicht ertragen". Ödipus vermeint in Teiresias den Täter erblicken zu müssen. Jokaste lächelt, während Teiresias fortfährt: „Ich stehe über den Dingen. Es ist ein Unglück, das Du nur lösen kannst. Aus Dir redet die Angst. Die Eltern sind Dein Verderben. Ein Fremder und doch hier geboren. Die Kinder Vater und Bruder, die Frau die Mutter, wie es die Götter beschlossen haben". Jokaste meint zum Seher: „Das sind alles Lügen... dem Menschen ist nicht gegeben, die Zukunft zu sehen". Später Ödipus: *„Es ist schrecklich, zu wissen"* und „Zuviel weiß ich schon", während Jokaste verharrt: „Ich will es nicht hören. *Es ist besser, es nicht zu wissen"*. Später der Diener: „Es wäre besser gewesen, wenn das Kind gestorben wäre. Ich sollte es aussetzen. Es stammt aus Laios Haus. Jokaste gab es mir, damit ich es töte."

Damit ist die Wahrheit entdeckt: Jokaste erhängt sich und Ödipus blendet sich: „Die Welt konnte ich nicht sehen, *die Augen, die die Wahrheit nicht sehen konnten, sind blind,* sehe ich in das grelle Licht. *Ich bin schuldig und doch nicht schuldig,* weil ich nicht wußte, unbewußt tat, was ich getan habe".

Am Schluß kommt der Film in der Gegenwart an: Ein moderner Ödipus geht, geleitet von dem flötenden Angelo, durch die heutige Zeit, in der uns immer wieder dasselbe widerfährt, dasselbe tragische Leid, ein jeder ein Ödipus, Mann wie Frau, wenn Beziehungen im guten Glauben geknüpft werden und böse enden.

In der Diskussion mit Studenten wurde evident, daß uns des Ödipus' Schicksal alle angeht: Auch wir wissen häufig nicht, trotz aller Aufklärung des 19. und des 20. Jahrhunderts, was wir tun, von welchen Motiven wir getrieben werden. Wir glauben, das Unheil vermeiden zu können und lassen uns doch von ihm anziehen. Unglück steckt an. Wie Ödipus wissen wir nicht, welche Straße wir gehen und wer die Personen sind, die uns begegnen. Viele Sätze aus Pasolinis Film können für uns bedeutsam werden: „Alles ist wichtig... Von einem kann man auf's andere schließen... Ich habe mich gezwungen, zu vergessen... Lerne zu sehen, dann wirst Du erkennen... Voller Ahnungen sind wir ahnungslos, voller Schuld unschuldig, eine Laune der Götter."

Wir stehen zwischen dem Drang zu wissen, auch wenn die Wahrheit schwer zu ertragen ist und unserer Angst, die Wahrheit zu erkennen. Die *Blindheit der äußeren Augen* des Ödipus öffnet ihm *das innere Auge der Erkenntnis,* eine Sichtweise, die von vielen wie ein Fluch gefürchtet wird; nicht von ungefähr hat die Psychoanalyse immer noch so viele Feinde.

Wir sehen am Schluß dieses einleitenden Kapitels, daß die

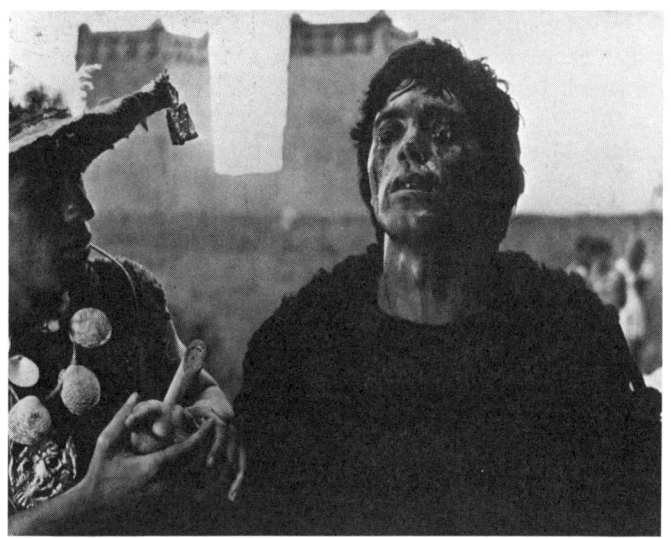

Szene aus dem Film „Edipo Re" von Pier Paolo Pasolini

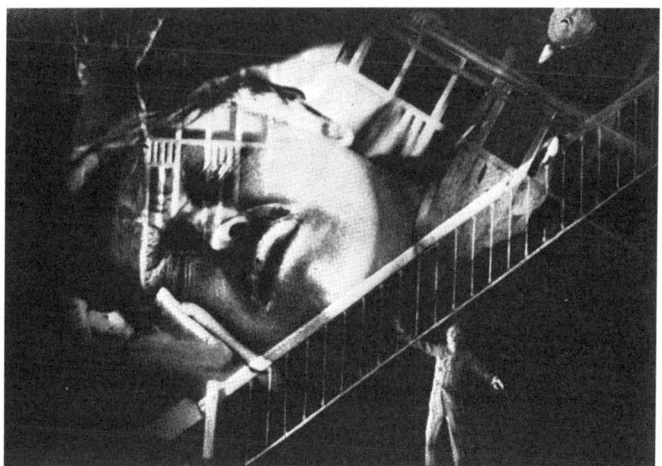

Szene aus dem Film „Geheimnisse einer Seele" von G. W. Pabst

Dichter, Dramatiker und Schriftsteller schon viel von dem begriffen haben, was später die Psychoanalyse entdeckte und systematisch beschrieb. Umgekehrt beeinflußte die Psychoanalyse in großem Ausmaße die Literatur. Man denke nur an Thomas Mann, Hermann Hesse, James Joyce, T. S. Eliot und D. H. Lawrence, aber auch die bildende Kunst (Dali, Picasso, u. a.). Über psychologische Experimente, über Fragebögen und Tests lassen sich die menschlich-allzumenschlichen Konflikte und Leiden nicht erfassen. Deswegen wollte ich die Zeugnisse unserer abendländischen Kultur für sich selbst sprechen lassen. Sie stehen im Einklang mit der psychoanalytischen Theorie und Methode. Mit dieser Einstimmung möchte ich die Leser neugierig machen auf das, was sie in den weiteren Kapiteln dieses Buches erwartet.

II.
Der Baum der psychoanalytischen Erkenntnis

1. Die Wurzeln der Psychoanalyse: Naturwissenschaften, Literatur und Philosophie

Beginnen wir die Darstellung der Psychoanalyse und ihrer Entwicklung mit dem Gleichnis vom Baum der Erkenntnis: Der Stamm stellt natürlich das Werk Sigmund Freuds dar, wurzelnd im Wien des „fin de siècle". Den Wurzeln im einzelnen nachzuspüren, wäre außerordentlich interessant, würde hier aber zu viel Raum beanspruchen. Sie reichen *sowohl in die Naturwissenschaften als auch in Philosophie und Dichtung* hinein. Sie nähren den Stamm von Sigmund Freuds Werk, von dem alle Äste und Zweige stammen: Da ist Darwins Entwicklungslehre zu nennen und Haeckels biogenetisches Grundgesetz, die Freud schon in der Schulzeit prägten. Eine weitere Wurzel stammt aus Brückes physiologischem Institut, an dem Freud seine ersten wissenschaftlichen Aufsätze schrieb und wo er Josef Breuer kennenlernte. Eine andere Wurzel reicht bis nach Frankreich, in die Salpêtrière in Paris, wo Freud als junger Arzt bei dem berühmten Psychiater Charcot mit der damals verbreiteten Krankheit Hysterie in Berührung kam und die Hypnose als Forschungs- und Behandlungsmethode kennenlernte.

Während seiner naturwissenschaftlichen Zeit dachte Freud im Rahmen des medizinischen Krankheitsmodells, das nach dem Muster des Kausalitätsprinzipes die Ursachen einer Krankheit sucht und die Symptome dadurch bekämpft, daß die Ursache der Symptome beseitigt wird: im Beispiel der Tuberkulose der Tuberkelbazillus, im Beispiel der Syphilis die Spirochaeta pallida.

Auf der anderen Seite stehen Freuds Interessen an Literatur und Kunst, seine Begeisterung für die Archäologie und sein philosophisches Interesse an Selbsterkenntnis*. Er muß vieles vom Zeitgeist seiner Jugendzeit aufgenommen, verarbeitet und in sein Werk integriert haben, ohne daß wir heute in der Lage wären, dessen Herkunft genau bestimmen zu können. Dazu gehören Einflüsse folgender herausragender Persönlichkeiten:

Der Philosoph, Mathematiker und politische Schriftsteller Gottfried Wilhelm Leibniz (1646–1716) mit seiner Monadenlehre: Monaden sind kleinste geistig-seelische Einheiten, die unter Einschluß des Körpers zwar sehr verschiedenartig funktionieren, aber letztlich, wie das Individuum, unteilbar sind.

Der Arzt und Naturforscher Carl-Gustav Carus (1789–1869), der feststellte, daß das unbewußte Seelenleben über Gefühle und Träume zugänglich ist (vgl. Vorlesungen über Psychologie, 1831).

Der Philosoph Eduard von Hartmann (1842–1906) mit seiner 1869 erschienenen dreibändigen „Philosophie des Unbewußten".

Der Philosoph und Pädagoge Johann Friedrich Herbarth (1776–1841), in dessen Hauptwerk, der „Allgemeinen Metaphysik" (2 Bände 1828/29) „Triebe" beschrieben werden, die „unter die Schwelle des Bewußtseins" verdrängt werden können.

Auch Arthur Schopenhauer (1819) ist hier zu nennen. Sein „Wille zum Leben" hat viel mit Freuds „Trieben" bzw. mit dem „Eros" gemein.

Aber verlassen wir jetzt die feinen Verästelungen der Wurzeln und wenden wir uns dem Stamm des Baumes der psychoanalytischen Erkenntnis zu.

---

* Wie Peter Brückner (1961–63) im einzelnen erkundete, gehörten Miltons „Paradise lost" ebenso zu Freuds Privatlektüre wie Cervantes „Don Quijote", Henry Fieldings „Tom Jones", die Bücher Charles Dickens', Wilhelm Buschs und Jens Peter Jakobsons „Nils Lyhne". Freud beschäftigte sich aber auch mit Goethes Aufsatz „Die Natur" und las Plato und Grillparzer (vgl. Imre Hermann 1974).

2. Der Stamm der Psychoanalyse: Sigmund Freud und die Gruppe der ersten Psychoanalytiker

Sigmund Freud

Sigmund Freud ging es darum, die Rätsel der Hysterie zu lösen. Neurologische Ursachen in Form von organischen Schädigungen des Nervensystems konnten in naturwissenschaftlicher Sicht ausgeschlossen werden. Gab es Ursachen im „seelischen" Bereich? Damit war eine völlig neue Ebene des Forschens erreicht, nämlich die *psychologische,* die allerdings gravierende erkenntnistheoretische Probleme aufwarf, denn seelische Prozesse lassen sich nicht direkt beobachten. Sie können nur indirekt erschlossen werden; im Prinzip so wie die Elektrizität ebenfalls nur indirekt über ihre Wirkungen erschlossen werden kann. Hier fand man jedoch geeignete Meßinstrumente wie das Amperemeter, um Stromstärke, Spannung und Widerstand zu messen. Dies im psychischen Bereich zu tun, war und ist bis heute nicht möglich.

Die naturwissenschaftliche Seite

Freud entwickelte seine Theorie in kühnen Gedankengängen. Intuitiv, aber im Einklang mit dem herrschenden naturwissenschaftlichen Weltbild der klassischen Physik, erklärte er z. B. im *Entwurf einer Psychologie* (1895) die hysterischen Symptome analog den physiologischen Prozessen. Da gab es eine Neuronentheorie, Quantitäts- und Qualitätsprobleme, Primär- und Sekundärvorgänge, Affekte und Wunschzustände, mit denen, konsequentem naturwissenschaftlichen Denken folgend, der biologische Standpunkt für das Erklären des Funktionierens des seelischen Apparates erprobt wurde.

Elemente dieses frühen Entwurfes eines physikalisch gegründeten Konzeptes der Seele finden wir auch in Freuds ganzem Werk. Vor allem seine Libido-Theorie über Ursachen, Ziele und Mittel der Triebe ist stark naturwissenschaftlich konzeptualisiert, wie die Begriffe „psychischer Apparat", „Abfuhr von Quantitäten", das Gleichnis von der elektrischen Ladung, „Erregungssumme", „Besetzung", „Widerstand" und viele andere beweisen. Es ist daher naheliegend, in dieser Richtung der psychoanalytischen Erkenntnis deren naturwissenschaftliche Seite zu sehen, wie sie in Physik und Physiologie wurzelt. Dafür spricht auch ein Manifest Wiener Naturwissenschaftler, das für den Beitritt zu einer „Gesellschaft für positivistische Philosophie" plädiert und das neben Ernst Mach, Albert Einstein und Hans Reichenbach auch von Sigmund Freud unterschrieben wurde. Später wurde die Gruppe in „Gesellschaft für empirische Philosophie" umbenannt (vgl. Kerz 1986).

Die hermeneutische Seite

Nicht minder bedeutsam ist aber die hermeneutische Seite in Freuds Werk; das Ringen um das Verstehen eines wissenschaftlichen Gegenstands, eines Kunstwerks oder eines Menschen und seiner Probleme. Wenn uns die Lebenssituation des anderen vertraut ist, dann können wir rasch verstehen, was uns der andere erzählt. Wir können uns vorstellen, wie sich der andere fühlt, wenn er über Zahnschmerzen oder über Liebeskummer klagt, denn jeder von uns hatte schon einmal Zahnschmerzen oder war traurig nach einer Liebesenttäuschung. So ohne weiteres fällt uns aber das Verständnis nicht zu: Wir müssen uns schon in den anderen hineinversetzen, uns auf ihn einlassen, uns mit seiner Lage intensiv beschäftigen, um zu verstehen, was mit ihm los ist.

Wahrscheinlich hat Freud diese Methode eher unsystematisch bei seinen ersten Patienten angewandt und dabei die bis dato unzugänglichen unbewußten seelischen Prozesse dem Bewußtsein seiner Patienten und seiner selbst zugänglich gemacht. Er ließ die Patienten einfach reden (die „Redekur"), hörte geduldig zu und suchte zu verstehen, wie sie fühlen, empfinden, denken und zu welchen Schlußfolgerungen sie kommen. In Kapitel III gehe ich noch ausführlicher auf die damit zusammenhängenden wissenschaftstheoretischen Fragen ein. Hier nur

Sigmund Freud (1856-1939)

so viel: Neben dem naturwissenschaftlichen Teil enthält schon der Stamm der psychoanalytischen Erkenntnis von Anfang an kräftig ausgeprägte philosophische „Markstrahlen", Elemente, die später Alfred Lorenzer (1970) in Zusammenarbeit mit Jürgen Habermas (1968) als „Tiefenhermeneutik" bezeichnete, weil sie, in Abgrenzung von der üblichen philosophischen Hermeneutik, gezielt unbewußte Prozesse in der Tiefe der Seele auslotet.

Wir haben damit zwei Hauptwurzeln, die sich im Stamm als Markstrahlen fortsetzen, wovon der eine überwiegend naturwissenschaftlich, der andere philosophisch-hermeneutisch gespeist wird, zwei kräftige Markstrahlen, die sich, wie wir noch sehen werden, in viele Verzweigungen der Krone unseres Baumes der psychoanalytischen Erkenntnis fortsetzen.

Die Gruppe der ersten Psychoanalytiker

Die Psychoanalyse ist nicht das Werk Sigmund Freuds allein. Charcot, Breuer und vor allem Wilhelm Fließ sind daran direkt und indirekt beteiligt. Die Zeit des Briefwechsels mit Wilhelm Fließ reicht von 1887 bis 1904. In diesen Jahren hat Freud gleichsam im Dialog mit seinem Freund die wichtigsten Grundsätze der Psychoanalyse entwickelt: die Herkunft der Neurosen, die Entstehung der Angst, den Begriff der Abwehrneurosen, die Architektur der Hysterie, der Zwangsneurose und der Paranoia.

Später war es die „Psychologische Mittwoch-Gesellschaft" bei Professor Freud, deren Protokolle in vier Bänden veröffentlicht wurden, herausgegeben von Hermann Nunberg und Ernst Federn (1976–81). Die Protokolle reichen von 1906 bis 1918 und umfassen Aufzeichnungen über alle Sitzungen der Wiener Psychoanalytischen Vereinigung. Dort wurden Vorträge gehalten, die noch heute berühmt sind, z. B. von Otto Rank über das Inzestdrama, von Alfred Adler über die organischen Grundlagen der Neurosen, von Wilhelm Stekel über die Ursachen der Nervosität, über neu erschienene Bücher, über Literatur, über Krankheitsfälle. Über Nietzsches *Ecce homo* wurde genauso heftig diskutiert wie über klinische Phänomene, über die Psychologie des Marxismus, wie über Heinrich von Kleist und die Schädlichkeit der Masturbation.

Freud selbst stellte neu geschriebene Werke vor, auf die die Mitglieder der Gruppe genauso reagierten wie Freud auf deren Anregungen einging. So gesehen, sind die Entdeckungen der Psychoanalyse nicht ausschließlich das Ergebnis von Überlegungen, die allein der Gründer der Psychoanalyse anstellte. Sigmund Freud war vielmehr oft auch der Sprecher dessen, was im Mittwochskreis diskutiert wurde. Es waren zum Teil schwierige, aber aufgeweckte helle Köpfe, die, wie Otto Rank, Alfred Adler, Eduard Hitschmann, Isidor Sadger, Wilhelm Stekel, Fritz Wittels, aus purem Interesse zu Sigmund Freud stießen. Später kamen Sandor Ferenczi sowie Ludwig Jekels, Viktor Tausk, Theodor Reik, Hanns Sachs, Herbert Silberer und Alfred Freiherr von Winterstein hinzu. Noch später gesellten sich Lou Andreas-Salomé, Siegfried Bernfeld, Ludwig Binswanger, Helene Deutsch, Otto Fenichel, Hermine von Hug-Hellmuth, Hans Lampl, Karl Landauer, Hermann Nunberg, Otto Pötzl und Edoardo Weiss neben einigen weniger Bekannten zu Freuds Kreis und bereicherten die Mittwoch-Gesellschaft durch ihre originellen Beiträge.

Die Lektüre der Protokolle gibt einen lebendigen Eindruck davon, wie lebhaft diskutiert wurde, wie engagiert man um die Wahrheit rang und wie genau man wissenschaftlich miteinander diskutierte. Aus der Mittwoch-Gesellschaft entstand die psychoanalytische Bewegung, die die psychoanalytische Lehre bewahren und weiterentwickeln sollte. Die Entschiedenheit, mit der Freud zum Beispiel in der *Traumdeutung* (1900) die sexuelle Genese unserer Wünsche verteidigte, kostete ihn Freundschaften: 1903 kam es zum Bruch mit Wilhelm Fließ, wegen eines Streites um das Konzept der Bisexualität. Nach der *Traumdeutung* erschienen in rascher Folge 1901 *Zur Psychopathologie des Alltagslebens*, 1904 ein grundlegender Aufsatz über *Die Freudsche psychoanalytische Methode*, 1905 *der Witz und seine Beziehungen zum Unbewußten*, 1905 die Arbeit *Über Psychotherapie* und ebenfalls 1905 die *Drei Abhandlungen zur Sexualtheorie*, alles aufregende Schriften, in denen Freud kein Blatt vor den Mund nimmt.

Freud war öffentlich bekannt, wenn auch umstritten. Viele medizinische Autoritäten verdammten seine Theorien, andere, wie z. B. Eugen Bleuler in Zürich, akzeptierten sie, wenn auch unter Vorbehalt. Freud hatte also Grund, sich Freunde zu suchen, die er auch fand. Carl Gustav Jung gehörte ebenso dazu wie Alfred Adler und Wilhelm Stekel.

Die Psychoanalyse wird bis zum heutigen Tag aus vielen Gründen angegriffen: wegen ihrer mangelnden Wissenschaftlichkeit, wegen der fehlenden Beweise ihrer Resultate, wegen ihrer schwer erlernbaren und nicht leicht objektivierbaren Methode, wegen ihres geheimen „Sekten"-Charakters, vor allem aber wegen ihrer unerfreulichen Botschaften über die wahre Natur des Menschen.

3. Erste Abzweigungen: Adler, Stekel, Jung

Mit den für die damalige Zeit harten Wahrheiten über die Sexualität des Menschen waren Kontroversen vorprogrammiert. Nachdem als erster Josef Breuer, erschreckt von den Reaktionen, die er und die erste Patientin der Psychoanalyse – Anna O. – entwickelten, in ziemlicher Panik das Feld der Übertragung und Gegenübertragung einer analytischen Behandlung verließ, waren es Alfred Adler und Wilhelm Stekel, die Freud den Rücken kehrten. Es war besonders die Rolle der Sexualität, mit denen einige von Freuds Schülern Schwierigkeiten hatten.

Alfred Adler schuf den Begriff der *Organminderwertigkeit*, die in der Folge zu Kompensation der „minderwertigen" Funktion führt, wenn es z. B. ein Gehbehinderter zu besonderen sportlichen Leistungen im Wettlauf bringt. Auch der bekannte Begriff *Minderwertigkeitsgefühl* geht auf Alfred Adler zurück, ein Gefühl, daß z. B. dann auftritt, wenn die Leistungen eines Kindes zu wenig gelobt werden. Adler beachtete auch die Position seiner Patienten in der Geschwisterreihe, das besondere Klima einer Familie, das eine seelische Entwicklung behindern oder fördern kann, schuf den Begriff *männlicher Protest*, wenn z. B. ein Mann unter keinen Umständen weiblich erscheinen will, sondern extrem männlich (Adler 1922, S. 41). Damit konkurrierte Adler mit Freud, dessen Libidotheorie er ablehnte.

Darüberhinaus interessierte er sich besonders für das Problem des aggressiven Verhaltens des Menschen; ein Aspekt, den Freud vernachlässigte. Dazu kamen Kontroversen um Prioritäten der Veröffentlichung und schließlich auch politische Auseinandersetzungen, denn Adler war entschiedener Marxist. Mit dem Ausscheiden Adlers, den ich hier durchaus als einen wichtigen Zweig am Baum der Psychoanalytischen Erkenntnis belassen möchte, verlor die Psychoanalyse eine sozial engagierte und pädagogisch begabte Persönlichkeit, die die Minderwertigkeitsgefühle des Neurotikers ebenso scharfsinnig erkannt hatte wie die Probleme zwischenmenschlicher Aggressivität.

Den anderen Zweig des psychoanalytischen Baumes stellt *Wilhelm Stekel* dar: Er war literarisch sehr produktiv. Seine *Störungen des Trieb- und Affektlebens* (1908) umfassen zehn Bände. Band I bezieht sich auf „nervöse Angstzustände und ihre Behandlung". Die übrigen Bände befassen sich mit Onanie und Homosexualität, Frigidität der Frau, Impotenz des Mannes, mit psychosexuellem Infantilismus, mit Impulshandlungen, Fetischismus, Sadismus und Masochismus sowie mit Zwangsneurosen. Stekel lobte Freud über alle Maßen, während dieser an Stekels aktiver Technik mitsamt ihrer forschen Deutung unbewußter Triebregungen zunehmend Kritik übte. Die Kluft zwischen den unterschiedlichen Standpunkten konnte schließlich nicht mehr überbrückt werden, so daß Stekel, Adler folgend, aus der Wiener Vereinigung austrat. In Stekels aktiver Psychoanalyse spielte die Überraschung eine große Rolle; unmittelbar aus der Intuition heraus wurde aktiv gedeutet. Stekel hielt indes an der Theorie des Ödipuskomplexes ebenso fest, wie er die Rolle unbewußter Prozesse bei der Entstehung nervöser Angstzustände, bei Homosexualität, Frigidität, Potenzstörungen, Impulshandlungen, Perversionen und Zwangsneurosen zu betonen nie aufgab. Die psychoanalytische Kurztherapie verdankte Stekel wesentliche Impulse (Schindler 1980).

Ein weiterer, weitaus mächtigerer Zweig, der sich bis heute weiter verästelt und verzweigt hat, ist die analytische Psychologie *Carl Gustav Jungs*. Wie der umfangreiche Briefwechsel zwischen Freud und C. G. Jung (1974) zeigt, arbeiteten die beiden Männer viele Jahre intensiv zusammen. Jung sollte nach Freuds Vorstellungen sein Nachfolger werden und ein sichtbares Gegengewicht gegen den jüdischen Einfluß in der Wiener Psychoanalytischen Vereinigung bilden. Jung folgte aber Freud nicht in der Betonung der Sexualität bei der Verursachung der Neurosen, sondern entwickelte eine eigene Libido-Theorie.

Später entwickelte sich eine heftige Rivalität zwischen Freud und Jung, bei der Freud, wie authentisch berichtet, zweimal in Ohnmacht fiel. Damit erwies er sich, so meine ich, gegenüber Jung als der Schwächere. Auch wenn man den Inhalten der Jungschen Psychologie nicht zustimmen will, so imponiert doch der Umfang seiner Schriften, die so verschiedenartige Themen behandeln wie die Psychologie und Pathologie sogenannter okkulter Phänomene, diagnostische Assoziationsstu-

	Freud	Adler	Jung
Denken	kausal	sozial	final
Traum-verständnis	reduktiv (latente Inhalte sind maßgebend)	final	kompensatorisch (Archetypen bilden sich ab)
Verständnis unbewußter Prozesse	individuell	Familienklima Geschwister kollektiv wird betont	kollektives Unbewußtes
Sexualität	von zentraler Bedeutung	nicht so entscheidend	nicht so entscheidend
Aggressi-vität	Todestrieb	Machtstreben („männlicher Protest")	zu wenig berücksichtigt
Über-tragung	sehr wichtig; Vehikel der Veränderung	eher vernach-lässigt; statt-dessen eher pädagogische Elemente	eher vernachlässigt; Bezug auf gemeinsam geteilte Archetypen

Abb. 1. Die unterschiedlichen Akzente bei Freud, Adler und Jung

dien, die psychischen Ursachen der Psychosen. In einer Reihe von Büchern wurden *Symbole der Wandlung* (1912), *Psychologische Typen* (1921), *Die Beziehungen zwischen dem Ich und dem Unbewußten* (1928) am meisten diskutiert. Jungs Interessen galten insbesondere den Archetypen, den Traumsymbolen, den Seelenproblemen der Gegenwart, der Wirklichkeit der Seele und den Gestaltungen des Unbewußten. C. G. Jung hat bis heute einen großen Einfluß in deutschsprachigen Ländern; in Stuttgart und Zürich sind Ausbildungsinstitute. Im englischsprachigen Raum ist Jung ebenso wie Adler kein Unbekannter, wie die zahlreichen Übersetzungen und die englische Ausgabe der gesammelten Werke beweisen. Gemeinsamkeiten und Unterschiede in der Theoriebildung und der Methode der Behandlung hat Rolf Fetscher (1978) in seinem Buch *Grundlinien der Tiefenpsychologie von S. Freud und C. G. Jung* in vergleichender Darstellung zusammengefaßt. Die wichtigsten Unterschiede sind in der tabellarischen Übersicht in Abbildung 1 stichwortartig aufgelistet.

4. Zurück zum Stamm: Trieb- und Traumatheorie

Die psychoanalytische Triebtheorie

Damit haben wir uns mit den frühen Abzweigungen am psychoanalytischen Baum befaßt und den Stamm der Psychoanalyse vernachlässigt; genau so wie es die genannten frühen Abtrünnigen Freuds taten. Innerster Gehalt des Stammbaumes der Psychoanalyse sind aber Triebtheorie und psychoanalytische Theorie der Sexualität. Danach bestimmen im wesentlichen sexuelle Kräfte das Verhalten der Menschen. Die Triebfeder ist biologisch bedingt.

Wir können die Triebe der Psychoanalyse mit den Trieben der Botanik vergleichen, die sich im Frühjahr aus den Knospen entwickeln. Mit den Trieben ist etwas zur Existenz gekommen, was vorher nur angelegt war; etwas, das sich, wenn wir an unseren Vergleich mit der Botanik denken, uns z. B. als im Mai frisch gewachsener Sproß eines Baumes oder Strauches, ganz konkret in den Weg stellen kann.

Triebe können sich entfalten, sie werden aber häufig auch unterdrückt oder wie Spalierobst in eine bestimmte Richtung gedrängt, womit der von außen kommende, in unserem Zusammenhang aus der Gesellschaft stammende, Einfluß im Triebbegriff ebenso deutlich wird, wie die biologisch vorbestimmte Triebfeder der Anlage.

Ein solcher Trieb ist die Sexualität. Damit sind alle genitalen Funktionen zusammengefaßt, wie sie im sexuellen Akt zum Ausdruck kommen: die lustvollen Empfindungen ebenso wie das äußerlich sichtbare Verhalten. Der Sexualitätsbegriff ist in der Psychoanalyse aber so weit gefaßt, daß auch das lustvolle Saugen des Säuglings an der Mutterbrust, das lustvolle Zurückhalten des Stuhlgangs, die Lust beim Urinieren genauso als Ausdruck des Sexualtriebes gesehen werden wie der Wunsch nach Selbstbefriedigung, nach einem homosexuellen oder heterosexuellen Geschlechtsakt.

Zur psychoanalytischen Triebtheorie gehört die Annahme, daß die Sexualität nicht erst in der Pubertät, sondern schon früh im Kindesalter beginnt, wie übrigens jeder unbefangene Beobachter bestätigen kann. Schließlich können schon Säuglinge onanieren und Kleinkinder sich gegenseitig die Genitalien inspizieren. Um seine Sexualtheorie zu belegen, zu verifizieren, zog Freud neben direkten Kinderbeobachtungen die Träume seiner Patienten heran, Witze und die sogenannten Fehlleistungen wie Versprechen, Vergessen, Verlegen usw.

Die psychoanalytische Triebtheorie betont somit die Macht der Sexualität, was ja auch in unseren beiden Exkursen mit ihren Hinweisen auf entsprechende Romane, Dramen und Filme zum Ausdruck kam.

Der Kampf zwischen Trauma- und Triebtheorie

Ein gravierendes Problem in der frühen Theoriebildung am psychoanalytischen Stamm muß aber noch erwähnt werden: der Gegensatz von Trauma-Theorie und Trieb-Theorie. Meine bisherige Darstellung spiegelt nämlich genau den Akzent wider, den die heutige psychoanalytische Theorie und Praxis auf die Triebtheorie legt. Sie übergeht, um nicht zu sagen, verdrängt oder verleugnet die sogenannte Trauma-Theorie. Das ist die Theorie, die ummittelbar zu Beginn der Entwicklung der Psychoanalyse (in unserem Bilde dicht an der Wurzel), eine wesentliche Rolle spielte, sie handelt vom Trauma. Dieses griechische Wort bedeutet wörtlich übersetzt: Wunde, Verletzung, Einwirkung von Gewalt. Im übertragenen Sinn heißt dies, auf die seelische Dimension bezogen, „Schock oder Erschütterung".

Freud hatte ursprünglich angenommen, daß die sexuellen Verführungen, von denen seine ersten Patientinnen sprachen, *tatsächlich vorgekommen* seien. Er nahm an, daß derartige Verführungen von Kindern durch Erwachsene so verletzend gewirkt haben, daß das kindliche Ich nicht in der Lage war, die damit verbundenen seelischen Auswirkungen zu ertragen, geschweige denn zu verarbeiten. Die unliebsamen und peinlichen Erlebnisse würden deswegen verdrängt werden. Da die damit verbundenen Affekte aber nicht zum Ausdruck gekommen sind, würden diese unbewußt weiter nachwirken und auf zum Teil verschlungenen Wegen nach verschiedenen Versuchen, mit dem unerträglichen Zustand doch fertig zu werden, zu neurotischen Störungen führen. Diesen könne man die Herkunft aus einem seelischen Trauma, ohne die Zusammenhänge zu kennen, nicht mehr ansehen, sie können aber durch Erinnern an die Traumatisierungen grundsätzlich mit Hilfe der psychoanalytischen Methode wieder bewußt gemacht werden. Dabei muß es, nach der frühen Auffassung Freuds, zu einem Abreagieren der eingeklemmten Affekte kommen, um die als Folge der Traumatisierung aufgetretenen Symptome nachhaltig zu überwinden. So geschah es beim ersten Fall der Psychoanalyse, bei „Anna O.", die die sexuellen und aggressiven Impulse bei der Pflege ihres todkranken Vaters nicht zum Ausdruck bringen konnte, weil sie ihn nicht kränken wollte. Deswegen verdrängte sie die Impulse und entwickelte als Preis dafür eine ganze Reihe von Symptomen: Lähmungen, Verkrampfungen, Hemmungen und Zustände seelischer Verwirrtheit. Gelang es aber, sie an die unliebsamen Ursprünge der Störungen zu erinnern und die dazu gehörenden Affekte zu empfinden und zum Ausdruck zu bringen, dann verschwanden die Symptome; Beweis eines kausalen Zusammenhangs zwischen einer verdrängten Ursache und der Neurose als Wirkung; Beweis dafür, daß das therapeutische Verfahren des Aufdeckens der Ursachen die Neurose beseitigt. Das Fallbeispiel zeigt, daß hier gleichermaßen die äußere Situation, das Trauma, den Vater zu verlieren, neurosebildend ist wie innere Motive, Wünsche, dem Vater nahe zu sein, ihn womöglich sexuell zu begehren, aber auch ihm den Tod zu wünschen.

In der Trauma-Theorie werden das äußere Trauma betont und der folgende innere seelische Schock: *In der Trieb-Theorie dominieren die inneren Motive.* Im ersten Fall ist der Patient *Opfer* äußerer Umstände, im zweiten Fall *Täter:* Ein folgenschwerer Unterschied, der bis in die Gegenwart hineinreicht und sicher auch die Zukunft der Psychoanalyse weiter bestimmen wird. Abbildung 2 zeigt stichwortartig die wesentlichen Unterschiede.

Nachdem Freud immer wieder hörte, daß seinen Patienten sexuelle Attacken seitens ihrer Angehörigen widerfahren seien, kamen ihm langsam Zweifel, über die er in einem Brief an Wilhelm Fließ am 21. September 1897 schrieb: „Ich glaube an meine Neurotica nicht mehr... die fortgesetzten Enttäuschungen bei den Versuchen, eine Analyse zum wirklichen Abschluß zu bringen, ... das Ausbleiben der vollen Erfolge" waren es, die Freud zweifeln ließen. Dazu kam „die Überraschung, daß in sämtlichen Fällen der Vater als pervers beschuldigt werden mußte, mein eigener nicht ausgeschlossen, die Einsicht in die nicht erwartete Häufigkeit der Hysterie, wo jedesmal dieselbe Bedingung erhalten bleibt, während doch solche Verbreitung der Perversion gegen Kinder wenig wahrscheinlich ist". Also gab Freud die ursprüngliche Trauma-Theorie auf und ersetzte sie durch die Trieb-Theorie. Auf dieser Grundlage war es den Psychoanalytikern möglich, vor den bedrückenden Beweisen

Freuds Standpunkt	Traumatheorie bis 1897	Triebtheorie nach 1897
Opfer/Täter-Relation	Patient ist *Opfer*, Opfer von Verführungen, von Gewaltanwendung, von seelischer Grausamkeit	Patient ist *Täter*, wünscht als Kind Mutter bzw. Vater zu besitzen und Vater bzw. Mutter zu beseitigen
Realität/Phantasie-Relation	Realität	Phantasie
Hauptrichtungen innerhalb der Psychoananlyse	Ferenczi und die ungarische Schule mit Balint als Hauptvertreter; D.W. Winnicott, H. Kohut und die Selbstpsychologie	die Hauptrichtungen der Psychoanalyse, der Ich-Psychologie, insbesondere die heute bestimmende Objektbeziehungs-theorie
Hauptrichtungen außerhalb der Psychoanalyse	Alice Miller: Das Drama des begabten Kindes Masson: Was hat man dir, du armes Kind, getan? A. Janovs Primärtherapie	

Abb. 2. Vergleich von Traumatheorie und Triebtheorie

über die Häufigkeit sexueller – und hier ist zu ergänzen: auch aggressiver – Traumen die Augen zu verschließen. So mußten sie nicht mehr sehen, wie oft sich Eltern gegenüber Kindern schädigend verhalten können, eine Perspektive, der logische Schlüssigkeit nicht ganz abzusprechen ist (vgl. Masson 1984).

Gleichzeitig ist es eine herausragende Leistung, wenn Freud nach dem Prinzip „Versuch und Irrtum" zu der Erkenntnis kommt, daß es neben den Traumen Triebe und innere seelische Motive sind, einschließlich sexueller Motive, die den Menschen

steuern. Die Belege für sexuelle Phantasien und Handlungen
kleiner Kinder sind dabei weniger experimentelle Untersuchungen in Laboratorien psychologischer Institute, vielmehr alltägli-
che Beobachtungen, die für jeden vorurteilslosen Beobachter
genügend Beweise für die psychoanalytische Triebtheorie liefern:

Da trommeln die drei- und fünfjährigen Brüder des gerade
geborenen Schwesterchens auf den Boden dessen Babykörb-
chens und rufen freudig aus: „Jetzt schlagen wir die Eva tot".
Da sagt der dreijährige Sohn Wolfgang unumwunden: „Ich will
am liebsten bei der Mutti sein, und wenn ich groß bin, heirate
ich sie", während er gleichzeitig im sichtbaren Verhalten den
Vater nicht beachtet. Aber schon mit der sprachlichen Äußerung hat er ja den Vater beseitigt.*

Wer aufmerksam das Verhalten von Kindern beobachtet,
wird in jedem familiären Feld, gleichsam im Sinne von Begleit-
Forschung, derartige Szenen beobachten können.

Triebe zielen auf Lust, sie wollen Handlungen, die Lust
erzeugen. Sie suchen die Befriedigung zuerst als Vorlust über
die Erregung erogener Zonen, dann als Endlust im Orgasmus.
Sie erreichen ihr Ziel über einen anderen Menschen oder in der
Selbstbefriedigung über den eigenen Körper. Die psychischen
Repräsentanzen des Triebes sind die Wünsche, die Phantasien
und Vorstellungen, die regelmäßig von Affekten, Emotionen, ja
Leidenschaften begleitet sind. In der psychoanalytischen Trieb-
Theorie sind Triebe die ersten Ursachen (causae primae) aller
Motive alltäglichen Handelns. Dabei sind sie größtenteils unbe-
wußt, äußern sich aber in Träumen, Fehlleistungen und im
Witz sowie in den Symptomen der Neurotiker oder in perver-
sen Verhaltensweisen sexuell devianter Personen.

Zur Trieb-Theorie gehört auch die im Gegensatz zur Sexual-
Theorie der Psychoanalyse viel weniger differenziert ausgear-
beitete Theorie der Aggressivität mit ihrer Betonung der trieb-
bedingten Ursache aggressiven Verhaltens, ein höchst kontro-
vers diskutierter Standpunkt, auf den wir eigens zurückkommen werden.

---

* Persönliche Beobachtungen aus der eigenen Familie.

Ich persönlich bin der Meinung, daß beide Seiten recht haben. Viele meiner Patienten leiden an ihren triebhaften Regungen, von denen sie sich bedrängt fühlen, die ihnen Angst machen; sexuelle wie aggressive Impulse. Das Gros meiner Patienten leidet aber an nicht-überwundenen seelischen Verletzungen. Entweder haben die Eltern sie in ihren wechselnden Bedürfnissen zu wenig verstanden, mißverstanden, ihnen einfach nicht die nötige Zeit gewidmet, sie aber auch nicht in Ruhe gelassen, wenn sie in Ruhe gelassen sein wollten, *oder* sie wurden unbewußt von den Eltern benutzt, um nicht zu sagen, mißbraucht, oder gar mißhandelt.

Bei allen diesen Fällen sprechen wir dann folgerichtig von „traumatischen" Neurosen, das sind Neurosen, die auf Traumen, d. h. seelische Verletzungen, zurückzuführen sind. Die Verletzungen wirken so kränkend, daß sich das Kind in seiner Selbstachtung getroffen fühlt und folgerichtig eine „narzißtische", d. h. eine Neurose mit gestörtem Selbstwertgefühl, entwickelt. Ich machte schon 1968 – *vor* Kohut – in einer kleinen Arbeit darauf aufmerksam und betonte in der Festschrift für Wolfgang Loch (Kutter 1975) den Stellenwert der Realität in der Genese der modernen nach-klassischen Neurosen, wobei ich neben einer Form von nach-klassischen Neurosen, mit Identitätsstörungen in der *vaterlosen* Gesellschaft auf eine Gruppe nach-klassischer Neurosen mit mütterlicher Deprivation in einer *mutterlosen* Gesellschaft hinwies.

5. Weiterentwicklung des Stammes: Ich-Psychologie und frühe Objektbeziehungstheorie

5.1. Die psychoanalytische Ich-Psychologie

Mit *Anna Freud*s Hinzukommen und ihrer erwachenden Produktivität rückte mehr und mehr diejenige Instanz der Seele, die für die Verarbeitung der Konflikte verantwortlich ist, in den Mittelpunkt des Interesses. Damit war freilich eine gewisse

Entschärfung der Psychoanalyse verbunden, denn *Das Ich und die Abwehrmechanismen*, wie der Titel des 1936 veröffentlichten Buches der Sigmund Freud-Tochter heißt, bedeutet auch, sich von den Trieben und damit von der „anstößigen" Sexualität und der „unheimlichen" Aggressivität zu entfernen. Will man dies – vielleicht etwas gewagt – interpretieren, dann könnte man die Tatsache, daß Sigmund Freud seine Tochter Antigone nannte, im Einklang mit dieser Namensgebung sehen, denn Antigone heißt, ins Deutsche übersetzt, diejenige, die gegen das Geschlechtliche ist. Mit Anna Freud sowie mit Heinz Hartmann, Ernst Kris und Rudolph M. Loewenstein wurde eine Theorie entwickelt, die über Sigmund Freuds epochemachenden Aufsatz *Das Ich und das Es* (1923b), in dem er die sogenannte Strukturtheorie von Es, Ich und Über-Ich entwickelt hatte, hinausging. In der Theorie des Ich wird das Ich als die Stätte der Angst und als das Organ der Auseinandersetzung mit der Umwelt bezeichnet. Das Kräftereservoir für seine Funktionen, wie Denken, Entscheiden und Handeln, stammt aus einer besonderen Energiequelle, die nicht unmittelbar mit der Sexualität zu tun hat, aus der, in der Sicht Sigmund Freuds, alle Energie herrührte. In jenen entscheidenden 30er Jahren bemühte man sich in der Psychoanalyse unter Mitarbeit hervorragend psychologisch vorgebildeter Analytiker wie David Rapaport um eine Ausgestaltung der Psychoanalyse als Wissenschaft vom Verhalten und den Motiven des Menschen, so in David Rapaports *Die Struktur der psychoanalytischen Theorie (1959).* Damit bekam die Psychoanlyse einen akademischen Anstrich, der sie für die Psychologen jener Zeit eher interessant machte als zur Zeit der Akzentuierung der Triebtheorie.*

---

* An dieser Stelle verweise ich auf den gemeinsam mit Hermann Roskamp 1974 herausgegebenen Band *Psychoanalytische Ich-Psychologie und ihre Anwendungen*, in dem die wichtigsten Beiträge jener Zeit zusammengefaßt sind.

Anna Freud (1895-1982)

Melanie Klein (1882-1960)

5.2 Die psychoanalytische Objektbeziehungstheorie

Ein weiterer mächtiger Markstrahl im Stamm der Psychoanalyse ist die sogenannte Objektbeziehungstheorie. In ihr akzentuiert sich eine Verschiebung des Gewichts von den Trieben über das Ich auf die Beziehungen. Ich nannte daher eine Sammlung der wesentlichen Beiträge jener Richtung konsequenterweise *Psychologie der zwischenmenschlichen Beziehungen* (Kutter 1982). Die Psychoanalyse erscheint jetzt als eine Theorie zwischenmenschlicher Beziehungen und ihrer Störungen, die freilich schon in Sigmund Freuds Aufsatz *Über einen besonderen Typus der Objektwahl beim Manne* (1910) angelegt war.

Ohne die Beiträge Michael Balints über die *Primäre Objektliebe* (1937), William R. D. Fairbairns (1952) zu den besonderen Konflikten zwischen Mutter und Kind und ohne die Verknüpfungen der Entwicklung der Objektbeziehung mit der Lehre von den Lebensweisen der Tiere durch John Bowlby (1951) und die bahnbrechenden direkten Kinderbeobachtungen durch René A. Spitz (1954), wäre die Objektbeziehungstheorie nicht zur derzeit bedeutendsten Weiterentwicklung der Psychoanalyse geworden. Sie steht im Einklang mit starken philosophischen Strömungen, die auf Plato zurückgehen und über Hegel bis zur marxistischen Dialektik führen oder zu Martin Bubers dialogischem Prinzip (vgl. Becker 1970; Merleau-Ponty 1968; Popper 1970).

Beziehungsanalyse wurde jetzt der Name für die Methode des Analysierens: Man interessierte sich nicht mehr für die monadisch oder solipsistisch* gedachte Psyche, als wäre die subjektive Psyche das allein Wirkliche und alles andere nur dessen Vorstellungen, sondern für das, was zwischen dem anderen und einem selbst abläuft, nämlich für die Beziehung; mittlerweile ein etwas überstrapazierter Begriff.

Es war *Melanie Klein* (1952), die die Beziehung zwischen Kind und Mutter besonders betonte, die Notwendigkeit einer überwiegend guten Zuwendung herausstellte und auch die vielfältigen Störungen in der Mutter-Kind-Beziehung in Form der schizoid-paranoiden Position und der depressiven Position be-

---

* Von solus = „allein" und ipse = „selbst" abgeleitet.

schrieb. Sie betonte die um Gier und Neid kreisenden Phantasien, die zerstörerischen Impulse und Wiedergutmachungsversuche des Kindes in der Beziehung zu seiner Mutter. In der wichtigen „depressiven Position" entdeckt das Kind, daß es nicht nur liebt, sondern auch haßt, ebenso, daß es nicht nur geliebt, sondern auch gehaßt wird.

Von Melanie Kleins Werken ausgehend entwickelte sich ein ganzer Ast in unserem Baum der psychoanalytischen Erkenntnis, die Melanie-Klein-Schule, die in London über mehrere Jahrzehnte tonangebend war. Sie stellte die von Anna Freud nach deren Emigration nach London repräsentierte Ich-Psychologie in den Schatten. Winfried R. Bion, Donald Meltzer und Herbert Rosenfeld sind ihre wichtigsten Londoner Repräsentanten, die vor allen Dingen in Südamerika (Argentinien, Brasilien) kräftige, sich stark vermehrende Ableger hervorbrachten, aber auch bei uns ihre Wirkung nicht verfehlte.

6. Die Äste der Psychoanalyse: Moderne Weiterentwicklungen der Objektbeziehungstheorie

6.1 Sándor Ferenczi und Michael Balint: Die ungarische Schule

Zum Stamm der Psychoanalyse zählen zweifellos *Sándor Ferenczis* Beiträge zur psychoanalytischen Theorie und Technik mit ihrer nicht nachlassenden Betonung der Trauma-Theorie. Während Freud, unterstützt durch die Mehrheit wachsender Anhänger, die Triebtheorie und die Wunschphantasien des Kindes gegenüber den Eltern und anderen wichtigen Bezugspersonen als die wesentlichen Kräfte für Fortschritt und Störungen der menschlichen Seele ansah, hatte Ferenczi nie das aus dem Blick verloren, was dem Kind als Opfer der Eltern widerfuhr. In seinen beiden späten Aufsätzen *Kinderanalysen mit Erwachsenen* (1931) und *Sprachverwirrung zwischen dem Er-*

wachsenen und dem Kind (1932) hatte er das formuliert, was später von *Michael Balint* aufgenommen wurde und bis heute den tragenden Ast der ungarischen Schule der psychoanalytischen Objektbeziehungstheorie bildet.

6.2 Erik H. Erikson: Identitätstheorie

Die von *Erik Homburger Erikson* entwickelte psychoanalytische Identitätstheorie ist ein weiterer kräftiger Ast am Baum der psychoanalytischen Erkenntnis, der sich mit Eriksons 1950 auf englisch und 1961 auf deutsch erschienenen Buch *Kindheit und Gesellschaft* entwickelte; ein Ast, auf dem sich vor allem diejenigen niederlassen konnten, die damit unzufrieden waren, daß sich die Psychoanalyse nur mit dem Subjekt befaßte, denn Erikson schloß die Umwelt des Subjekts in seine Überlegungen ein. Bei ihm gab es nicht nur eine durchschnittlich zu erwartende Umwelt, wie es noch bei Heinz Hartmann (1939) hieß, nein, er berücksichtigte, ohne Marxist zu sein, die jeweils herrschende Gesellschaft, wie sie sich historisch entwickelt hat und wie sie soziologisch definiert werden kann. Erikson machte sich Gedanken über die amerikanische Identität, über die Legende von Hitlers Kindheit und über die von Maxim Gorkis Jugend und schrieb zwei spannende allgemein bildende Biographien über den jungen Luther und den Kämpfer für Gewaltfreiheit, Gandhi. Er brachte den Begriff der Krise in die Diskussion und entwickelte eine Theorie, nach der besonders dann, wenn der Entwicklungsstand einer individuellen Lebensgeschichte mit dem der Gesellschaft an kritischen Stellen zusammenkommt, Augenblicke entstehen, die historisch außerordentlich bedeutsam sein können (Erikson 1975). Vor allem Eriksons Identitätsbegriff hat die Psychoanalyse bis heute nachhaltig beeinflußt.

6.3 René A. Spitz: Die frühe Mutter-Kind-Beziehung

Ein anderer Ast entwickelte Früchte, in denen wir das Gedankengut *René Spitz'* erkennen können. Nach ebenso scharfsinnigen Überlegungen wie sorgfältig angelegten Beobachtungen

Sándor Ferenczi (1873-1933)

Erik H. Erikson

von Kindern – und Affen! – schrieb er *Die Entstehung der ersten Objektbeziehungen* (1954), *Nein und Ja* (1957) und *Vom Säugling zum Kleinkind* (1965), wo, in entwicklungspsychologischer Perspektive, die große Rolle der Mutter-Kind-Beziehung betont wird, wie sie vor allem, wie Anna Freud einmal anmerkte, für das doppelt zählende erste Lebensjahr entscheidend ist. Die bekannten Begriffe „Dreimonatslächeln" und „Achtmonatsangst" gehen ebenso auf René A. Spitz zurück wie die Idee vom „entgleisenden Dialog" (1976).

6.4 Donald W. Winnicott: Von der Kinderheilkunde zur Psychoanalyse

Ein weiterer Ast unseres psychoanalytischen Baumes wird durch die Arbeiten *Donald W. Winnicotts* charakterisiert, der neben Anna Freud und Melanie Klein die dritte Gruppe von Psychoanalytikern in London repräsentiert. Winnicott befaßte sich besonders mit Kindern und lernte von ihnen die große Bedeutung kennen, die sogenannte „Übergangsobjekte", z. B. ein Teddybär, für das Kind haben können und zwar, als Vermittler zwischen der real vorhandenen Mutter und dem Bild, das sich das Kind von der Mutter macht. Die wichtigsten Beiträge Winnicotts sind in mehreren, auch auf deutsch erschienenen Büchern, zusammengefaßt. Zu nennen sind *Von der Kinderheilkunde zur Psychoanalyse* (1958), *Reifungsprozesse und fördernde Umwelt* (1965) sowie *Familie und individuelle Entwicklung* (1965). Nicht zuletzt durch Alice Millers Bestseller über *Das Drama des begabten Kindes und die Suche nach dem wahren Selbst* (1979) sind die Begriffe *wahres* und *falsches Selbst* sehr bekannt geworden. Dabei repräsentiert das „wahre" Selbst das, was sich unter optimalen Umweltbedingungen an Potentialen eines Menschen entfalten kann. Zu einem „falschen" Selbst kommt es unter ungünstigen Umweltbedingungen, wenn z. B. ein heranwachsendes Kind nur unter ganz bestimmten Bedingungen geliebt wird, wenn es z. B. Erwartungen der Eltern erfüllt, die, was viel zu häufig vorkommt, ihr Kind nur dann akzeptieren, wenn es brav und gehorsam ist, mit

René A. Spitz (1887-1974)

Donald W. Winnicott (1896-1971)

anderen Worten, den Eltern „folgt" und gehorcht. Unter solchen ungünstigen Bedingungen können sich die Potentiale des
„wahren" Selbst nicht entfalten. Das würde nämlich heißen,
daß auch unerwünschte, aber zum „wahren" Selbst gehörende
Potentiale entwickelt würden, z. B. solche der Neugier, der
Auflehnung, des selbständigen Denkens. Resultat wäre dann
ein um diese Möglichkeiten eines potentiell „wahren" Selbst
reduziertes „falsches" Selbst. Die Ideen Winnicotts werden besonders durch Masud R. Khan in London (1974) und bei uns
durch Lore Schacht (1978) in Freiburg und Jochen Stork (1987)
in München gewürdigt und weitergeführt.

6.5 Margaret Mahler: Die psychische Geburt des Menschen

Ich möchte aber hier nicht dem nächsten Kapitel vorgreifen, in
dem es um die Landschaft der Psychoanalyse in Deutschland
geht, sondern mich einem weiteren Ast unseres psychoanalytischen Baumes zuwenden, nämlich dem von *Margaret Mahler*
und ihren Mitarbeitern Fred Pine und Anni Bergman entwik-
kelten; alle arbeiten am „Masters Childrens' center" in New
York. Sie führten dort sowohl Analysen bei Kindern und Erwachsenen durch als auch direkte Beobachtungen der Beziehung zwischen Mutter und Kind, wobei die Vaterbeziehung
durch Margaret Mahlers Mitarbeiter Ernest L. Abelin (1971)
berücksichtigt wurde. Die allmähliche Verselbständigung des
Kindes im Trennungs- und Individuationsprozeß nach einer
engen Symbiose, einschließlich der Subphasen „Differenzierung", „Übungsphase", „Wiederannäherung" bis zum „Stadium der Objektkonstanz", sind ebenso wie die Vorstellung
von der psychischen Geburt des Menschen als zweite seelische
Geburt außerordentlich leicht in psychoanalytischen und au-
ßer-psychoanalytischen Kreisen rezipiert worden. Dies beweist
das in hoher Auflage erschienene Buch der drei Autoren Mahler, Pine und Bergman *Die psychische Geburt des Menschen*
(1975). Neue Zweige dieses Astes kommen jährlich hinzu (vgl.
auch Rotmann 1978).

Margaret S. Mahler (1920-1985)

Otto F. Kernberg

6.6 Otto F. Kernberg: Moderne Objektbeziehungstheorie

Otto F. Kernbergs Präzisierung der Objektbeziehungstheorie ist in mehreren rasch aufeinander erschienen Büchern, die alle relativ schnell ins Deutsche übersetzt wurden, niedergelegt: *Borderline-Störungen und pathologischer Narzismus* (1975), *Objektbeziehungen und Praxis der Psychoanalyse* (1976), *Innere Welt und äußere Realität* (1980). Auf Melanie Kleins Theorie aufbauend, entwickelt Otto F. Kernberg in äußerst systematischer Weise einen weiteren tragfähigen Ast am Baum der psychoanalytischen Erkenntnis, der vor allem für das Verständnis schwerer Persönlichkeitsstörungen Früchte abwirft und weitreichende klinische Implikationen für die Behandlung derartiger Störungen hat. Kernbergs Bücher wurden bei uns auch deswegen so bekannt, weil wir uns in den von ihm beschriebenen Störungen zum Teil selber gut erkennen können: in den Empfindungen von Leere und Sinnlosigkeit, in Depression und Trauer, in der Abhängigkeit von anderen, in unseren oft zu hoch gesteckten Idealen und den damit verbundenen Gefahren allzu großer Selbstbezogenheit. Insofern sind Kernbergs Beiträge indirekt auch für das Verständnis leichterer Störungen oder des normalen Seelenlebens hilfreich, genauso wie Freuds Thesen über Sexualität und Aggressivität. Letztere erfahren in Kernbergs Arbeiten eine weitere Differenzierung, wenn zum Beispiel die destruktive Aggression in der Liebe des Perversen von einem gewissen Quantum Aggressivität in der Liebe des Normalen unterschieden wird. Die Zweige am Ast der Kernbergschen Objektbeziehungstheorie beziehen sich auf James Mastersons Schlußfolgerungen für die Psychotherapie von Borderline-Patienten (1980), auf Vanik D. Volkans Konsequenzen für die Psychoanalyse der frühen Objektbeziehungen (1975) und auf Christa Rohde-Dachsers klinische Übersicht über das Borderline-Syndrom (1979), das besonders im klinischen Bereich des täglichen Umgangs mit derartigen Kranken rezipiert wird.

6.7 Heinz Kohut: Selbst-Psychologie

Ein in den 70er Jahren in voller Blüte stehender Zweig an
unserem Baum darf nicht vergessen werden, nämlich die von
Heinz Kohut entwickelte Psychologie des Selbst. Kohut, der
wie alle bisher genannten Nachfolger Simund Freuds ebenfalls
zur Emigration gezwungen war, interessierte sich besonders für
die um unser Selbstwertgefühl kreisenden unbewußten seelischen Prozesse, für die Ideale, die wir von uns selbst, von
unseren Eltern und von der Welt haben. Die Kränkung, die

Heinz Kohut (1913-1981)

deswegen eine narzißtische genannt wird, weil sie uns in unserem Innersten selbst betrifft, der wir als Kinder alle mehr oder weniger ausgesetzt sind, gleichgültig mit welchen unvermeidlichen Versagungen wir im Laufe unserer Entwicklung konfrontiert werden, spielt nach Kohut eine so zentrale Rolle in unserem Seelenleben, daß dieses selbst und seine Schicksale eine differenzierte Betrachtung sehr wohl verdienen. Hatte sich Heinz Kohut in seinem ersten Buch (1971) vorwiegend mit den Problemen der Behandlung derartig narzißtisch gestörter Patienten befaßt, so erweiterte er seine Theorie in seinem nächsten Buch (1977) zu einer „Psychologie des Selbst". Damit ist *die tragische Seite* des Menschseins angesprochen, angesichts schicksalhafter Beeinträchtigungen durch wenig einfühlsame Eltern, verständnislose Lebenspartner und harte Schicksalsschläge (im Extrem KZ-Aufenthalt), deren Opfer wir wurden. Insofern ist in Kohuts Theorie ebenso wie in der ungarischen Schule von Ferenczi bis Balint *die alte Trauma-Theorie aus den Anfängen der Psychoanalyse wiederbelebt.* In ihr wird der Patient vorwiegend als ein Leidender gesehen, den das Schicksal hart getroffen hat. Deshalb ist es auch notwendig, ihm eine Atmosphäre zu bieten, in der er Vertrauen fassen kann und in der seine Traumatisierungen wiederholt und überwunden werden können.

Vom Gros der Psychoanalytiker unbeachtet grünen einige Zweige des Kohutschen Astes in den USA, gebunden an die Namen Ernest S. Wolf, Paul und Anna Ornstein und Josef D. Lichtenberg, von denen auch einige Ableger in der Bundesrepublik stammen, wie sie bei Lotte Köhler in München, Christel Schöttler in Gießen und Heinz Walter in Konstanz gehegt und gepflegt werden (vgl. Lichtenberg 1987, Wolf 1988).

In diesem Zusammenhang sind auch die Bücher Alice Millers einzuordnen (vgl. S. 56), denn Alice Miller ist nicht nur von Winnicotts Theorie vom wahren und falschen Selbst stark beeinflußt, sondern gerade auch von Heinz Kohuts Betonung der Entwicklung des Selbst. Dabei vernachlässigt sie die Triebseite der Persönlichkeit in weitaus stärkerem Ausmaß als dies Kohut selbst tut, wenn auch in seinen Büchern bisweilen dieser Eindruck entstehen kann. Wie Kohut mir aber persönlich mitteilte, handelt es sich um einen scheinbaren Widerspruch: Kohut hat sich zwar für die Entwicklung des Selbst besonders interessiert, er hat deswegen aber die Triebseite der Persönlichkeit, vor allem dann, wenn der Patient an seinen Trieben leidet, nicht vernachlässigt.

6.8 Alfred Lorenzer und Klaus Horn: Psychoanalyse als materialistische Sozialisationstheorie und kritische Theorie des Subjekts

Wir kommen zur deutschen Variante der Objektbeziehungstheorie in Form der von *Alfred Lorenzer* aus der Studentenbewegung heraus entstandenen *materialistischen Sozialisationstheorie* (1972) und zur *kritischen Theorie des Subjekts* des viel zu früh verstorbenen, von der Psychoanalyse ebenso wie von der negativen Dialektik Adornos faszinierten *Klaus Horn* (1972). Lorenzer wie Horn empfingen von dem philosophischen Geist Jürgen Habermas' (1968) wesentliche Impulse. Hier wird der Stamm der Psychoanalyse in radikal neuer Perspektive gedeutet, nämlich ausschließlich hermeneutisch, als Hermeneutik des unbewußten Teils der Seele, als „Tiefenhermeneutik". Es geht um „Interaktionsformen", zunächst eine scheinbar andere Version des Wortes Beziehungen, das seine Verwandtschaft mit der psychoanalytischen Objektbeziehungstheorie Margaret Mahlers, Heinz Kohuts oder Otto F. Kernbergs nicht verleugnen kann, mit dem einzigen aber wichtigen Unterschied, daß Lorenzer zusätzlich zur Psychoanalyse marxistische Gedanken insofern einbaut, als er die Sozialisation des Menschen als vorwiegend gesellschaftlich determiniert auffaßt. Im Laufe der gesellschaftlich vermittelten Entwicklung des Menschen kommt es wegen der damit unweigerlich verbundenen Schädigungen zu entsprechenden Beschädigungen menschlicher Identität (Brückner 1972). Dabei wird der Kapitalismus insofern als Ursache für die Schädigungen angesehen, als die kapitalistische Produktion mit ihrer Gewaltförmigkeit unmittelbar in die Familien und damit in die frühkindliche Entwicklung durchschlägt. Psychoanalyse wird damit als Sozialwissen-

Die „Berliner"
(H. Beland, A. Dührssen,
A. Kuchenbuch, E. Simenauer)

Die „empirisch Forschenden"
(H. Thomä, H. Kächele, R. Krause,
D. Beckmann, H. Stierlin,
U. Moser)

Die „Kliniker"
(H. Argelander, C. de Boor,
D. Ohlmeier, S. Mentzos,
H. Müller-Braunschweig,
H. Henseler, H. Radebold,
W. Schumacher u.a.)

Der „Literat"
(T. Moser)

Die „Psychose-Forscher"
(F. Fromm-Reichmann,
H. Searles, L.Wynne, u.a.)

Die „Schweizer"
(z.B. A.Haynal,
J. Berna, A. Miller)

Die „Engländer"
(P. Heimann,
A. Limentani,
J. Klauber, M.M. Khan,
A. und J. Sandler)

Die „Feministinnen"
(M. Mitscherlich-Nielsen,
M. Gambaroff, J. Mitchel)

Die „Kritischen Gesellschafts-
theoretiker"
(H. Dahmer, K. Horn,
A. Lorenzer, M. Erdheim)

Die „Gießener Schule"
(G. Heising, M.L. Moeller,
S. Stephanos)

Die „Politiker"
(z.B. J. Cremerius,
P. Parin,
H.-E. Richter)

Identitätstheorie

Die „Kinder-Forscher" oder
„baby watcher" (z.B. D. W.
Winnicott, M. Mahler,
R.A. Spitz, J. Bowlby,
D. Stern, B.T. Brazelton)

Die „berühmten Amerikaner"
(K.F. Eissler, L. Rangell,
W. Nederland, J.A. Arlow,
Ch. Brenner, u.a.)

Die „Psychosomatiker"
(F. Alexander, R.R. Grinker,
E. Weiss, F. Dunbar,
H. Bruch in den USA/
Th. v. Uexküll,
W. Wesiack in Europa)

Die „kreativen Franzosen"
(J. Chasseguet-Smirgel, B.
Grunberger, J. McDougall,
A. Green, u.a.)

Die „Wiener"
(H. Strotzka,H. Leu-
pold-Löwenthal)

Die „Holländer"
(J. Lampl-de Groot,
P.J. v.d. Leeuw, Frijling-
Schreuder, P.C. Kuiper,
J. Groen-Prakken)

Die „Borderline-Spezia-
listen" (J.F. Masterson,
V.D. Volkan, P. Hartocollis,
C. Rohde-Dachser)

Die „Selbst-Psychologie"
(Joseph Lichtenberg, A.u.P.
Ornstein, Ernest S. Wolf)

Die „große" Gruppe der
südamerikanischen
Melanie-Klein-Analytiker

Alexander Mitscherlich

Die „Kultur-Anthropologen"

Die „Pädagogen":
(Aloys Leber, G. Bittner,
Siegfried Bernfeld,
Bruno Bettelheim, Fritz Redl u.a.)

W. Loch
J. Paál

Schule der
„Individual-Psychologie)

Alfred Adler

August Aichhorn

Erik H. Erikson

Melanie Klein
und die
Objektbeziehungs-
theorie

Heinz Hartmann
und die
Ich-Psychologie

Anna Freud
und die
Abwehr-Lehre

Heinz Kohut

Otto F. Kernberg
und die moderne
Objektbeziehungs-
theorie

W.R. Bion

Donald Meltzer
Herbert Rosenfeld

Schule der
analytischen Psychologie"

Carl Gustav Jung

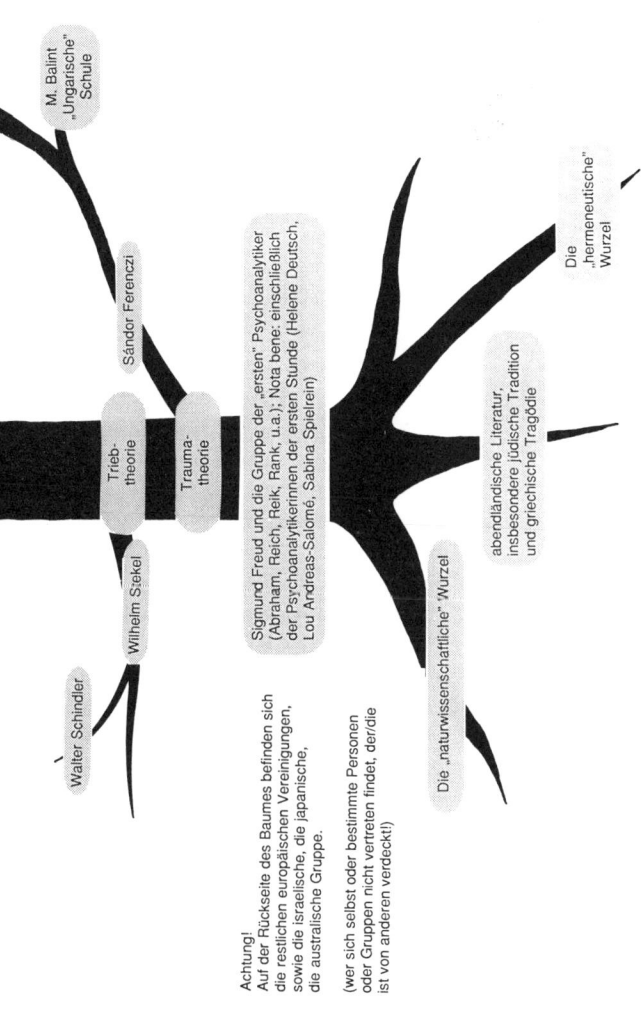

Abb. 3. Der Baum der psychoanalytischen Erkenntnis, eine anschauliche Metapher

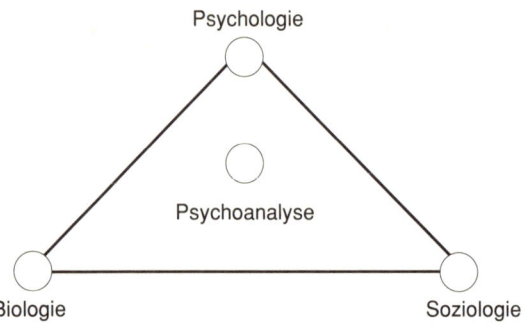

Abb. 4. Der Standort der Psychoanalyse zwischen Biologie, Soziologie und Psychologie (nach Lorenzer 1985).

schaft, ja sogar als ein Teil der Soziologie begriffen (Lorenzer u. a. 1971), wenn Alfred Lorenzer sie später etwas vorsichtig in der Mitte eines Dreiecks zwischen Biologie, Soziologie und Psychologie lokalisiert (Lorenzer 1985) (s. Abb. 4).

Auf einen bisher vernachlässigten deutschen Ast am Baum der psychoanalytischen Erkenntnis komme ich im nächsten Kapitel zu sprechen, nämlich auf den von Alexander Mitscherlich geschaffenen Ast und den dazu gehörenden Verzweigungen in Gesellschaftskritik und Sozialpsychologie. Dazu gehören neben Alfred Lorenzer und Klaus Horn vor allem Helmut Dahmer, der langjährige Herausgeber der Zeitschrift „Psyche", und dann natürlich Margarete Mitscherlich-Nielsen und ihre nach dem Tode Alexander Mitscherlichs erschienenen wichtigen Schriften *Die friedfertige Frau* (1985) und *Erinnerungsarbeit* (1987a). Auch diese spezielle feministische Variante mit ihrer Kritik an Freuds Psychologie der Frau paßt besser in das nächste Kapitel, in dem es um die Entwicklung der Psychoanalyse in der Bundesrepublik Deutschland geht. Charakteristisch dafür ist die Liaison zwischen Psychoanalyse und Marxismus mit dem Ziel politischer Veränderungen, wie sie besonders zum Ausdruck kam in der Studentenbewegung der 68er Generation und in der Frauenbewegung der 70er Jahre mit ihren Demonstrationen, sit-ins und go-ins, ganz im Gegensatz zur viel friedlicheren angelsächsischen Entwicklung der psychoanalytischen Erkenntnis (vgl. Kap. IX.5).

44

III.
Die Entwicklung der Psychoanalyse in Deutschland

Dieses Kapitel spiegelt die subjektive Sicht des Verfassers wider, der 1930 in der Zeit des Nationalsozialismus geboren wurde, und der gleich nach Kriegsende, hungrig nach psychologischer Information, 1945 in einem von der Militärregierung vertriebenen Buch *Psychology of Life* zum ersten Mal das Strukturmodell Sigmund Freuds von Es, Ich und Über-Ich kennenlernte und seitdem, vom Geist der Psychoanalyse beflügelt, seinen Weg auf diesem faszinierendem Gebiet suchte und fand.

Zunächst war die psychologische Szene in der Bundesrepublik und West-Berlin nicht streng genommen psychoanalytisch, sondern *psychotherapeutisch:* In West-Berlin, in Stuttgart und München arbeiteten überwiegend, wie sie sich selbst verstanden, „Analytische Psychotherapeuten", die noch aus dem berühmt-berüchtigten, von einem Neffen Hermann Görings geleiteten *Reichsinstitut für psychologische Forschung und Psychotherapie* hervorgegangen waren, das sich nach der Vertreibung der überwiegend jüdischen Psychoanalytiker nach 1933 in zweifelhafter Weise an das herrschende Regime angepaßt hatte – unter Preisgabe der wichtigsten „essentials" der Psychoanalyse Sigmund Freuds: nämlich Libido-Theorie, Ödipus-Komplex und die konsequente Wahrnehmung und Handhabung der Übertragung. So war das 1928 gegründete Frankfurter Psychoanalytische Institut, das in enger Verbindung mit dem Institut für Sozialforschung stand, 1933 geschlossen worden, die Bibliothek wurde von den Nationalsozialisten zerstört. Karl Landauer endete unter tragischen Umständen im Konzentrationslager. Erich Fromm, Frieda Fromm-Reichmann, Sigmund Heinrich Fuchs und Heinrich Meng emigrierten; Fuchs nach England, wo er sich unter dem Namen Foulkes als Gründer der „gruppenanalytischen" Methode einen Namen machte. Meng ging in die Schweiz und entwickelte sich zu einem Pionier der Vorbeugung seelischer Erkrankungen.

Ich persönlich stieß 1958, auf meiner Suche nach Hilfen zum Verständnis der psychischen Hintergründe vieler Krankheiten, die ich im Laufe meiner medizinischen Ausbildung kennenlernten, auf das Institut für Psychotherapie und Tiefenpsychologie in Stuttgart. Dort hatten Wilhelm Bitter, Hermann Gundert und Felix Schottlaender eine dreigliedrige psychoanalytisch orientierte Ausbildung aufgebaut, orientiert an Freuds Psychoanalyse, an der analytischen Psychologie C. G. Jungs und an der sogenannten Neo-Psychoanalyse Schultz-Henckes. Felix Schottlaender habe ich nicht mehr persönlich erlebt, wohl aber Hermann Gundert, der noch in Wien Sigmund Freud kennengelernt hatte, bei Eduard Hitschmann in Analyse war und die Freudsche psychoanalytische Methode im Entwicklungsstand der 30er Jahre gut vermittelte. Nicht minder wirksam waren neben den drei Männern drei Frauen: Jutta von Graevenitz, Ursula Laessig und Vera Scheffen, alle von der Idee der Synopsis der Konzepte Freuds, Jungs und Adlers erfüllt. Sie verstanden es, die damalige Generation wißbegieriger Schüler in die Tiefenpsychologie einzuführen, in die Psychologie der unbewußten Prozesse. Dazu gehörten auch Themen, die heute weniger beachtet werden, wie z. B. Märchen, womit sich besonders Wilhelm Laiblin befaßte[1].

Die Archetypen C. G. Jungs spielten eine große Rolle. Die Bedeutung von Übertragung und Gegenübertragung in der konkreten zwischenmenschlichen Begegnung zwischen Patient und Analytiker trat dagegen zurück. Die Ausbildung reichte nach meiner Einschätzung aus, um eine psychotherapeutische Praxis zu eröffnen, hinterließ aber bei mir das Gefühl, doch nicht genügend für den Umgang mit Patienten gerüstet zu sein. Ich entschloß mich daher, am Sigmund-Freud-Institut in Frankfurt die Psychoanalyse gründlicher als bisher kennenzulernen. Nachdem sich mir in Tübingen die Möglichkeit der Lehranalyse ergeben hatte, konnte ich in Stuttgart meine Praxis beibehalten. Jetzt ging es um die wirkliche Psychoanalyse.

Das im April 1960 in Frankfurt gegründete Sigmund-Freud-Institut, dessen maßgebender und zukunftsweisender erster Leiter Alexander Mitscherlich war, galt als Hochburg der Psychoanalyse. Großzügig finanziell unterstützt vom hessischen Ministerpräsidenten Georg August Zinn, erlangte das Forschungs- und Ausbildungsinstitut für Psychoanalyse und psychosomatische Medizin des Landes Hessen bald weltweite Anerkennung der Internationalen Psychoanalytischen Vereinigung. Mitscherlichs entschiedene Haltung, die stabile ökonomische Absicherung durch das Land Hessen und die kontinuierliche tatkräftige Unterstützung durch renommierte ausländische Analytiker waren günstige Bedingungen für die Entwicklung des Instituts. Alles, was Rang und Namen hatte oder später bekommen sollte, war versammelt: z. B. Clemens de Boor, Helmut Thomä, Tobias Brocher, Wolfgang Loch und Hermann Argelander.

Die Tatsache, daß es in Frankfurt bereits einmal ein Institut für Psychoanalyse gegeben hatte, das, 1928 gegründet, im Verbund mit dem Institut für Sozialforschung neben Horkheimer und Adorno, neben Herbert Marcuse und Norbert Elias, Karl Landauer, Heinrich Meng und Erich Fromm zu seinen Mitgliedern zählte, war sicher ein guter geistiger Rückhalt. Außerdem beflügelte die kritische Theorie der Frankfurter Schule über viele Jahre das aufstrebende Institut. Die von Alexander Mitscherlich gemeinsam mit Hans Kunz und Felix Schottlaender gegründete und später ausschließlich von Alexander Mitscherlich herausgegebene Zeitschrift „Psyche" tat ein übriges, psychoanalytisches Gedankengut im deutschsprachigen Raum zu verbreiten.

Die *Deutsche Psychoanalytische Vereinigung* (DPV), die sich am 10. November 1950 von der die Nazizeit überdauernden *Deutschen Psychoanalytischen Gesellschaft* (DPG) nach heftigen Auseinandersetzungen abgegrenzt hatte, wurde von der *Internationalen Psychoanalytischen Vereinigung* (IPV) legitimiert, die Psychoanalyse Sigmund Freuds zu pflegen und darin Kandidaten auszubilden.

Die Geschichte dieser denkwürdigen Spaltung ist in dem Katalog der zum Internationalen Psychoanalytischen Kongreß in Hamburg 1985 zusammengestellten Ausstellung eindrucksvoll dokumentiert (Brecht u. a. 1985). Die ursprünglich äußerst kleine Gruppe, mit Gerhart Scheunert als Vorsitzendem, Käthe Dräger als Leiterin des Unterrichtsausschusses und Horst-Eberhard Richter als Schriftführer, genoß die Unterstützung einer ganzen Reihe renommierter, wegen der Hitlerzeit zur

Emigration gezwungender Psychoanalytiker aus Großbritannien und den Niederlanden. Dazu zählten Willi Hoffer und Paula Heimann sowie Michael Balint aus London ebenso wie Jeanne Lampl-de Groot und Piet C. Kuiper aus Amsterdam.

Wir jungen Psychoanalytiker fühlten uns durch die uns vorurteilslos begegnenden ausländischen Gäste international anerkannt und, gegenüber den anderen, die diese Vorzüge nicht genießen konnten (wie den Ausbildungskandidaten der DPG und der anderen nicht zur DPV gehörenden Institute), auch aufgewertet und privilegiert. Es war in der Tat eindrucksvoll mitzuerleben, wie anerkennend die von der Psychoanalyse begeisterten jungen Kolleginnen und Kollegen von den ausländischen Gästen eingeschätzt wurden. Noch beeindruckender war es, Persönlichkeiten wie Michael Balint und Paula Heimann selbst zu erleben, wenn sie aus wenigen Sätzen, die der Analysand geäußert hatte, die zutreffende Deutung herausfanden. Alle genannten ausländischen Psychoanalytiker boten Kontrollstunden für die deutschen Kolleginnen und Kollegen an, die besonders bei Piet C. Kuiper, der jeweils mehrere Tage nach Heidelberg und Frankfurt kam, ausgiebig genutzt wurden. Ich selbst hatte darüber hinaus über mehrere Jahre meine damaligen Behandlungen durch Jeanne Lampl-de Groot und Piet C. Kuiper in Amsterdam kontrollieren lassen.

Noch während meiner Ausbildung entwickelte sich die psychoanalytische Szene in West-Deutschland schnell: 1959 wurde ein Institut in Hamburg gegründet, das später den Namen Michael-Balint-Institut erhielt. 1961 gründete Horst-Eberhard Richter in Gießen die Keimzelle eines neuen Institutes. 1962 entstand um Wolfgang Auchter eine Arbeitsgruppe in Freiburg. 1965 folgte die Arbeitsgruppe Stuttgart-Tübingen der Deutschen Psychoanalytischen Vereinigung.

Heute ist die Deutsche Psychoanalytische Vereinigung zur drittgrößten Gruppe (nach den USA und Argentinien) der Internationalen Psychoanalytischen Vereinigung (mit derzeit 6.700 Mitgliedern) herangewachsen. Die DPV hat derzeit (1988) über 500 Mitglieder, die alle hervorragend qualifiziert sind, d.h. eine mindestens vierjährige Lehranalyse durchgemacht haben, mindestens zwei Patienten jeweils über 300 Stunden unter Supervision behandelt und umfassende einschlägige

48

Margarete Mitscherlich-Nielsen

Alexander Mitscherlich (1908-1982)

theoretische Kenntnisse erworben haben. (Dazu kommen natürlich die Mitglieder der Deutschen Psychoanalytischen Gesellschaft (DPG) und alle diejenigen, die sonst noch im großen
Dachverband der *Deutschen Gesellschaft für Psychotherapie,
Psychosomatik und Tiefenpsychologie* (DGPPT) zusammenge-
schlossen sind. Damit kommen wir auf 1500 qualifizierte Psychoanalytiker in der Bundesrepublik und West-Berlin.)

Die herausragende Vaterfigur der DPV war bis zu seinem
Tod 1982 zweifellos *Alexander Mitscherlich*, schon allein deswegen, weil er während der Hitlerzeit auf der Seite des Wider-
standes stand. Ihm gelang es, durch sein entschiedenes Eintreten für die Psychoanalyse, der neuen emanzipatorischen Psychologie die ihr gebührende Achtung in der intellektuellen Öffentlichkeit zu verschaffen. Mitscherlich war in seiner aufrech-
ten Art ebenso konsequenter Psychoanalytiker wie Gesell-
schaftskritiker und herausragender Schriftsteller, dem nach seinen Büchern *Auf dem Weg zur vaterlosen Gesellschaft* (1963)
und *Die Unfähigkeit zu trauern* (1967; zusammen mit Margarete Mitscherlich-Nielsen) zu Recht 1969 der Friedenspreis des
Deutschen Buchhandels zuerkannt wurde. Heute wird Alexander Mitscherlich, wie in der Biographie Hans Martin Lohmanns
(1987), gerne als kritischer Geist und politisch tätiger Mensch
herausgestellt. Seine konsequente psychoanalytische Haltung in
Therapie und Supervision ist dagegen weniger bekannt, obwohl
gerade diese Seite seiner Persönlichkeit auch heute noch besondere Achtung verdient: Hier war er ganz gegenüber den unbewußten Prozessen geöffnet, denen er bis in die feinsten Verästelungen nachging. Dabei übersah er aber die gesellschaftlichen
Einflüsse bei einem Arbeiter in der Fabrik ebensowenig wie die
entwürdigenden Einstufungen höherer Manager in großen
Konzernen.*

Horst-Eberhard Richter ist die zweite charakteristische Persönlichkeit der deutschen Nachkriegs-Psychoanalyse. Seine
Bestseller *Die Gruppe* (1972), *Lernziel Solidarität* (1974), *Flüchten oder Standhalten* (1976), *Engagierte Analysen* (1978), *Der
Gotteskomplex* (1979), *Zur Psychologie des Friedens* (1982) und

---

* Die Beispiele stammen aus von mir durchgeführten psychoanalytischen Behandlungen, die ich mit Alexander Mitscherlich in gelegentli-
chen Kontrollstunden (Supervisionen) durchsprach.

Horst-Eberhard Richter

Helm Stierlin

Alfred Lorenzer

Thea Bauriedl

Die Chance des Gewissen (1986) machten ihn bei einem großen Laienpublikum bekannt. Ein übriges tat sein unmittelbar politisch veränderndes Verhalten in seinem Eintreten für Obdachlose und nicht zuletzt in seinem Kampf für die Friedensbewegung, bei dem er sich auch nicht scheute, in entsprechenden Demonstrationen mitzumarschieren. Radikal engagierte linke Gruppierungen, wie sie besonders um die Zeit der Studentenbewegung die Jugend erfaßt hatte, sahen in ihm die ideale Führerfigur; jemand, der ihnen Hoffnungen auf eine friedfertige und weniger verschmutzte Welt machte. Solche Hoffnungen nährte Horst-Eberhard Richter mehr als Alexander Mitscherlich, der sich weniger auf die Tat, vielmehr auf die Macht seiner Rede verließ.**

Neben dem sozialkritischen Engagement Horst-Eberhard Richters darf aber sein Einsatz für eine moderne Familien-Dynamik und -Therapie nicht übergangen werden, denn er war es, der neben Helm Stierlin die Psychoanalyse konsequent auf Familien-Dynamik und -Therapie anwandte und zwar schon 1963 in seinem, meines Erachtens, besten Buch, *Eltern, Kind und Neurose*, später in *Patient Familie* (1970) sowie in *Familie und seeliche Krankheit*, das er 1976 zusammen mit Hans Strotzka und Jürg Willi herausgegeben hat.

Seine psychosomatisch orientierten Arbeiten, wie zum Beispiel sein zusammen mit Dieter Beckmann veröffentlichtes Buch über *Herzneurose* (1969), sind dagegen weniger bekannt; eher die wiederum zusammen mit Dieter Beckmann unternommenen Bemühungen, psychoanalytische Informationen mit Hilfe eines mit der psychoanalytischen Theorie und Praxis kompatiblen Tests zu verifizieren. Sie führten 1972 zum sogenannten Gießen-Test, über dessen Praktikabilität in Forschung und Praxis die Gruppe um Horst-Eberhard Richter einen umfangreichen Erfahrungbericht vorlegte: *Erfahrungen mit dem Gießen-Test* (Beckmann & Richter 1979).

** Alexander Mitscherlichs Sohn, der Filmemacher Thomas Mitscherlich baute die Diskussion zwischen Herbert Marcuse und Alexander Mitscherlich in den Film *Vater und Sohn* ein; ein beredtes Zeugnis von Alexander Mitscherlichs Redebegabung.

Wolfgang Loch arbeitete im Gegensatz zu Alexander Mitscherlich und Horst-Eberhard Richter ausschließlich psychoanalytisch, wie schon seine Habilitationsschrift *Voraussetzungen, Mechanismen und Grenzen des psychoanalytischen Prozesses* (1965) zeigt. Hier erarbeitet er sich die „essentials" der
Psychoanalyse: Widerstand und Übertragung, Deutung und
Motiv, Gegenübertragung und die Wirkmechanismen der psychoanalytischen Deutung, und zeigt darüber hinaus die Grenzen der therapeutischen Funktion auf. Wolfgang Loch gilt un-
angefochten als der theoretische Geist der Psychoanalyse
Deutschlands, wenn auch seine mit philosophischen Zitaten
gespickten Schriften zuweilen ein Niveau erreichen, das es den
meisten praktizierenden Psychoanalytikern schwer macht, ihm
zu folgen. Wolfgang Lochs literarische Beiträge zur Psychoanalyse sind in drei Büchern veröffentlicht: *Zur Theorie, Technik
und Therapie der Psychoanalyse* (1972), *Über Begriffe und Methoden der Psychoanalyse* (1975) sowie *Perspektiven der Psychoanalyse* (1986).

Ich persönlich schätze sein Eintreten für die Frustrations-
Aggressions-Hypothese, die es erlaubt, die Pathogenese und
Struktur depressiv-psychotischer Zustandsbilder viel besser zu
verstehen als durch die Annahme eines primären Aggressions-
oder Todestriebes (1967). Nicht minder wichtig ist sein Engagement, ganz in der Folge Michael Balints (der ihn persönlich
stark beeindruckte), für die Anwendung der Psychoanalyse in
der allgemeinen Medizin (1969). Dazu kommt, daß er die Rolle
und Funktion väterlicher „Gesetzgeber und Lehrer" für das
Heranwachsen des Kindes betonte (1974), was ihn gegenüber
linksradikalen Kräften als konservativ suspekt machte. Seine
neuesten Arbeiten über die Beziehungen von Psychoanalyse
und Wahrheit, über Triebe und Objekte, über Kommunikation,
Sprache und Übersetzung sowie über die Frage nach dem Sinn
sind fast nur noch Eingeweihten zugänglich (1986). Hier ist
Weisheit aus reichhaltiger Lebenserfahrung philosophisch-psy-
choanalytisch so verdichtet, daß die Lektüre Schwierigkeiten
bereitet, will man Wolfgang Loch in seinen Höhenflügen folgen. Trotzdem freue ich mich immer, wenn er auf Tagungen die
Diskussion durch seine scharfsinnigen Argumente, seine philo-

sophische Bildung, durch geistvolle Aperçus und Aphorismen bereichert.

Von ganz anderer Statur ist *Helm Stierlin,* wie Wolfgang Loch stark philosophisch orientiert: bei Karl Jaspers, Alfred Weber, Alexander Mitscherlich und Viktor von Weizsäcker ausgebildet. Helm Stierlin war lange in den USA, in Chestnut Lodge, wo er die psychoanalytische Behandlung von Psychosen von 1957 bis 1962 kennenlernte. Er schrieb *Conflict and Reconciliation* (1969), in dem er Philosophie mit psychoanalytischen Aspekten der Schizophrenie verband. Der Kontakt zu später als Palo Alto-Gruppe bekannten Kreisen von Wissenschaftlern um Gregory Bateson, Don Jackson, Theodore Lidz, Nathan Ackermann, Lyman Wynne und Ivan Boszormenyi-Nagy bereicherte ihn ungemein. Nach mehreren Jahren wissenschaftlicher Arbeit am National Institute of Mental Health kehrte er in die Bundesrepublik zurück, um in Heidelberg einen für ihn eingerichteten Lehrstuhl für psychoanalytische Grundlagenforschung und Familiendynamik zu übernehmen.

Er hat sich dort weniger expressis verbis als Psychoanalytiker, vielmehr als Forscher auf den Gebieten der Familiendynamik und Familientherapie entfaltet. Seine Bücher *Von der Psychoanalyse zur Familientherapie* (1975) und *Das erste Familiengespräch* (1977), die er zusammen mit seinen begeisterten Schülern Ingeborg Rücker-Embden, Norbert Wetzel und Michael Wirsching verfaß hat, zeugen davon.

Ich habe Stierlins Aktivitäten immer mit großem Interesse verfolgt, bezweifle aber, daß die Kombination seines systemtheoretischen und psychoanalytischen Ansatzes in der Anwendung auf Familiendynamik und -therapie noch erlaubt, die unbewußten Phantasien gegenüber den direkt beobachtbaren Interaktionen angemessen zu beachten. Die am Institut für Psychoanalyse in Frankfurt geschriebene Dissertation von Michael Buchholz (1982) begründet diesen Verdacht im einzelnen.

Die deutsche psychoanalytische Szene wird im weiteren durch die beiden früheren Mitscherlich-Mitarbeiter *Clemens de Boor* und *Helmut Thomä* bereichert. Beide arbeiteten stark von Mitscherlich geprägt, in Heidelberg an der ersten mit Unterstützung der Rockefeller Foundation gegründeten psychosomatischen Abteilung der Bundesrepublik. Hier wurde die Psychoanalyse konsequent auf psychosomatische Krankheiten, wie Asthma (de Boor 1965) und der Anorexia nervosa (Thomä 1961) angewandt. Der Einfluß Mitscherlichs erfaßte zahlreiche später hinzugekommene Kolleginnen und Kollegen der Psychoanalyse, zu denen ich mich selbst zähle.

Während Clemens de Boor später Nachfolger Mitscherlichs in der Leitung des Sigmund-Freud-Institutes wurde und sich um eine Integrierung der Psychoanalyse in die Medizin bemühte, was ihm von linksorientierten Gruppierungen sehr zum Vorwurf gemacht wurde, aber durchaus in der Tradition Mitscherlichs lag, baute Helmut Thomä die Abteilung der Psychotherapie und Psychoanalyse an der neu gegründeten Universität Ulm auf. Er legte 1981 seine bisherigen Arbeiten zur Praxis der Psychoanalyse unter dem präzisierenden Titel *Vom spiegelnden zum aktiven Psychoanalytiker* vor. Danach ist der Psychoanalytiker nicht nur Spiegel, sondern bezieht selbst Stellung, ist sich seiner Macht bewußt und scheut sich nicht, gemachte Fehler offen im Felde von Übertragung und Gegenübertragung einzuräumen und auf ihre unbewußte Bedeutung zu hinterfragen.

Helmut Thomä und Horst Kächele wagten es auch, mißtrauisch beäugt von der „Kurie" im Sigmund-Freud-Institut, empirische Untersuchungsmethoden wie die maschinelle Inhaltsanalyse auf Psychoanalysen anzuwenden, indem sie Tonbandmitschnitte nicht nur von einzelnen psychoanalytischen Interviews, sondern von ganzen psychoanalytischen Verläufen anfertigen und mit Hilfe einer riesigen Datenbank auf die darin vorkommenden Angst-Themen untersuchten. Dies war nur dadurch möglich, daß die Deutsche Forschungsgemeinschaft diese neue Art empirischer Forschung (wie schon die in Gießen zum Gießen-Test führende) in Form eines Sonderforschungsbereiches großzügig unterstützte. Die Krönung dieser jahrelangen gemeinsamen Zusammenarbeit Helmut Thomäs und Horst Kächeles ist das 1985 mit dem ersten Band gleichzeitig auf Deutsch als *Lehrbuch der psychoanalytischen Theorie* und auf Englisch als Textbook *Psychoanalytic practice* erschienene zweibändige Werk. In diesem ersten Buch werden die psychoanalytischen

„essentials" von Übertragung und Beziehung, Gegenübertragung, Widerstand, Traumdeutung genauso einer kritischen Überprüfung unterzogen wie das Erstinterview, die Funktion psychoanalytischer Regeln, die Mittel, Wege und Ziele der Psychoanalyse.

Die deutsche Psychoanalyse brachte aber nicht nur hervorragende Wissenschaftler hervor, sondern auch begabte Literaten wie *Tilmann Moser,* der es wagte, seine eigenen Erfahrungen in der Lehranalyse als *Lehrjahre auf der Couch, Bruchstücke meiner Psychoanalyse* (1974), sein eigenes Jugendtrauma durch seine pietistische Erziehung (1976) und seine Defizite der Kindheit schreibend auszugleichen: Seine Bücher *Grammatik der Gefühle, Mußmaßungen über die ersten Lebensjahre* (1979), *Stufen der Nähe, ein Lehrstück für Liebende* (1984) und *Das erste Jahr, eine psychoanalytische Behandlung* (1986) geben davon beredt Zeugnis. Die letzten Publikationen Tilmann Mosers befassen sich mit den Defiziten der Psychoanalyse im Hinblick auf die körperliche Dimension, wobei er so weit geht, die psychoanalytische Methode dahingehend radikal zu verändern, daß er sich nicht scheut, das in der Psychoanalyse herrschende Berührungstabu zu brechen, um seinen Patienten zu zeigen, was es heißt, liebevolle zärtliche Berührung entbehrt zu haben (1986, S. 164): „Wörter bergen die Gefahr, das falsche Selbst zu füttern. Schweigen (. . .) kann zum Abgrund werden. Körperlicher Kontakt dagegen vermag eine Brücke zu bilden."

Die Züricher Psychoanalytikerin *Alice Miller* zählt zwar nicht zur deutschen, wohl aber zur deutschsprachigen Psychoanalyse, so daß ich sie hier, schon allein wegen ihres Einflusses auf die Generation der Studentenbewegung, nicht übergehen kann. Ihre Bücher *Das Drama des begabten Kindes und die Suche nach dem wahren Selbst* (1979), *Am Anfang war Erziehung* (1980) und *Du sollst nicht merken, Variationen über das Paradies-Thema* (1981) bewegten die gegenüber der Psychoanalyse aufgeschlossene zahlreiche Leserschaft.

Hier werden im Gegensatz zu Freuds Triebtheorie nicht das unbewußte Wünschen und Handeln der Kinder in den Vordergrund neurotischen Leidens gestellt, sondern im Sinne der

Trauma-Theorie die vielfältigen Schädigungen, die die Kinder seitens uneinfühlsamer Eltern tagtäglich erleiden. In dieser Perspektive ist es Alice Miller gelungen, die Arbeiten Heinz Kohuts und Donald W. Winnicotts zu integrieren und, als konsequenter Anwalt des Kindes, auf das banale Leid des verlassenen, verachteten, hilflos abhängigen Kindes aufmerksam zu machen, dabei allerdings die Schuldgefühle mancher Mütter und Väter über Gebühr strapazierend. Von konsequent psychoanalytischer Seite ist Alice Miller wegen ihres Aufgebens der Triebtheorie heftig kritisiert worden. Heute wird sie von der offiziellen Psychoanalyse ebenso wenig beachtet wie die von ihr geschriebenen Bücher. Trotzdem ist ihr Einfluß auf die heutige studentische Jugend nach wie vor aktuell.*

Ganz anders arbeitet *Ulrich Moser* in Zürich, ein weiterer Vertreter der deutschsprachigen Psychoanalyse. Er ist ein unkonventionelles Mitglied der Schweizer Psychoanalytischen Vereinigung, die ebenso wie die Deutsche Psychoanalytische Vereinigung ein Zweig der Internationalen Psychoanalytischen Vereinigung ist. Ulrich Moser hatte früher, unter dem Einfluß von Szondis Schicksalsanalyse stehend, über die *Psychologie der Arbeitswahl und der Arbeitsstörungen* (1953) sowie über die *Psychologie der Partnerwahl* (1957) geschrieben, sich dann mit den Abwehrmechanismen (1964) befaßt, um sich schließlich als Leiter der Abteilung für Klinische Psychologie des Züricher Instituts für Psychologie ganz der Forschung zu verschreiben. Gemeinsam mit Ilja von Zeppelin nutzte er die Erkenntnisse der Computerwissenschaft und die Möglichkeit, mit Hilfe von Computern psychische Prozesse zu simulieren, für eine ganz neuartige Forschung, die, wenn auch ohne Kenntnisse der Informationstheorie schwer zu verstehen, aufregend genug ist.

---

* Heute meint Alice Miller (persönliche Mitteilung vom 14. 7. 1988), es käme einer Irreführung des Lesers gleich, würde ich sie in meinem Buch noch als Psychoanalytikerin aufführen. Sie hat sich endgültig von der Psychoanalyse distanziert und diesen Schritt in ihrem Buch *Verbanntes Wissen* (1988) begründet. Sie wirft Freud „Verrat" an der Wahrheit der Kindesmißhandlungen vor.
Sie möge mir verzeihen, wenn ich sie dennoch nach wie vor aufgrund ihrer drei ersten Bücher zu den bedeutendsten Psychoanalytikerinnen der Gegenwart zähle.

Mit ihrer Hilfe ist es möglich, die in der Theorie der Psychoanalyse entwickelten Hypothesen über Angst-Entstehung und Verarbeitung, über Abwehr und Abwehrmechanismen genauso einer empirischen Überprüfung zu unterziehen wie Hypothesen über Traum-Verarbeitung und -Deutung. Die Berichte aus der Abteilung Klinische Psychologie beweisen den fruchtbaren interdisziplinären Forschungsansatz.[2]

In jüngster Zeit macht *Thea Bauriedl,* nicht Mitglied der Deutschen Psychoanalytischen Vereinigung, sondern der Deutschen Psychoanalytischen Gesellschaft und der Münchner Akademie für Psychoanalyse und Psychotherapie, im deutschsprachigen Raum von sich reden: Sie integriert Psychoanalyse und Familientherapie unter dem Titel *Beziehungsanalyse* (1980) und baut gleichzeitig das aus der Zeit der Studentenbewegung von 1968 stammende „dialektisch-emanzipatorische Prinzip" in ihren Ansatz mit ein, was eine Wirkung auf die linksorientierte psychotherapeutische Szene Deutschlands nicht verfehlt. Ähnlich wie bei Horst-Eberhard Richter wird die Psychoanalyse als eine Methode, sich selbst und andere zu befreien, der Gesellschaft angeboten. In zwei weiteren Büchern – *Psychoanalyse ohne Couch. Zur Theorie und Praxis der angewandten Psychoanalyse* (1985) und *Die Wiederkehr des Verdrängten. Psychoanalyse, Politik und der Einzelne* (1986) – schreibt Thea Bauriedl, wie schon die Titel ankündigen, daß die orthodoxe Analyse mit Couch und „Hintercouchler" (nach einem Ausdruck von Tilmann Moser) dadurch überwunden wird, daß Krise als Chance und die Fähigkeit zum Konflikt als Fähigkeit zum Frieden gedeutet wird. Damit wird der psychologische Berater in die politische Verantwortung genommen. Psychoanalyse wird dezidiert als „politische Wissenschaft" bezeichnet, deren Erkenntnisse, wie es schon vor Thea Bauriedl Klaus Horn tat, nun auf die Politik angewendet werden müssen, um das revolutionäre Potential zu mobilisieren.

In dieser Sicht müßte es, so Thea Bauriedl, in Übereinstimmung mit Mario Erdheims Standpunkt von der *Gesellschaftlichen Produktion Unbewußtheit* (1982) möglich sein, unbewußte psychische Prozesse in der Gesellschaft genauso bewußt zu machen wie im Individuum, womit dann auch das zentrale

Problem der Politik, nämlich Gewalt, einschließlich Weltraum-rüstung, als Symptom des kollektiven Größenwahns erkannt und womöglich überwunden werden könnte; Standpunkte, die angesichts der Realität gesellschaftlicher Prozesse, die ja nicht nur auf das Verhältnis von Herrschenden und Beherrschten zurückgeführt werden können, umstritten bleiben. Ich gehe allerdings mit Thea Bauriedl darin einig, daß es Aufgabe der Psychoanalyse ist, die jeweils unbewußten Anteile gesellschaft-licher Prozesse zu analysieren. Dies setzt jedoch genaue fach-kundige Kenntnisse der komplizierten, in Soziologie und Poli-tikwissenschaft beschriebenen Prozesse voraus, wie sie sich zum Beispiel in der Demokratie West-Deutschlands zwischen gesetzgebendem Parlament, regierender Exekutive und den Me-dien als vierter Macht in der Gesellschaft in wechselseitiger Kontrolle abspielen.

Last but not least ist *Margarete Mitscherlich-Nielsen* als pro-minente Vertreterin in der Psychoanalyse des Nachkriegs-deutschlands zu würdigen: Früher arbeitete sie an der Seite ihres Mannes, Alexander Mitscherlich, praktisch in der Versor-gung psychosomatisch und psychoneurotischer Kranker und in der Ausbildung künftiger Psychoanalytiker in Heidelberg und Frankfurt. Dort ließ ich eine psychoanalytische Behandlung von ihr laufend kontrollieren, wobei ich sehr viel lernte. Es war eine Lust, Margarete und Alexander Mitscherlich zuzuhören, wie sie in liebevoller Weise miteinander geistig rivalisierten und um die beste Auslegung der Schriften Sigmund Freuds kon-struktiv stritten. Nach Alexander Mitscherlichs Tod kam in meiner Einschätzung jedoch eine allzu aktive Note in Marga-rete Mitscherlichs Wirken: Sie verbündete sich mit Alice Schwarzer, die mit ihrem feministischen Buch *Über den kleinen Unterschied und seine große Folgen, Frauen über sich – Beginn einer Befreiung* (1975) von sich reden machte. Später war sie die treibende Kraft bei der Publikation und Verbreitung der Streit-schrift *Das Unbehagen in der Psychoanalyse* (1983), in der die Psychoanalyse von bislang unbekannten Autoren, wie Mario Erdheim, der Lüge und Unaufrichtigkeit bezichtigt wird, in der Paul Parin und Goldy Parin-Matthéy die uneingestandene Macht der Psychoanalytiker geißelten und Helmut Dahmer die klinisch orientierte Psychoanalyse als „eingeschüchterte Psychoanalyse" brandmarkte. Andere Mitarbeiter der Streitschrift gingen sogar so weit, zu behaupten, die Sexualität sei heute in der Psychoanalyse ein Tabu und die in der Ausbildung vielfach berücksichtigte Gegenübertragung sei ein Stiefkind der Psychoanalyse.

Ich schätze Margarete Mitscherlichs Beiträge zur Psychoanalyse aus ihrer psychoanalytischen Zeit nach wie vor hoch ein. Dazu gehören die *Besonderheiten der Behandlungstechnik bei neurotischen Patientinnen* (1961/62), die *Probleme der psychoanalytischen Technik in bezug auf die passiv-feminine Gefühlseinstellung des Mannes* (1962/63), *Über Schlage-Phantasien und ihr Erscheinen in der Übertragung* (1965) sowie ihre Kriterien für die Zulassung der psychoanalytischen Ausbildung (1970). Für nicht minder bedeutsam halte ich Margarete Mitscherlichs Korrektur an Freuds Ansichten über die Entwicklung der weiblichen Sexualität und Identität (1971, 1975, 1978). Bei ihren neuesten Publikationen über *Die friedfertige Frau* (1985) und *Erinnerungsarbeit* (1987a) frage ich mich, ob hier nicht die ausgewogene psychoanalytische Position zugunsten eindeutiger Parteinahme für den Feminismus aufgegeben worden ist. Sie kritisierte schließlich heftig die Deutsche Psychoanalytische Vereinigung (1987), die diese destruktive Kritik meines Erachtens aber nicht verdient, denn sie sieht – durchaus nicht kritiklos – die Gefahren der Institutionalisierung sehr wohl selbst, wie Diskussionen in Mitgliederversammlungen und Kandidatentreffen zeigen.

1. Die Deutsche Psychoanalytische Vereinigung stellt sich der Vergangenheit des Nationalsozialismus

Als sehr verdienstvoll schätze ich Margarete Mitscherlichs Bemühungen ein, die Rolle der Psychoanalyse während des Nationalsozialismus bewußt gemacht zu haben. In diesem Zusammenhang ist auch Hans Martin Lohmanns Buch *Psychoanalyse und Nationalsozialismus, Beiträge zur Bewältigung eines unbe-*

wältigten Traumas (1984) ebenso zu nennen wie das Buch von Regine Lockot *Erinnern und Durcharbeiten, zur Geschichte der Psychoanalyse und Psychotherapie im Nationalsozialismus* (1985). Diese notwendigen Publikationen halfen der deutschen psychoanalytischen Gruppe, das bislang verdrängte Trauma der Nazivergangenheit zunehmend wahrzunehmen. Das Trauma bestand vor allen Dingen darin, daß prominente Vertreter der Psychoanalyse auf dem „business-meeting" des Jerusalemer Internationalen Psychoanalytischen Kongresses 1977 die Empfehlung, den Internationalen Psychoanalytischen Kongreß einmal wieder in Deutschland auszurichten, abgewiesen hatten. Es hieß damals, dazu sei es noch zu früh, die Nazivergangenheit sei noch nicht bewältigt, diese müsse erst aufgearbeitet werden. Die Mitglieder der Deutschen Psychoanalytischen Vereinigung haben daran in der Folge intensiv gearbeitet und sich selbst dabei nicht geschont, Scham und Schuldgefühle offengelegt. Damit ging eine progressive Veränderung einher, die ihre Wirkung auf die internationalen Repräsentanten nicht verfehlte, denn die 1979 in New York ausgesprochene Einladung, 1985 den Internationalen Kongreß in Hamburg abzuhalten, wurde nicht mehr ausgeschlagen. Allerdings war die Einladung des damaligen ersten Vorsitzenden der Deutschen Psychoanalytischen Vereinigung insofern besser formuliert als zwei Jahre zuvor in Jerusalem, als gesagt wurde: „We know that many of you have ambivalent feelings, we respect that." Es bedurfte offensichtlich dieser Anerkennung der Gefühle der großen Zahl derjenigen Psychoanalytikerinnen und Psychoanalytiker, die auf der Flucht vor der Naziherrschaft in den 30er Jahren vorzugsweise nach den USA emigriert waren.

2. Bedeutung der Psychoanalyse für Pädagogik, Philosophie und Theologie

Der Ausschluß aus der klinischen Versorgung (siehe Kasten „Krankenkassenregelung") hinderte engagierte Psychoanalytiker wie z. B. Günther Bittner und Aloys Leber nicht, die Psychoanalyse erfolgreich auf die Pädagogik anzuwenden. Nicht

Kasten 1

Die Institutionen der Psychoanalyse in der Bundesrepublik und in West-Berlin

Dergestalt international anerkannt, floriert heute die Psychoanalyse in Deutschland mit zahlreichen Institutionen der Deutschen Psychoanalytischen Vereinigung, von denen folgende hier genannt seien: das Michael-Balint-Institut in Hamburg, die Bremer Arbeitsgruppe für Psychoanalyse und Psychotherapie, das Sigmund-Freud-Institut in Frankfurt, die psychoanalytische Arbeitsgemeinschaft Stuttgart-Tübingen, das Berliner Psychoanalytische Institut (Karl-Abraham-Institut), die Psychoanalytische Arbeitsgemeinschaft Köln-Düsseldorf, das Kasseler Psychoanalytische Institut (Alexander-Mitscherlich-Institut) und das psychoanalytische Seminar in Freiburg, die alle nach den Richtlinien der *DPV* Psychoanalytiker ausbilden.

Das Lehrinstitut für Psychotherapie und Psychoanalyse Hannover, das Institut für Psychoanalyse und Psychotherapie Göttingen, das Institut für analytische Therapie im Rheinland, Köln, das Institut für Psychoanalyse, Psychotherapie und Psychosomatik Berlin orientieren sich dagegen an den Richtlinien der *Deutschen Psychoanalytischen Gesellschaft*.

Das Psychoanalytische Lehr- und Forschungsinstitut Stuttgarter Gruppe der Stuttgarter Akademie für Tiefenpsychologie und analytische Psychotherapie, die Akademie für Psychoanalyse und Psychotherapie München und das Institut für Psychotherapie und Psychoanalyse Heidelberg-Mannheim sind direkt der Dachorganisation *Deutsche Gesellschaft für Psychotherapie, Psychosomatik und Tiefenpsychologie (DGPPT)* zugeordnet.

Daneben gibt es noch die Institute, an denen die analytische Psychologie C. G. Jungs vermittelt wird (so in Zürich am C. G. Jung-Institut, in Berlin sowie in Stuttgart) und einige Institute, die sich der Weiterentwicklung der von Alfred Adler entwickelten Individual-Analyse widmen, wie zum Beispiel das Alfred-Adler-Institut für Individualpsychologie in München, Düsseldorf, Aachen und Delmenhorst.

Kasten 2
Krankenkassenregelung
Die berufspolitischen Belange der Anfang 1988 ca.
1300 Mitgliedern umfassenden *Deutschen Gesellschaft für*
Psychotherapie, Psychosomatik und Tiefenpsychologie
(DGPPT) werden unter tatkräftiger Unterstützung eines
Rechtsanwaltes durch den Vorstand dieser Vereinigung vertreten. Dem Vorstand war es mit Unterstützung maßgebli-
cher Vertreter der Kassenärztlichen Bundesvereinigung gelungen, zu erreichen, daß nicht nur neurotische Störungen
als Krankheit im Sinne der Reichsversicherungsordnung anerkannt wurden, sondern auch analytische Psychotherapie
und tiefenpsychologisch fundierte Psychotherapie als aner-
kannte medizinische Behandlungsmethoden. Das beschlos-
sene Vertragswerk zwischen den Krankenkassen und den
Kassenärztlichen Vereinigungen ermöglicht, allen Psychoanalytikern und Psychotherapeuten, die an einem von der
Kassenärztlichen Bundesvereinigung anerkannten Institut
ausgebildet sind, unabhängig davon, ob sie Mediziner oder
Psychologen sind, eine angemessene Honorierung.
  Damit war auch die Voraussetzung dafür geschaffen, daß
die Psychoanalyse „auch der großen Menge jener zuteil
wird, die zu arm sind, um den Analytiker für seine mühe-
volle Arbeit selbst zu entlohnen", wie Freud 1923 schrieb.
  Erwähnt werden sollte noch abschließend, daß in der
Bundesrepublik Deutschland und West-Berlin zu etwa
50 Prozent psychologisch vorgebildete Psychoanalytiker neben den medizinisch vorgebildeten gleichberechtigt in der
psychotherapeutischen Versorgung der Patienten beteiligt
sind, wenn dies auch bedauerlicherweise nur unter der Bedingung möglich war, daß keine weiteren Berufsgruppen
wie Theologen, Philosophen, Soziologen oder pädagogisch
vorgebildete Kolleginnen und Kollegen an der kassenärztlichen Versorgung beteiligt werden.

weniger aktiv waren an der Psychoanalyse interessierte Soziologen, die z. B. in der Gefolgschaft Alfred Lorenzers im Fachbereich Gesellschaftswissenschaften der Universität Frankfurt den *Stachel Freud* (Görlich et al. 1980) zur Kritik der Gesellschaft nutzten. Selbst prominente Philosophen wie Jürgen Habermas (1968) wurden durch die Psychoanalyse angeregt, philosophische Hermeneutik und Psychoanalyse konstruktiv zu integrieren. Auch Rolf Denker in Tübingen nutzte die Potenz der Psychoanalyse für seine *Aufklärung über Aggression oder Selbst-Bild als Fremdentwurf. Aufsätze zur Philosophie von Kant bis Bloch* (1985).

Die gesamte psychoanalytische Szene der Bundesrepublik Deutschland ist demnach keinesfalls allein auf den Bereich der Medizin beschränkt, wie die Autoren der „Streitschrift" behaupten (Mitscherlich-Nielsen et al. 1983). Ihr Einfluß hat sich vielleicht sogar stärker auf Soziologie, Politikwissenschaft, Pädagogik und Philosophie ausgewirkt; es sei nur an so herausragende Werke wie *Der autoritäre Charakter* von Adorno, Frenkel-Brunswik, Levinson und Sanford (1950) erinnert sowie an Igor Carusos *Soziale Aspekte der Psychoanalyse* (1972), Helmut Dahmers *Libido und Gesellschaft, Studien über Freud und die Freudsche Linke* (1982), an die Bücher Herbert Marcuses, insbesondere *Eros und Zivilisation* (1955), an Norbert Elias psychoanalytisch orientierte Aufarbeitung des Zivilsationsprozesses (1969) oder an die heute allerdings weitgehend vergessenen Versuche einer Integration von Psychoanalyse und Marxismus, wie sie in den von Helmut Dahmer herausgegebenen zwei Bänden *Analytische Sozialpsychologie* (1980) ebenso gesammelt sind wie in den *Marxismus – Psychoanalyse – Sexpol* betitelten zwei, von H. P. Gente herausgegebenen, Bänden aus dem Jahr 1970.

Heute gibt es kaum noch ein Gebiet, das nicht von der Psychoanalyse beeinflußt ist. So hat für den Bereich der Theologie Yorick Spiegel 1972 über *Psychoanalytische Interpretationen biblischer Texte* veröffentlicht und 1978 die Tiefendimensionen biblischer Texte unter dem vielsagenden Titel *Doppeldeutlich* sowohl theologisch wie psychoanalytisch durchleuchtet. Freuds Religionskritik fand in der Theologie durch Joachim Scharfenberg (1968) auf der evangelischen Seite und durch keinen geringeren als Hans Küng (1987) im katholischen Lager kritisch denkende Exegeten, die Freuds Psychoanalyse erfolgreich für die Deutung theologischer Fragen zu nutzen verstehen; von den Möglichkeiten praktischer Anwendungen in Form des „clinical pastoral training" ganz abgesehen (vgl. Becher 1972).

3. Die Psychoanalyse an der Universität – Chancen für wechselseitige Anregungen

Von der Wiege der Psychoanalyse, nämlich von Wien her, wirkt *Harald Leupold-Löwenthal*, der 1987 mit seinem Handbuch der Psychoanalyse hervortrat. Zu seinen Ehren wurden in einer Festschrift mit dem Titel *Psychoanalyse heute* (Lobner 1986) viele Beiträge zur psychoanalytischen Theorie und Praxis, zu Denken und Sprechen, zu Zeitproblemen im Spiegel der Psychoanalyse veröffentlicht. Im Oktober 1987 hielt Leupold-Löwenthal die erste Sigmund-Freud-Vorlesung, organisiert von der Sigmund-Freud-Stiftung, dem Sigmund-Freud-Institut und dem Institut für Psychoanalyse der Universität Frankfurt, in der Aula der Universität. Damit ist die Psychoanalyse an der Universität integriert und hat neben Medizin, Soziologie, Pädagogik und Psychologie den ihr zustehenden Platz im akademischen Leben errungen. Dies ist eine Herausforderung für beide Seiten: Für die Psychoanalyse, in konstruktiver interdisziplinärer Zusammenarbeit die psychoanalytische Theorie und Praxis mit Hilfe der Methoden anderer Wissenschaften zu überprüfen, zu verifizieren und zu objektivieren; für die anderen Wissenschaften, einschließlich Sprach- und Literaturwissenschaften, mit Hilfe der psychoanalytischen Methode zu versuchen, das zu analysieren und zu interpretieren, was die eigene Wissenschaft nicht mehr erreicht. Es gibt mittlerweile recht umfangreiche psychoanalytische Interpretationen schöngeistiger Literatur, etwa durch Peter Dettmering[3]. Weiter sind zu nennen:

Gerhard Dahls psychoanalytische Studie über Hermann Brochs *Der Tod des Vergil* (1974), das Buch Jean Laplanches *Über Hölderlin und die Suche nach dem Vater* (1975). Darüber hinaus beweisen zahlreiche Psychopathographien, in denen z. B. August Strindbergs Dramen, Honoré de Balzacs Romane, Konrad Ferdinand Meyers Balladen, Thomas Manns *Tod in Venedig* und Flauberts Krankheit zum Gegenstand der Analyse gemacht werden, daß fruchtbare psychoanalytische Literatur-Interpretation möglich ist[4]. Sie wird von den Sprach- und Literaturwissenschaftlern sehr wohl beachtet (vgl. Wolff 1975).

Umgekehrt wird die Psychoanalyse durch die Kritik anderer Wissenschaften, wie in Frankfurt durch die Psychologie und *Soziologie* oder anderenorts vor allem durch die *Linguistik* in Frage gestellt. Die Psychoanalyse braucht dabei die konstruktive Kritik der außenstehenden Wissenschaften nicht zu fürchten, sind diese doch mit ihren Methoden dabei, ihrerseits die Psychoanalyse zu entdecken, wenn z. B. Soziologen wie Ulrich Oevermann (1976) von „latenten Sinnstrukturen", ein Linguist wie Gisbert Keseling (1983) von „latenten Gesprächsstrukturen" sprechen. Andere Linguisten und Kommunikationswissenschaftlicher wie Konrad Ehlich (1980) und Dieter Flader et al. (1982) entdecken bei ihren linguistischen Untersuchungen von Texten aus psychoanalytischen Interviews und Balint-Gruppen, wie unbewußte Prozesse nicht nur die therapeutische Szene beherrschen, sondern auch den Alltag; alles konstruktive Kooperationen, die manche spannende Ergebnisse erwarten lassen.

Die *Zusammenarbeit von Psychologie und Psychoanalyse* läßt dagegen noch viele Wünsche offen. In den USA hat Matthew H. Erdelyi 1985 die Psychoanalyse als „kognitive Psychologie" in die akademische Psychologie integriert. Laufend erscheinen in der Psychologie neue Arbeiten, in denen in der Psychoanalyse altbekannte Erfahrungen, oft unwissentlich, als neue Entdeckungen ausgegeben werden. Nur als Beispiel für viele derartige Arbeiten sei ein Bericht über „Verlassene Männer" zitiert (Psychologie heute, Nr. 4, 1988). Hier wird ein Sachverhalt beschrieben, der in der Psychoanalyse seit langem bekannt ist, nämlich daß von ihren Frauen verlassene Männer die bei der Mutter entbehrte Liebe und Zuwendung in der Ehe suchen. In

Saarbrücken überprüft Rainer Krause das psychoanalytische Konzept von Übertragung und Gegenübertragung unter Einsatz raffinierter experimenteller Versuchsanordnungen und leistet damit einen konstruktiven Beitrag zur Kooperation von Psychologie und Psychoanalyse (Krause & Lütolf 1988). In Frankfurt werden die Chancen der wechselseitigen Beziehungen nur einseitig genutzt. Ein Psychoanalytiker bezieht mit Unterstützung von wissenschaftlichen Mitarbeitern psychologische Methoden wie bestimmte Testverfahren – u. a. die Frankfurter Selbstkonzeptskalen (Deusinger 1986) – in seine Forschung über Gruppenprozesse (Kutter 1985) und psychosomatische Störungen (Kutter 1988) mit ein. Dagegen werden die Möglichkeiten, durch psychoanalytische Interviews (vgl. Kap. VII) intime Daten über einzelne „Fälle" zu erhalten, von seiten der Psychologen, abgesehen von einzelnen psychoanalytisch interessierten Doktoranden, nicht genutzt.

IV.
Die Psychoanalyse in der Landschaft der Wissenschaften

1. Ist Psychoanalyse überhaupt eine Wissenschaft?

Wir haben im Bilde vom „Baum der psychoanalytischen Erkenntnis" die Entwicklung der Psychoanalyse über die Jahrzehnte hinweg begleitet: von ihrer Entdeckung durch Freud bis hin zur gegenwärtigen Situation in der Bundesrepublik Deutschland. Nun ist es an der Zeit, die häufig gestellte Frage nach der Wissenschaftlichkeit der Psychoanalyse aufzugreifen. Wie wir schon im Vorwort hörten, wird der Psychoanalyse vielfach Wissenschaftlichkeit überhaupt abgesprochen. Wenn die Psychoanalyse an der Universität, innerhalb der Medizin, den Sozialwissenschaften, den Erziehungswissenschaften und, wie in Frankfurt, auch in der Psychologie vertreten ist, dann gesteht man ihr allenfalls eine Gastrolle zu und betrachtet sie nicht ohne Mißtrauen als eine höchst umstrittene Wissenschaft. Warum?

Um die Frage beantworten zu können, tun wir gut daran, uns zunächst einmal in der Landschaft der Wissenschaften umzusehen, um uns einen Überblick über die einzelnen Wissenschaften zu verschaffen. Darüber hinaus können wir wissenschaftstheoretisch fragen, wie die einzelnen Wissenschaften nach Methode, Theorie und Praxis einzuordnen sind, wo sie sich voneinander unterscheiden, wo Ähnlichkeiten bestehen und worin die Unterschiede liegen.

Zu Beginn bestand die Universität (von lateinisch universitas = Gesamtheit) nur aus den kirchlich anerkannten Wissenschaften der universitas litterarum, in denen die Scholaren, die früheren Studenten, Grammatik, Rhetorik, Dialektik und Mathematik lernten, oder auch Logik, Physik, Metaphysik, Ethik, Poli-

tik, Astronomie und Geometrie studierten. Später kamen die
Artisten, Juristen, Mediziner und Theologen dazu. Heute existieren an der Universität Frankfurt allein 21 Fachbereiche,
wobei sich die Geisteswissenschaften ebenso wie die Naturwissenschaften immer mehr spezialisiert haben. Erstere haben sich
in Soziologie, Pädagogik, Psychologie, Theologie, Geschichte,
klassische Philologie, neuere Philologie und Kunstwissenschaf-
ten aufgefächert, letztere in Mathematik, Physik, Chemie, Biologie, Geowissenschaft, Geographie und Medizin. Als Fachbereich 20 kommen Informatik und als Fachbereich 21 Sportwis-
senschaften und Arbeitslehre dazu.

Ich kann mich nur in einer einzigen Wissenschaft zum Experten machen: Hier kenne ich mich aus, hier kann ich alles selbst
überprüfen. Was alle anderen Wissenschaften angeht, bin ich
auf das Zeugnis der Kollegen aus den anderen Fachbereichen
angewiesen. Ein Physiker kann mir mit dem Elektronenmikro-
skop zeigen, wie die Mikrostruktur von Zellen aussieht. Er
kann mir auch das Atommodell erklären. Im günstigen Fall
kann ich es mit eigener Logik und gesundem Menschverstand
erfassen. Im ungünstigen Fall muß ich dem Fachvertreter anderer Wissenschaften glauben, was er mir auf Grund seiner Methoden und Theorien vermittelt. Dabei habe ich Mühe, die
Fachsprache der anderen Wissenschaft zu verstehen, denn ich
kenne die Definitionen der Begriffe, die Methoden der Untersuchung und die dahinterliegende Theorie nicht.

Alle Wissenschaftler sprechen aber Deutsch als Umgangssprache. Wenn sie sich nur ein wenig Mühe geben, ihre Fachsprache in die Umgangssprache zu übersetzen, dann ist es auch
möglich, die Fachsprache in die Umgangssprache übersetzend,
komplizierte Sachverhalte einer Wissenschaft verständlich zu
machen. Zahlreiche populärwissenschaftliche Darstellungen
zeugen davon. Dabei besteht allerdings immer die Gefahr der
Simplifizierung, der allzu großen Vereinfachung, eine Gefahr,
der auch ich selbst ausgesetzt bin. Es gibt nämlich in jeder
Wissenschaft Sachverhalte, deren Vielschichtigkeit umgangssprachlich nur schwer zu erfassen ist. Besondere Untersuchungsmethoden und eine komplizierte Theorie lassen eine
Übersetzung in die Umgangssprache nicht ohne Bedeutungs-
verlust zu. In solchen Fällen kann ich dann dem Zeugnis des

Wissenschaftlers glauben oder nicht. Glaube ich nicht, dann bliebe mir grundsätzlich immer noch die Möglichkeit, die betreffende Wissenschaft zu erlernen, d. h. ihre Methoden selbst kennenzulernen und anzuwenden, um damit ohne Abhängigkeit von anderen in der Lage zu sein, zu überprüfen, ob die von der betreffenden Wissenschaft mit Hilfe der ihr eigenen Methode gefundenen Daten erneut zu finden sind oder nicht.

Um es in einem Bild auszudrücken: In der Landschaft der Wissenschaften kann ich ein unzugängliches Gebirge nur mit der entsprechenden Gebirgsausrüstung erforschen, um dann, wie Wilhelm von Humboldt, mit Hilfe des Sextanten eine Kartographie zu erstellen. Mit der gleichen Ausrüstung wird es mir nicht gelingen, Unterwasserforschung zu betreiben. Es leuchtet auch unmittelbar ein, daß man nicht so ohne weiteres, ohne vorausgegangenes Training und ohne Lehrmeister, in unergründliche Tiefen tauchen kann. Allerdings, gewisse Einblicke in die Unterwasserwelt kann auch der Laientaucher ohne besondere Ausrüstung gewinnen; er braucht dazu lediglich eine gesunde Lunge, Taucherbrille und Schnorchel. Die Leser ahnen bereits, worauf ich mit diesem Bild hinaus will.

2. Die Unterschiede zwischen Natur- und Geisteswissenschaften

Alle Wissenschaften sammeln Wissen und machen es durch Publikationen in Zeitschriften und Büchern der Allgemeinheit zugänglich. Dabei gehört nur das zum Bestand des Wissens, was als gesichert gilt, d. h. nachvollziehbar ist und wirklich etwas erklärt und nicht nur zufällig beobachtet wurde. Es müssen also systematische Untersuchungen vorausgegangen sein, in denen Hypothesen mit bestimmten Methoden überprüft wurden. Dies ist am ehesten in den *Naturwissenschaften*, den metrischen oder *messenden Wissenschaften*, möglich. Hier werden – *nomo-thetisch* – Gesetze formuliert, wie zum Beispiel die Fallgesetze, in denen nach einer Vielzahl von Versuchen Schlußfolgerungen in Richtung auf allgemein gültige Gesetzmäßigkeiten gezogen werden. Im weiteren Sinne sprechen wir auch vom *empirischen* Wissenschaften, d. h. von Erfahrungswissenschaften (griechisch empeiria = Erfahrung), also von Wissenschaften, *deren Befunde auf Erfahrungen, mithin auf Beobachtungen zurückgehen.* Erlauben die Beobachtungen exakte Aussagen, sprechen wir auch von *exakten* Wissenschaften, deren Ergebnisse in sogenannten Protokollsätzen festgehalten sind. Damit wird der zu erklärende Sachverhalt („explanandum") durch das den Sachverhalt erklärende („explanans") definiert. Das kann zunächst eine nur auf einen einzigen Fall bezogene Aussage sein. Läßt sich diese Aussage aber bei wiederholter Untersuchung bestätigen, so erlaubt sie die Schlußfolgerung auf allgemeine Gesetzmäßigkeiten. Nach dem sogenannten Hempel-Oppenheim-Schema gehen wir dabei von einer Gesetzeshypothese aus, die unter bestimmten Bedingungen in logisch schlüssiger Weise einen Sachverhalt erklären soll, und zwar so, daß das zu Erklärende („explanandum") durch das Erklärende („explanans") wirklich erklärt wird, in Form einer durch erneute Untersuchung immer wieder zu überprüfenden Gesetzmäßigkeit.

Interpretative Wissenschaften

In den *Geisteswissenschaften* ist dies nicht möglich. Als *idiographische Disziplin* beschreiben sie nur das Einzelne in seiner ganz besonderen individuellen Eigenart, etwa eine spezielle historische Epoche einer Gesellschaft oder das Verhalten einer ganz bestimmten Person. Zu derartigen Ergebnissen kommen wir nicht dadurch, daß wir – wie in den Naturwissenschaften – messen und zählen, sondern daß wir uns auf die einzelne Person einlassen, uns in sie *einfühlen,* um zu *verstehen,* wie sie denkt, fühlt und handelt.

Die Geisteswissenschaften haben es somit nicht mit einem vermeßbaren, äußeren Naturgegenstand zu tun, sondern mit der geronnenen Gestalt subjektiven Erlebens und individueller geistiger Haltung. Entsprechend ihrem „Gegenstand" – einem seelisch-geistigen Gebilde – ist ihre Methode nicht erklärend, sondern verstehend, auslegend, interpretierend. Zu denken ist an die Interpretation eines Kunstwerkes oder eines literarischen Textes. Unser Ziel ist es dann, das herauszufinden, was der Künstler aussagen will, den *Sinn,* der hinter den Zeilen des Textes steht oder *die verborgene Botschaft,* die hinter dem sichtbaren Bild steht. Dabei spielt unsere Intuition, unsere Phantasie, unser Einfühlungsvermögen und unsere Fähigkeit, auf einen Text, auf eine Plastik oder auf ein Gemälde überhaupt einzugehen, eine wesentliche Rolle, um das Unsichtbare sichtbar zu machen. Am deutlichsten sehen wir dies in der bildenden und darstellenden Kunst:

Der Künstler ist aus einer Einbildungskraft heraus schöpferisch gestaltend tätig. Während er dabei eine bewußt erlebte Wirklichkeit ausdrückt, überragt sein Werk bereits die individuell-subjektive Sphäre: sie umgreift den Künstler wie den Rezipienten gleichermaßen. Nur unter der Voraussetzung eines gemeinsamen geschichtlichen Verstehenshorizontes ist das Verstehen eines Kunstwerks möglich, wobei die subjektive Wirklichkeit, wie impressionistische und expressionistische Bilder zeigen, der objektiven nicht genau entsprechend muß.

Aber auch in anderen Wissenschaften wie in der Literaturwissenschaft und erst recht in der Philosophie wird interpretiert, ausgelegt. Hier sind es meist geschriebene Texte, die ausgelegt werden, Gedichte, Novellen oder ganze Romane. Auch Mythen oder die Wirklichkeit selbst werden interpretiert (Watzlawick 1976). Dabei geht es vor allem darum, was Mythen uns Menschen – als Gattungswesen und als Individuum – jeweils bedeuten. Interpretation wird somit zur Bedeutungslehre (vgl. Rapoport 1972) bzw. zu einer Interpretation von Zeichen (vgl. Eco 1972).

Hermeneutik und Phänomenologie

Damit sind wir in den Geisteswissenschaften in Landschaften geraten, die sich nicht so genau wie in den exakten Wissenschaften vermessen lassen, die wir aber sehr wohl in gewissen Annäherungen an ihre objektive Wirklichkeit subjektiv ausloten, ausleuchten und durchleuchten können. Dies bedeutet nicht, daß der Wissenschaftscharakter der Geisteswissenschaften grundsätzlich in Zweifel gezogen werden müßte. Wir haben es mit zwei verschiedenen wissenschaftlichen Leitbildern oder Paradigmen zu tun. Es lassen sich auch in den Geisteswissenschaften einige Prozesse relativ genau beschreiben. Auf der anderen Seite können wir auch in den Naturwissenschaften, wie z. B. in der modernen Atomphysik, manche Prozesse nur *mit einer bestimmten Wahrscheinlichkeit annähernd* beschreiben. Manchmal muß auch hier der Physiker auf Bilder zurückgreifen, wenn er zum Beispiel Eigenschaften der Elektronen einmal als Welle und ein andermal als Korpuskel beschreibt. Die Geschichtswissenschaft interpretiert vorliegende Quellen und sucht zu Erkenntnissen, z. B. über die Lebensweise eines Volkes in grauer Vorzeit, zu kommen. Aber die Quellen können zu Fehlschlüssen verleiten, weil sie mehrdeutig sind. So kann der Straßenname „Brandtstraße" darauf hinweisen, daß hier der frühere Bundeskanzler Brandt geehrt wird. Es kann aber auch ein ehemaliger Bürgermeister Brandt einer Kleinstadt gemeint sein. Oder der Straßenname weist darauf hin, daß es vor langer Zeit hier einmal gebrannt hat oder daß hier Wälder durch Abbrennen gerodet worden waren. Die Triftigkeit der Interpretation muß dann durch weitere Forschungen – Quellenforschungen, Grabungen usw. – geklärt werden.

Auf jeden Fall soll die vermutete Interpretation durch entsprechende Belege abgesichert sein. Damit können zunächst unklare Befunde, etwa bei Ausgrabungen, zu einer Fülle von Vermutungen anregen, die, wissenschaftstheoretisch gesehen, völlig legitim sind. Sie sollten aber in einem fortgeschrittenen Forschungsstadium so weit abgesichert sein, daß ein Minimum an „Objektivität" verbürgt ist.

Zum Methodenarsenal der Geistes- und Kulturwissenschaften zählt neben der hermeneutischen Methode das phänomenologische Verfahren. *„Phänomenologie"* ist im weitesten Sinne die Lehre von dem „Phänomen", d. h. von den *Erscheinungen, wie sie sich den Sinnen darbieten.* Im engeren Sinne ist „Phänomenologie" die von Husserl begründete philosophische Richtung. Sie befaßt sich mit den Phänomenen, die als Bewußtseinsgegebenheiten, als Wesenheiten und als Bedeutungszusammenhänge erforscht werden. Das breite Spektrum der phäno-

74

menologischen Bewegung (Husserl, Scheler, Heidegger, Reinach) bemüht sich – hierin der Hermeneutik vergleichbar –, über unmittelbare Anschauungen und Intuitionen zu Erkenntnissen zu kommen, die *vom unmittelbaren Erleben ausgehen* und auf Ganzheit, Sinn und existentielles Verstehen zielen. Dabei wird die Phantasie, also unsere Fähigkeit, uns im Geiste eine Vorstellung von einer Sache zu machen, ebenso intuitiv genutzt, wie die gewonnenen Phantasien gleichzeitig analytisch auf ihre Logik hin überprüft werden (Husserl 1900, 1901).

Phänomenologie ist also kein schlichtes theoriefreies Schauen. Sie ist eine *Methode der Reflexion*, die alle unmittelbare *Anschauung (Intuition) einer Kritik unterzieht*. Es genügt daher nicht, sich in den anderen, der z. B. unglücklich verliebt ist und deswegen leidet, nur einzufühlen und sich dabei an eine eigene Verliebtheit zu erinnern, um ihn zu *verstehen*. Wir müssen darüber hinaus auch *überprüfen*, ob wir mit unserer Erinnerung einer eigenen Verliebtheit tatsächlich das Gefühl erfaßt haben, das der andere empfindet. Ohne derartige Überprüfungen wären sonst sehr leichte Mißverständnisse möglich, die aber durch eine ständige kritische Haltung vermeidbar sind.

Dies ist in der *Hermeneutik* nicht anders, d. h. in der Kunst der Auslegung (von griechisch „hermeneutes" = der Ausleger, der Erklärer): Wenn ich die Situation, die der andere erzählt, persönlich kenne, dann kann ich leicht sagen: „Aha, so fühlst du jetzt." Manchmal sind dazu lange Erzählungen notwendig, in denen die gemachten Erlebnisse genau beschrieben werden. Ein einfacher Sachverhalt, wie zum Beispiel ein Verkehrsunfall mit Blechschaden, kann dabei durch eine relativ kurze Schilderung verstanden werden; ein komplizierterer Sachverhalt, wie ein Eheproblem, Erziehungsschwierigkeiten oder eine verwikkelte familiäre Situation, sind dagegen nicht so ohne weiteres nachzuvollziehen. Noch schwieriger wird das Verständnis, wenn wir uns in eine von Selbstmord redende, schwer depressive Person einfühlen sollen oder gar in jemand, der, umgangssprachlich, „verrückt geworden" ist, psychiatrisch gesprochen, an Schizophrenie leidet.

Wenn wir aber geduldig sind, gut zuhören, auf die Zwischentöne achten und uns wirklich Mühe geben zu begreifen, was mit dem anderen los ist, dann gelingt es immer wieder doch, auch bei zunächst unverständlichem Verhalten, die dahinter liegenden Gründe zu verstehen. Dabei müssen wir *nach der Methode „Versuch und Irrtum" immer wieder eine Vermutung aufstellen,* sie auch aussprechen und durch Fragen an den anderen überprüfen, ob unsere Vermutung zutrifft oder nicht. Wir begeben uns somit in den berühmten *hermeneutischen Zirkel,* indem wir mit unserem Vorverständnis an die vom Gesprächspartner geschilderte Situation herangehen. Selbstverstehen und Fremdverstehen greifen dabei ineinander und führen letztlich zu einem angemessenen Verstehen der Lebenssituation des Anderen (vgl. Gadamer 1960).

Die Fähigkeit, auf diese hermeneutische Weise zu verstehen, ist individuell verschieden: Während sich die einen sehr leicht in den Sinn eines modernen Gedichtes einfühlen können, gelingt dies anderen nicht; der eine schwelgt beim Hören klassischer Musik, während der andere moderne Musik schätzt. Der eine kann sich leichter in einen Alkoholiker einfühlen, der andere eher in neurotisch Gestörte. Wieder andere haben Probleme gerade mit solchen Menschen, während sie mit Psychotikern gut zurechtkommen. Hier gibt es also Grenzen, Grenzen der Wahrnehmung, der Einfühlung, der Wahrnehmungsverarbeitung, verbunden mit der Gefahr von Fehlschlüssen, die bei den hermeneutischen Methoden vor allem dann zu erwarten sind, wenn zu früh interpretiert wurde; wenn, mit anderen Worten, versäumt wurde, sich genügend lange und intensiv in die Situation des anderen hineinzuversetzen.

Wissenschaftstheorie

In wissenschaftstheoretischer Perspektive blicken wir von einem exzentrischen, d. h. außerhalb stehenden Standpunkt auf die Landschaft der Wissenschaften, so wie man von einem Satelliten auf die Erde schaut. Die Sichtweise nehmen wir ein, wenn wir die einzelnen Wissenschaften aus wissenschaftstheoretischer Perspektive beschreiben und in *nomo-thetische,* also Gesetze aufstellende, und *idio-graphische,* d. h. Einzelschicksale detailliert beschreibende, Wissenschaften aufgeteilt haben. Die Wissenschaftstheorie unterscheidet die in den einzelnen Wissenschaften verwendeten Methoden, die sie in einer *Methodologie* beschreibt und vergleicht. Genauso werden die Theorien der einzelnen Wissenschaften auf ihre logische Schlüssigkeit, ihre Widerspruchsfreiheit und auf die Art ihres Entstehens hin eingeschätzt.

Wissenschaftstheoretisch bedeutsam sind auch die Möglichkeiten der Überprüfung der von einer Wissenschaft festgestellten Ergebnisse. Im Idealfall sollen die von einem Wissenschaftler gewonnenen Ergebnisse unter Anwendung der gleichen Methoden auch von anderen Wissenschaftlern gefunden werden können. Dabei zeigt sich aber schnell, daß wir selbst in der modernen Physik nicht so ohne weiteres bei Untersuchung eines Gegenstandes mit der gleichen Methode zum gleichen Ergebnis kommen; es könnte sich nicht nur der Gegenstand, sondern auch die Methode und auch der Untersucher in der Zwischenzeit geändert haben.

Außerdem können die beobachteten Phänomene unterschiedlich wahrgenommen werden: Während der eine Forscher eine Stelle im Spektrum der Farben als grün bezeichnet, benennt sie der andere schon als blau. Ein und derselbe Satz kann im Verständnis mehrerer Forscher unterschiedlich aufgefaßt werden. Um derartige Mißverständnisse zu vermeiden, müssen die verwendeten Begriffe so definiert und operationalisiert werden, daß auf jeden Fall klar ist, worum es sich handelt. Ein Beispiel für eine gelungene *Operationalisierung* wäre die Definition des Begriffes „Insel": Insel ist ein Stück Land, das von Wasser umgeben ist, oder ein Stück Land, um das man mit einem Boot herumfahren kann.

Kompliziertere Phänomene wie Liebe sind nicht ohne weiteres operationalisierbar. Zumindest besteht dabei die große Gefahr, daß die Operationalisierung das Phänomen Liebe höchst oberflächlich erfaßt, wie etwa eine Operationalisierung durch die quantifizierende Psychologie, die Liebe dadurch operationalisiert, daß sie ihr Ausmaß durch die Häufigkeit der Küsse oder durch die Dauer des „Händchenhaltens" eines Paares definiert.

Die introspektive Seite des Phänomens Liebe käme hierbei entschieden zu kurz. Die große Masse der Untersuchungen der empirischen Sozialforschung oder in der experimentellen Psychologie verlaufen aber genau nach diesem Muster: Da werden beobachtbare Verhaltensweisen genau beschrieben, wenn irgend möglich gezählt und im Film festgehalten. Daraus ergeben sich eine Fülle von statistisch auswertbaren Daten, die sich, in Tabellen aufgelistet, in zahllosen Diplomarbeiten, Dissertationen und Monographien niederschlagen. Diese Daten erlauben es auch, allgemeine Gesetzmäßigkeiten abzuleiten, etwa von der Art, daß sich Menschen nach einem Verkehrsunfall oder nach sozialpsychologischen Experimenten in einem bestimmten Prozentsatz so oder so verhalten. Die nach dem gesunden Menschenverstand zu erwartenden Verhaltensweisen werden dadurch in wissenschaftliche Kategorien gebracht.

3. Emanzipatorische Wissenschaften

Ehe ich auf die Psychoanalyse zu sprechen komme, muß noch eine wissenschaftliche Richtung erwähnt werden, die gleichsam als dritte wissenschaftliche Richtung zwischen den häufig als positivistisch verdammten empirischen Wissenschaften einerseits und den Geisteswissenschaften andererseits steht, nämlich die *kritische Theorie der Frankfurter Schule,* die an die Namen Adorno, Horkheimer und Habermas geknüpft ist[1]. Sie begnügt sich nicht allein mit der neutralen Sammlung von Daten, sondern versteht Forschung als *Aufklärung* und als *Kritik* an herrschenden gesellschaftlichen Verhältnissen. Sie teilt den phänomenologischen und hermeneutischen Zugang mit Phänomenologie und Hermeneutik, versucht, individuelle Ereignisse ebenso umfassend und fundiert wie diese zu klären, ist aber insofern kritisch, als sie immer auch die Totalität der Gesellschaft und deren Auswirkung auf das menschliche Erleben berücksichtigt. Damit versteht sich die kritische Theorie als eine neben Naturwissenschaft und Geisteswissenschaft stehende dritte, nämlich *emanzipatorische Wissenschaft,* die, ganz im Sinne der Aufklärung, historisch gewordene Verhältnisse nicht nur analysiert und auf ihren Sinn hin befragt, sondern kritisiert und daraufhin überprüft, ob die Subjekte in dem was sie tun, auch wirklich freier werden und sich damit aus Gewalt und Bevormundung befreien, oder ob sie, lediglich Wissen anhäufend, gar nicht im kritischen Sinne des Wortes wissend werden, und zwar nicht nur im Hinblick auf die Innenwelt der Seele, sondern vor allem im Hinblick auf die Außenwelt sozialer Strukturen im Bezug auf Macht- und Herrschaftsverhältnisse, auf ökonomische Abhängigkeit usw. (vgl. Horkheimer & Adorno 1947; Becker, W. 1972).

4. Die Position der Psychoanalyse

Betrachten wir die Psychoanalyse aus wissenschaftstheoretischer Perspektive gleichsam von außen, dann fällt uns deren Einordnung in die unterschiedlichen Wissenschaftssysteme nicht leicht. Zuweilen hat es den Anschein, als ob die Psychoanalyse wissenschaftstheoretisch gesehen einem Chamäleon gleicht, das in allen Farben schillert.

Man kann sie wie der Psychoanalytiker Heinz Hartmann (1927) als Naturwissenschaft einordnen, wenn man ihre Befunde (z. B. „Die Verdrängung unbewußter Inhalte ist die Ursache von Neurose" oder „Das Aufheben der Verdrängung durch Psychoanalyse beseitigt die Neurose") als allgemeine Gesetzmäßigkeiten auffaßt, nämlich als *allgemein gültige psychologische Gesetzmäßigkeiten,* wie sie die akademische Psychologie beschreibt. An deren Kriterien gemessen hat sie z. B. bei dem Wissenschaftsphilosophen Adolf Grünbaum (1984) einen schweren Stand.

Man kann die Psychoanalyse aber mit derselben Berechtigung, unter Hinweis auf das jeweils einzigartige und nicht wiederholbare Ergebnis jeder einzelnen Analyse eines Menschen, als idio-graphische Wissenschaft einreihen, *die keinerlei Verallgemeinerung zuläßt.* In dieser Richtung ordnet z. B. der französische Philosoph Paul Ricoeur (1969) in seinem Werk *Die Interpretation. Ein Versuch über Freud* die Psychoanalyse ausschließlich als hermeneutische Wissenschaft ein.

Andere, wie zum Beispiel Alfred Lorenzer (1974), halten sie für eine „kritisch-hermeneutische Erfahrungswissenschaft", wobei freilich der Begriff Erfahrung nicht im Sinne der Naturwissenschaften als beobachtbare Erfahrung zu verstehen ist, sondern als Erfahrung, die aus indirekt erschließbaren Erlebnissen stammt. Insofern wäre die Bezeichnung *Erlebnis-Wissenschaft* korrekter. In einer späteren Publikation (1984) spricht Alfred Lorenzer ausdrücklich auch von „Erlebnisanalyse". An anderer Stelle (1985) sieht derselbe Autor die Psychoanalyse in der Mitte eines Dreiecks zwischen Soziologie, Psychologie und Biologie (vgl. Abb. 3, S. 42). Auch ich bin der Meinung, daß in der Psychoanalyse von jeder dieser drei Wissenschaften Elemente verarbeitet sind. Dies kann bei einem so komplizierten Gegenstand wie dem Menschen auch gar nicht anders sein. In der Anthropologie, der Wissenschaft vom Menschen oder moderner ausgedrückt: in den Humanwissenschaften, ist dies genauso. Hier werden Befunde über den Menschen zusammengetragen, die ebenso seine Abhängigkeit von biologisch vorgegebenen Prozessen zeigen, wie die von den vielfältigen Auswirkungen der Gesellschaft, in der der Mensch lebt, von der geschichtlichen Epoche und von psychologisch zu fassenden Prozessen in ihm sowie zwischen ihm und den anderen.

Die Psychoanalyse – eine Humanwissenschaft

Die Psychoanalyse sieht dabei den Menschen als Wissenschaft vom Menschen nicht nur in den drei genannten Perspektiven theoretisch abgehoben in der alltäglichen Lebenswelt, sondern stellt ausdrücklich Beziehungen zur Lebenspraxis her. Das heißt zugleich: Der Mensch wird nicht nur durch von außen kommende Methoden als Objekt untersucht, es werden vielmehr auch nach innen schauende Methoden angewandt, in denen sich der Mensch selbst als Subjekt erlebt. Zur objektivierenden Dimension beschreibbarer Phänomene kommt also in der Psychoanalyse der subjektive Aspekt menschlichen Erlebens als Ergebnis einer legitimen introspektiven Untersuchungsmethode hinzu. Wenn wir zusätzlich das emanzipatorische Potential der Psychoanalyse berücksichtigen, dann hätten wir damit schon ein den tatsächlichen Verhältnissen sehr nahekommendes Modell der Psychoanalyse vor uns.

Die Psychoanalyse –
sowohl eine hermeneutische als auch eine erklärende Wissenschaft

Ehe ich aber eine Einordnung vornehme, möchte ich noch drei wichtige Publikationen diskutieren. Sie befassen sich alle mit der Frage, ob die Psychoanalyse eher eine erklärende Wissenschaft sei, also eher eine Naturwissenschaft, oder eher einer Deutungskunst entspricht, also hermeneutisch orientiert ist:
1. Hans-Jürgen Möller *Psychoanalyse, erklärende Wissenschaft oder Deutungskunst?* (1978)
2. Piet C. Kuiper *Die Verschwörung gegen das Gefühl. Psychoanalyse als Hermeneutik und Naturwissenschaft* (1976)
3. Jürgen Körner *Vom Erklären zum Verstehen in der Psychoanalyse* (1985).

Wie schon zuvor der Psychologe Meinrad Perrez (1972) legt der Wissenschaftstheoretiker Hans-Jürgen Möller einen sehr kritischen Maßstab an die Psychoanalyse an, der streng an den Naturwissenschaften orientiert ist. Er überprüft, ob die Psychoanalyse, gemessen am obengenannten Hempel-Oppenheim-Schema, wirklich wissenschaftliche Erklärungen liefert. Würde sie dies tun, dann müßte sie auch in der Lage sein, nicht nur retrograd historische Erklärungen zu liefern, sondern auch primär Prognosen aufzustellen, die dann sekundär überprüft werden können. An einem derartigen wissenschaftstheoretischen Kriterium gemessen, erscheint die Psychoanalyse im Gegensatz zur Verhaltenstheorie nicht empirisch überprüfbar. Sie wäre daher eher als Deutungskunst oder hermeneutisches Verfahren einzuordnen. Möller bleibt hierbei aber nicht stehen, sondern fragt weiter, wie die Interpretationen überprüft werden können. Hierzu hat Jörg Sommer in seinem kürzlich veröffentlichten Buch *Dialogische Forschungsmethoden* (1987) Kriterien angegeben, nämlich das Korrespondenzkriterium, nach dem Bewußtseinsinhalt und Aussage einander korrespondieren sollen, das Kohärenzkriterium, nach der die Interpretation in sich kohärent sein soll, und das Praxis-Kriterium, nach dem sich eine Interpretation in der Lebenspraxis zu bewähren hat. Dazu kommt neben der monologischen Überprüfung einer Interpretation durch Einsicht des Patienten („Aha, genau so ist es, jetzt fällt es mir wie Schuppen von den Augen") die dialogische Überprüfung, die darin besteht, daß sich die forschenden Dialogpartner auf eine Interpretation einigen, d. h. Konsens herstellen (Konsenskriterium).

Die beiden anderen Autoren, die Psychoanalytiker Piet C. Kuiper und Jürgen Körner, lösen das Problem der Alternative „Naturwissenschaft oder Geisteswissenschaft" dadurch, daß sie von einem Sowohl-als-auch sprechen. Das heißt: Alle Einseitigkeit wäre von Nachteil. Kuiper betont, daß die einseitige naturwissenschaftliche Orientierung die subjektive Seite der conditio humana und das gesamte Gefühlsleben vernachlässigen würde (daher „Die Verschwörung gegen das Gefühl"). Damit wäre nur die halbe Wahrheit gefunden. Auf der anderen Seite räumt Kuiper ein, daß es durchaus kausale Erklärungen in der Psychoanalyse gibt, wenn z. B. gesagt wird, eine Veränderung sei deswegen zustande gekommen, weil das Bewußtbleiben eines Erlebnisses für das Bewußtsein so peinlich wäre, daß es auf die Dauer nicht ertragen werden könnte. Damit ist durchaus – bei allen Vorbehalten gegenüber dem kausalen Denken – eine ursächliche Beziehung zwischen Verdrängung und dem Auftreten eines neurotischen Symptoms hergestellt im Sinne des Wenn-dann-Satzes: „Wenn der Bewußtseinszustand für das Ich so unerträglich wird, dann wird der Gedanke verdrängt" (wenn auch um den Preis eines neurotischen Symptoms!). Andere Beispiele für solche Wenn-dann-Sätze sind: „Wenn ich von einer für mich wichtigen Person verlassen werde, dann bin ich traurig." Oder: „Wenn ich verfolgt werde, dann ergreife ich die Flucht."

Schwierigere psychische Verhältnisse sind allerdings nicht immer so leicht im Sinne eines *linearen* Denkens von Ursache und Wirkung in einem ursächlichen Zusammenhang zu bringen. Hier haben wir es, in Übereinstimmung mit Gregory Bateson (1972), eher mit einem *zirkulären* Denken zu tun, das sich in mehreren Systemen bewegen kann, die sich wiederum überschneiden können. Aus dieser Sicht läßt sich die Lorenzersche Lokalisierung der Psychoanalyse in einem Dreieck zwischen Psychologie, Soziologie und Biologie durchaus systemtheoretisch in Form von sich überschneidenden Kreisen darstellen, in den ein Bereich von allen drei Systemen überschnitten

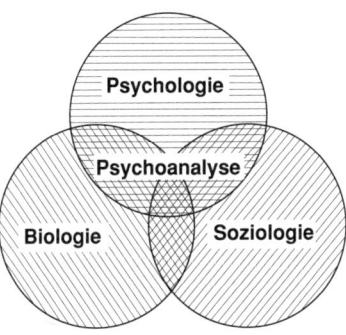

Abb. 5. Die Psychoanalyse als System zwischen den Systemen benachbarter Wissenschaften

wird, während andere Bereiche nur von zweien oder nur von einem berührt werden (Abb. 5).

Jürgen Körner verfolgt in zeitlicher Dimension die interessante Frage, ob nicht in der psychoanalytischen Methode die hermeneutische Vorgehensweise mit der erklärenden Methode abwechselt; ein interessanter Gedanke, den ich dahingehend präzisieren möchte, daß ich sage: *In* der psychoanalytischen Stunde gehe ich vorwiegend hermeneutisch vor, während ich mich *zwischen* den psychoanalytischen Sitzungen von Zeit zu Zeit, gleichsam außerhalb des eigentlichen psychoanalytischen Verfahrens stehend, in kausal denkender Weise frage, wie die hermeneutisch verstandenen Phänomene ursächlich aufeinander folgen oder miteinander zusammenhängen. Ich höre also in der Stunde dem Patienten zu und versuche, den Sinn dessen zu verstehen, was er mir sagt; wobei die Art und Weise, wie Analysand und Analytiker den Sachverhalt verstehen, jeweils einmalig ist und grundsätzlich nicht abgeschlossen werden kann. Zwischen den Sitzungen versuche ich darüber hinaus, aus eher distanzierter Position, allgemein gültige Regeln auf den Fall anzuwenden. Ich ziehe z. B. die psychoanalytische Theorie der Entstehung der Zwangsneurose (dabei kommt es zu einer Regression auf die anal-sadistische Phase) heran und versuche so, die Zwangssymptome des Analysanden im Sinne einer Wenn-Dann-Beziehung zu erklären.

Kasten 3
Was ist Psychoanalyse? Auflistung von Definitionen unterschiedlichster Provenienz

1. Definition von Freud selbst

„Chimney sweeping" oder „talking cure"	(Breuer und Freud 1895)
Deutungskunst, mit dem Ziel die Amnesien aufzuheben, alle Erinnerungslücken auszufüllen.	(Freud 1904, S. 8)
eine Theorie unbewußter seelischer Vorgänge	(Freud 1923a, S. 215)
ein Verfahren, in dem die Übertragung aufgedeckt wird	(Freud 1905c, S. 281)
keine tendenzlose, wissenschaftliche Untersuchung, sondern ein therapeutischer Eingriff; sie will an sich nichts beweisen, sondern nur etwas ändern	(Freud 1909a, S. 339)
eine Methode, die Illusionen zerstört	(Freud 1911a, S. 111)
eine Methode, die über Erinnern, Wiederholen und Durcharbeiten seelische Konflikte löst	(Freud 1914a, S. 126–136)
eine Reihe von psychologischen, auf solchem Weg gewonnenen Einsichten, die allmählich zu einer neuen wissenschaftlichen Disziplin zusammenwachsen	(Freud 1923a, S. 211)
eine Sexualitätstheorie, in der die Theorie des Ödipus-Komplexes eine zentrale Rolle spielt	(Freud 1923a, S. 223)

eine Methode, in der die kindliche Sexualität eine wesentliche Rolle spielt	(Freud 1926, S. 233–247)
eine Art „Korrektiv" gegenüber der Verdrängung	(Freud 1926, S. 285)
eine Forschungsmethode, ein parteiloses Instrument, wie etwa die Infinitesimalrechnung	(Freud 1927, S. 360)
ein Zweig der Psychologie - Tiefenpsychologie oder Psychologie des Unbewußten	(Freud 1933a, S. 170/171)
ein Verfahren, das „die für die Ich-Funktionen günstigsten psychologischen Bedingungen herstellen" (soll): damit wäre ihre Aufgabe erledigt	(Freud 1938, S. 96)

2. Definitionen von Psychoanalytikern nach Freud

Eine Naturwissenschaft, in der beobachtet wird, Gesetze über die Dynamik seelischer Vorgänge aufgestellt werden, die sogar dem Experiment zugänglich sind	(Hartmann 1927)
eine kritisch-hermeneutische Erfahrungswissenschaft	(Lorenzer 1974)
eine Erlebnis-Analyse	(Lorenzer 1984)
eine Humanwissenschaft in der Mitte des Dreiecks zwischen Biologie, Soziologie und Psychologie	(Lorenzer 1985)
eine sowohl „verstehende" als auch „erklärende" Wissenschaft	(Kuiper 1976, Körner 1985, Kutter 1984a)

eine in Sprache gründende Praxis, mit dem Ziel, die stillgelegten, verödeten, symptom-gewordenen Diskurse wieder zum Sprechen zu bringen	(Lacan, J. 1966)

3. Definitionen von Philosophen und Wissenschaftstheoretikern

ein hermeneutisches Verfahren, über das Bewußtsein in ein Bewußtwerden verwandelt wird	(Ricoeur 1969)
Psychoanalyse als Selbstreflexion	(Habermas 1968)
Psychoanalyse als „Tiefen-Hermeneutik" bzw. als „psychoanalytische Hermeneutik"	(Lorenzer 1970)
eine Deutungskunst	(Möller 1978)
eine Phänomenologie, in der der Gegenstand unmittelbar sinnlich angeschaut und die Prozesse im Anderen intuitiv nachvollzogen werden	(Husserl 1900)
eine emanzipatorische Wissenschaft im Zuge der Aufklärung	(Adorno 1966)
Psychoanalyse als Ideologiekritik	(Habermas 1968)

4. Definitionen vom Autor zusammengefaßt

eine Forschungsmethode zur Untersuchung sonst nicht zugänglicher unbewußter psychischer Prozesse

eine Behandlungsmethode psychischer Störungen

die Lehre von Widerstand und Übertragung

eine Persönlichkeitstheorie

eine Krankheitslehre bzw. eine Theorie psychischer Störungen

eine Geisteswissenschaft, in der in idiographischer Weise
einzelne Lebensläufe so gut wie möglich verstanden werden

eine Geschichtswissenschaft, in der die Geschichte einzelner
Menschen bis in die feinsten Verästelungen beschrieben wird

ein Verfahren zur Untersuchung seelischer Vorgänge, welche sonst kaum zugänglich sind

Plädoyer für eine Öffnung der Psychoanalyse gegenüber verwandten Wissenschaften

Ich plädiere im vorliegenden Buch für eine Öffnung der Psychoanalyse gegenüber allen angrenzenden Wissenschaften. Ich
will auch gerne bekennen, was ich von der psychoanalytischen
Theorie und Praxis wirklich halte, gewähren Psychoanalytiker
doch nur selten Einblick in das, was sie tun. Es existiert zwar
eine umfangreiche Literatur über psychoanalytische Praxis. Wie
psychoanalytische Praxis aber wirklich durchgeführt wird, läßt
sich allenfalls aus den Beschreibungen der Psychoanalytiker,
noch besser aus den Erlebnisberichten von Analysanden ahnen.
Dabei fallen große Unterschiede auf. Freud rät zum Beispiel in
seinen technischen Schriften, sich wie ein Spiegel zu verhalten
und nur das widerzuspiegeln, was vom Patienten ausgeht. Berichte früherer Analysanden Freuds sprechen dagegen eine ganz
andere Sprache[2]. Danach solle sich Freud sehr menschlich,
warmherzig und gütig verhalten haben. Bei den heutigen Psychoanalytikern wird es nicht anders sein. Das, was sie schreiben, wird nicht immer dem entsprechen, was sie wirklich tun.
Scharfsinnige philosophische Untersuchungen wie die Adolf
Grünbaums (1984), die die psychoanalytische Theorie und Methode auf Grund der Schriften Freuds mit den Mitteln philoso-
phischer Logik wissenschaftstheoretisch durchleuchten, kommen dadurch zwangsläufig zu Schlüssen, die den wahren Gegebenheiten nicht entsprechen. Dies ist freilich den untersuchenden Wissenschaftstheoretikern nicht zum Vorwurf zu machen,

vielmehr den nicht genau genug berichtenden Psychoanalytikern zuzuschreiben.

Es führt daher nicht weiter, wenn sich Psychoanalytiker nur in ihren eigenen Fachvereinigungen fast wie in esoterischen Zirkeln versammeln und die Freudsche Psychoanalyse hegen und pflegen und sich gegenüber anderen Wissenschaften abschotten. Es ist vielmehr an der Zeit, daß sich die Psychoanalyse nach außen öffnet. Ist ein Psychoanalytiker wie ich an einem Institut für Psychoanalyse in einem psychologischen Fachbereich angesiedelt, dann läßt es sich überhaupt nicht vermeiden, sich mit den Kollegen von der Psychologie auszutauschen und sich um eine gemeinsame Sprache zu bemühen. Dies muß nicht dazu führen, daß essentielle psychoanalytische Positionen zu Gunsten der Verständigung aufgegeben werden. Die Psychoanalyse kann sogar von den anderen Wissenschaften profitieren. Die verwendeten Methoden müssen lediglich, wissenschaftstheoretisch gesehen, dem zu untersuchenden Gegenstand adäquat, also angemessen, sein. So können linguistische, kommunikationstheoretische und sozialwissenschaftliche Methoden ebenfalls „latente Sinnstrukturen" (Oevermann et al. 1976) bzw. „latente Gesprächsstrukturen" (Keseling und Wrobel 1983) entdecken. Mit bestimmten psychologischen Testverfahren können die Veränderungen während eines psychoanalytischen Prozesses, wie sie sich im Laufe der Zeit ergeben, erfaßt werden, etwa mit dem Gießen-Test (Beckmann und Richter 1972) oder mit dem Fragebogen zur Abschätzung des psychosomatischen Krankheitsgeschehens (FAPK; Koch 1981). Wenn durch derartige Untersuchungen und Befunde Psychoanalyse für andere Wissenschaftler verständlich und beschreibbar wird, dann sehe ich darin keine Gefahr, sondern eher eine Chance, nicht nur einen Beitrag zu einer Entmythologisierung der Psychoanalyse zu leisten, sondern auch zur besseren Integrierung der Psychoanalyse in die Landschaft der Wissenschaften. Um diese Chance effektiv nutzen zu können, müßten Psychoanalytiker noch offener als bisher darüber informieren, wie sie ihre Daten erheben, wie sie sie interpretieren und wie ihre Interpretationen zustande gekommen sind. Speziell dazu will ich in Kapitel VIII einen neuen Beitrag leisten, wenn es um das psychoanalytische Behandlungsverfahren als solches geht.

V.
Die psychoanalytische
Persönlichkeitstheorie

1. Vorbemerkungen

In der Psychologie werden die Begriffe Persönlichkeit, Person, Charakter unterschiedlich verwendet: Während die einen Person als philosophischen Begriff sehen und Persönlichkeit im empirisch-psychologischen Sinne als die Summe dessen, was beobachtbar ist, zählen andere das innere Leben mit den Gefühlen der Identität, Selbständigkeit und des Selbstbewußtseins zur Persönlichkeit. In der Psychologie der 50er Jahre verstand man unter Persönlichkeit einen bestimmten Charakter, es gab eine ganze Charakterlehre, bestimmte Charaktertypen, ja charakterologische Systeme, die in zahlreichen Büchern dargestellt wurden, von denen Hubert Rohrachers *Kleine Einführung in die Charakterkunde* (1948) die meisten Auflagen erlebte. Dabei gibt es verschiedene Schichten im Aufbau des Charakters (Lersch 1948) oder Polaritäten (Wellek 1950). Intensität und Tiefe, Extraversion und Introversion, Eshaftigkeit und Ichhaftigkeit waren Kernbegriffe dieser Charakterologien.

Heute sieht die moderne Psychologie die Person in einem gegebenen Kontext und damit in Abhängigkeit von der Situation („state"), im Gegensatz zu den situationsunabhängigen Merkmalen („trait"). Die verschiedenen Bereiche der Person, wie Emotion, Kognition, Motivation, Wahrnehmung, Denken und Handeln bilden sich jeweils zu speziellen Zweigen der Psychologie (Kognitionspsychologie), Emotionspsychologie, Motivationspsychologie usw.) aus, so daß der Blick auf das Ganze der Persönlichkeit verloren geht. Das Bild des Menschen erscheint dann wieder als Selbst-Konzept, als Abfolge von Erfahrungen (das phänomenale Selbst) und als die Repräsentation der Person (das kognitive Selbst). Es präsentiert sich im Verhalten und ist wie der Charakter einer Person unverwechselbar (Pervin 1981).

In der heutigen Psychologie erscheint Persönlichkeit als das, was sich mit Hilfe von Persönlichkeitsmessung, Meßtechniken, Beobachtungen und Tests erfassen läßt oder als das, was sich im Sinne der Lerntheorie und Verhaltenstherapie zwischen Reiz und Reaktion abspielt. Damit reduziert sich die Persönlichkeit auf das Ensemble von Reaktionsdispositionen, die konditioniert und dekonditioniert werden können. Für ein umfassendes Verständnis vom Menschen reichen solche Theorien nicht aus. Es fehlt daher innerhalb der Psychologie nicht an Versuchen, hier Abhilfe zu schaffen: Abraham H. Maslows *Motivation und Persönlichkeit* (1954) ist hier ebenso zu nennen wie der personen-zentrierte Ansatz Carl R. Rogers (1961). Aber auch sie geben kein wirklich umfassendes Bild dessen, was wir unter Persönlichkeit verstehen.

Es lohnt sich daher, auch für heute studierende Psychologen, sich mit der psychoanalytischen Persönlichkeitstheorie auseinanderzusetzen. Sie geht auf Sigmund Freud zurück, hat sich aber in den letzten Jahrzehnten in vielfacher Hinsicht weiter entwickelt. Wir könnten dabei historisch vorgehen und die Entwicklung der psychoanalytischen Persönlichkeitstheorie so schildern, wie sie sich aus der Triebtheorie über die Ichpsychologie bis zur Selbstpsychologie und Objektbeziehungstheorie heraus differenziert hat. Wir könnten auch einen anderen Weg wählen und zuerst erörtern, dem Unterschied zwischen allgemeiner und differentieller Psychologie folgend, was die Psychoanlayse an allgemein gültigen Gesetzmäßigkeiten beschrieben hat, um uns dann, in idiographischer Sicht, dem jeweils einzigartigen Charakter einer Persönlichkeit zuzuwenden, wie er sich inter-individuell klar von anderen unterscheidet. Beide Wege lassen sich jedoch verbinden, wenn wir sowohl in der allgemeinen als auch in der differentiellen Persönlichkeitstheorie der historischen Entwicklung der psychoanalytischen Wissenschaft folgen.

Zuvor sei kurz angemerkt, wie die Psychoanalyse zu ihren Theorien gekommen ist: *Freuds Selbstanalyse* spielt dabei ebenso eine Rolle wie *die laufenden Beobachtungen an neurotisch gestörten Patienten*. Damit wird freilich die kritische Frage akut, ob denn die bei neurotisch Kranken gewonnenen Daten auf „normale Persönlichkeiten" angewandt werden dürfen. In der akademischen Psychologie ist dies unzulässig, denn dort bestimmen ideale, funktionale und statistische Normen, was gesund und krank ist. *In der Auffassung der Psychoanalyse sind die Grenzen zwischen Norm und Pathologie nicht so scharf.* Hier gibt es vielmehr insofern fließende Übergänge, als das in Extremform vorkommende Kranke *zumindest andeutungsweise in jedem Menschen vorkommt.* Die Psychoanalyse geht jedenfalls von dieser Annahme aus. Dies setzt freilich voraus, daß wir eine gewisse Kränkung überwinden, nämlich anzuerkennen, daß wir auch als Gesunde kranke Anteile in uns haben. Wem die psychoanalytische Persönlichkeitstheorie nicht behagt, der kann sie immerhin als eine Theorie betrachten, die, wenn auch nicht für ihn/sie, wenigstens für „Neurotiker" oder andere psychisch gestörte Individuen zutrifft.

Ehe ich in die Details gehe, gebe ich unumwunden zu, daß die psychoanalytische Persönlichkeitstheorie nicht durchgängig empirisch abgesichert ist. Insofern besteht z. B. die Kritik der *Experimentellen Studien zur Psychoanalyse Sigmund Freuds* durch Eysenck und Wilson (1973) zu recht. Mein Einwand gegenüber solcher Kritik lautet: Es ist zwar richtig, daß mit Hilfe von Untersuchungen, in denen z. B. College-Studenten befragt werden, wichtige Erkenntnisse der Psychoanalyse, wie solche zur sexuellen Entwicklung, zur Rolle des Ödipus-Komplexes und zur Bedeutung der Verdrängung, nicht mit der gewünschten Exaktheit überprüft werden können. Ich lade aber die Leser ein, bei der Lektüre jeweils selbst zu überprüfen, ob die hier vorgetragenen Theorien nicht am eigenen Erleben und an Erfahrungen von Freunden und Bekannten ebenso bestätigt werden können, wie in den in Kapitel 1 genannten Dramen und Filmen.

2. Freuds Bild vom Menschen

Freuds Bild vom Menschen war anfangs ganz von den Trieben als den beherrschenden Mächten bestimmt. Die dominierende Stellung hat der *Sexualtrieb* inne. Die Auswirkungen dieses Triebes fand Freud in den Träumen der Menschen, in den Fehlleistungen, im Versprechen, Vergessen oder Vergreifen und im Witz. Den genannten Themen widmete er jeweils ein Buch: *Die Traumdeutung* (1900), *Die Psychopathologie des Alltagslebens (1901)* und *Der Witz und seine Beziehung zum Unbewußten* (1905). In diesen drei Büchern, die sich heute noch wegen ihrer Anschaulichkeit gut als Abendlektüre nach einem anstrengenden Tag eignen, beschreibt Freud in außergewöhnlicher Lebendigkeit anhand vieler Beispiele, wie sehr wir zu bestimmten Zeiten in unterschiedlichem Ausmaß von den uns nicht bewußten Phantasien beeinflußt sind. Dabei kann ich vorwiegend auf Beispiele aus eigenem Erleben und aus der psychoanalytischen Praxis zurückgreifen, um zu illustrieren, wie das triebbestimmte Menschenbild Freuds aussieht. Da sind Dinge zum „Vorschwein" gekommen, wenn der Sprecher, ohne es recht zu wissen, den Eindruck hat, „Das ist eine Schweinerei". Da wird ein Buch verlegt, das von einem Autor stammt, dem gegenüber ich unbewußt Verachtung empfinde. Da wird eine Szene in der Erinnerung vergessen, die mir peinlich war.

Jeder wird, wenn er/sie ehrlich ist, aus eigenem Erleben Beispiele für Freudsche Versprecher und für unbewußt gesteuertes Vergessen, Verlegen, Vergreifen usw. finden. Dasselbe gilt für die zahllosen Witze, mit deren Hilfe wir uns für mancherlei Unterdrückung – nicht nur der Sexualität! – dadurch entschädigen, daß wir wenigstens im Witz etwas von dem Verbotenen ausdrücken und darüber lachen können.

Kehren wir aber jetzt zum Ernst der Theorie zurück.

2.1 Die psychoanalytische Sexualitätstheorie

Die Phasenlehre

Auch in einer modernen Psychoanalyse soll die psychoanalytische Phasenlehre nicht übergangen werden, bestimmt doch deren Verlauf die menschliche Persönlichkeit. Es ist die Rede von
der vielzitierten „oralen, analen und phallischen" bzw. „genitalen" Phase, die die Psychoanalyse seit Freud in die Zeit von der
Geburt bis ungefähr zum fünften Lebensjahr verlegt. Der Akzent der traditionellen Psychoanalyse liegt auf der triebhaften
Ausgestaltung der Phasen, das heißt: triebhafte Bedürfnisse
lassen uns als Kind gar nicht anders handeln, als in der „oralen"
(von lateinisch Os = Mund) Phase unwillkürlich die Brust zu
suchen, um daran zu saugen, später den Daumen, als Erwachsene Zigaretten. In der „analen" (von lateinisch Anus = After)
Phase können wir gar nicht anders, als die körperlich vorgegebenen Ausscheidungsvorgänge um Stuhlgang und Urin in unser
Erleben einzubeziehen. Hier sehen wir aber die gesellschaftlichen Einflüsse auf die Art des Umgangs mit derartigen Trieb-
äußerungen besonders deutlich. So kann sich jeder Leser vorstellen, daß es einen großen Unterschied macht, ob reinlich-
keitsfanatische Mütter ihre Kinder möglichst schon im zweiten
Lebenshalbjahr „sauber" bekommen wollen oder dem Kind
Zeit lassen zu lernen , wann es an der Zeit ist, zu „pinkeln" oder
einen „Haufen" zu machen. Im ersteren Fall wäre das Kind
fremdbestimmt, im letzteren Fall hätte es Gelegenheit gehabt,
selbstbestimmt seine Ausscheidungen zu steuern und als lust-
voll zu empfinden; ein Aspekt, den die klassische Trieb-Theorie
Freuds besonders betont. Nicht minder folgenschwer sind die
über die verschiedenen Erziehungsstile in den Familien vermittelten gesellschaftlichen Einflüsse auf die Entwicklung der Sexualität, die wir hier, für beide Geschlechter, „genitale" Phase
nennen. So ist es von erheblicher Tragweite, ob Eltern z. B.
glauben, ihr Sohn müßte gänzlich im Sinne des traditionellen
Bildes von einem Mann besonders „hart" erzogen werden,
dürfe keine Gefühle zeigen (Männer weinen nicht), wohl aber
tapfer, mutig und auch angriffslustig sein. Das krasse Gegenteil

an traditionellen Wunschvorstellungen tragen Eltern, die noch ein traditionelles Frauenbild in sich tragen, an ihre Tochter heran: weich, sanft, gefühlvoll, nicht angriffslustig. Die biologisch vorgegebenen Triebregungen erfahren dadurch eine empfindliche Beeinträchtigung, denn es ist keinesfalls so, daß, würden Jungen und Mädchen sich frei entfalten können, die Entwicklung in das jeweils „weibliche" oder „männliche" Bild münden würde. Mädchen könnten dann ebenso angriffslustig sein wie Jungs, die ihrerseits Gefühl und Hingabe entwickeln könnten.

Damit wäre die phallo-zentrische Orientierung der klassischen Psychoanalyse mit ihrer „Penis-Neid-Theorie" überwunden zugunsten einer beide Geschlechter gleichermaßen berücksichtigenden Perspektive. Wir kommen in diesem Kapitel unter 3.1 auf diese neuen Sichtweisen zurück.

Das Problem der Aggressivität

Sexualität und Aggressivität sind zwei Grundbestimmungen des menschlichen Lebens. Dabei ist das Problem der menschlichen und zwischenmenschlichen Aggressivität, das Problem aggressiven, das heißt verletzenden, zerstörenden, ja grausamen Verhaltens bislang keinesfalls gelöst. Es darf deswegen in der hier vorgestellten psychoanalytischen Persönlichkeitstheorie nicht fehlen. Freud selbst hatte seine Schwierigkeiten mit dem Phänomen der Aggressivität. An einigen Stellen geht Freud davon aus, daß aggressiv-sadistisches Verhalten *Folge eines Triebes* ist. Die Frage ist nur, ob die aggressiv-sadistischen Triebe im Sinne einer monistischen Triebtheorie zur Sexualität gehörend zu verstehen sind oder im Sinne einer dualistischen Triebtheorie eine eigenständige Triebgruppe repräsentieren. Die Verhältnisse wurden nicht klarer, als Freud – eher spekulativ als auf Beobachtungen gründend – die *Todestriebhypothese* einführte; einen Trieb, der primär den Tod sucht, sekundär aber nach außen gewendet werden kann.

Eine andere Theorie geht davon aus, daß aggressives Verhalten *reaktiv auf Frustration* erfolgt. Freud konnte sich lange nicht entscheiden. Auch die zeitlich auf Freud folgenden Psychoanalytiker haben ihre Schwierigkeiten mit dem Phänomen der Aggressivität: Würden sie die Todestriebhypothese ablehnen, dann müßten sie die These eines primären Aggressionstriebes befürworten. Sie müßten mit der Möglichkeit extremer Grausamkeit rechnen, wie sie die Geschichte der Judenverfolgungen drastisch verdeutlicht. Gerade solche Extreme lassen uns keine andere Wahl, als einen im Menschen verankerten *Aggressionstrieb* anzunehmen, dessen Ziel es ist, andere zu *schädigen*, zu *verletzen*, zu *zerstören*, ja zu *töten*. Im Laufe der Sozialisierung kann der auf Destruktion hin ausgelegte Aggressionstrieb insofern gezähmt werden, als er konstruktiven Zielen zugeführt werden kann. Es ist nämlich möglich, ursprünglich ungezügeltes, unkoordiniertes und rücksichtsloses, aggressives Verhalten im Sinne einer ungekonnten Aggression in ein gekonnt aggressives Verhalten zu verwandeln, das es dem Menschen erlaubt, seinen Standpunkt zu behaupten, sich einer Gefahr zu erwehren und notfalls gezielt anzugreifen.

In der Jugend setzen wir uns handgreiflich kämpferisch mit Gleichaltrigen auseinander, während wir im Erwachsenenalter die intellektuelle Auseinandersetzung mit messerscharfen Argumenten in Diskussion und Disputation vorziehen.

Nicht bewältigte Aggressivität ist denkbar geeignet, die zwischenmenschlichen Beziehungen laufend zu gefährden. Die *eine* Gefahr ist die Zerstörung des anderen, mit dem Extrem des Mordes eines einzelnen Menschen im Homizid oder eines ganzen Volkes im Genozid. Die *andere* Gefahr ist die der Selbstzerstörung mit ihrer nicht minder schrecklichen Alternative des Selbstmordes im Suizid. Derartige extreme menschliche Möglichkeiten zeigen in unmißverständlicher Deutlichkeit, wie dringlich es ist, das Problem menschlicher und zwischenmenschlicher Aggressivität zu lösen. Dazu gehört die für uns wenig schmeichelhafte Einsicht, daß der Mensch im Grunde nicht „*edel, hilfreich und gut*" ist, sondern *potentiell böse und gefährlich.* Wir kommen also nicht darum herum, Aggressivität genauso wie Sexualität oder Angst als eine weitere conditio humana anzusehen. Damit wäre das unerfreuliche Phänomen der Aggressivität in unser Bild vom Menschen integriert. Nur auf diese Weise können wir lernen, mit den potentiell zerstörerischen Kräften in uns besser umzugehen, sie zu beherrschen,

zu kontrollieren oder so zu steuern, daß sie, wie die Atomener-
gie, nicht völlig verdammt („Atomkraft, nein danke") werden,
sondern in realistischer Einschätzung der Tatsachen, wie z. B.
die Röntgenstrahlen in der Medizin, sinnvoll genutzt werden
können.

2.2 Die Entwicklung des Strukturmodells

Freud hat im Laufe seines Lebens verschiedene Versuche gemacht, theoretisch zu beschreiben, wie sich die vielfältigen Prozesse im Menschen erfassen lassen. In seinem Entwurf von 1895
ist die Persönlichkeit das „Realitäts-Ich", das vom Selbsterhal-
tungs- und Sexualtrieb beherrscht wird. Da es verschiedene
Triebregungen gibt, die die Persönlichkeit bestimmen, nicht
nur der Sexualtrieb, war Freud gezwungen, immer wieder Korrekturen an seinen theoretischen Annahmen vorzunehmen:
1914 führte er in *Zur Einführung des Narzismus* insofern eine
neue Dimension ein, als er unter der Bezeichung „narzißtisch"
Eigenschaften beschrieb, die unser Selbstgefühl, unseren Selbstwert und unsere Selbsterhaltung betreffen. 1921 lagen mit *Massenpsychologie und Ichanalyse* sowie mit *Das Ich und das Es*
(1923) die wesentlichen Voraussetzungen vor, um das bekannte
Strukturmodell von Es, Ich und Überich zu entwerfen, das
1926 durch *Hemmung, Symptom und Angst* bis zur 31. Vorle-
sung der *Neuen Folge der Vorlesungen zur Einführung in die
Psychoanalyse* (1933) mit dem Titel „Die Zerlegung der psychischen Persönlichkeit" und zum *Abriß der Psychoanalyse* (1938)
nur noch unwesentliche Änderungen erfuhr. *Ich halte Freuds
Strukturmodell nach wie vor für einen praktisch äußerst nützli-
chen Beitrag zur Persönlichkeitstheorie.*
  Deren Weiterentwicklungen umfassen Erik Erikson Identi-
tätslehre, (1950, 1959) die Selbstpsychologie Heinz Kohuts
(1971, 1977) und die Objektbeziehungstheorie der Londoner
Schule[1]: Melanie Klein (1937, 1952), W. Ronald D. Fairbairn
(1952), Donald W. Winnicott (1965a, 1965b, 1958), John
Bowlby (1951, 1969, 1973, 1980), M. Masud R. Khan (1974).
Letztere erreichte, wie wir schon beim Nachzeichnen des Baumes der psychoanalytischen Erkenntnisis sahen, in den USA

durch Otto F. Kernberg (1975, 1976, 1980) einen vorläufigen Höhepunkt. Eine Synthese dieser verschiedenen Persönlichkeitsmodelle werde ich im Abschnitt 3.2 dieses Kapitels zu vollziehen versuchen.

Das Affekt-Trauma-Modell

Nach diesem Modell führt eine im wirklichen Leben in der Kindheit vorgekommene *Traumatisierung* (griechisch Trauma = Verletzung) insofern zu einer psychischen Verletzung, als *ein dramatisches Ereignis von der noch unentwickelten kindlichen Persönlichkeit nicht verarbeiten werden kann.* Das gesetzte Trauma hinterläßt Spuren, die zu erheblichen Entwicklungsstörungen führen können. Derartige Traumen können wirklich vorgekommene sexuelle Verführungen sein, körperliche Mißhandlungen oder auch „nur" seelische Grausamkeit, wenn den Kindern z.B. vermittelt wird, daß sie unerwünscht sind, daß sie stören, einem auf die Nerven gehen usw. Das Primäre ist die äußere Verletzung, das Sekundäre die psychische, also innere Traumatisierung; mit anderen Worten: primär ist die Schädigung, sekundär der Schaden. Der Schaden kann in einem Defizit bestehen, z.B. in einem *Mangel an positiver Zuwendung,* oder in einem *Übermaß an traumatisierenden Ereignissen,* deren Resultat Angst, Erregung und reaktive Wut ist. Diese Affekte können aber nicht abgeführt werden und wirken damit tertiär schädlich auf die sich entwickelnde kindliche Persönlichkeit ein. Die Folge sind Entwicklungshemmungen, kindliche Neurosen, wie Einnässen, Einkoten, extremer Trotz, Apathie, und später, nach Einschulung, Schwierigkeiten in der Schule.

Das topographische Modell

Es befaßt sich mit dem Verhältnis von bewußten zu unbewußten Prozessen. Es unterscheidet drei Bereiche, in der Reihenfolge ihrer Bedeutung 1. einen unbewußten, 2. eine vorbewußten und 3. einen bewußten Bereich. Zwischen den drei Bereichen besteht jeweils eine Grenze, die aber unter bestimmten

Bedingungen zumindest semipermeabel, also halbdurchlässig, vorübergehend auch ganz durchlässig sein kann. Bildhaft gesprochen stehen an den Grenzen gleichsam „Wächter", die den Grenzübergang kontrollieren. So können an der Grenze zwischen unbewußtem und vorbewußtem Bereich anstößige Triebregungen *abgewiesen* oder *durchgelassen* werden. Dasselbe gilt für den „Wächter" an der Grenze zwischen vorbewußtem und bewußtem Bereich.

Wir können uns lebhaft vorstellen, daß die „Wächter" auch bestochen werden können, wenn „Schmuggler" bestimmtes Schmuggelgut über die Grenze bringen wollen (vgl. Abb. 6).

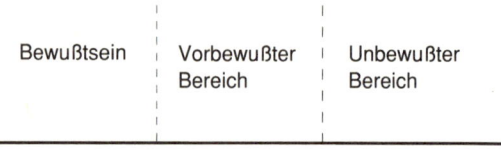

Abb. 6. Das topographische Modell (nach Freud abgewandelt)

Dieses sehr anschauliche topographische Modell ist durch das später entwickelte Strukturmodell keinesfalls aufgehoben. Es erweist sich nämlich nach wie vor in der täglichen psychoanalytischen Praxis als außerordentlich pratikabel. Es ist auch durchaus mit psychologischen Modellen der Wahrnehmungspsychologie und der Gedächtnispsychologie kompatibel. Es läßt sich selbst mit dem Reiz-Reaktionsmodell der Lerntheorie und Verhaltenstherapie in Einklang bringen, wenn wir uns vorstellen, daß ein zunächst bewußter Reiz vorübergehend vorbewußt oder auch länger unbewußt werden kann, ohne seine Wirkung einzubüßen.

Wir sollten uns hüten, den unbewußten Bereich wie eine Entität oder eine besondere Wesenheit zu betrachten, die in der Psychoanalyse zuweilen wie ein Heiligtum behandelt wird. Das topographische Modell erlaubt uns, zu erklären, wie eine affektive Regung (Angst oder Ärger) vorübergehend bewußt wahrgenommen wird, dann aber, wenn Angst und Ärger dem Bewußtsein zunehmend unangenehm werden, zunächst in den vorbewußten und dann in den unbewußten Bereich verdrängt oder „abgeschoben" werden.

In Analogie mit der Gedächtnispsychologie entspricht der vorbewußte Bereich dem Kurzzeitgedächtnis, der unbewußte dem Langzeitgedächtnis. In der Sprache der Informationstheorie sind im unbewußten Bereich bzw. im Langzeitgedächtnis Elemente gespeichert, die, durch „Filter" getrennt, dem Bewußtsein nicht zugänglich sind, wohl aber über bestimmte Prozesse grundsätzlich bewußtseinsfähig gemacht werden können.

Die Analogie zur Gedächtnispsychologie und Informationstheorie ist einsichtigen Psychologen nicht verborgen geblieben. Der Psychologe Matthew Hugh Erdelyi (1985) hat das topographische Modell der Psychoanalyse mit Hilfe der Informationstheorie in sehr anschaulicher Weise dargestellt, die keinem Psychologen Schwierigkeiten machen würde, Einsichten der Psychoanalyse als „kognitive Psychologie" zu verstehen.

Das Strukturmodell

Hier sind es Es, Überich und Ich, die sich als Instanzen oder Systeme der Persönlichkeit aktiv und reaktiv der Realität gegenüber verhalten. Dabei ist der Bereich des *Es* weitgehend mit dem unbewußten Bereich des topographischen Modells identisch. Es herrschen besondere Gesetzmäßigkeiten, die vom Ich weitgehend unkontrolliert sind, wie Verschiebung, Verdichtung, Vertauschung, und sich, zum Teil nur wenig entstellt, im Traum bildhaft ausdrücken können. Das beherrschende Prinzip ist das Lustprinzip, in politischer Analogie die Anarchie.

Im *Überich* sind die Normen und Werte lokalisiert, die sich als Folge vielseitiger Erziehungseinflüsse und als Auswirkungen elterlicher und sozialer Vorbilder als Struktur in der sich entwickelnden Persönlichkeit niedergeschlagen haben. Die genannten Normen und Werte werden, zusammen mit den damit zusammenhängenden Geboten und Verboten, zum großen Teil im Laufe der Entwicklung unbewußt. Sie verlieren aber ihre die Autonomie des Ichs erheblich einschränkenden Wirkungen keineswegs.

Das *Ich* ist somit zwischen Es und Überich erheblich eingeengt und hat gegenüber diesen Instanzen einen schweren Stand. Das Ich ist in der Tat von zwei Seiten bedrängt: Von der

Triebseite des Es her, von sexuellen und aggressiven Impulsen, die alle nach Befriedigung streben. Ihre tatsächliche Befriedigung würde indes dem Heranwachsenden erhebliche Auseinandersetzungen mit den Eltern bescheren. Auf der anderen Seite mahnen die im Überich verinnerlichten Verbote der Eltern, die schon ohne Anwesenheit der Eltern als Gewissen funktionieren und verbieten: „Das darfst du nicht tun, sonst setzt es Strafen!" Das bedeutet für das vom Überich abhängige Ich: „Ich bin hilflos den Trieben des Es und den Forderungen des Überich ausgesetzt." Dazu kommt noch die jeweils aktuelle Realität, die das Ich zusätzlich bedrängt; wahrlich keine erfreuliche Vorstellung, die hier die Psychoanalyse von unserer Persönlichkeit entwirft (vgl. Abb. 7).

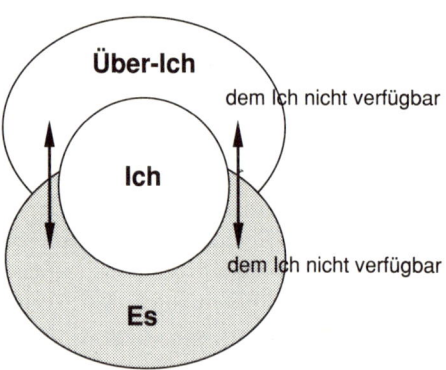

Abb. 7. Vom Überich und Es beherrschtes und eingeengtes Ich.
⇕ = unbewußte Kommunikation zwischen Es und Überich

Der Sachverhalt sieht aber anders aus, wenn wir uns nicht ein kindliches oder durch neurotische Störungen verzerrtes Ich ansehen, sondern *ein voll entwickeltes „reifes" Ich*. Ein derart „reifes" Ich ist Träger des Bewußtseins, Vermittler zwischen den aus dem Es andrängenden Triebregungen und den im Überich lokalisierten Geboten und Verboten. Es ist außerdem Überprüfungs- und Entscheidungsinstanz, die die Probleme und Konflikte, wie sie angesichts der sich oft widersprechenden Anforderungen der unterschiedlichen Instanzen leicht resultieren, prüft, Problemlösungen erprobt, bejaht oder verwirft. Die

Entscheidung erfolgt dabei ganz bewußt, entweder in Richtung auf das Ausleben der Triebregung in der gegebenen günstigen Situation oder auf deren Abweisung. Die Erfüllung der Triebwünsche kann auch auf später vertröstet werden. Es kann auch zu einem Kompromiß kommen, mit teilweisem Verzicht und teilweiser Befriedigung in sozial akzeptierter Form als Sublimation. Unter solchen günstigen Umständen stehen dem Ich die Potentiale des Es voll zu Verfügung. Das Ich fühlt sich dadurch bereichert und belebt, denn die sonst abgewehrte Erotik, Sinnlichkeit oder Leidenschaftlichkeit ist ins Ich integriert.

Hinsichtlich des Überich ist das gewachsene gesunde Ich ebenfalls autonom, denn es entscheidet bewußt darüber, ob es sinnvoll ist, ein im Überich vorgegebenes Verbot in einer gegebenen Situation einzuhalten oder nicht. Es entscheidet ferner darüber, ob es zweckmäßig ist, ein Vorurteil zu übernehmen oder es kritisch zu überprüfen, zu hinterfragen und in ein bewußtes Urteil umzuwandeln.

In der Spannung zum Ich stehen übrigens die bislang noch nicht erwähnten *Ideale* unserer Persönlichkeit. Im Strukturmodell sind sie entweder im Überich lokalisiert oder sie stellen eine eigenständige Instanz dar. Das Ich überprüft nun, ob unsere Ideale realitätsgerecht sind oder nicht: sind sie womöglich zu hoch gegriffen und können deswegen nicht erreicht werden? Ist es besser, sich durch entsprechendes Verhalten dem Ideal anzunähern oder das Ideal dem realen Verhalten anzugleichen?

Aus dieser einheitlichen Sicht sind die Bereiche Ich, Es, Überich und Ideal klar voneinander getrennt und nicht, wie im Fall des Kindes oder des Neurotikers, in heillose Konflikte verstrickt. Das Ich hat sich vielmehr als Kern der Persönlichkeit dadurch verändert, daß es weite Bereiche des Es ganz im Sinne von Freuds Diktum „Wo Es war, soll Ich werden" ebenso angeeignet hat wie weite Bereiche des Überich. Das Überich steht nun nicht mehr *über* dem Ich, sondern allenfalls *neben* dem Ich. Damit ist der Ichbegriff mit dem Persönlichkeitsbegriff der Psychoanalyse identisch; ganz in Übereinstimmung mit S. Freud (1923b, S. 243), der das Ich als „Vorstellung einer zusammenhängenden Organisation der seelischen Vorgänge in einer Person" beschreibt.

In diesem Zusammenhang erinnere ich an ein anschauliches

Bild, das sich schon bei Plato findet, nämlich an das von *Reiter und Pferd;* ein Bild, das die genannten Macht-Ohnmacht-Verhältnisse insofern anschaulich beleuchtet, als wir uns vorstellen können, daß ein des Reitens unkundiges Kind völlig vom Pferd beherrscht wird, während der kundige Reiter die Kräfte des Pferdes für sich zu nutzen weiß. Aus dem Reiterbeispiel ergeben sich zwei Alternativen: Wenn der Reiter das Pferd zu beherrschen versteht, dann wächst er (das Ich) gleichsam um den Anteil der lenkbaren Kräfte des Pferdes. Im anderen Fall unterliegt der Reiter (das Ich), fühlt sich ohnmächtig, schwach und völlig der Willkür des Pferdes (des Es) ausgeliefert.

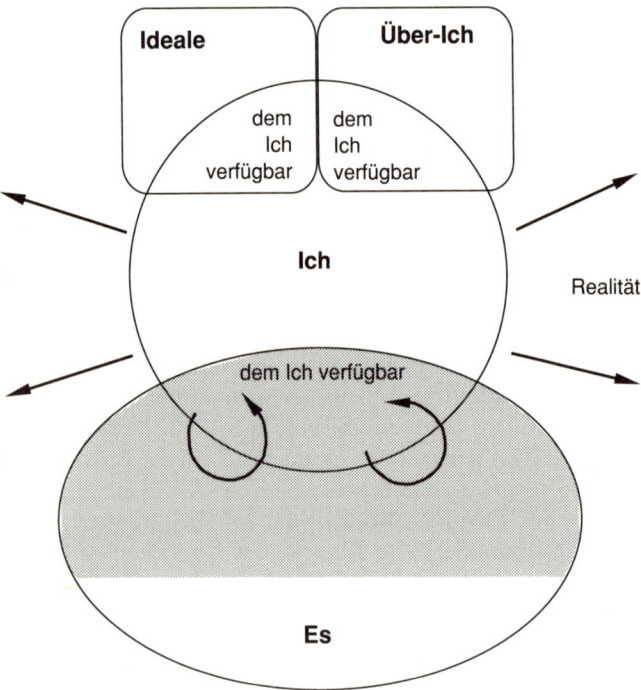

Abb. 8. vom Überich und Es befreites Ich, das das Es für sich zu nutzen weiß (↺); die Ideale und das Überich sind teilweise ins Ich integriert, teilweise außerhalb, beherrschen das Ich aber nicht.

Im ersteren Bild ist die Triebseite in die Persönlichkeit integriert, das Primat der Genitalität ist anerkannt. Die erogenen Zonen, einschließlich der mit ihnen verbundenen Sinnlichkeit, sind dabei ebenso eingeschlossen wie die damit verbundenen Wünsche und Motive. Sie stehen bei Bedarf je nach gegebener Situation zur Verfügung. Er/sie hat die Verfügungsgewalt, die Kontrolle, und kann aktiv gestaltend die Verwendung der aus dem Es kommenden Regungen steuern; ein Modell der Persönlichkeit, das den Lesern wahrscheinlich deswegen gefällt, weil das Ich in dieser Sicht eine starke Instanz ist, die relativ autonom denkt, fühlt und handelt. Sie hat das Pferd fest am Zügel, kann es zügeln und auf lange Sicht zähmen. Damit sind die zuvor die Autonomie behindernden Abhängigkeiten von der Realität ebenso abgebaut wie die von den biologisch vorgegebenen Triebregungen des Es, von den Anforderungen des Überich und von den Ansprüchen unserer Ideale; Ziel jeder Psychoanalyse (vgl. Abb. 8).

3. Weiterentwicklungen der Freudschen Auffassungen

3.1 Moderne psychoanalytische Aspekte zur Sexualität

In den Jahrzehnten nach Sigmund Freuds Tod ist die psychoanalytische Sexualitätstheorie durch zahlreiche Weiterentwicklungen bereichert, ausgebaut und differenziert worden. Dies belegt Martin S. Bergmans Buch *The Anatomy of Loving* (1987), in dem die Unfähigkeit zu lieben ebenso anschaulich beschrieben wird wie verschiedene Formen der masochistischen, sadistischen, narzißtischen, platonischen oder sublimierten Liebe. Insbesondere die Literatur über weibliche Sexualität hat, angeregt durch die Frauenbewegung der 70 Jahre, erheblich zugenommen und einige Korrekturen der klassischen Freudschen Sicht der Frau bewirkt, während die männliche Sexualität, die zu Freuds Zeiten der einzige Orientierungsmaßstab war, in historischer Konsequenz in den Hintergrund geraten ist. Die öffentliche Auseinandersetzung mit dem Phänomen der Homosexualität hat in soziologischen, pädagogischen, psychologischen und politischen Kreisen viel verändert, Vorurteile ausgeräumt und neue Sichtweisen hervorgebracht, die ich wenigstens in Umrissen den Lesern der vorliegenden Einführung nicht vorenthalten will.

Ich beginne mit allgemeinen Problemen der Geschlechtsidentität, rekapituliere dann einiges aus der umfangreichen Literatur über weibliche Sexualität, gehe zum Thema der männlichen Sexualität über, um mich anschließend dem immer noch umstrittenen Thema Homosexualität zuzuwenden.

Geschlechtsidentität

Wollen wir weibliche und männliche Geschlechtsentwicklung und deren Störungen in einem umfassenden Sinne verstehen, dann müssen wir folgende drei Aspekte von Geschlechtsidentität beachten:

1. der *biologische* Aspekt, d. h. *das körperlich bestimmte Geschlecht* als Mann oder Frau mit den dazugehörigen primären und sekundären Geschlechtsmerkmalen,

2. die *gesellschaftlich vermittelten Geschlechtsstereotype* oder -klischees über das, was als männlich oder weiblich gilt. Darüber gibt es bekanntlich in verschiedenen Gruppierungen, Gesellschaftsschichten und -gruppen die unterschiedlichsten Auffassungen. Dazu kommt der Wandel dessen, was im Laufe der Geschichte als männlich oder weiblich bezeichnet wird. Dem unterschiedlichen Empfinden von männlich und weiblich entspricht die herrschende Gesetzgebung in Familienrecht und Strafrecht, die Praxis der Lohnbuchhaltung und der Personalabteilungen in der Industrie, in Handel, Wirtschaft und öffentlichem Dienst. *In der traditionellen Rollenaufteilung* ist der Frau die Rolle der Hausfrau und Mutter zugeteilt, dem Mann das Leben im Beruf. Dieses geschlechtstypische Verhalten von Mann und Frau wird in der Psychologie unterschiedlich gese-

hen (Degenhardt und Trautner 1979). Es werden zum Teil erhebliche Unterschiede zwischen Mann und Frau beschrieben. Unterschiede im aggressiven Verhalten, im Aktivitätsgrad, in Dominanz und Impulsivität, im Hinblick auf Furcht und Angst, bezogen auf Protest oder Gehorsam sowie auf die räumliche Wahrnehmung. Im Gießen-Test stellten sich Frauen im Vergleich zu Männern eher ängstlich, fürsorglich, gefügig, weniger ehrgeizig, schwächer, ordentlicher, depressiver und eher angestrengt dar als Männer, bei denen Stärke, Herrschaft, weniger Angst und mehr Ehrgeiz dominieren (Beckmann und Richter 1972). Demnach sind die alten Rollenstereotype in der Selbsteinschätzung von Frauen und Männern trotz gewisser Veränderungen des öffentlichen Bewußtseins nach wie vor wirksam.

3. *das „psychische" Selbstbewußtsein als Mann bzw. Frau.* Der Psychologe und Psychoanalytiker Robert J. Stoller, der sich in einer ganzen Reihe von Büchern mit dem Problem der Geschlechtsidentität befaßt hat (1968, 1973, 1975a, 1975b), hat auf das Gefühl, sich in einer bestimmten Weise männlich oder weiblich zu erfahren, besonders aufmerksam gemacht. Es hängt in starkem Ausmaß vom Vorbild der Eltern ab, aber auch von Einflüssen der „peer-group", der Gruppe der Altersgenossen. So fördert die Wertschätzung des Vaters eine männliche Identität, die der Mutter eine weibliche. Hat eine Tochter Probleme mit der weiblichen Identität der Mutter, dann wirkt sich dies mit hoher Wahrscheinlichkeit später als gebrochene Geschlechtsidentität aus.

Es läßt sich gar nicht vermeiden, daß wir uns während unserer Entwicklung mit den wichtigsten Bezugspersonen mehr oder weniger identifizieren. Dabei ist es *grundsätzlich* bedeutsam, daß *das erste Bezugsobjekt in allen Gesellschaften* – und damit universal – *die Mutter* ist, und zwar *für beide Geschlechter.*

Diese Tatsache hat für die Entwicklung der Geschlechtsidentität als Frau oder Mann eine große Bedeutung: Am Ursprung der Entwicklung identifiziert sich die Tochter in der Person der Mutter mit dem gleichen Geschlecht, der Sohn aber mit dem anderen Geschlecht. Dies bedeutet für den Jungen die Gefahr einer Feminisierung, der durch besondere Vorkehrungen begegnet werden muß; durch *Abwendung von* der Mutter und *Zuwendung zum* Vater oder durch eine besondere Des-Identi-fizierung, d. h. eine Rücknahme der Identifizierung.

Für die Tochter besteht in der Beziehung zur gleichge-schlechtlichen Mutter die Gefahr der fehlenden Abgrenzung. Um ihr nicht zu erliegen, bedarf die Tochter ihrerseits besonde-rer Anstrengungen in Form konstanter Abgrenzungsarbeit.

Die biologische Ausgangssituation der Tochter bzw. des Sohnes in der Beziehung zur Mutter bringt damit für jedes Geschlecht Vorzüge und Nachteile: Die *Frau* hat die Chance einer stabileren Kernidentität als Frau, weil es leichter ist, sich als weiblich Geborene mit einer Frau zu identifizieren, um zu einer stabilen Geschlechtsidentität zu kommen. Ihre Gefahr besteht in der zu großen Bindung und in mangelnder Abgren-zung bei unscharfen Persönlichkeitsgrenzen, was die Entwick-lung zu Autonomie und Unabhängigkeit erschweren kann.

Der *Mann* muß sich zu Beginn seines Lebens mit einer Per-son identifizieren, die dem anderen Geschlecht angehört. Die Gefahr für ihn besteht in der Feminisierung bei zu großer Identifizierung mit der Mutter. Dieser Nachteil ist aber mit dem nicht zu gering zu schätzenden Vorteil verbunden, sich eher gegenüber dem andersartigen Geschlecht abgrenzen zu können, was die Entwicklung zur Selbständigkeit fördert.

Früher oder später tritt auch eine männliche Person in den Gesichtskreis des heranwachsenden Kindes, in der Regel der *Vater*. Bei dessen Fehlen kann es aber auch ein Onkel, Großva-ter oder sonstiger Verwandter sein, der die Vaterrolle über-nimmt. *Voraussetzung für eine Identifizierung mit einer Vater-figur ist eine überwiegend gute Beziehung zu ihr.* Aus positiven Beziehungen hervorgehende Identifizierungen werden zu blei-benden Teilen der wachsenden Persönlichkeit, bereichern diese und fördern die Identitätsbildung generell, im besonderen aber die Geschlechtsidentität. Das heißt in unserem Zusammenhang für den Jungen, daß ein betont männlicher Vater seine männli-che Geschlechtsidentität fördert, ein schwacher femininer Vater dagegen kompliziert. Beim Mädchen bringt eine zu starke Iden-tifizierung mit dem Vater die Gefahr der Maskulinisierung mit sich. Gleichzeitig besteht aber gegenüber dem gegengeschlecht-lichen Vater für die heranwachsende Tochter die Chance, die

Geschlechtsunterschiede besser wahrzunehmen und sich damit besser abzugrenzen.

Neben der Identifizierung mit männlichen und weiblichen Merkmalen wichtiger Bezugspersonen spielen die aktuellen Beziehungen zu diesen Menschen eine nicht zu unterschätzende Rolle für unser Selbstbewußtsein als Frau bzw. als Mann: Ob ein Vater die heranwachsende Tochter als Frau bewundert, ist dabei nicht minder entscheidend als die Tatsache, ob die Mutter die sich entwickelnde Männlichkeit des Sohnes als etwas Begrüßenswertes einschätzt oder nicht. Werden nur traditionell vermittelte Spiele gestattet (für die Tochter Spiele mit Puppen, für den Sohn Spiele mit Autos), dann brauchen wir uns nicht zu wundern, wenn die klassischen Rollen-Stereotype andauern.

Hier haben die Eltern der Nachkriegsjahrzehnte einiges dazugelernt. Sie gestatten ihren Kindern, neben den traditionellen Rollen auch neues Verhalten spielerisch auszuprobieren. Daraus ergibt sich die Chance der Erweiterung der eigenen Geschlechtsidentität in Richtung auf Bereiche, die bisher nur vom anderen eingenommen waren (z. B. Stricken und Kochen für Männer; z. B. Autofahren, typische Männerberufe für Frauen).

Unbewußte Phantasien über das, was als männlich bzw. weiblich gilt, wirken sich nachhaltig auf das Selbstbewußtsein in einer bestimmten Geschlechtsidentität aus. Hier hat es der Junge deswegen leichter, weil er das äußerlich sichtbare Glied seines Geschlechtsorgans leicht wahrnehmen und berühren kann und damit, auch in der Vorstellung, „begreifen" kann. Das Mädchen hat es in dieser Beziehung im Hinblick auf die primären Geschlechtsmerkmale schwerer, da diese äußerlich gegenüber dem sichtbaren Glied des Jungen nicht so auffallen. Freud hat daraufhin bekanntlich seine Penisneidtheorie aufgebaut. Wird dem Mädchen aber bewußt gemacht, daß es im Körperinneren ausgeprägte Geschlechtsorgane hat, dann entfällt der Penisneid, denn das Mädchen kann auf die zwar nicht sichtbaren, aber innerlich vorhandenen, vielfältig differenzierten weiblichen Geschlechtsorgane durchaus stolz sein. Wie Psychoanalysen weiblicher Patienten immer wieder zeigen, haben Frauen vielfach keine angenehmen Phantasien über ihre Geschlechtsorgane. Sie stellen sich hier bisweilen einen leeren Raum vor, oder eine Höhle, in der Urin, Kot und Blut angesammelt ist, eine

Höhle, aus der auch Kinder kommen. Überläßt man die Frauen aber dem psychoanalytischen Prozeß, dann zeigen sich nach und nach erfreulichere Bilder. Eine Patientin träumte von einer Höhle, in der Bilder ausgestellt waren, von einer Lotusblüte, zu der sie weibliches Genitale assoziierte, von einem Schatzkästlein, das es zu entdecken gilt, in dem viele unerkannte Schätze verborgen seien. George Devereux hat in seinem Buch *Baubo. Die mythische Vulva* (1981) kollektive Phantasien über das weibliche Genitale gesammelt und dabei herausgearbeitet, daß dieses, ist es von der Frau einmal in die Persönlichkeit integriert, durchaus auch als Waffe gegenüber dem Mann benutzt werden kann, dadurch, daß es plötzlich entblößt wird, also ganz analog dem Verhalten des männlichen Exhibitionisten gegenüber Frauen.

Störungen der Geschlechtsidentität resultieren also meist aus Störungen der Identifizierungen während der Entwicklungsjahre: Überstarke Identifizierungen des Jungen mit der Mutter können zu Feminisierung, der Tochter mit dem Vater zu Maskulinisierung führen.

Dazu kommen die nachteiligen Auswirkungen von Identifizierungen, die aus Abwehrgründen wegen unerträglicher Angst notwendig wurden. Am bekanntesten ist die Kastrationsangst des Jungen, der, weil er als kleiner Ödipus mit Mama zu schlafen wünscht, Papas Strafe fürchtet und, um der Strafe zu entgehen, von vornehrein auf seine Männlichkeit verzichtet und sich damit lieber passiv, ja feminin verhält.

Das Analogon auf Seiten der Frau bestünde darin, daß eine Frau aus Angst, die Frauenrolle zu übernehmen, sich lieber maskulin entwickelt. Die Angst kann dabei verschiedene Gründe haben. Sie kann daher kommen, daß „Frau werden" bedeutet, „schwanger werden und Kinder bekommen" oder „alle Nachteile übernehmen müssen, die Mutter vorgelebt hat, als da sind: Sich vom Mann beherrschen zu lassen, zum Geschlechtsverkehr gezwungen zu werden usw.".

Das *Fehlen einer Person des gleichen Geschlechts* wie in unvollständigen Familien oder in Familien mit häufig abwesendem Vater ist natürlich für die Entwicklung einer gesunden Geschlechtsidentität *ungünstig*. Ein in einer derartigen Familie aufwachsendes männliches Kind kann dabei erhebliche Schwierigkeiten haben, sich männlich zu entwickeln. Ein von mir selbst behandelter Mann, dessen Vater im Krieg gefallen war, als das Kind noch nicht ein Jahr alt war, der also völlig vaterlos aufgewachsen ist, zeigt aber, daß die fehlenden konkreten Vatererlebnisse sehr wohl durch Phantasien über den Vater, die sich auf Erzählungen anderer gründen, kompensiert werden können. Dies scheint aber die Ausnahme zu sein. Die Erfahrung zeigt, daß das Fehlen väterlicher Vorbilder durchaus Defizite in der Entwicklung, insbesondere in der Geschlechtsidentität männlicher Kinder, hinterläßt. Nachteilig sind auch allzu symbiotische Beziehungen mit der Mutter, wie wir sie besonders bei der Bindungsneurose (vgl. Kap. VI.3.3) beobachten können; Bindungen des Kindes an die Mutter, die besonders dann weiter bestehen, wenn eine Mutter ihr Kind festhält, aus welchen Gründen auch immer, oder dann, wenn die dritte Person im Bunde – in der Regel der Vater – nichts gegen die allzu enge Bindung zwischen Mutter und Kind unternimmt.

Eine weitere Ursache für eine labile Geschlechtsidentität sind außerdem *gestörte Beziehungen zu den Eltern:* Mit einer Elternfigur, zu der ein schwer gestörtes Verhältnis besteht, identifiziert man sich nicht gern.

Last but not least wirkt sich die *Einstellung der Umwelt gegenüber männlicher und weiblicher Geschlechtlichkeit* auf die Geschlechtsidentität aus, das heißt: auf das Bewußtsein, als Frau ein weibliches oder als Mann ein männliches Genitale zu haben. Eine Mutter, der das Genitale ihrer Tochter selbst peinlich ist, wird dieser wenig dazu verhelfen, sich mit ihrem weiblichen Genitale als Frau sicher zu fühlen. Genauso wirkt sich das Verhalten einer Mutter, die bei der ersten Erektion des Gliedes ihres Sohnes erschrickt, nachteilig auf dessen keimendes männliches Selbstbewußtsein aus. Dabei können die Störungen, die durch einen Elternteil verursacht werden, durch gute Beziehungen zum anderen weitgehend kompensiert werden: Eine Tochter, die Schwierigkeiten hat, sich mit ihrer selbstunsicheren Mutter zu identifizieren, kann dadurch, daß sie vom Vater das Gefühl vermittelt bekommt, als weiblich wertvoll zu sein, dennoch eine gesunde weibliche Geschlechtsidentität entwickeln. Analog dazu kann ein Junge, der bei der Mutter die Erfahrung machen mußte, mit seinem männlichen Genitale überhaupt nicht geliebt zu werden, durch einen Vater, der ihn als Junge schätzt und mit dem zu identifizieren es sich lohnt, doch noch eine einigermaßen stabile männliche Geschlechtsidentität entwickeln.

Frustrierende Erfahrungen im sexuellen Bereich sind denkbar geeignet, die Geschlechtsidentität immer wieder zu bedrohen. Die auf die Frustration folgende Aggressivität stört dann die Vorstellungen über das andere Geschlecht und führt sehr leicht zu einer verzerrten Wahrnehmung. Enttäuschende Erfahrungen mit der Mutter führen reaktiv zur Wut auf die Mutter, die aber, da man die Mutter auch gleichzeitig liebt und fürchtet, nicht auf diese gelenkt, sondern auf den Vater verschoben und später sehr häufig auf Männer generell übertragen werden kann. Die Folge ist der sogenannte „Rachetyp" (Abraham 1921). Das sind Frauen, die sich für die erlebten Enttäuschungen an Männern z.B. dadurch rächen, daß sie ihnen erst Hoffnungen machen, um sie dann fallen zu lassen. In der Frauenbewegung beherrschte dieses Feindbild Mann längere Zeit die Szene (vgl. Kap. IX.5) – keine gute Voraussetzung für befriedigende Beziehungen zwischen Frau und Mann. Wird die unterdrückte Wut gegen die eigene Person, nach Innen, gewendet, resultieren nicht geringere Nachteile. Dann wird nämlich der reaktiv entstandene Haß auf die Mutter zum Selbsthaß, zur Selbstverachtung, verbunden mit einer Geringschätzung des eigenen (weiblichen) Geschlechts. Kommt dazu noch eine Verdrängung genitaler Wünsche, dann werden auch extreme Formen von Masochismus mit ihrer Lust am Gequältwerden verständlich, eine schon perverse Lust, die allenfalls noch darin, daß die inferiore Position mit List noch eine versteckte Herrschaft ermöglicht, zusätzlichen Lustgewinn ermöglichen kann.

Weibliche Sexualität

Da einige Aspekte weiblicher Sexualität bereits im vorigen Abschnitt über „Geschlechtsidentität" zur Sprache kamen, sollen hier nur die ganz besonderen geschlechtsspezifischen Merkmale kurz zusammengefaßt dargestellt werden. Es ist eine Kernthese des Psychoanalyse Freuds, daß sich psychische Phänomene häufig auf Sexualität zurückführen lassen. Die im vorliegenden Buch geschlechtsunspezifisch dargestellten psychischen Störungen müßten insofern, streng genommen, jeweils in ihrer weiblichen und ihrer männlichen Variante abgehandelt werden. So weisen z. B. die hysterischen Neurosen bei Mann und Frau große Unterschiede auf. Hysterie wird geradezu als eine weibliche Krankheit bezeichnet (Israel 1983, Schaps 1982). Auch bei psychosomatischen Krankheiten befinden sich geschlechtsspezifische Häufungen von Krebs beim weiblichen Geschlecht (Brustkrebs, Portiokarzinom) und von Herzinfarkten beim männlichen Geschlecht (Pflanz 1962).

Mit der *Penisneidtheorie* wollen wir uns nicht lange aufhalten, obwohl es in der psychoanalytischen Praxis noch viele Fälle gibt, bei denen sich Freuds Theorie als völlig zutreffend erweist: Immer noch scheint die männliche Rolle gesellschaftlich höher bewertet zu sein, was sich in einigen Familien besonders deutlich auswirkt. Wird der höhere Wert dann noch am männlichen Genitale „festgemacht", dann braucht es niemand zu wundern, wenn ein in einem solchen Milieu aufwachsendes Mädchen Neid auf das männliche Geschlecht entwickelt. Im Vergleich mit dem Bruder oder Vetter, der auf sein männliches Attribut stolz ist und in hohem Bogen pinkeln kann, kommt es sich schäbig und unbedarft vor. Das ist nach Freud Quelle verbreiteter weiblicher Minderwertigkeitsgefühle.

Wie wir gesehen haben, können sich derartige Minderwertigkeitsgefühle aus Erfahrungen entwickeln, die eine Tochter mit einer Mutter gemacht hat, der ein stabiles Gefühl von Selbstsicherheit dem eigenen Geschlecht gegenüber fehlte. Solche negativen Erfahrungen scheinen häufiger zu sein, als in der klassischen Analyse angenommen wird: Das Mädchen stellt zwar primär fest, daß ihm ein Penis fehlt, dieser „kleine" Unterschied, würde aber, um mit Alice Schwarzer (1975) zu sprechen, keine so „große" Bedeutung annehmen, wäre die Mutter von ihrer weiblichen Identität mehr überzeugt. Hat außerdem der Vater keine hohe Meinung vom weiblichen Geschlecht, dann wird die negative Bewertung der Frau, wie sie die Mutter empfindet und wie sie von der Tochter übernommen wird, noch verstärkt.

Die Tatsache, daß das weibliche Genitale nicht so wie das

männliche, vor allem im erigierten Zustand, sichtbar ist, soll in diesem Zusammenhang gewiß nicht unterschätzt werden. Die Analysen von erwachsenen Frauen wie von weiblichen Kindern zeigen übereinstimmend, daß die fehlende Wahrnehmung des Genitale dem Mädchen Schwierigkeiten bereitet. Vor allem die Wahrnehmung der innerlich versteckten Scheide und der sich daran anschließenden Eileiter und Ovarien ist naturgemäß schwierig. Das Bild von einem inneren Reichtum des weiblichen Genitale kann nur über die eigene Untersuchung – mit dem Finger oder, wie in Frauengruppen, mit Hilfe des Spekulums – erfolgen; manchmal kann diese Feststellung, wie im Falle einer Analysepatientin, durch eine einfühlsame Gynäkologin gefördert werden, die der staunenden Frau mit Hilfe von Bildern zeigt, wie aufregend es sein kann, wenn die inneren Organe einer Frau während des Orgasmus durch die starke Durchblutung strotzen oder wenn der Eisprung erfolgt, die Eileitertrichter das Ei empfangen oder wenn sich die Gebärmutter auf dem Höhepunkt zusammenzieht. Die Frau fühlt sich dann im Genitalbereich nicht leer und strukturlos, sondern hat sich ein Körperbild aufgebaut, in dem das Genitale nicht unterbelichtet, sondern in differenzierter Weise vertreten ist. Damit sind nicht nur gute Voraussetzungen für das Erleben weiblicher Sexualität geschaffen, sondern auch für das Austragen einer Schwangerschaft, für das Gebären und Aufziehen eines Kindes.

Wird weibliche Sexualität auf solche Weise neu bewertet, dann können wir die frühere phallische Orientierung der Psychoanalyse vergessen. Die Freudschen Thesen von Penisneid und weiblicher Minderwertigkeit sind auch durch die Antithesen zahlreicher feministischer Autorinnen längst korrigiert. Die Gegenbewegung umfaßt inzwischen zahlreiche Namen: Simone de Beauvoir (1960), Nancy Chodorow (1978), Shulamith Firestone (1970), Betty Friedan (1963), Luce Irigaray (1977), Juliett Mitchell (1976), Ursula Scheu (1977), Renate Schlesier (1981) und nicht zuletzt Alice Schwarzer (1975). Mittlerweile bahnt sich zwischen beiden Extrempositionen eine Synthese an, wie sie zum Beispiel bei Margarete Mitscherlich-Nielsen (1985) zum Ausdruck kommt.

Die besondere Bedeutung des Objektwechsels in der Entwicklung einer gesunden weiblichen Sexualität wurde noch nicht erwähnt: Es stimmt nach wie vor, was schon Sigmund Freud in seinen Arbeiten über weibliche Sexualität herausgestellt hat, daß nämlich die Frau in ihrer Beziehung zur *Mutter als dem ersten Objekt* früher oder später überwechseln muß in eine Beziehung zum *Vater als dem zweiten Objekt.*

In pathologischen Fällen mit Bindungsneurose (vgl. Kap. VI.3.3) bleibt die primäre Bindung an die Mutter permanent bestehen. Das kann man als eine Entwicklungshemmung bezeichnen. Sie wird erleichtert durch negative Erfahrungen in der Beziehung zum Vater. Der Wechsel des Objektes von Mutter zu Vater wird dagegen durch ungünstige Erfahrung in der Beziehung zur Mutter und durch günstige in der zum Vater gefördert.

Die ältere Psychoanalyse nahm, ganz fixiert auf die damals noch wenigen untersuchten pathologischen Fälle, an, daß sich das Mädchen deswegen nicht weiter entwickelt, weil es nicht wie der Junge an Kastrationsangst leidet und deshalb nicht gezwungen ist, sich (aus Abwehrgründen, nicht aus entwicklungsspezifischen Gründen) mit dem Vater zu identifizieren. Auf derartige Konstruktionen müssen wir heute nicht mehr zurückgreifen. Es hat sich gezeigt, daß die gesellschaftliche Wertschätzung der Rolle als Frau für die Entwicklung zu einem ungestört weiblichen sexuellen Verhalten der ausschlaggebende Faktor ist. Das heißt: Es kommt vor allem darauf an, wie selbstsicher sich die Mutter als Frau fühlt, wie der Vater und andere Bezugspersonen dem heranwachsenden Mädchen begegnen und wie, wenn überhaupt, dabei die Genitalien als etwas Selbstverständliches und zu Bejahendes einbezogen werden.

Männliche Sexualität

Die von der Psychoanalyse aufgestellte Sexualtheorie entspricht einer Theorie männlicher Sexualität. Sie ist *in geradezu „phallokratischer", d. h. das männliche Glied verherrlichender, Orientierung* auf das männliche Genitale hin ausgerichtet. Sie repräsentiert den damit verbundenen Stolz des Mannes gegenüber der penislosen Frau. Dieser Stolz, zweifellos gefördert von der Wertschätzung der gesamten Gesellschaft, *begünstigt* die Entwicklung des Mannes zu einem gesunden Selbstbewußtsein. Die phallokratische Orientierung gibt aber auch Anlaß zu mancher Selbstüberschätzung. Sie kann bis zu dem von Horst-Eberhard Richter beschriebenene *Gotteskomplex* (1979) gehen, die alles Männliche überhöht und alles Weibliche entwertet. Sie kann zu großen technischen Erfolgen führen, zu Hochhäusern in der Architektur, zu Flugzeugen, zu Flügen zum Mond und zu den Sternen, aber auch zu zweifelhaften Entwicklungen von Gewehren, Kanonen, Panzern und Raketen. Die Ähnlichkeit der genannten Gegenstände mit dem hochgeschätzten männlichen Organ sind dabei nicht zufällig.

Noch negativer sind die Einwirkungen auf das männliche Gefühlsleben einzuschätzen, wenn nur auf Leistung trainiert wird, wenn Gefühle generell unerwünscht sind, besonders die „weichen" Gefühle wie Liebe, Zärtlichkeit oder Trauer. Ein zweifelhaftes männliches Vorbild stellt z. B. Ernest Hemingway dar. Hier müssen sich die „Männer ohne Frauen" ständig im Kampf mit der Natur bewähren *(Der alte Mann und das Meer)*, übermenschliche Leistungen im Krieg erbringen *(Wem die Stunde schlägt)* und bleiben am Ende doch die Verlierer *(Der Sieger geht leer aus)*.[2]

In der psychoanalytischen Behandlung eines Mannes erfordert es geraume Zeit, um die im Laufe der Erziehung unterdrückten Gefühle wieder zu entdecken, der eigenen Wahrnehmung zugänglich zu machen und damit erst die Voraussetzung zu schaffen, gefühlvolle Beziehungen zu anderen Menschen entwickeln zu können. Reuben Fine hat in seinem jüngst erschienenen Buch *The Forgotten Man: Understanding the Male Psyche* (1987) die möglichen Schicksale männlicher Sexualität ausführlich beschrieben: Ein Schicksal besteht darin, daß sich Mamas kleiner Junge zu Vaters Rivalen entwickelt, ein anderes darin, daß der Mann seine Überlegenheit als Don Juan der Frau gegenüber ausspielt und das maskuline Ideal über alles stellt. Typische Ehekonflikte sind dagegen vom Männlichkeitsideal weit entfernt. Hier scheint ebenso nach den Kinsey-Berichten (1948, 1953) wie nach den Hite-Reports von 1976 die Untreue des Mannes an der Tagesordnung zu sein. Dabei ist es meist die in der Monogamie unbefriedigte männliche Sexualität, die den Mann nach einer anderen Frau suchen läßt. Findet er in der bald monogame Züge annehmenden Beziehung keine Befriedigung mehr, dann wiederholt sich das ganze Muster ein weiteres Mal und so fort.

Heute ist die männliche Sexualität nach der Emanzipation der Frau in neuer Weise herausgefordert: Die Frauen fordern ihr eigenes Recht auf weibliche Sexualität. Dies bringt den Mann in eine ungewohnte Situation, die ihm Angst macht. Das drückt sich aus in einem Anstieg von Störungen männlicher Sexualität, wie Potenzstörungen, vorzeitiger Samenerguß, Unfähigkeit, sich der Frau anvertrauen und hingeben zu können.

Der gesamte Bereich der Sexualität wird dann eher umgangen. Dies muß nicht weiter auffallen, wenn berufliche Verpflichtungen den Männern gar keine Zeit lassen, sich sexuell zu engagieren. Sie verausgaben sich lieber in öffentlichen Positionen, die ihnen Ruhm und Ehre einbringen, die sie aber, ohne daß sie es merken, immer mehr aus den Beziehungen zu einer Frau, zu anderen Menschen, zur eigenen männlichen Sexualität entfernen, ja sich ihr entfremden.

Solche Männer können beruflich großen Erfolg haben. Im Grunde leiden sie aber an narzißtischen Persönlichkeitsstörungen (vgl. Kap. VI.3.1), verbunden mit großer Einsamkeit und einer typischen Unfähigkeit zu lieben. Bei Politikern scheint dies am meisten ausgeprägt zu sein, wie Reuben Fine am Beispiel Winston Churchills ebenso zeigt wie an dem Richard Nixons und dem der Kennedys. Aber auch im Bereich von Kunst und Sport finden wir viele Beispiele, wie Sexualität zugunsten großer Ziele geopfert wird, ganz im Sinne von Freuds Sublimationstheorie, nach der sexuelle Bedürfnisse nicht mehr in sexuellen Handlungen befriedigt werden, sondern auf sozial akzeptierte Handlungen verschoben sind. Die Poeten sind dabei ihren emotionalen Bedürfnissen – einschließlich der sexuellen – weitaus näher als die Wissenschaftler, wie eine Untersuchung Brigitte Mittaschs (1987) gezeigt hat; ein schwacher Trost.

Homosexualität

Der weiblichen Homosexualität liegt vielfach eine latente Mut-
terbindung zugrunde. Entweder schließt sich eine jüngere Frau
an eine ältere Frau an, die dann die Mutter repräsentiert, oder
eine ältere Frau liebt eine jüngere und wiederholt damit die
Mutter-Kind-Beziehung aus der Position der Mutter gegenüber
der Tochter. Derartige Beziehungen zwischen Frauen lassen
immerhin den Verdacht auf eine neurotische Bindung im Sinne
einer Entwicklungshemmung aufkommen, die darin besteht,
daß die Frau sich unbewußt vor dem Objektwechsel zum Mann
fürchtet oder aus Gewohnheit an der Mutter festhält. Eher
neurotische Formen homosexueller Beziehungen zwischen
Frauen sind diejenigen, in denen der Mann aus unbewußten
Ängsten ausgeklammert bleibt. Der Mann wird dann so gemieden wie ein phobisches Objekt. Die Struktur einer derartigen
weiblichen Homosexualität gleicht damit der der Phobien (vgl.
Kap. VI.2.4).

Lesbische Beziehungen, in denen beide Partnerinnen über
starke unbewußte regressive Prozesse gleichsam miteinander
verschmelzen, verbunden mit nicht mehr ganz scharfen Grenzen zwischen einem selbst und der anderen Person, würden
klassifikatorisch in bedenkliche Nähe von Psychosen geraten;
Störungen, die wir aber grundsätzlich in heterosexuellen Beziehungen genauso beobachten können wie in homosexuellen. Die
Vorzüge weiblicher Sexualität scheinen in der besonderen Form
von Zärtlichkeit zu liegen, wie sie in einer Beziehung zwischen
Frau und Mann offenbar seltener ist. Das Buch *Häutungen* von
Verena Stefan (1975) oder das neueste Buch von Marina Gambaroff, *Sag mir, wie sehr liebst du mich?* (1987) geben davon
beredt Zeugnis.

Von lesbischen Beziehungen *im engeren Sinn* sprechen wir,
wenn die genitale Sexualität die Hauptrolle spielt. In welchem
Umfang dies wirklich der Fall ist, ist schwer abzuschätzen, da
selbst innerhalb der Psychoanalyse nur wenig authentische Informationen über das faktische Verhalten von Frauen in lesbischen Beziehungen vorliegen. Wer mehr darüber wissen will,
greife zu den Büchern von Charlotte Wolff (1973), D. H. Rosen
(1974), L. Barbach (1975) oder R. Norwood (1985).

Über die männliche Homosexualität ist mehr bekannt. Sie wird genau wie die weibliche Homosexualität als eine Variante sexuellen Verhaltens verstanden, die genauso normal und pathologisch sein kann wie heterosexuelle Bindungen. Dabei erscheinen diejenigen homosexuellen Beziehungen als normal, die aus freier Entscheidung zustande gekommen sind und zu denen die betreffenden Männer bewußt stehen. Dann handelt es sich im Rahmen der psychoanalytischen Persönlichkeitstheorie um eine effektive Erweiterung persönlichen Erlebens, d. h. um gleichgeschlechtliche Beziehungen, die, wie viele Männerfreundschaften bezeugen, nicht nur darin bestehen müssen, daß Männer im Fußballspiel miteinander kämpfen, sondern sich, wie die spontanen Reaktionen nach einem geschossenen Tor regelmäßig zeigen, auch umarmen. Mittlerweile gibt es eheähnliche Beziehungen zwischen Männern, was, wie im fortschrittlichen Holland, sogar zu homosexuellen Ehen führen kann.

Häufig scheint die Beziehung zwischen Mann und Mann aber durch eine *reduzierte Sexualität* gekennzeichnet zu sein, die sich in harten Kämpfen, brutalen sexuellen Akten und gegenseitigen Angriffen ausdrücken kann, wie der letzte Film Rainer Werner Faßbinders *Querelle*[3] eindrucksvoll zeigte. Die Psychoanalyse hat deswegen nicht so unrecht, wenn sie bei männlicher Homosexualität vielfache pathologische Prozesse beschreibt, wie sie in der psychoanalytischen Behandlung von Männern berichtet werden. Es ist aber sicher falsch, derartige Befunde von einzelnen Personen zu verallgemeinern und auf männliche Homosexualität generell zu übertragen. Entsprechend pathologisch fallen psychoanalytische Deutungen männlicher Homosexualität aus. Die mildeste Deutung ist die einer *Neurose*, in der nicht gelöste ödipale Konflikte unüberwindbare Ängste vor dem weiblichen Geschlecht nach sich ziehen. Das weibliche Geschlecht wird dann wie ein phobisch gemiedener Gegenstand umgangen. Damit würde das homosexuelle Verhalten genau denjenigen unbewußten Prozessen folgen, wie ich sie bei den Phobien (vgl. Kap. VI.2.4) beschrieben habe. Eine folgenreichere Interpretation ist die, daß Homosexualität beim Mann *aus sehr früh entstandenen prä-ödipalen Konflikten* abzuleiten ist. Man findet dann, daß der Homosexuelle eine *gestörte Mutter-Kind-Beziehung* so neurotisch verarbeitet hat, daß er sich unbewußt mit der Mutter identifiziert. Diese Deutung ist dann naheliegend, wenn sich der männliche Homosexuelle wie eine Frau fühlt. Er muß dabei nicht weiblich aussehen, „tuntenhaft", wie man in Homosexuellen-Kreisen zu sagen pflegt. Bei dieser femininen Form männlicher Homosexualität besteht also eine enge Verwandtschaft zum Transvestitismus – man kleidet sich selbst wie eine Frau – bzw. zum Transsexualismus – man will Frau *sein*.

Lassen sich mütterliche Elemente in Fühlen und Verhalten homosexueller Männer nachweisen, so mag eine derartige psychoanalytische Deutung einiges für sich haben. Sexuelle Beziehungen zwischen Männern, die jeder weiblichen oder gar mütterlichen Komponente entbehren, sprechen dagegen eher für die erstgenannte Deutung, daß der sexuelle Kontakt zu Männern deswegen gesucht wird, weil der zu Frauen wegen nicht bewußter Ängste vor Frauen gemieden wird.

Zuweilen spielen auch entwicklungsbedingte oder aus Abwehrgründen erfolgte Identifizierungen mit einer Vaterfigur eine Rolle, in deren Position man dann den jüngeren Mann so liebt, wie man sich gewünscht hätte, vom Vater geliebt zu werden, ein schon in Sigmund Freuds (1911b) am Fall des Senatspräsidenten Schreber exemplarisch herausgestellter latenter narzißtischer Wunsch gegenüber dem homosexuellen Freund.

Sehr häufig läßt sich homosexuelles Verhalten aus einer mangelnden Beziehung zum Vater ableiten. Der homosexuelle Partner, meist ein älterer Mann, soll dann die seit der Kindheit ersehnte, aber nie erfüllte Befriedigung durch die Zuwendung des älteren Mannes ersetzen. Elizabeth R. Moberly verficht diese Standpunkt in ihrem Buch *Psychogenesis. The early development of gender identity* (1983) vehement; ein Standpunkt, der sich mit meiner Auffassung von der „Mangel-Neurose" (vgl. Kap. VI.3.3) sehr gut trifft. Homosexuelle Beziehungen sind insofern *Versuche, das in der Beziehung zum Vater Versäumte nachzuholen* oder die in derselben Beziehung erlittenen und nie heilenden Wunden in einem unbewußten Selbstheilungsversuch doch noch zum Heilen zu bringen. In dieselbe Richtung zielt Fritz Morgenthalers (1974) Verständnis einer bestimmten Gruppe von Homosexualität, bei der solche Defizite in der psychischen Struktur bestehen, daß diese wie das Loch im Zahn nach einer Plombe verlangen, die dann der homosexuelle Partner repräsentiert. In dieser Sicht erscheinen Homosexuelle als bemitleidenswerte Menschen, denen elementare Zuwendung im Kindesalter gefehlt hat und die nun in der homosexuellen Beziehung verzweifelt versuchen, ihre Mängel zu kompensieren.

Ich hoffe abschließend, daß es mir mit der hier gegebenen Darstellung gelungen ist, mit längst überholten Vorstellungen wie denen von Charles W. Socarides (1968) ebenso aufgeräumt zu haben wie mit älteren Darstellungen von Sexualforschern wie z. B. Hans Giese (1967) und unprätentiös das wiedergegeben habe, was wir heute über männliche und weibliche Homosexualität wissen. Wer sich noch genauer informieren möchte, dem empfehle ich Fritz Morgenthalers Buch *Homosexualität, Heterosexualität, Perversion* (1984).

3.2 Erweiterungen des Strukturmodells

Emotionalität und Körperlichkeit

Würden wird hier Emotionen, Affekte oder Gefühle nicht erwähnen, dann hätten wir ein Menschenbild, das nur durch folgende Kennzeichen charakterisiert wäre: Der Mensch ist traumatisch geschädigt (Trauma-Modell), er ist neben den bewußten von unbewußten Strebungen gesteuert (topographisches Modell), wobei sich unterschiedliche Regionen unterscheiden lassen (Struktur-Modell), ein Knochengerüst, keine Mensch aus Fleisch und Blut. 1978 veröffentlichte ich ein Buch über *Die menschlichen Leidenschaften*, in dem ich Liebe und Haß, Eifersucht und Neid beschrieb, auch Gier und Rache, Neugier und Begeisterung.* Daraus hier nur soviel:

Unsere Sozialisation zielt auf den angepaßten Menschen. Nach Winnicott (1965a, 1965b) und Alice Miller (1979) lebt er

---

* erscheint 1989 unter dem Titel: *Leidenschaften. Eine Psychoanalyse der Gefühle* als Taschenbuch.

meistens nicht sein „wahres", sondern sein „falsches" Selbst. Dies ist allemal ein unterdrücktes Selbst, das sich nicht entfalten kann, das – in unserem Zusammenhang – keinen Zugang zu seinen Gefühlen, Emotionen und Affekten hat (wobei ich hier, um den Gegenstand nicht unnötig zu komplizieren, im Rahmen dieser Einführung die genannten Begriffe synonym gebrauche). Und das bedeutet im Rahmen einer psychoanalytischen Objektbeziehungstheorie stets: keinen Zugang zu seinen Gefühlen andernen Menschen, aber auch sich selbst gegenüber. In dieser Perspektive hat der Mensch die bange Wahl, wie Max Frisch anschaulich beschreibt, ein „homo faber" zu sein oder auch ein „homo sentiens", ein fühlender Mensch. Das Descartes'sche „cogito, ergo sum" (Ich denke, also bin ich) wäre durch ein „sentio, ergo sum" (Ich fühle, also bin ich) zu ergänzen.

Die Psychoanalyse hat die Welt der Emotionen lange vernachlässigt (Kutter 1980b), vor allem in der hohen Zeit der Ich-Psychologie (vgl. II, 5). Erst in den siebziger Jahren wurden die Affekte für die Psychoanalyse wieder entdeckt (Arlow 1977, Green 1977, Limentani 1977, Sandler & Sandler 1978). Affekte dienen nicht nur der Abfuhr von Trieben, sie bereichern zwischenmenschliche Beziehungen, machen sie erst menschlich. Sie beleben auch die psychoanalytische Praxis. Deswegen sollten Psychoanalytikern Leidenschaften nicht fremd sein. Sie tun gut daran, voll am Leben teilzuhaben, an einem Leben, dem nichts Menschliches fremd ist.

Die moderne Affekttheorie berücksichtigt im einzelnen die Primäraffekte Freude, Trauer, Wut, Furcht, Ekel, Überraschung, Interesse und Scham. In jedem dieser Affekte sind körperliche (physiologisch-hormonelle und motorische, d. h. die Muskulatur innervierende), den Affekt in Mimik und Gestik ausdrückende (expressive) und kognitive Anteile vereinigt (Krause 1988). Sie können uns als Gefühl bewußt werden. Sie befallen uns (passiv) und wir erfahren sie (aktiv). Hinsichtlich ihrer sozialen Dimension steuern sie Nähe und Distanz (de Rivera 1977): In der Freude wollen wir den andern umarmen, im Ekel uns von ihm entfernen.

Affekte erleben wir auch in der Beziehung zu uns selbst. Wir schämen uns vor uns selbst, wenn wir unseren Idealen nicht entsprechen. Dann kann Scham ein sinnvolles Signal sein.

Scham kann aber auch die Beziehung zu uns und anderen stören, z. B. wenn eine Mutter ihr Kinder gerade dann, wenn es stolz auf eine eigene Leistung ist, dadurch frustriert, daß sie sagt: Schäme dich! Das Kind wird seine Freude über eine Leistung mit einer peinlichen Erfahrung verknüpfen, was sich dann leicht im späteren Leben in ähnlichen Situationen wiederholen kann.

Was die Psychoanalyse sträflich vernachlässigt hat, ist *Körperlichkeit*. Psychoanalyse läuft über Sprache ab, bezieht sich auf Vorstellungen und Phantasien, der Körper bleibt allzu leicht ausgespart. Damit wiederholt sich eine Erfahrung, die viele unserer Patienten früher als Kind bei ihren Eltern erlebt haben, nämlich daß diese sich selten um den Körper kümmerten. Wie sollten dann die Patienten in der Analyse lernen, eine Beziehung zu ihrem Körper zu finden, wenn sie die Kindheitserfahrung der „Körperlosigkeit" als Erwachsene auf der Couch noch einmal machen?

Die durch die Psychoanalyse offengelassene Lücke füllten dann andere Verfahren, die sich gezielt auf den Körper konzentrierten, z. B. die konzentrative Bewegungstherapie (H. Becker 1981, Stolze 1984), die funktionelle Entspannung (Fuchs 1974), die Bio-Energetik (Lowen 1975). Inzwischen haben Psychoanalytiker aber ihre Versäumnisse endeckt: Dieter Eicke (1973) bringt den *Körper als Partner* in den Blick. Wir *sind* nämlich Körper (als Subjekt) und *haben* einen Körper (als Objekt). In dieser Subjekt/Objekt-Spaltung stehen wir zu unserem Körper. Wir können unseren Körper lieben oder hassen wie einen anderen Menschen, achten oder mißachten, gut behandeln oder mißhandeln. Elmar Brähler (1986) schreibt über *Körpererleben*, ein vernachlässigter Aspekt der Medizin. Siegfried Zepf (1986) rekapituliert unter dem Titel *Tatort Körper. Spurensicherung. Eine Kritik der psychoanalytischen Psychosomatik* unterschiedliche Annäherungen der Psychoanalyse an den Körper. Ich selbst befaßte mich seit meiner Mitarbeit in der Psychosomatischen Klinik Schömberg mit Fragen der Theorie und Praxis psychosomatischer Störungen (z. B. Kutter 1980a, 1984b). Alle diese Bemühungen widerspiegeln das verstärkte Interesse der Psychoanalytiker am Körper, am Bild, das wir uns von unserem Körper machen, an dessen Entwicklung, an dessen Störung.

Frühe Körpererfahrungen wirken sich auf unser Erleben aus, besonders auf unser Verhalten in der Sexualität, auf Gesundheit und Krankheit. Soviel ist sicher: Unsere Persönlichkeit ist ohne Körper unvollständig. Das meinte Freud, wenn er in *Das Ich und das Es* (1923b, S. 253) schrieb: „Das Ich ist vor allem ein körperliches". Die Art des Umgangs unserer Mütter mit unserem Körper (beim Füttern, In-den-Arm-nehmen, Halten), zu einer Zeit, zu der wir noch nicht zu einem Bewußtsein unserer Selbst gekommen sind, wirkt sich nachhaltig auf die Beziehung zu unserem Körper aus; ob wir locker und frei damit umgehen oder gehemmt und verkrampft. Mit solchen neuen Akzentuierungen hat die Psychanalyse die dualistische Triebtheorie mit ihrer ausschließlichen Orientierung auf Sexualität und Aggressivität überwunden. Sie kann heute ein wesentlich differenzierteres Bild vom Menschen bieten als in den dreißiger Jahren. Sexualität und Aggressivität sind nach wie vor bedeutsam. Wir sehen aber heute in einer modernen Psychoanalyse den Menschen differenzierter: als lebendiges Wesen, dem Leidenschaften nicht fremd sind, das in einem Netz von Beziehungen steht, auf die es reagiert, und auf die es wirkt, in bewußtem Handeln, mit unbewußten Wünschen, Phantasien und einer Vielfalt von Gefühlen.

Die psychoanalytische Theorie der Identität

In Eriksons Identitäts-Lehre (1950) wird das Freudsche Strukturmodell dadurch zur Lehre von der Identität, daß es sozilogische Aspekte einschließt. *Identität ist die Summe dessen, was uns zu einer unverwechselbaren Persönlichkeit macht,* zu einer *Persönlichkeit, die in Zeit, Raum und Gesellschaft relativ stabil bleibt.* Sie ist das Resultat der Kämpfe zwischen Triebansprüchen *in* uns und gesellschaftlichen Ansprüchen *außer* uns und kann, wie das Ich im Freudschen Strukturmodell, relativ eingeengt und labil oder relativ umfassend und stabil sein.

Die gesellschaftlichen Einflüsse sind bei Erikson berücksichtigt. So ist es z. B. ein großer Unterschied, ob man als Jude in einer antisemitischen Umwelt aufwächst, als Minorität in einer Majorität oder innerhalb einer Majorität, mit allen Möglichkeiten, Minoritäten zum Sündenbock zu machen. Es kommt darauf an, die einem von der Gesellschaft zugewiesenen Rollen zu übernehmen oder nicht. Im günstigen Fall stimmen Rollen und gewordene Identität relativ gut überein, im ungünstigen Fall klaffen beide auseinander. Heute z. B. ist ein Jugendlicher häufig gezwungen einen Beruf auszuüben, der gar nicht zu seiner gewordenen Identität paßt. Rollen- und Identitätskonflikte sind dann die unausweichliche Folge.

Konflikte gibt es auch bei sozialen Aufsteigern, wenn z. B. eine aus Arbeiterkreisen entwickelte Identität sich plötzlich in der Majorität einer bürgerlichen Gesellschaft auf eine harte Probe gestellt sieht. Es können dann sowohl Ängste entstehen, von den „Bürgerlichen" nicht akzeptiert zu werden, als auch Schuld-Gefühle der „Klasse" gegenüber, aus der man herkommt.

Nicht minder schwierig sind die Probleme der Geschlechtsidentität, wie sie besonders Robert J. Stoller (1968, 1975) untersucht hat. Sie folgt nicht nur einem erblich festgelegten somatischen Grundplan, sondern wird auch gesellschaftlich über Erziehungseinflüsse erworben. Der Titel eines Buches aus der Frauenbewegung (Scheu 1977) spricht diese Tatsache unumwunden aus: *Wir werden nicht als Mädchen geboren, wir werden dazu gemacht.* Zwischen biologischen Kräften und gesellschaftlichen Einflüssen entwickelt sich dann so etwas wie ein Bewußtsein, Frau oder Mann zu sein, und zwar, wie die Probleme sogenannter transsexueller Menschen zeigen, relativ unabhängig von dem biologisch vorgegebenen Geschlecht.

Selbstpsychologie und Objektbeziehungstheorie

In der *Selbst-Psychologie Kohuts* werden die narzißtischen Wünsche nach Selbstsicherheit, Selbstverwirklichung und Selbstbewußtsein in den Vordergrund gerückt. Danach ist ein gesundes Selbstbewußtsein Ergebnis einer komplizierten Entwicklung. Dabei werden die ursprünglichen kindlichen Größenphantasien über sich selbst und über die Eltern unter fortwährender Korrektur an der Wirklichkeit langsam zu realistischen Bildern umgeformt (Kohut 1971). Werden die nach

Selbstvollkommenheit strebenden Regungen in die bewußte Persönlichkeit gut integriert, dann resultieren Einfühlungsfähigkeit, Kreativität und Humor. Bleiben die narzißtischen Strebungen dagegen unbewußt, dann kommt es zu narzißtischen Persönlichkeitsstörungen, auf die wir im nächsten Kapitel eingehen.

In der *Objektbeziehungstheorie der Londoner Schule und Otto Kernbergs* sind es, durchaus in Übereinstimmung mit der „Interaktionstheorie" Alfred Lorenzers (1971), die Beziehungen *zwischen* den Menschen, die die Persönlichkeit formen. Die Persönlichkeit entwickelt sich nicht isoliert von der Umgebung, sondern stets in unauflöslichem Zusammenhang damit. Dabei wirken die frühesten Beziehungsmuster bis ins Erwachsenenalter, allen voran die Beziehung zwischen Kind und Mutter. War diese überwiegend liebevoll und bestätigend, führt dies, wie von Goethe konstatiert und Freud bestätigt, zu relativer Ausgeglichenheit: „Wenn man der unbestrittene Liebling der Mutter gewesen ist, so erhält man fürs Leben jenes Eroberergefühl, jene Zuversicht des Erfolges, welche nicht selten wirklich den Erfolg nach sich zieht" (Freud 1917, S. 26). Mangelt es dagegen an mütterlicher Zuwendung, so ergeben sich die vielfältigsten Störungen (siehe Kap. VI).

Damit ist eine Synthese der unterschiedlichen Persönlichkeitstheorien der Psychoanalyse nicht mehr allzu schwierig, denn wir brauchen uns lediglich alle bisher genannten Aspekte zusammen zu denken, um so zu einer ganzheitlichen Betrachtung der Persönlichkeit zu gelangen: Die archaischen Triebe, wie sie sich in Sexualität und Aggressivität äußern, sind ihre Basis, ihr „Unterbau". Normen, Werte und Ideale stellen den „Überbau" dar. Im Zentrum steht das *Selbst*, mit einem Selbstgefühl, in dem wir uns narzißtisch befriedigt und selbstsicher fühlen. Unser ausführendes Organ ist dabei das Ich, spürbar im Ich-Gefühl, das uns befähigt, unser Lebensschiff zwischen der Skylla explosiver Triebe und der Charybdis* einengender Verbote hindurch zu steuern, dabei immer die jeweils vorherrschende Realität beachtend. Dies entspricht einem Menschen-

---

* bei Homer war Skylla ein menschenverschlingendes Ungeheuer in einer Höhle im westlichen Meer gelegen gegenüber der Charybdis, einem gefährlichen Felsenschlund.

bild, in dem der Mensch ebenso wenig auf ein Triebwesen reduziert ist wie auf ein ausschließlich von verinnerlichten Normen gesteuertes Wesen. Der Mensch erscheint hier vielmehr als eine Persönlichkeit, die ihrer selbst im ursprünglichen Sinn des Wortes sicher ist, die den täglichen Anforderungen seitens der Umwelt ebenso konstruktiv begegnen kann, wie sie diese aktiv zu gestalten in der Lage ist; und dies nicht isoliert, sondern in stetigen sozialen Kontakten mit anderen Menschen, in Zweierbeziehungen, in großen und kleinen Gruppen, die uns ebenso bestimmen, wie wir sie bestimmen. Eine derartige Persönlichkeit ist auch in der Lage, sexuelle und aggressive Triebe in sich selbst, in ständiger Auseinandersetzung mit anderen, so zu entwickeln, daß sie nicht nur in die Persönlichkeit integriert sind, sondern auch differenzierte Gefühle ermöglichen wie die Fähigkeit zu lieben oder, um den Titel von Erich Fromms (1959) viel gelesenem Buch zu zitieren, *Die Kunst des Liebens*.

3.3 Spezielle Persönlichkeitstheorien

Differentielle Psychologie der Persönlichkeit

Jeder Mensch ist so einzigartig und unverwechselbar, wie er/sie in seinem/ihrem Paß ausgewiesen ist. Der Analytiker begegnet seinem Analysanden vorurteilslos, ohne vorgegebene Schemata, und läßt sich immer wieder neu überraschen. Nicht von ungefähr nannte Theodor Reik sein 1935 erschienenes Buch über das Erraten und Verstehen unbewußter Vorgänge *Der überraschte Psychologe*. Dennoch ist es durchaus hilfreich, bestimmte Menschentypen im Sinne der alten Charakterlehre oder im Sinne der modernen differentiellen Psychologie im Gedächtnis zu haben. Dadurch wird nämlich das Verständnis anderer Menschen erleichtert. Allerdings besteht dabei immer die Gefahr, den/die andere(n) vorzeitig in ein Schema zu pressen. In der Soziologie hat der sogenannte „labeling approach", also der Ansatz, über bestimmte „Etiketten" Personen zu kennzeichnen, zu Recht Kritik erfahren. Ich gehe aber nicht so weit, den möglichen Nutzen einer Typologie ganz zu verwerfen. Das heißt natürlich nicht, daß ich nun faktorenanalytische Persönlichkeitsforschung betreibe und nur das gelten lassen, was meßbar ist, oder die Attributionstheorie vertrete, die sich (Pervin 1981, S. 129) damit beschäftigt, mit welchen Zuschreibungen Personen die Ursache von Ereignissen erklären. Es geht mir vielmehr darum, daß sich die Leser durch die Vergegenwärtigung bestimmter Typen von Persönlichkeiten in der Vielfalt seelischer Prozesse besser zurecht finden.

Beginnen wir mit dem von Freud (1908c) beschriebenen sogenannten *analen oder Zwangscharakter,* der deswegen in der Psychoanalyse „analer" Charakter genannt wird, weil seine Merkmale, psychogenetisch gesehen, eng mit der sich um Ausscheidung und After (lateinisch = anus) drehenden Reinlichkeitserziehung zusammenhängen. Es handelt sich um Menschen, die, früh zur Reinlichkeit erzogen, besonders ordentlich, sparsam und eigensinnig sind. Die Psychoanalyse betrachtet die genannten Charakterzüge teilweise als *Fortsetzung* der ursprünglichen Regungen (der Eigensinn), teilweise als *Reaktionen* gegenüber dem ursprünglichen Gegenteil (Ordentlichkeit gegenüber Unordentlichkeit, Sparsamkeit gegenüber Großzügigkeit). Dem Analytiker leuchten derartige Interpretationen eines charakteristischen Verhaltens deswegen unmittelbar ein, weil er gewohnt ist, in der täglichen Praxis regressiv wiederbelebte Triebregungen und deren Verwandlungen zu sehen. Ohne psychoanalytische Vorerfahrungen mag man sich wundern, wenn derartige Zusammenhänge hergestellt werden. Die direkte Kinderbeobachtung bietet indessen die notwendigen Beweise.

Vielleicht ist der *orale Charakter* leichter verständlich, weil die ursächliche Verbindung des aktuellen Verhaltens eines Erwachsenen mit kindlichem Verhalten hier durchsichtiger ist: Es geht um Menschen, die deswegen, weil sie z. B. sehr lange als Säuglinge die Brust bekommen haben, unbewußt daran festhalten, auch von ihrer aktuellen Umwelt immer wieder etwas bekommen zu wollen, das sie sich einfach nur zu nehmen brauchen, ohne sich deswegen anstrengen zu müssen. Die heutige Konsumgesellschaft tut ein übriges, um es solchen Menschen zu erleichtern, an oralen Gewohnheiten festzuhalten.

Nicht von ungefähr können Trinken, Essen und Rauchen so leicht Suchtcharakter annehmen. In sublimierter Form kann es geistige Nahrung sein, die wir uns wie früher als Kind, einverleiben, um satt zu werden. Eine Variante des „oralen" Charakters ist in dem Verhalten erfaßt, das umgangssprachlich mit „durchbeißen", „durchkauen" bezeichnet wird. Hier ist die Verknüpfung mit der Rolle des Kauens in der Kinderzeit sehr durchsichtig. Es gibt Menschen, die als Kinder gelernt haben, langsam, aber kräftig zu kauen, und in einer solchen Haltung auch als Erwachsene in der Lage sind, an einem Problem so lange zu kauen, bis es gelöst ist. Andere bringen die Geduld dazu nicht auf, schlucken vorschnell und schaffen es damit nicht, mit der nötigen Geduld an etwas zu kauen. Der Vergleich mit der Art und Weise, eine Arbeit anzugehen, müßte einleuchten. Jeder kennt wohl Typen, die ungeduldig alles verschlingen wollen, während andere an einer harten Sache so lange kauen, bis sie entsprechend aufbereitet ist.

Der Begriff vom *genitalen Charakter* geht noch auf die alte Garde der Psychoanalytiker zurück. Hier schlägt die als Kind erlebte sexuelle Freizügigkeit direkt ins Erwachsenenalter durch oder sie ist im Gegenteil völlig gehemmt. Wilhelm Reich (1925) hat diese zwischen sexueller Freizügigkeit und Sexualhemmung stehenden Menschen schlicht triebhafte bzw. triebgehemmte Charaktere genannt. Auch hier hat sich das kindliche Verhalten entweder direkt ins Erwachsenenalter fortgesetzt, oder es wurde durch äußere Einflüsse gehemmt.

Es ist sicher nicht jedermanns Geschmack, wenn Begriffe aus der Krankheitslehre in den Bereich der „normalen" Psychologie übertragen werden. Das hieße nämlich, daß wir uns nach dem Muster derjenigen Prozesse definieren würden, die wir, stärker ausgeprägt, bei unseren Patienten finden und beschreiben. Wenn wir aber ehrlich sind, können wir immer wenigstens einige Züge oder Anteile krankhafter Störungen auch bei uns selbst wahrnehmen. Denken wir nur zum Beispiel an das ängstliche Vermeiden angsterregender Situationen, an zwanghaftes Kontrollieren, an depressive Verstimmungen, Neigungen zu süchtigem Verhalten oder an eine manchmal ins Wahnhafte grenzende Überempfindlichkeit, mit der wir sachliche Aussagen anderer in bezug auf uns selbst überbewerten. Man könnte dementsprechend von einem phobischen, zwanghaften, depressiven, süchtigen oder paranoiden Charakter sprechen. Im Rahmen der Neo-Psychoanalyse findet man häufig die Einteilung in hysterische, zwanghafte, depressive und schizoide Strukturen (Schultz-Hencke 1951). Damit werden in eher psychiatrischer Perspektive Eigenschaften, die bei psychiatrischen Krankheiten vorkommen, im Sinne einer Typologie auf die Charakterlehre übertragen. Das Adjektiv „hysterisch", das leider umgangssprachlich eine ziemliche abwertende Bedeutung angenommen hat, kennzeichnet in dieser Perspektive eine Persönlichkeitseigenschaft, die wir bei Menschen finden, die sich in Szene zu setzen wissen, die gern im Mittelpunkt stehen und dabei Züge einer „belle indifference" annehmen, die aber, wie manche Zweideutigkeiten zeigen, der Erotik nicht ganz entbehren. In dieser Sicht könnte *die hysterische Struktur* zwischen dem triebhaften und triebgehemmten Charakter im Sinne von Wilhelm Reich eingereiht werden, da hier sexuell-erotische Anteile gleichermaßen zum Ausdruck kommen und zugleich verhüllt werden.

Während *die zwanghafte Struktur* schon im „analen" Charakter nach Freud genannt wurde, muß ich noch die *depressive Struktur* erwähnen. Sie kennzeichnet Menschen, die immer mehr oder weniger mißgestimmt sind, niedergeschlagen, voller Pessimismus, ständig Enttäuschungen erwarten und sie deswegen auch oft provozieren, ganz im Sinne von Watzlawicks *Anleitung zum Unglücklichsein* (1985). Nicht bewältigte Enttäuschungen durch andere Menschen, Verluste wichtiger Bezugspersonen und unbewußte Schuldgefühle erzeugen und unterhalten derartige Strukturen, die keineswegs nur statisch und unbeeinflußbar sind, sondern, wie die tägliche psychoanalytische Erfahrung zeigt, als Ergebnis dynamischer unbewußter Prozesse entstanden sind und durch Psychoanalyse sehr wohl rückgängig gemacht werden können.

Dies gilt grundsätzlich auch für die *schizoide Struktur;* eine Bezeichnung, die vielleicht deswegen erschreckt, weil sie an Schizophrenie erinnert. Das Erschrecken ist berechtigt, denn in der Tat wird hier eine Ähnlichkeit mit der Schizophrenie postuliert. Schizoide Menschen sind kühl, distanziert, scheu, mißtrauisch, kontaktgestört und weltfremd. Jeder wird solche

Menschen kennen, oder Züge davon sogar an sich selbst entdecken. Das ist genauso wenig abwertend wie für diejenigen,
die sogenannte „hysterische" Merkmale bei sich wiederfinden.

Wegen der politischen Bedeutung will ich den Lesern zwei
Charakterbilder nicht vorenthalten, nämlich den ursprünglich
von Wilhelm Reich (1933) so genannten *bürgerlichen Charakter*. Er paßt deswegen so gut in unsere Leistungsgesellschaft,
weil seine psychische Struktur den Erfordernissen der Gesellschaft idealerweise entspricht: Er verkörpert geradezu die Tu-
genden unserer Leistungsgesellschaft: Pflicht, Gehorsam, puri-
tanische Ethik, Zurückstellen jeder Lust zugunsten von Arbeit,
Belohnung des Tüchtigen und Leistungsprinzip (Fromm 1932).
Auch hier dürfte die unmittelbare Evidenz solcher Persönlichkeiten in der vergangenen und gegenwärtigen Umwelt Beleg
genug dafür sein, daß es solche Charaktertypen gibt, sind wir
doch alle in einer Leistungsgesellschaft groß geworden und
wurden dadurch mehr oder weniger, ohne es zu wissen, geprägt.

Die Übergänge zum *masochistischen Charakter* sind fließend.
Bei ihm kommt noch die Bereitschaft zum Leiden dazu. Wird
Leiden dahingehend kultiviert, daß es lustvollen Charakter an-
nimmt, dann ist die Bezeichnung „masochistisch" definitionsgemäß berechtigt. Es handelt sich um Menschen, die, von
Kindheit an, vielfach durch körperliche Züchtigung, so „dres-
siert" wurden, daß sie keinerlei Möglichkeiten sehen, ihre sexuellen Triebwünsche auszuleben, geschweige denn ihre aggressiven. Nur in pervertierter Form können sie etwas von der verbotenen Lust erfahren, nämlich im Leiden. Es sind Menschen, die
autoritäre Systeme, seien sie nun politischer oder kirchlicher
Provenienz, gar nicht so ungern sehen. Nicht von ungefähr
dauerte es so lange, bis sich die Einstellung der Erwachsenen,
Kinder zu schlagen oder nicht zu schlagen, nur allmählich und
gegen vielfache Widerstände veränderte.

Die Zusammenhänge zwischen totalitären Gesellschafts-
strukturen und Charakter-Strukturen werden noch durchsichtiger, wenn wir uns abschließend dem sogenannten *autoritären
Charakter* zuwenden, nämlich der 1950 von Theodor W.
Adorno, Bruno Bettelheim, Else Frenkel-Brunswik, Maria Ja-
hoda u. a. beschriebenen „authoritarian personality".

Darunter versteht man Menschen, die stark vorurteilsbehaftet sind, die Urteile anderer als Vor-Urteile übernehmen, die das Konventionelle über alles schätzen, Fremdes ablehnen, nur sich selbst und die eigene Gruppe sehen. Ansätze zu Kritik werden im Keime erstickt. Der autoritätsgebundene Charakter ist deswegen an Autoritäten gebunden, weil er früh gelernt hat, sich anzupassen und zu unterwerfen. In politischer Dimension verhält er sich daher loyal dem Staat und seinen Maßnahmen gegenüber. Insgesamt steht er immer auf Seiten der Machthaber. Gleichzeitig fordert dieser Charaktertyp von anderen, daß sie sich einem selbst so unterwerfen, wie man sich Autoritäten gegenüber unterwirft. Eltern lieben solche Kinder. Autoritär strukturierte Staaten fordern diese Haltung von ihren Untertanen.

Wie die statistischen Auswertungen der Untersuchungen Adornos und seiner Mitarbeiter ergeben haben, korrelieren mit diesem Charaktertyp hohe Werte in drei von den Autoren entwickelten Skalen, nämlich in der Ethnozentrismus-, der Antisemitismus- und der Faschismus-Skala. Das bedeutet, daß mit der autoritätsgebundenen Haltung nicht nur eine Überbewertung des eigenen Volkes, sondern auch eine Unterbewertung, Abwertung oder gar Verachtung anderen Völkern insbesondere Minderheiten gegenüber verbunden ist. Dabei leuchtet es wieder unmittelbar ein, daß sich bei derartigen Personen neben den ethnozentrischen und antisemitischen Zügen auch faschistische Merkmale finden. Dazu gehören eine Anfälligkeit für antidemokratische Ideen, starres Festhalten an konservativen Werten, eine autoritätsgebundene Unterwürfigkeit und eine vielfach im äußeren Verhalten latente, aber stets bereit liegende und im Schutze von Diktatoren ausbrechende Aggressivität, einschließlich einer Bereitschaft zur Zerstörung. Wie die Charaktere eines Eichmann oder Höß zeigen, fehlt dabei auch nicht die Bereitschaft zum Quälen, Foltern und Töten. Derartige Charaktertypen konnten während der Zeit des Nationalsozialismus im Einklang mit der Rassen-Ideologie ihre angestauten destruktiven Impulse hemmungslos ausleben.

Machen wir uns aber nichts vor. Derartige Möglichkeiten stecken in uns allen. Die Untersuchungen des Sozialpsychologen Stanley Milgram (1969) zeigen nämlich unmißverständlich, wie leicht ein normativer Gruppeneinfluß grausames Verhalten begünstigen kann. Zwei Drittel der Versuchspersonen glaubten, daß das, was die Autorität sagte, richtig sei. Sie unterwarfen sich den Befehlen, andere durch Elektroschocks zu bestrafen, vor allem dann, wenn die in der Versuchsanordnung vermeintlich gequälte Person anonym war und sich räumlich getrennt von einem selbst in einem anderen Raum aufhielt.

Überschneidungen mit dem *manipulativen Charaktertyp* oder mit der *außengeleiteten Persönlichkeit* im Sinne von David Riesman (1950) sind offensichtlich. Dabei handelt es sich um Menschen, die selbst keine eigene Meinung haben und sich stets äußeren Verhältnissen anpassen. Vielleicht erinnern sich einige Leser an Woody Allens vorzüglichen Film *Zelig*[4], der solch einen Typ humorvoll überzeichnet darstellt. In solchen Menschen erkennen wir unschwer den Typ des Mitläufers, der aber nicht nur während der Zeit des Nationalsozialismus vorkam, sondern den wir auch heute nicht lange suchen müssen. Es war Alexander Mitscherlich, der nicht müde wurde, derartiges Verhalten anzuprangern und die Ursachen aufzudecken; Grund genug, die Hoffnung nicht aufzugeben, Hoffnung darauf, die Hintergründe derartiger Charaktertypen nicht nur im familiären Bereich (erzwungene Anpassung durch Schläge) zu suchen, sondern auch im politischen (Erziehung zum Untertan). Umso dringlicher sind wir herausgefordert, keine Anstrengungen zu scheuen, unangenehmen Wahrheiten ins Gesicht zu sehen, wenn wir z. B. einzelne Züge der hier vorgestellten wenig schmeichelhaften Charaktertypen bei uns feststellen. Damit fördern wir kritisches Denken, bauen Vorurteile ab und ersetzen sie durch selbständige Urteile. Damit decken wir die uns unangenehmen und peinlichen Bereiche in uns selbst rückhaltlos auf und schaffen die Voraussetzungen, daß wir uns nicht mehr über uns selbst und andere täuschen.

Theorien zur Entwicklung der Persönlichkeit

Die Psychoanalyse hat seit Sigmund Freuds *Drei Abhandlungen zur Sexualtheorie* (1905b) wiederholt zu Fragen der frühen Entwicklung des Menschen Stellung genommen. Darauf noch ausführlich einzugehen, würde den Rahmen der vorliegenden

Einführung sprengen. Ich verweise auf Dieter Ohlmeiers vorzügliche Übersicht (1973).

Heute sind neben Freuds bekannter Unterteilung der Phasen der Sexualität (Freuds Phasenlehre) besonders die Entwicklungstheorien Donald W. Winnicotts (1965a, 1965b) und Margaret Mahlers (et al. 1975) im Gespräch. Marta Békei (1981) hat sie in ihrem Vortrag über Störungen der frühen Entwicklung auf dem 32. Internationalen Psychoanalytischen Kongreß in Helsinki in einer Tabelle zusammengestellt (vgl. Abb. 9), die ich den Lesern, ihrer Übersichtlichkeit wegen, nicht vorenthalten möchte.

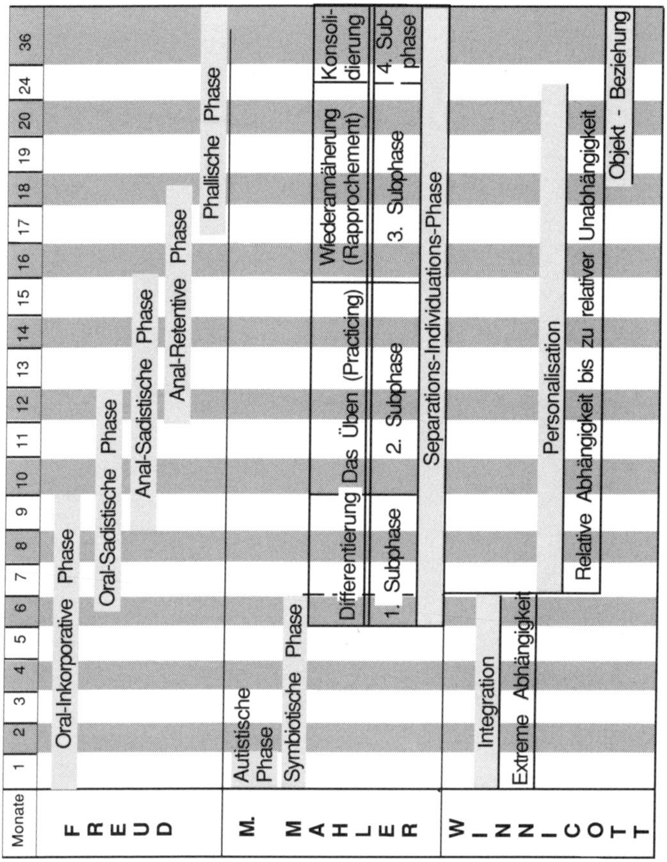

Abb. 9. Phasen der frühen Entwicklung des Menschen nach Sigmund Freud, Margaret Mahler und Donald W. Winnicott (vergleichende Darstellung Marta Békei 1981).

VI.
Psychoanalytische Krankheitslehre

1. Vorbemerkungen

Es gibt verschiedene Möglichkeiten, die psychoanalytische
Krankheitslehre in einer Einführung in die Psychoanalyse ab-
zuhandeln. Wir können uns an der historischen Entwicklung
des Menschen orientieren, die nach der bekannten psychoanalytischen Phasenlehre von der oralen Phase über die anale zur
genitalen Entwicklungsstufe voranschreitet. Es lassen sich aber
auch die Merkmale der jeweiligen Phase beschreiben, die zu
jeder Phase gehörenden Konflikte, die dazu gehörenden Kon-
fliktlösungsmöglichkeiten und schließlich die neurotischen
Versuche, damit fertig zu werden. Die Folgen sind: „phasen-
spezifische" neurotische Störungen, die wir konsequenterweise
in „orale", „anale" und „genitale" Neurosen einteilen. *In der
orale Phase* spielt dabei naturgemäß die *duale Beziehung zwischen Kind und Mutter* die Hauptrolle, während in der *genitalen Phase* die charakteristische *trianguläre Beziehung des Kindes zwischen Mutter und Vater* die entscheidende soziale Konstellation darstellt. Unterschiedliche soziale Situationen schaffen jeweils spezifische Konfliktsituationen, die, wenn sie nicht
gelöst werden können, *je nach der Art der Konfliktkonstellation*
charakteristische Lösungsversuche mit sich bringen. Damit ist
die psychoanalytische Krankheitslehre in folgender Weise ein-
geteilt:

Schwerwiegende *Störungen in der Zweierbeziehung zwischen
Kind und Mutter* führen zu entsprechenden Anstrengungen,
diese gravierenden Störungen zu überwinden. Solche Anstrengungen erscheinen dann klinisch als *Schizophrenie* und schwere
Depressionen. In prinzipiell derselben Weise lassen sich aus

Störungen der Entwicklungsphase der „Oralität" in logischer Konsequenz „orale" psychische Störungen wie *Alkoholismus und Drogenabhängigkeit* ableiten. Aber auch die um das Essen kreisenden Störungen der heute bei jüngeren Frauen sehr verbreiteten Magersucht mit ihrer häufigen Sonderform der Bulimie gehören dazu, oder eine chronische Neigung zum Zu-viel-Essen in Form der Fettsucht oder, vornehmer ausgedrückt, Adipositas.

Bei anderen *psychosomatischen Störungen,* von denen wir annehmen, daß psychische Gründe an ihrer Entstehung maßgeblich beteiligt sind, ist der ursächliche Zusammenhang zwischen der oralen Phase einerseits und der sich entwickelnden psychischen Krankheit andererseits schwieriger festzustellen. Am ehesten lassen sich bestimmte, von der seelischen Verfassung stark abhängige Erkrankungen der Haut mit Schwierigkeiten der pflegenden Versorgung eines Säuglings durch die Mutter in ursächlichen Zusammenhang bringen. Wir brauchen uns nur vorzustellen, daß eine Mutter die Haut des Kindes übermäßig stimuliert oder jede Berührung meidet. Bei Asthma, Bluthochdruck oder Gelenkrheumatismus ist ein derartiger Zusammenhang dagegen nicht so leicht herzustellen. Ich komme bei der Besprechung der psychosomatischen Störungen auf diese schwierigen Fragen zurück. Ähnliche interessante ursächliche Zusammenhänge finden wir zwischen bestimmten Störungen der oralen oder analen Phase einerseits und *delinquentem Verhalten* andererseits.

Ich möchte den Lesern den Versuch ersparen, die psychisch bedingten Krankheiten am Leitfaden der psychoanalytischen Entwicklungsphasen darzustellen. Gemessen am heutigen Entwicklungsstand der Psychoanalyse halte ich diesen Versuch für verfrüht. Ich lade den Leser statt dessen dazu ein, *derjenigen Entwicklung zu folgen, die die psychoanalytische Wissenschaft im Laufe der Zeit durchgemacht hat.* Ich erinnere an den Baum der psychoanalytischen Erkenntnis (vgl. Kap II). Die zuvor aufgezeigten möglichen ursächlichen Zusammenhänge zwischen bestimmten Entwicklungsphasen und bestimmten psychischen Krankheiten werden wir aber nicht aus dem Auge verlieren, schon allein deswegen nicht, weil sie im Hinblick auf das Ziel, die Krankheit durch psychoanalytische Maßnahmen zu heilen oder, anders ausgedrückt, die Störung zu beheben, von großer praktischer Relevanz sind.

Wir werden uns daher zuerst der psychoanalytischen Neurosenlehre zuwenden, wie sie sich als *Lehre von den klassischen Neurosen* in Form einer relativ schlüssigen Theorie schon zu Freuds Lebzeiten herausdifferenziert hat. Der Kernkomplex dieser mittlerweile als „klassisch" eingestuften psychischen Störungen ist der ebenso „klassische" Ödipuskomplex als unvermeidbarer schicksalhafter trianguärer Konflikt zwischen Sohn, Mutter und Vater, wie ihn Sophokles im Ödipusdrama tragisch-künstlerisch dargestellt und wie ihn Freud in seiner „ödipalen" Theorie der klassischen Neurose, Hysterie, Zwangsneurose und Phobie wissenschaftlich systematisiert hat*. In diesem Zusammenhang soll die in vielen einführenden Büchern stiefmütterlich behandelte neurotische Depression berücksichtigt werden.

Vor der Erörterung der einzelnen Neurose-Bilder sollen aber noch die grundsätzlichen Zusammenhänge zwischen Ödipuskonflikt, Angst und den sogenannten Abwehrmechanismen aufgezeigt werden. Danach möchte ich das schon im Rahmen der psychoanalytischen Persönlichkeitstheorie angeschnittene Problem der Abgrenzung von Gesundheit und Krankheit wieder aufgreifen und den während der Zeit der Studentenbewegung heiß diskutierten Fragen nach den Zusammenhängen zwischen Entstehung, Häufigkeit und Entwicklung neurotischer Störungen mit gesellschaftlichen Einflüssen nachgehen. Im Anschluß daran werde ich die modernen, „nach-klassischen", narzißtischen Neurosen und die sogenannten „borderline"-Störungen und Perversionen besprechen und deren Beziehungen zu „prä-ödipalen" Konflikten diskutieren. Es folgen die, zeitlich gesehen, auf sehr „frühe" Störungen der Mutter-Kind-Beziehung zurückgehenden ernsten psychischen Erkrankungen der Schizophrenie, der Depression und der Manie, die wir, gängiger psychiatrischer Einteilung folgend, Psychosen nennen. Mit diesen Krankheiten hat sich die Psychoanalyse aber schon zu Freuds Lebzeiten intensiv auseinandergesetzt. Dem delinquen-

---

* Für die Frau gilt – mutatis mutandis – das entsprechende: triangulärer Konflikt zwischen Tochter, Mutter und Vater.

ten Verhalten, dem Alkoholismus und der Drogenabhängigkeit sowie den psychosomatischen Störungen sind jeweils gesonderte Abschnitte gewidmet, da gerade diese Störungen wegen ihrer großen Häufigkeit eine zunehmend brisante gesundheitspolitische Bedeutung erlangen.

2. Die klassische Neurosenlehre

2.1 Angst und Abwehrmechanismen

In der Ursachenkette zwischen auslösender ödipaler Konstellation und späteren neurotischen Erkrankungen spielen Angst und Abwehrmechanismen eine wesentliche Rolle. Ohne Angst keine Neurose.

Angst kann uns schlagartig überfallen, diffus die gesamte Person erfassen, ohne daß wir den gleichsam automatischen Ablauf des Angstanfalls kontrollieren können. Wir sind ihr hilflos und ohnmächtig ausgeliefert.

Panik entsteht, wenn die Kontrolle der Angst völlig versagt. Damit sind wir in einen längst überwunden geglaubten früheren Zustand, in dem wir als Kinder der Angst ausgesetzt waren, zurückgefallen.

Angst kann aber auch ein sinnvolles und zweckmäßiges Signal vor einer Gefahr sein, das wir, im Vollbesitz unserer seelischen Kräfte, wahrnehmen und entsprechend verarbeiten, um dann der Angst angemessen begegnen zu können.

Die zuerst genannte automatisch ablaufende unkontrollierbare Angst mit Panik entspricht sehr frühen archaischen Entwicklungsstufen. Die Fähigkeit zur *Signalangst* setzt eine gewisse Reife der Persönlichkeit voraus. Während die erstgenannte Angst das Ich überwältigt, steht die Signalangst im Dienste des Ich, denn sie schützt ja vor Gefahren.

Ein derartiger Schutz vor Gefahren setzt aber die Fähigkeit voraus, den Gefahren auch begegnen zu können. Diese Fähigkeit ist im Kindesalter noch nicht ausgebildet. Es leuchtet daher unmittelbar ein, daß *Angst im Kindesalter* ein weit verbreitetes Phänomen ist, wie jeder aus eigener Erinnerung weiß und bei

Kindern seiner Umgebung täglich beobachten kann: Angst vor Dunkelheit, Angst vor Alleinsein, Angst vor Geistern, die einen verfolgen und vernichten können, Angst vor Gewittern, Angst vor Einbrechern usw. Dem kindlichen Ich stehen leider keine Verhaltensweisen zur Verfügung, um diesen Ängsten angemessen begegnen zu können.

In seiner Not erfindet das Kind bestimmte seelische Mechanismen, die es, wenn sie funktionieren, vor der Angst schützen. Damit wird die Angst zumindest erträglich, wenn dies auch einen gewissen Preis kostet, den wir bald noch näher kennenlernen werden. Das Ich baut zu seinem Schutz gegenüber der Gefahr gleichsam einen Schutzwall auf, um sich dahinter verstecken zu können. Dazu sollte der Schutzwall, weiterhin bildlich gesprochen, so gestaltet sein, daß er die Angst wirkungsvoll abwehren kann (Ich-Schutz oder Selbstschutz). Die Gefahr muß nicht immer von außen kommen. Sie kann auch von innen, aus dem eigenen psychischen Bereich, stammen. Wir können also Schutzwälle gegenüber *äußeren* Gefahren und solche gegenüber *inneren* Gefahren unterscheiden.

Die Psychoanalyse suchte anfänglich die Ursache für die neurotischen Störungen in *äußeren* Traumatisierungen (vgl. Traumatheorie, Kap. II). Später ging sie aber rasch dazu über, sich als Triebpsychologie zu begründen. D. h. sie betrachtete nun die *in uns* selbst entstehenden Triebregungen, vor allem sexuelle und aggressive, als Ursachen psychischer Störungen.

Es leuchtet unmittelbar ein, daß sich die Psychoanalytiker besonders mit den „Schutzwällen" befassen, die gegenüber den Triebregungen aufgerichtet wurden. Sie werden in der psychoanalytischen Fachsprache, vor allem nach der vorzüglichen Systematisierung durch Anna Freud (1936), als *Abwehrmechanismen* zusammengefaßt. Dazu gehört zuallererst die bekannte *Verdrängung*. Das ist eine aktive Maßnahme des Ich, die darin besteht, daß die aus dem Unbewußten andrängenden Triebregungen aus dem Bewußtsein so abgedrängt werden wie ein aus dem Wasser auftauchender Gegenstand, der, wieder unter Wasser gedrückt, dort verborgen ist. Dieses Bild veranschaulicht in besonders sinnfälliger Weise den Vorgang der Verdrängung: Stellen Sie sich einen Korken vor, den Sie unter Wasser drücken wollen. Der Korken drängt mit der gleichen Kraft, mit der Sie ihn unter Wasser drücken möchten, an die Oberfläche. Es bedarf daher einer besonderen Anstrengung, um einen zu verdrängenden Gegenstand wie z. B. den Korken, der wegen seiner Wasserverdrängung ständig aus der Tiefe an die Oberfläche drängt, dauerhaft unter Wasser zu halten. Warum bleibt er unter Wasser? Jetzt wechseln wir von der Physik zu Psychologie: Weil es Angst machen würde, wenn der Korken hoch käme.

Welche unterschiedlichen Formen von Angst unterscheiden wir? Angst vor Strafe, Angst vor Verletzung (die in der älteren Psychoanalyse oft zitierte Angst des kleinen Knaben vor Kastration), Angst vor Beschämung (kurz: Schamangst) und Angst vor dem Verlust der Zuwendung einer wichtigen Bezugsperson. Eine für schwerere Störungen charakteristische Angst ist die Angst vor einem wirklichen oder befürchteten Verlust wichtiger Personen. Damit haben wir eine ganze Palette von Ängsten kennengelernt, die bei der Entstehung neurotischer Störungen eine wesentliche Rolle spielen.

Was hält den Korken unter Wasser? Affektive Regungen wie *Schuld- und Schamgefühle.* Jetzt sind wir in der Lage, den komplizierten unbewußten Prozessen in uns nachzuspüren. Triebe drängen wie unser Korken nach oben. Das macht Angst oder erweckt Scham- und Schuldgefühle. Deswegen sollen nicht nur der Triebwunsch, sondern auch Schuldgefühle und Schamgefühle abgewehrt werden.

Einige gängige Abwehrmechanismen, wie sie die Psychoanalyse systematisiert hat, will ich hier noch aufzählen. Wem sie zu abenteuerlich vorkommen, wird aufgefordert, sie bei sich selbst oder bei neurotisch gestörten Patienten zu überprüfen.

Wenn wir uns nun in den Zustand eines bedrohten Ich versetzen, das vom Es her mit Impulsen – der gnädige Leser möge mir das drastische Beispiel verzeihen – z. B. mit Kot zu schmieren, bedrängt wird: Das Ich wird aus Angst, deswegen bestraft zu werden, alles daran setzen, dies gerade nicht zu tun. Wir sagen: Das Ich reagiert in Form einer Gegenreaktion, einer *Reaktionsbildung,* wie der psychoanalytische Fachausdruck lautet. Das heißt: Das Ich reagiert auf die Regungen, mit Kot zu schmieren, in der Form, daß es das krasse Gegenteil tut, nämlich zum Reinlichkeitsfanatiker wird.

In einem anderen Abwehrmechanismus, in der Fachsprache *Isolierung* genannt, wird die mit einer Triebregung verbundene Vorstellung oder Phantasie von dem damit zusammenhängenden Affekt isoliert. Das kann der Angstaffekt selber sein. Das können aber auch mit Schuld- und Schamgefühl verbundene Affekte sein oder Affekte der Freude und der Trauer. Die Isolierung besteht dann jeweils darin, daß die damit zusammenhängenden Vorstellungen von den dazugehörigen Affekten isoliert werden. Ein praktisches Beispiel aus dem Alltagsleben: Ich bin auf einen Freund wütend und möchte ihn deswegen verletzen. Das erlaubt mir aber mein Ideal nicht, denn ich habe ja meinen Freund auch sehr gern. Um den Freund zu schützen, isoliere ich die „Wut" von der Vorstellung „Freund". Der „neurotische" Gewinn besteht dann darin, daß der Affekt Wut von der Vorstellung Freund isoliert ist. Die Wut ist dann lange nicht so bedrohlich wie die mit der Vorstellung „Freund" verbundene Wut.

Bei dem Abwehrmechanismus der *Verschiebung* tritt die Angst nicht mehr vor der ursprünglich angsterregenden Situation auf, etwa vor dem das Kind mißhandelnden Vater, sondern z. B. verschoben auf einen Hund in einer Situation, in der das Kind von einem Hund bedroht wird. Der besonders bei den Phobien eingesetzte Abwehrmechanismus hat dann immerhin erreicht, daß die Angst vor dem prügelnden Vater verschwunden ist. Begegnet das Kind keinem Hund, ist es völlig frei von Angst.

Verschiebungen kommen besonders häufig im Traum vor, wenn z. B. ein für das Bewußtsein peinlicher Inhalt auf einen weniger peinlichen „verschoben" wird. Aber das ganze Leben ist voll von derartigen „Verschiebungen". Wir müssen nur einmal darauf achten, zu welchen Kunststücken wir in dieser Hinsicht fähig sind, wenn wir uns z. B. nicht mehr an einen bestimmten Namen erinnern, etwas verlegt haben, oder wenn wir uns versprechen. Freud hat derartige Fälle in seiner *Psychopathologie des Alltagslebens* (1901) anschaulich beschrieben.

Ein weiterer wichtiger Abwehrmechanismus ist die *Projektion*. Sie besteht darin, daß wir Triebregungen, die uns unangenehm sind, einfach dadurch abwehren, daß wir sie in andere Personen projizieren, d. h. hineinverlegen. Damit nehmen wir

aber die andere Person, in die wir projiziert haben, nicht mehr
so wahr, wie sie wirklich ist, sondern verzerrt, nämlich so, wie
wir glauben, daß sie sei. Nach psychoanalytischer Erfahrung
sind derartige Projektions-Mechanismen ungemein häufig. In
experimentell-psychologischen Untersuchungen konnten sie
trotzdem nicht nachgewiesen werden. Das negative Ergebnis
hängt aber damit zusammen, daß experimentell-psychologische
Versuchsbedingungen im Gegensatz zu den Bedingungen der
psychoanalytischen Situation nicht dafür geeignet sind, derartig
unbewußt ablaufende Prozesse zu beweisen. Im Verlauf von
psychoanalytischen Behandlungen kann der Beweis für das
Vorhandensein von Projektionen sehr leicht dadurch erbracht
werden, daß z. B. in einer psychoanalytischen Gruppenbehand-
lung mehrere Personen eine bestimmte Person zum Sündenbock machen und dann feststellen, daß sie in diese Person etwas
hineingesehen haben, das gar nicht in ihr, sondern ursprünglich
in ihnen selber war.

Der durch die Projektion veränderten Wahrnehmung der
anderen Person muß nach Bewußtwerden des Vorgangs natürlich eine veränderte Wahrnehmung der eigenen Person genau
entsprechen, nämlich eine Wahrnehmung, die jetzt die ursprünglich in die andere Person projizierten Persönlichkeitsanteile als eigene Triebregungen, wie z. B. verpönte sexuelle oder
aggressive Impulse, registriert.

Der Abwehrmechanismus der *Projektion* bezieht übrigens im
Gegensatz zu den Abwehrmechanismen Verdrängung, Reaktionsbildung und Isolierung regelmäßig eine andere Person in
die Abwehrbemühungen ein. Es handelt sich damit um einen
sogenannten *inter-personalen Abwehrmechanismus*, im Gegensatz zu den nur in uns selbst, *intra-psychisch oder mono-perso-
nal* ablaufenden Abwehrprozessen wie *Verdrängung, Reaktionsbildung oder Isolierung*. Projektionen können sich aber
nicht nur auf andere Personen beziehen, sondern auch auf
ganze Institutionen, auf die Gesellschaft als Ganzes oder auf
Teile davon, zum Beispiel auf Regierung, Parlament, Rechtsprechung oder Schule, Familie, Industrie oder Wirtschaft. Immer dann, wenn derartige Institutionen allzu sehr entweder
verteufelt oder idealisiert werden, besteht der Verdacht, daß
hierbei unbewußte Projektionen eine Rolle spielen. In diesem

Zusammenhang kann die Psychoanalyse einen wichtigen Beitrag zur realistischen Wahrnehmung von politischen Prozessen leisten. Dafür sind in erster Linie Politikwissenschaftler und Soziologen zuständig. Psychoanalytiker können aber bei besonders übertriebenen und auffallend oft wiederholten Idealisierungen oder Entwertungen bestimmter Institutionen unserer Gesellschaft den vorsichtigen Verdacht aussprechen, ob hier nicht projektive Prozesse unbewußt mit am Werk sind, z. B. bei extremer Verteufelung des Staates und seiner Apparate durch Terroristen oder bei allzu großer Idealisierung staatlicher Einrichtungen durch konservative Bürger. Auch die ebenso in der internationalen Politik wie in der Landes- und Kommunalpolitik vorkommenden Feindbilder sind, wenn sie in extremer Form immer wieder geäußert werden, der projektiven Prozesse verdächtig. Mehr darüber in Kapitel IX über Anwendungen der Psychoanalyse auf politische Prozesse.

2.2 Die klassische Hysterie oder Konversionsneurose

Ödipuskomplex, Konversion, Symptome

Mit dem Thema Hysterie gelangen wir in einen für die Psychoanalyse als Wissenschaft entscheidenden Bereich. Mit der Erforschung der Hysterie begann die Psychoanalyse ihre Erkundungen der Neurosen. Der zentrale Konflikt ist der schon mehrfach erwähnte trianguläre Konflikt zwischen Kind, Mutter und Vater. Die dabei beteiligten Triebregungen sind *sexueller* Natur, und zwar im engeren Sinne des Wortes *genitaler* Natur, d. h. auf die Genitalien bzw. auf die geschlechtliche Vereinigung ausgerichtet. Das heißt am Beispiel des Knaben: *Er möchte mit Mama „schlafen".* Das bedeutet aber zugleich, allein von der Struktur des triangulären Konflikts her gesehen: Der die Mutter begehrende Junge möchte den Vater, den er in seinem Begehren als störend empfindet, am liebsten *beseitigt* sehen, *weg* wünschen. Das bedeutet nicht, daß er ihn gleich *tot* wünscht. Im Hinblick auf die sexuelle Vereinigung des Knaben mit der Mutter wird oft von Inzest gesprochen oder von Inzestwunsch.

Wie die zahllosen Psychoanalysen in der täglichen Praxis zeigen, existieren derartige *Wünsche*, zumindest zu bestimmten Zeiten, in mehr oder weniger stark ausgeprägtem Maße: Sie können als verdrängte Erinnerungen aus unbewußten Bereichen wieder auftauchen oder auch über deren Wiederholung in der Übertragung auf den Psychoanalytiker indirekt erschlossen werden. Wenn etwa eine Analysandin, – um die trianguläre Konstellation zur Abwechslung aus der Sicht des Mädchens darzustellen – in sonst nicht einsehbarer Weise auf die Frau des Analytikers eifersüchtig reagiert und in Assoziationen phantasiert, den Analytiker ausschließlich für sich allein zu besitzen und davon träumt, auch mit ihm zu „schlafen", dann ist der Verdacht berechtigt, darin eine Wiederholung der ursprünglichen, dem Vater geltenden, Wünsche zu sehen.

Zu derartig verpönten Wünschen gehören natürlich *Ängste*, wegen solcher Wünsche bestraft zu werden (Angst vor Strafe). Die Ängste beziehen sich nicht immer unmittelbar auf das Genitale, wie die in der Psychoanalyse oft zitierte Kastrationsangst vermuten ließe, sondern darauf, überhaupt körperlich verletzt zu werden, etwa durch Schläge, wie sie leider immer noch häufig genug vorkommen. Noch schlimmer wirken Strafen, die darin bestehen, dem Kind wegen seiner Wünsche, Liebe und Zuwendung zu entziehen (Angst vor Liebesverlust).

Die genannten Triebwünsche, die deswegen gefürchteten Strafen und die damit verbundenen Ängste werden nun bei der Hysterie über den unbewußten Prozeß der Verdrängung allesamt aus dem Bewußtsein ausgeschlossen. Der Erfolg dieser pauschalen Schutzmaßnahme ist der, daß die durch die verpönten Triebwünsche ausgelösten Turbulenzen abklingen und einer ruhigen Atmosphäre Platz machen. Der *Nachteil einer derartigen Notlösung* liegt auf der Hand: Das verdrängende Ich des betreffenden Menschen schädigt sich selbst; nicht nur wegen der nun verdrängten Triebregungen und wegen der gleichzeitig verdrängten Affekte der Angst, Schuld- und Schamgefühle, sondern wegen der für das Verdrängen selbst notwendigen Energien.

Wo sind nun aber die Triebwünsche, die Ängste und die mit den Triebwünschen verbundenen Erregungen geblieben? Sie können sich doch nicht in Nichts aufgelöst haben? Sie wurden über weitere unbewußte Prozesse, die nur für die Hysterie pathognomisch, d. h. krankheitstypisch sind, unter Kompromißbildung *in hysterische Symptome verwandelt*, oder, sie sind, um den Ausdruck der psychoanalytischen Fachsprache zu verwenden, *konvertiert* (daher der Ausdruck *Konversionsneurose* für die klassische Hysterie).

Für manche ist dieser Vorgang der Konversion eine schwer nachvollziehende Vorstellung, wird dabei doch angenommen, daß sich seelische Vorstellungen in körperliche Vorgänge verwandeln, d. h. von einem seelischen Zustand in einen körperlichen überwechseln. Dies läßt sich dagegen problemlos nachvollziehen, wenn wir davon ausgehen, daß seelische Wünsche immer mit körperlicher Erregung verbunden sind. So „fiebern" wir erregt einer Begegnung entgegen, von der wir uns die Erfüllung sexueller Wünsche erhoffen; selbst dann, wenn dies nur in der Phantasie sein sollte. Die mit den seelischen Wünschen verbundenen körperlichen Erregungen aktivieren automatisch diejenigen Organe, die im Hinblick auf die Erfüllung der Triebwünsche in Aktion treten müßten. Dies sind bei sexuellen Wünschen natürlich in erster Linie die Sexualorgane. Untersuchungen von Masters und Johnson (1966) haben dies sogar wissenschaftlich bewiesen.

Die „Verschiebung" derartiger Erregungen von den Geschlechtsorganen auf andere Organe ist dagegen experimentell-psychologisch nicht so ohne weiteres nachzuweisen. In der täglichen Praxis können die Psychoanalytiker aber ständig durch „Verschiebung" aufgetretene „Genitalisierungen" beobachten. Ich denke an einen von mir behandelten technischen Zeichner, dessen genitale Erregungen sich im rechten Arm störend auswirkten. In einem anderen Fall, einer Frau, waren es alle Glieder, die deswegen so schmerzten, weil sich die ursprünglich wegen unbefriedigter sexueller Wünsche im Genitalbereich lokalisierten Schmerzen über unbewußte Konversion und Verschiebung in „Gliederschmerzen" verwandelt hatten.

Der Beweis für die genannten unbewußten Prozesse ist dann erbracht, wenn der *Prozeß der Verschiebung* vom Genitale auf den Arm bzw. auf alle Glieder nach Analyse rückgängig gemacht werden kann, d. h. wenn dann nicht mehr diejenigen Organe, auf die die Erregung unbewußt verschoben worden war, erregt sind, sondern der ursprüngliche Ort, wo die Erregung normalerweise hingehört, erregt ist, nämlich der Genitalbereich. Nach diesem Muster können die vielfältigen „hysterischen" Symptome entstehen:

– Nicht objektivierbare *Kopfschmerzen*, die dadurch erklärt werden können, daß die nicht abgeführte sexuelle Erregung in den Kopf steigt;

– *Bauchkrämpfe*, wenn die „Wut im Bauch« nicht abgeführt werden kann;

– „hysterisches" *Erbrechen*, wenn die mit sexuellen Regungen verbundenen Ekelgefühle nicht direkt zum Ausdruck kommen, sondern nur indirekt über das Erbrechen im Sinne von „das kotzt mich an";

– *Seh- und Hörstörungen*, die sich dadurch leicht aufklären lassen, wenn verbotene Triebwünsche übersehen oder überhört werden sollen, um das Bewußtsein nicht zu beunruhigen.

Es werden also immer Symptome als das geringere Übel in Kauf genommen, um das größere Übel, nämlich die sexuellen Triebwünsche, die dazu gehörigen Verbote und die damit verbundenen Konflikte nicht wahrzunehmen. Hysterische Symptome folgen im übrigen, in striktem Gegensatz zu neurologisch bedingten Lähmungen und Kontrakturen, nicht den Gesetzmäßigkeiten der Neurologie, sondern populären Vorstellungen über den Körper. Bei unserem technischen Zeichner war es vor allem die Steifheit des Unterarmes, die dem steifen Glied entsprach, und bei der genannten Patientin waren es Arme und Beine insgesamt, die schmerzten, nicht bestimmte Gelenke oder bestimmte nervös versorgte Regionen.

Wenn wir also *die sexuellen Phantasien stets zusammen mit den sie begleitenden körperlichen Prozessen* betrachten, dann haben wir das bislang ungelöste Konversionsproblem gelöst. Dieses schwierige Problem scheint so lange nicht lösbar, als wir an der unheilvollen Trennung von Seele und Körper festhalten, so vorteilhaft diese für das Denken auch sein mag. Dabei haben wir alle als Kinder erlebt, daß *Vorstellungen immer mit Gefühlen* und *Gefühle immer mit dazugehörenden Vorstellungen verbunden* sind.

146

Wunscherfüllungs- und Rachetyp

Neben den körperlichen Funktionsstörungen und organisch nicht objektivierbaren Schmerzen gibt es aber bei der Hysterie auch ausschließlich im psychischen Bereich bleibende Störungen, wie z. B. *Bewußtseinsstörungen*, in denen wir bestimmte Ereignisse nicht mehr wahrnehmen, nichts mehr davon wissen; ferner Gedächtnis- und Erinnerungsstörungen, wenn es um Ereignisse oder Erlebnisse der Vergangenheit geht. Hinzu kommen die gesamte Persönlichkeit ergreifende Vorstellungen, die *das ganze Verhalten* eines Menschen unbewußt steuern können. Auch beim sogenannten „hysterischen" Charakter, der uns schon im Rahmen der psychoanalytischen Persönlichkeitslehre begegnet ist, bleiben die unbewußten Prozesse ausschließlich im psychischen Bereich. Seine Neigung zu theatralischen Inszenierungen, zu Übererregbarkeit und zu erotischer Zweideutigkeit sind auf S. 128 beschrieben.

Der sogenannte *Wunscherfüllungstyp* wurde noch nicht erwähnt. Ein Wunscherfüllungstyp ist z. B. eine Frau, die ihre unbewußten Wünsche, Mann zu sein, indirekt dadurch auslebt, daß sie sich wie ein Mann verhält. Jeder kennt wahrscheinlich einen weiteren Typ Frau, nämlich die von Kuiper (1968) beschriebene *liebevoll kastrierende Frau*: Sie verhält sich nur deswegen einem Mann gegenüber besonders liebevoll, um ihn dann umso besser „kastrieren" zu können. Sie erregt ihn zum Beispiel zuerst sexuell und verweigert ihm dann aber die Erfüllung seiner sexuellen Wünsche dadurch, daß sie ihn in seiner Männlichkeit „klein macht" oder „entwertet".

Derartige unbewußte Prozesse sind aber nicht auf Frauen beschränkt: Auch Männer können ihre nicht erfüllten Wünsche so in ihr Verhalten einbauen, daß sie sich einbilden, gerade durch ihr Verhalten die verbotenen Wünsche doch noch erfüllt zu bekommen: etwa ständig im Mittelpunkt zu stehen, von vielen geliebt zu werden, oder auf der Erfolgsleiter ganz oben zu stehen.

Von einem *Rachetyp* sprechen wir, wenn unbewußte Rache das gesamte Verhalten bestimmt, wie etwa das Beispiel Elektras zeigt, die den Mord am geliebten Vater Agamemnon nicht überwinden kann und ihr ganzes Leben lang nach Rache sinnt, bis der Bruder Orest den Rachewunsch dadurch erfüllt, daß er Klytämnestra tötet. In milderem Licht erscheinen jene Frauen, die sich an einem früheren Freund dadurch rächen wollen, daß sie einen neuen Freund genauso „abblitzen lassen" wie sie durch den früheren Freund „abgeblitzt" wurden.

Jeder wird aus seinem Bekanntenkreis derartige Typen erkennen können: Frauen, die unbewußt auf Männermord aus sind, aber auch Männer, die, wie Don Juan, Frauen als Mittel zum Zweck benutzen, um sich bewundert, anerkannt und erfolgreich fühlen zu können. Das „Fallen lassen" der Frauen entspringt dabei häufig genug einem unbewußten Rachemotiv.

Gesellschaftliche Faktoren

In gesellschaftskritischer Perspektive enthält das hysterische Symptom oder Verhalten, überprüft man es auf seinen latenten Sinn, immer auch eine im doppelten Sinn „unerhörte" Botschaft gegenüber der Öffentlichkeit (Israel 1983). Damit wird folgende Botschaft ausgesandt: „Die durch eure Kultur begründeten Verbote sexueller Wünsche gehen entschieden zu weit. Das hält keine Frau aus!" In dieser Sicht ist das hysterische Symptom nicht nur Ergebnis der Verdrängung individueller sexueller Wünsche. Die häufigen hysterischen Symptome im „fin de siècle" waren *Ausdruck gesellschaftlicher Unterdrückungen.* Die Doppelmoral jener Zeit gestattete es dem Mann, sexuelle Wünsche bei anderen Frauen oder Prostituierten auszuleben, verbot dieses aber den Frauen. Damit war den Frauen ein im Vergleich zum Mann größerer Verdrängungsaufwand auferlegt, der die größere Häufigkeit hysterischer Symptome bei Frauen jener Zeit gut erklärt.

Heute sind es in einer Zeit größerer Liberalisierung sexuellen Verhaltens eher *aggressive* oder *narzißtische Wünsche,* die sich dann, wenn sie im aktuellen Leben nicht befriedigt werden, über Symptome oder das manifeste Verhalten indirekt äußern, wenn z. B. reaktiv entstandener Haß nicht direkt ausgedrückt wird, sondern indirekt, etwa dadurch, daß der andere ständig kritisiert, in Frage gestellt oder auf seine Treue hin überprüft wird. Ein solches Verhalten erscheint dann besonders leicht als hysterisch, wenn die Kritik indirekt über ein Symptom zum Ausdruck gebracht wird: Kopfschmerzen können so die unbewußte Bedeutung annehmen: „Du beachtest mich nicht genügend. Und weil du dies nicht tust, kann ich dich auch kritisieren."

Die der Psychoanalyse gegenüber aufgeschlossenen Leser werden ohne Schwierigkeiten weitere Fallbeispiele aus ihrem engeren oder weiteren Bekanntenkreis auffinden können, die die besagten psychoanalytischen Theorien über hysterische oder konversionsneurotische Störungen bestätigen. Wir brauchen daher das Thema „Hysterie" hier nicht weiter zu verfolgen, sondern können uns der nächsten von der Psychoanalyse erforschten klassischen Neurose zuwenden:

2.3 Die Zwangsneurose

Symptome

Im Gegensatz zur Hysterie bewegen wir uns hier ausschließlich im psychischen Bereich. Das *Denken* ist auf der Ebene der Symptome in charakteristischer Weise dadurch gestört, daß der gleiche Gedanke zwanghaft immer wiederholt werden muß, obwohl man selbst einsieht, daß dies unsinnig ist. Es gibt Zwänge, zu zählen, Sätze zu wiederholen oder ein Grübeln und Zweifeln im Hinblick darauf, ob ein Tatbestand so oder anders war. Ein an Zwangsneurose Leidender wird gleichsam gezwungen, ständig zu grübeln, zu ordnen oder bestimmte Regeln zu beachten. Gegenüber dem zwanghaften Denken sind Phantasie, Gefühlsleben und Körperempfindungen völlig zurückgedrängt. Neben dem *Zwangsdenken* können auch *Zwangshandlungen* auftreten wie beim bekannten Waschzwang. Zum Beispiel brauchte ein Patient im extremen Stadium seiner Zwangskrankheit mehrere Stunden, um sich an- oder auszuziehen, weil alles einer ganz bestimmten Ordnung entsprechen mußte, die nicht durcheinanderkommen durfte.

Hier sind die Parallelen zwischen Zwangsneurosen und bestimmten Praktiken in religiösen Bereichen – auch zum Aberglauben – besonders deutlich, wenn zum Beispiel bestimmte Gesten das gefürchtete böse Schicksal bannen sollen. Schließlich sind auch noch *Zwangsantriebe* und Impulse zu erwähnen: plötzliche Regungen, die den Patienten deswegen besonders erschrecken, weil sie gar nicht ins Bewußtsein passen. Denken wir an Impulse, das zufällig daliegende Brotmesser zu nehmen und damit das eigene Kind zu töten, eine vor dem Lehrer stehende attraktive Schülerin am Busen oder am Genitale zu berühren, mit einer vor einem stehenden Ziege geschlechtlich zu verkehren, einer angesehenen Persönlichkeit urplötzlich ins Gesicht zu spucken, ein Denkmal in der Öffentlichkeit anzupinkeln usw., alles Beispiele aus der eigenen psychoanalytischen Praxis.

Psychodynamik

In der Vorgeschichte derartiger Patienten finden wir eine starke Unterdrückung aller sexuellen und aggressiven Impulse, oft verbunden mit fehlender emotionaler Zuwendung bei lieblosem, uneinfühlsamem Verhalten der Eltern. Die Mutter wurde häufig als verführerisch, der Vater als strafend erlebt. Überzufällig häufig wurden alle expansiven, insbesondere motorischen Bedürfnisse durch Drohungen und Strafmaßnahmen behindert und eingeengt: Hören wir derartige Aussagen von Patienten, dann denken wir in erster Linie daran, daß die Neurose eine *Antwort auf traumatisierende Einflüsse seitens der Umwelt* ist.

Die Patienten reden aber andererseits auch von ihren *eigenen Bedürfnissen*, vor allem von ihrer starken *Neugier*, z.B. das Sprechzimmer des Analytikers bis in die letzten Ecken auszukundschaften, von ihren über sie kommenden Bedürfnissen, sich zu zeigen, zu onanieren, als Mann Frauen zu erobern, zu verführen, oder als Frau die Geliebte vieler Männer zu sein. Die von Freud (1913, S. 447) beschriebenen „sadistischen Schlagephantasien", die dementsprechende „sadistische Auffassung des Koitus" (Freud 1908 b, S. 182) als ein Kampf voller feindseliger grausamer Impulse und die „verdrängte homosexuelle Sexualströmung" (Freud 1918, S 149) finden wir regelmäßig in der Analyse zwangsneurotischer Patienten. Die deswegen gefürchteten Ängste vor Strafe, vor Schlägen, vor Verfolgung lassen sich dabei ebenso aufdecken wie die strengen Gebote und Verbote. Schwieriger ist es, die eigentlichen Triebregungen bewußt zu machen: Zwangsimpulse, das eigene Kind zu töten oder perverse Handlungen auszuführen. Dies gelingt verständlicherweise erst nach Überwindung schambedingter Widerstände.

Psychogenese

In der Psychogenese der Zwangsneurose kam es nach Wiederbelebung der klassischen triangulären Situation zwischen Kind, Mutter und Vater deswegen zu einer Regression auf die vorausgegangene „anale" Entwicklungsstufe, weil die zur genitalen Phase gehördenden Inzest- und Beseitigungswünsche für das kindliche Ich zu bedrohlich waren. Mit der Vermeidung der bedrohlichen genitalen Impulse kam das Kind freilich vom Regen in die Traufe. Denn jetzt sind es die zur „analen" Phase gehörenden sadistischen Impulse, die dem kindlichen Ich noch viel mehr Angst machen. Deswegen sind bei der Zwangsneurose die besonders wirksamen Abwehrmechanismen der *Isolierung* und der *Reaktionsbildung* mobilisiert, um den bedrohlichen Zustand aushalten zu können. Die Affekte sind vom Denken abgespalten *(Affekt-Isolierung)*, das Denken ist zwanghaft übergewissenhaft geordnet, weil es „chaotisches" Phantasieren und kindliches Wünschen unter allen Umständen vermeiden muß (Reaktionsbildung). Mit der Regression von der genitalen Stufe zur analen Organisationsform sind die Wünsche, zu lieben und geliebt zu werden, durch die Wünsche, zu beherrschen oder beherrscht zu werden, zu schlagen oder geschlagen zu werden, zu quälen oder gequält zu werden, ersetzt.

Mit den Zwangssymptomen (Zwangsdenken, Zwangshandlungen, Zwangsimpulse) sind durch die genannten Abwehrmechanismen (Isolierung, insbesondere Affektisolierung, Reaktionsbildung, Regression) alle peinlichen, bedrohlichen, angsterzeugenden und -unterhaltenden Regungen aus dem Bewußtsein verbannt: Peinliche Schamgefühle, Gefühle der Schuld und der Reue, Angst vor Strafe und Verfolgung und nicht zuletzt die bedrängenden Triebregungen selbst. Wenn die Triebregungen allzu stark andrängen und die Abwehr dadurch stellenweise durchlässig wird, kann es aber immer wieder vorkommen, daß Triebabkömmlinge ins Bewußtsein dringen. Ein Beispiel dafür ist die nach kleinen Verfehlungen bei einem Patienten auftretende Wortfolge: „Vergib mir meine Sünden, Hurenbock." In dem Wort „Hurenbock" ist sowohl das sexuelle als auch das aggressive Moment in verdichteter Form enthalten.

Der „Rattenmann"

Den Zwangscharakter hatten wir schon im Kapitel V.3.3 kennengelernt, wobei uns sicher da oder dort Parallelen zu uns selbst aufgefallen waren. Ausgeprägte Fälle von Zwangsneurosen kommen uns dagegen fremdartig vor. Bekannte Beispiele sind die beiden von Freud selbst ausführlich beschriebenen Fälle des sogenannten „Rattenmannes" (1909b) oder des „Wolfsmannes" (1918).

Der „Rattenmann" litt u. a. daran, daß er befürchtete, seinem Vater und einer von ihm verehrten Dame würde etwas Böses geschehen. Er verspürte immer wieder den zwanghaften Impuls, sich mit dem Rasiermesser in den Hals zu schneiden. Die Analyse deckte dann neben vielen anderen Einzelheiten die mit den Symptomen ursächlich zusammenhängenden Triebbedürfnisse auf, die Frau sexuell zu erobern, den Vater zu beseitigen und sich wegen dieser verpönten Wunschregungen durch das In-den-Hals-schneiden selber zu bestrafen. Zu dem seltsamen Namen „Rattenmann" kam der Patient übrigens deswegen, weil er eine Phantasie hatte, die er nur nach Überwindung größter Widerstände gestehen konnte, weil sie ihm selbst extrem fremdartig und bizarr vorkam: „Ich sitze auf einem Nachttopf, in dem sich Ratten befinden, die sich in meinen After einbohren." In dem Moment, als der Patient dies dem Analytiker gegenüber eröffnete, durchzuckte ihn der Gedanke, daß dieses seltsame Geschehen nicht ihm, sondern dem Vater gelte, und zwar im Sinne einer Rachephantasie als Reaktion darauf, daß er glaubte, der Vater würde ihm die Befriedigung seiner sexuellen Wünsche verbieten. Ich denke, daß die Leser diese Interpretation nachvollziehen können. Bei vielen anderen von Freud gegebenen Interpretationen habe ich selbst den Eindruck, daß sie zuweilen eher der Phantasie Freuds entsprungen sind als den Assoziationen des Patienten folgend.

Der „Wolfsmann"

Der Traum vom „Wolfsmann" ist in der Psychoanalyse berühmt geworden. In diesem Traum beobachtet der „Wolfsmann" hinter dem aufgehenden Fenster mehrere Wölfe, die regungslos auf einem Baum sitzen. Die Analyse entdeckte in der Deutung oder Interpretation dieses Traums auch die vom Bewußtsein verpönten homosexuellen Wünsche des Knaben gegenüber dem Vater, die in der ebenso lustvollen wie Angst erregenden Phantasie gipfelten, vom Vater wie eine Frau koitiert zu werden.

Im Zusammenhang mit dieser Phantasie stand eine Erinnerung an ein erregendes Erlebnis der Kindheit: Der kleine Junge sah das den Boden putzende Kindermädchen Gruscha von hinten. Das erregte ihn sehr. In der Erinnerung daran führten weitere Assoziationen zu der Vorstellung, die Eltern in heftiger Bewegung koitierend gesehen zu haben – ob nun wirklich oder nur in der Phantasie, muß offen bleiben. Diese sogenannte *Urszene* ängstigte und erregte das Kind dermaßen, daß es unter dem Eindruck innerer Verbote, so etwas sehen zu dürfen, alle damit zusammenhängenden Phantasien und Gefühle abwehrte. Das geschah um den Preis einer ganzen Reihe von zwanghaften Symptomen, die sich besonders in der peinlichen Befolgung religiös vorgegebener Handlungen manifestierte. Dabei kam es wie bei dem von mir selbst behandelten Patienten („Vergib mir meine Sünden, Hurenbock") zu charakteristischen Kombinationen wie: „Gott und Kot" oder „Gott und Schwein"; Kombinationen, die angesichts der strengen Verbote für derartige blasphemische Äußerungen zwangsläufig entsprechende Sühne- und Reuehandlungen nach sich zogen.

Die heute noch in der Ausbildung künftiger Psychoanalytiker wichtige Fallgeschichte vom „Wolfsmann" ist durch spätere Veröffentlichungen kritisch ergänzt worden (Gardiner 1972).

Sie wurde von psychologischer Seite als Beispiel dafür ausgewählt, um der Psychoanalyse nachzuweisen, daß sie keinesfalls in der Lage sei, neurotisches Verhalten wissenschaftlich zu erklären (Perrez 1972). In der Tat weist die Analyse des „Wolfsmannes" durch Freud aus heutiger Sicht eine ganze Reihe von Mängeln auf. Freud war mit großer Wahrscheinlichkeit zu sehr von der ihn damals beherrschenden Ödipus-Theorie beeinflußt und sah das vielschichtige „Material" des Patienten vorzugsweise in diesem Raster. Die Rolle des von den Eltern verlassenen Kindes, das bei Dienstmädchen und anderen Angestellten Ausgleich sucht, wurde ebensowenig erkannt wie die soziale Problematik zwischen dem Gutsherrensohn und den vom Gutsherren abhängigen Arbeitern und Angestellten. Es ist daher fraglich, ob Freuds Deutung der Wölfe als Symbole der dahinter verborgenen Sexualität der Eltern in der „Urszene" zutrifft oder ob nicht auch andere Deutungen möglich wären, die der Wahrheit näher kommen. Der „Wolfsmann" ist deswegen als Beweis für oder gegen die Triftigkeit psychoanalytischer Deutungen generell nicht geeignet. Vgl. auch die *Gespräche mit dem Wolfsmann* (Obholzer 1980).

Weitere Kasuistik

Ich greife daher lieber auf selbst behandelte Fälle zurück, bei denen ich die eigenen Interpretationen an den Reaktionen des Patienten selbst überprüfen konnte:

Ein 42jähriger *Oberlehrer*, der die Geschwindigkeitsbegrenzungen beim Autofahren peinlich genau einhalten mußte (wobei er nebenbei eine kleine sadistische Freude genoß, wenn sich hinter ihm eine ganze Schlange Autos angesammelt hatte). Er erinnerte sich nach Überwindung innerer Widerstände an eine homosexuelle Handlung, die er mit einem Jungen aus der Nachbarschaft erlebte, als er sechs Jahre alt war. Noch schwerer fiel es ihm, einzugestehen, daß er immer den Zwang verspürte, die Ziege seiner Eltern von hinten zu koitieren. Derartige Erinnerungen waren für ihn ebenso schockierend wie die Impulse, eine zufällig vor ihm stehende Schülerin „unsittlich" zu berühren. Er war in einem streng pietistischen Milieu aufgewachsen, in dem nicht nur sexuelle Bedürfnisse, sondern jede Lust überhaupt streng verboten waren. Schon allein die Vorstellung einer sexuellen Handlung war verpönt („Wer eine Frau nur ansieht, ihrer zu begehren, der hat schon mit ihr

die Ehe gebrochen in ihrem Herzen." Matth. 5,28). Das Bewußtwerden
der ihn schockierenden Triebregungen mit Hilfe des Psychoanalytikers
half ihm dann, diese als nicht mehr so schlimm einzuschätzen, wie er es
im Laufe seiner streng religiösen Erziehung gelernt hatte. Eine Nach-
befragung nach 10 Jahren ergab, daß die Symtome verschwunden blieben.

Ein 31jähriger *Kaufmann* mit zwei Kindern fürchtete zwanghaft,
seine Kinder umbringen zu müssen, und zwar schon beim Anblick
eines zufällig auf dem Tisch liegenden Messers. Im Laufe der Analyse
erinnerte er sich, wie der Vater auf dem Fahrrad mit ihm spazierenfuhr.
Er saß, dreieinhalbjährig, auf dem Kindersitz und brachte plötzlich
einen Fuß in die Speichen des Vorderrades. Das tragische Ergebnis
dieses Unfalls war, daß der Fuß verkrüppelt blieb. Der kleine Junge
war ohnehin auf den Vater böse gewesen und fühlte sich von ihm
vernachlässigt. Nach dem Unfall fühlte er sich zusätzlich vom Vater
geschädigt. Gleichzeitig fürchtete er aber, vom Vater zurechtgewiesen
zu werden und empfand Schuldgefühle wegen seiner bösen Regungen
gegen den Vater. Die ihn ängstigenden Wünsche, seine Kinder zu
töten, ließen sich in dieser Perspektive als Verschiebungen der Wünsche, den Vater zu töten, verstehen, was dem Patienten einleuchtete.
Ebenso einsichtig waren ihm Interpretationen in der Richtung, sich
selbst mit seinen Zwangsimpulsen zu strafen. Vielleicht hatte er sich
damals in Form des Unfalls unbewußt dadurch auch selbst gestraft, daß
er den Fuß unwissentlich zwischen die Speichen gebracht hatte. Danach wurde dem Patienten bewußt, daß er sich in der Tat aus mehreren
Gründen schuldig gefühlt hatte, weil er vom Vater gegenüber den
Geschwistern immer vorgezogen wurde und bei der Mutter gerade um
die Zeit des dritten Lebensjahres den Platz des Vaters eingenommen
hatte. Insofern würde dieser Fall in das ödipale Schema des die Mutter
begehrenden und den Vater beseitigenden Knaben passen. Auch in
diesem Fall zeigte die Katamnese nach 10 Jahren, daß die Analyse
erfolgreich verlaufen war.

2.4 Die Phobie

Definition

Wenn wir uns jetzt den Phobien zuwenden, dann geraten wir
noch näher an den eigentlichen Grund der Neurose, nämlich
die Angst. Der Ausdruck *Phobie* besagt nämlich (von griechisch
phobos = Furcht) nicht anderes als nackte Angst. Die kunstvollen Fremdworte wie Klaustrophobie oder Agoraphobie beschreiben lediglich die näheren Umstände, unter denen es zu

Angstzuständen kommt. Es sind *Situationen* oder *Gegenstände*, häufig auch Tiere, die Ängste auslösen.

Die *Abwehr* der Angst besteht also bei den Phobien darin, daß die ursprüngliche Angst, die nicht bewußt ist, auf bestimmte angsterregende Situationen oder Gegenstände *verschoben* wird. Der Gewinn des unbewußten Abwehrprozesses liegt darin, daß man nun in der ursprünglichen Situation keine Angst mehr empfindet, dafür aber – über den unbewußten Abwehrprozeß der Verschiebung – in einer anderen Situation. Diese Situation, z. B. das Überschreiten großer Plätze, kann aber vermieden werden. Der trügerische Gewinn an Symptomfreiheit wird freilich *mit einem erheblichen Verlust an Bewegungsfreiheit erkauft.*

Tritt die Angst auf, ohne an eine bestimmte Situation oder einen bestimmten Gegenstand gebunden zu sein, gleichsam *freiflottierend*, dann sprechen wir von einer schlichten *Angst-Neurose*. In ihr ist es in keiner Weise gelungen, die Angst abzuwehren (in der Hysterie geschah dies durch Verdrängung, bei der Zwangsneurose durch Reaktionsbildung, Affektisolierung oder Regression, bei den Phobien durch Verschiebung).

Sonderformen

Weitere Formen von Phobie sind noch besonders hervorzuheben, weil sie häufig vorkommen und einen besonderen Leidensdruck bedingen:
- die *Erythrophobie*, die Angst zu erröten,
- die *Herzphobie* (fälschlicherweise oft Herzneurose genannt), die Angst, herzkrank zu sein oder zu werden, und
- die *Carzino-Phobie*, die Angst, an Krebs zu erkranken. Zwei modernen Phobien kommen hinzu:
- die *AIDS-Phobie*, die Angst, sich mit AIDS angesteckt zu haben bzw.
- die *Becquerel-Phobie*, die Angst, von radioaktiven Strahlen geschädigt zu werden.

Derartige Ängste sind real nicht ganz unbegründet; sind sie aber extrem ausgeprägt, dann ist die Wahrscheinlichkeit groß, daß sie zumindest neurotisch überlagert sind.

Ödipale Dynamik

So verschiedenartig die phobischen Bilder sind, so vielseitig sind auch die psychischen Ursachen: In der klassischen psychoanalytischen Perspektive ist es natürlich der *Ödipus-Komplex*, der an der Quelle der Angst steht. Damit ist vor allem die Angst vor inzestuösen Wünchen gemeint: der Wunsch des Sohnes, die Mutter zu besitzen und das Begehren der Tochter, dem Vater sexuell nahe zu kommen und gleichzeitig den jeweils gegengeschlechtlichen Partner aus dem Felde zu schlagen.

Dazu kommen *im Sinne des umgekehrten Ödipus-Komplexes* die gegenteiligen Strebungen, die als „negativer" Ödipus-Komplex meistens stärker abgewehrt sind als die des „positiven" triangulären Konflikts zwischen Kind, Mutter und Vater, nämlich homosexuelle Regungen der Tochter gegenüber der Mutter und homosexuelle Impulse des Sohnes gegenüber dem Vater, jeweils verbunden mit „bösen" Wünschen gegenüber dem gegengeschlechtlichen Elternteil. Wie neuere Untersuchungen (König 1981, Mentzos 1984) und wie zahlreiche Krankengeschichten der jüngeren Zeit belegen, sind es aber viel häufiger Konflikte, die *vor* der ödipalen Konstellation aufgetreten sind, die als entscheidende Ursachen der Phobien in Frage kommen.

Es gibt aber nach wie vor Fälle, die dem klassischen Muster des Ödipus-Konfliktes folgen: So können es Wünsche nach sexuellen Abenteuern sein, warum manche Menschen Straßen und Plätze ganz bewußt aufsuchen, auch ganz berüchtigte, wie das Frankfurter Bahnhofsviertel. Phobisch gestörte Menschen können sich derartige Wünsche wegen ihrer verinnerlichten Verbote gegenüber derartigen Wünschen nicht bewußt gestatten. Diese werden also, im Prinzip wie bei der Hysterie, aus dem Bewußtsein verdrängt. Die Abwehr wirkt sich aber im Gegensatz zur Hysterie nicht im Körper aus. Sie wird vielmehr auf bestimmte Gegenstände oder Situationen verschoben. Erst in der Konfrontation damit kommt es dann, wegen der dort neu auftretenden Versuchung, zu Angst. Deswegen müssen dann diese Gegenstände (z. B. eine Spinne) oder Situationen (z. B. ein großer Platz) unter allen Umständen vermieden oder umgangen werden.

Meiner Erfahrung nach muß hinter der sexuellen Versuchung

nicht immer der von Freud in ödipaler Perspektive ins Zentrum gerückte Inzestwunsch stehen. Es genügen auch Wünsche eines Mannes, eine andere Frau zu „erobern" oder die einer Frau, Männer „anzumachen".

Niemand wird behaupten wollen, derartige Wünsche bei sich selbst und bei nahen Freunden nicht beobachtet zu haben. Damit sind sie mit hinreichender Sicherheit bewiesen. Freuds viel zitierte Geschichte vom „kleinen Hans" (1909a) wirkt dagegen in ihren Interpretationen zuweilen weit hergeholt: Hier ist es ein umgestürztes Pferd, das dem kleinen Hans große Angst bereitet. Freud entdeckt dann bei der indirekt über Erzählungen des Vaters durchgeführten Kinderanalyse die hinter der bewußten Angst (vom Pferd gebissen zu werden) verborgene unbewußte Angst (vom Vater bestraft zu werden). Der Leser wird es selbst erraten: der kleine Hans fürchtet, vom Vater bestraft zu werden, weil er mit der Mutter „schlafen" will. In der Tat finden sich Stellen, die diese Interpretation belegen, wie Äußerungen darüber, der kleine Junge würde gerne die Mami zum Schmeicheln haben oder mit seinem „Wiwimacher", ein kindlicher Ausdruck für sein Glied, spielen wollen. Beides macht ihm Angst, weil beides verboten ist, wobei er von dem als Autorität gefürchteten Vater die Strafe erwartet. Die Rivalität zwischen Vater und Sohn zeigt sich darüber hinaus an mehreren Stellen der Geschichte, wenn Hans zum Beispiel sagt: „Früher war ich die Mami, jetzt bin ich der Vati", womit er, ganz wie Ödipus, Vatis Platz bei der Mutter eingenommen hätte. Die Phobie des kleinen Hans bestand nicht nur in der Angst, vom Pferd gebissen zu werden, sondern auch darin, nicht aus dem Haus gehen zu können. Damit erfüllte er sich unbewußt gleichzeitig den Wunsch, der Liebhaber der Mutter sein zu können. Daß der Wunsch, bei der Mutter zu bleiben, auch tiefer liegenden Motiven entspringen kann, haben eine ganze Reihe psychoanalytischer Studien nach Freud gezeigt (Loch und Jappe 1974).

Präödipale Faktoren

Die tieferliegenden Gründe der Neurose des kleinen Hans sind
Störungen der frühen Mutter-Kind-Beziehung. Sie fallen damit
nicht mehr in den Bereich der „klassischen" Neurosen, deren
zentrale Ursache der Ödipus-Komplex ist. Wir werden somit
den Phobien in Abschnitt 3 (Moderne „nach-klassische" Neurosen) wieder begegnen. Jetzt wenden wir uns einem Stiefkind
der Neurosenlehre zu, das aber wegen seines häufigen Vorkommens und des großen Leids, das sich dahinter verbirgt, unser
Interesse verdient:

2.5 Die depressive Neurose oder neurotische Depression

Abgrenzungen

Ich schätze, daß bis zu zehn Prozent der Gesamtbevölkerung
an einer depressiven Neurose erkrankt sind. Schepank (1987)
findet in seiner großangelegten Feldstudie des Mannheimer Instituts für seelische Gesundheit innerhalb der 26% seelisch be-
dingter Störungen mehr als vier Prozent der Gesamtstichprobe.
Die neurotische Depression ist gegenüber der normalen Trauer
eine Krankheit. Gegenüber den eher gravierenden Störungen
der psychotischen Depression ist sie vergleichsweise harmlos.
Die *Symptome* sind: depressive Verstimmungen, Lustlosig-
keit, mangelnder Antrieb und eine mehr oder weniger starke
Tendenz, sich zurückzuziehen. Die Gründe für den depressiven
Zustand sind den davon betroffenen Menschen nicht bewußt.
Analysiert man sie, dann finden sich – aus didaktischen Gründen hier systematisch geordnet – folgende vier psychodynamische Merkmale:

Die vier Hauptfaktoren

1. *Verlusterlebnis:* Ein Verlusterlebnis besteht darin, daß eine wichtige Bezugsperson *gestorben* ist. Es kann aber auch dann empfunden werden, wenn uns ein wichtiger Mensch *enttäuscht* hat oder wenn wir über uns selbst enttäuscht sind. Wir empfinden dann jeweils gegenüber der zuvor herrschenden Hoffnung eine Enttäuschung; mit anderen Worten: Wir fühlen uns um die Hoffnung ge-täuscht. Dies kann die Hoffnung auf die Begegnung mit der Freundin sein, die enttäuscht wurde, oder die enttäuschte Hoffnung auf einen Erfolg im Beruf, im Sport oder im musisch-künstlerischen Bereich. In jedem dieser Fälle haben wir etwas verloren, fehlt uns etwas. Wir fühlen uns traurig gestimmt, ver-stimmt.

2. *Schuldthematik:* Hinter depressiven Gefühlen stecken vielfach Schuldgefühle aus den verschiedensten Gründen: Weil wir über einen uns wichtigen Menschen schlecht gedacht hatten oder ihm böse waren. Wir fühlen uns dann wegen dieser bösen Gedanken schuldig, besonders dann, wenn uns der betreffende Mensch weiterhin freundlich begegnet oder sogar freundlicher ist als zuvor. Ferner stecken auch ganz massive Beseitigungswünsche einem Rivalen gegenüber hinter der Schuldthematik, sei es in der Liebe oder im Beruf, wenn uns z. B. ein Rivale die Geliebte streitig machen will oder uns im beruflichen Feld die Schau stiehlt. Wir können z. B. die neben den Haßgefühlen bestehenden Gefühle des Stolzes nicht zulassen, weil wir ein schlechtes Gewissen haben. Wir verdrängen die Schuldgefühle aber, so daß lediglich das Gefühl der Trauer im Bewußtsein bleibt.

3. *Aggressivität:* Haßgefühle gegen einen Rivalen gelten im allgemeinen als verpönt. Sie werden daher leicht aus dem Bewußtsein verdrängt. Dabei können sie in einem schon von S. Freud (1915a) beschriebenen Abwehrmechanismus in einer charakteristischen Wendung gegen sich selbst gerichtet werden. Diese Wendung gegen die eigene Person ist von Selbsthaß begleitet. Sie führt dann (nach dem *Selbsthaß* als erstem Schritt) im zweiten Schritt zur Traurigkeit, weil unsere Selbstachtung diesen Zustand nicht ertragen kann. Jedenfalls lassen sich in der Analyse der Fälle von neurotischer Depression immer wieder

Selbstanklagen und Vorwürfe gegen sich selbst feststellen, ohne daß ein plausibler Grund vorhanden wäre.

Die Interpretation, wonach die Selbstanklage und -vorwürfe eigentlich einer anderen Person gelten, trifft ebenfalls häufig zu. Wir wollen dann einen Menschen, der uns wert und teuer ist, dadurch vor unserer Anklage schützen, daß wir statt seiner/ ihrer, lieber uns anklagen.

4. *Selbstwertprobleme:* Sie treten besonders nach Kränkungen unserer Person auf. Wenn uns z.B. jemand beschämt hat, uns einen Fehler nachweist, wenn wir in einer uns sehr wichtigen Sache einfach übergangen oder gar mit Verachtung gestraft wurden. Die Kränkung wirkt umso mehr, wenn wir zu Recht davon ausgehen konnten, wenigstens nach den minimalsten Regeln der Höflichkeit behandelt zu werden. Meiner Erfahrung nach sind es meistens ungerechtfertigte Kränkungen, die uns zu Recht verletzen und deswegen verständlicherweise ein trauriges Gefühl hinterlassen, zumal mit der Kränkung immer auch eine Täuschung (!) über die Einschätzung anderer Personen verbunden ist. Insofern sind Selbstwertproblematik und Verlustthematik schwer voneinander zu trennen und meistens miteinander vermischt. Speziell mit der Selbstwertthematik oder, wie der Fachausdruck heißt, mit dem Thema des Narzißmus, wollen wir uns daher im folgenden Abschnitt besonders befassen.

3. Moderne „nach-klassische" Neurosen

3.1 Die narzißtische Neurose

Definition

Narzißmus war *ursprünglich ein psychiatrischer Begriff.* Psychiater bezeichneten damit ein Verhalten, das dadurch gekennzeichnet ist, daß nicht eine andere Person, sei sie des anderen oder des gleichen Geschlechts, geliebt wird, sondern die eigene Person. Der Ausdruck ist von Narziß abgeleitet, einem Jüngling der griechischen Sage, der sich nach einem beschwerlichen

Leben und vielen Enttäuschungen in der Liebe schließlich in sich selbst verliebte und dabei so unglücklich wurde, daß er starb. Die Geschichte von Narziß steht in Ovids Metamorphosen, die das Wesentliche der narzißtischen Problematik so klar wiedergibt, daß ich sie dem Leser hier nicht vorenthalten möchte.

Die tragische Selbstliebe des Narziß ist bei Ovid Teil einer Diskussion über die Liebe überhaupt: Juno und Jupiter diskutieren – nach der Darstellung Ovids, eher scherzhaft – über die Vorzüge der Liebe, und fragen sich, wer dazu eher in der Lage sei, sexuelle Lust zu empfinden, die Frau oder der Mann. Jupiter behauptet, die Frauen wären eher dazu in der Lage als die Männer. Teiresias, der sieben Jahre als Frau lebte, wird um seine Meinung gefragt und bestätigt Jupiters Worte.

Die Sage von Narziß[1]

Narziß ging aus einer Vergewaltigung hervor. Er war ein unerwünschtes Kind, welches, wie es im Urtext heißt, „Liebe verdiente, aber nicht bekam". Sein Name Narziß leitet sich aus dem persischen Wort „nargis" ab, wovon auch das Wort „Narkose" herkommt, was so viel heißt wie starr, betäubt, gelähmt sein. Von Anfang an ist Narziß vom Tode bedroht. Nach dem Orakel kann er nur dann am Leben bleiben, „wenn er sich fremd bleibt".

Zum Jüngling herangewachsen war Narziß von liebender Sehnsucht erfüllt, aber „niemand vermag den Schönen zu rühren, kein Jüngling, kein Mädchen". Auf der Jagd begegnet er Echo, einer schönen Nymphe, deren Tragik darin besteht, daß sie nicht mehr selbständig sprechen kann. Sie kann nur das wiedergeben, was andere sagen. Echo verliebt sich in Narziß, folgt ihm, kann aber wegen ihrer Sprechstörung kein Gespräch beginnen. Narziß, der sich, seinem Orakelspruch folgend, selbst fremd bleibt, um überhaupt weiterleben zu können, kann sich ebensowenig Echo zuwenden. Als Echo sich ihm nähert, ergreift er in panischer Angst die Flucht, „fort, fort mit Händen und Armen". Zärtliche Berührung ist ihm unerträglich: „Eher würde ich sterben." Die tragische Liebesgeschichte endet damit, daß Echo in einen Stein und Narziß in eine Blume Narziß verwandelt wird: „Was ich erschaue und liebe, kann ich nicht greifen. Den Liebenden hemmt eine mächtige Täuschung... Ich bin es ja selbst!"

Was kann uns der griechische Mythos von Narziß heute sagen? In meiner Interpretation ist es eine *Warnung vor den Gefahren allzu großer Selbstliebe* und *vor den Gefahren des Mangels an Liebe*. Wenn Juno und Jupiter darüber streiten, wer mehr lieben kann, der Mann oder die Frau, dann geht es ihnen nur um die eigene Lust, nicht um den anderen. Wenn Narziß ein unerwünschtes Kind war, dann wurde ihm zuwenig Liebe zuteil. Damit *hat er schon als Kind nicht gelernt, was Liebe ist und sein kann.* Er begreift daher Echo eher als eine Gefahr denn als eine Chance, geliebt zu werden und seinerseits zu lieben. Als er schließlich, über das Wasser geneigt, sein Spiegelbild erblickt, hält er es für eine andere Person, glaubt diese zu lieben. Er muß aber entdecken, daß dies eine Illusion war und er sich getäuscht hatte. Nach meiner Deutung stirbt er *aus Gram über die ihm vorenthaltene Liebe.*

Wenn uns Liebe vorenthalten wird, wenn wir also niemand finden, den wir lieben können, bleibt uns immer noch die Selbstliebe.

Narziß ist in der älteren Psychoanalyse ein *Durchgangsstadium seelischer Entwicklung.* Demzufolge würde der Weg zur Liebe gegenüber einem anderen Menschen über die Selbstliebe führen. Otto Rank meinte, diese Selbstliebe besonders bei Homosexuellen und Frauen gefunden zu haben, während sich Sigmund Freud grundsätzlich Gedanken über die fundamentalen Fragen machte, ob sich Selbstliebe und Liebe zu einem anderen gegenseitig ergänzen oder in einem Ausschließlichkeitsverhältnis zueinander stehen, in dem Sinne, daß die Selbstliebe umso größer ist, je geringer die Objektliebe (wie die Psychoanalytiker in ihrer Fachsprache für Liebe zu einer anderen Person sagen).

Der Fall Schreber

Freud (1911b) fand einen hohen Grad von Selbstliebe in einem *autobiographisch beschriebenen Fall von Paranoia,* dem berühmten Fall Schreber. Er vermutet dies generell bei schizophrenen Störungen sowie bei *Hypochondrie.* In diesen pathologischen Fällen ist es die eigene Person, die *auf Kosten der Beziehungen zu anderen Menschen* zum Objekt der Liebe gemacht wird. In der Sprache der Libido-Theorie, der Theorie von der energetischen Besetzung der Triebe, ist dann die eigene

Person mit Libido besetzt, mit „narzißtischer" Libido oder mit „Selbst-Libido".

Was ist das Ergebnis dieser psychoanalytischen Überlegungen? Erbsenzählerei ist hier nicht angebracht. Objektliebe und Selbstliebe sind dialektisch miteinander verbunden. Sie sind gleich ursprünglich und bedingen einander wechselseitig (vgl. Erich Fromms *Die Kunst des Liebens* 1959). Ob das eine auf Kosten des anderen geschieht, ist eine sinnvolle Frage, denn es gibt in der Tat Fälle, in denen die eigene Person auf Kosten anderer Menschen zum Gegenstand der Liebe gemacht wird. Meiner Erfahrung nach geschieht dies, wie schon in der griechischen Mythologie durch Narziß belegt, als Folge mangelnder Liebe in der Kindheit.

Gesunder und krankhafter Narzißmus

Es ist ferner sinnvoll, zwischen *gesunden* und *krankhaftem* Narzißmus zu unterscheiden (Federn 1936), wenngleich hier die Grenze schwer zu ziehen ist. Jedenfalls ist es ein Zeichen von Gesundheit, sich selbst zu mögen, zu schätzen, auf sich acht zu geben. In dieser Perspektive ist *eine gesunde Selbstliebe die Voraussetzung für die Fähigkeit, eine andere Person zu lieben.* Von krankhaftem Narzißmus sprechen wir nur dann, wenn die eigene Person auf Kosten anderer übermäßig „besetzt" ist; eine Definition, der die Leser sicher zustimmen können.

In der modernen Psychoanalyse bezeichnen wir als „narzißtische" Probleme solche *Probleme, die um unser Selbstwertgefühl, um unsere Selbstachtung kreisen.* Sie bestehen dann nicht, wenn wir uns mit uns selbst im Einklang finden, uns, schlicht gesagt, wohl fühlen. Wir empfinden dann ein Gefühl ruhiger *Selbstsicherheit.* Zwischen unserem Selbstgefühl und unseren Idealen bestehen keine allzu großen Widersprüche. Auch von anderen Menschen fühlen wir uns hinreichend geachtet und geschätzt. Der damit verbundene affektive Zustand wäre dann der eines gesunden Selbstgefühls, das immer auch ein Gefühl vom eigenen Wert, ein gesundes Selbstwertgefühl einschließt.

Wenn wir von „Narzißmus" oder „narzißtischen" Phänomenen sprechen, müssen wir also immer unterscheiden, was wir meinen:

1. einen *pathologischen Zustand der Selbstliebe*, der auf Kosten der Objektliebe geht;

2. *eine Durchgangsphase* im Laufe der kindlichen Entwicklung, wenn Kinder übertrieben selbstbezogen, um nicht zu sagen, egoistisch sind;

3. *eine subjektive Befindlichkeit* oder einen affektiven Zustand, in dem wir uns wohl und sicher fühlen (Sandler 1961).

Ich sehe die narzißtische Problematik in psychodynamischer Perspektive im Rahmen eines *narzißtischen Regulationskreises*, der wie ein Regelkreis den Grad unseres Selbstwertgefühls reguliert: Er hängt von dem Grad der Übereinstimmung ab, der im Moment zwischen dem Bild von uns selbst und dem Bild, wie wir gerne sein würden, unserem Idealbild, besteht. Herrscht zwischen Idealbild und Realbild eine große Diskrepanz, dann fühlen wir uns gegenüber unserem Ideal beschämt und minderwertig. Wir können uns dann selbst nicht richtig achten, lieben oder schätzen. Unser Selbstwertgefühl ist damit mehr oder weniger beeinträchtigt. Wenn wir darüber hinaus gar keine Hoffnung haben, unser Idealbild je zu erreichen, kommen Gefühle der Machtlosigkeit und der Hilflosigkeit hinzu, gefolgt von depressiven Gefühlen (vgl. Depressive Neurose oder neurotische Depressionen im Abschnitt 2.5).

Strukturell gesehen ist es also das Selbst, genau: *das Bild vom Selbst*, das bei den narzißtischen Störungen gestört ist. Die zentrale Psychodynamik ist das narzißtisch gestörte Selbst, d. h. *das in seinem Selbstwert beeinträchtigte Selbst.*

Narzißtische Grundbedürfnisse

Narzißtische Störungen werden noch besser verständlich, wenn wir, zusätzlich zum narzißtischen Regulationskreis zwischen Idealselbst und Realselbst, die Beziehungen zu den Objekten beachten. Hier können wir von einem *Subjekt-Objekt-Regelkreis* sprechen, der dann intakt ist, wenn wir uns frei und unabhängig zu einem Objekt hin- oder von ihm wegbewegen können. Er ist dann gestört, wenn eine mehr oder weniger große *Abhängigkeit* vom Objekt besteht. Dann soll die andere Person ständig um uns herum sein, uns beachten, loben, bewundern. Ohne ständige derartige Zuwendung würden wir uns nicht mehr wohlfühlen können. Wir fühlten uns ungeliebt und unglücklich. Dabei käme auch die neben der Abhängigkeit vom Objekt bestehende beeinträchtigte Selbstliebe zum Ausdruck. Eine gesunde Selbstliebe würde uns nämlich davor schützen, deswegen gleich unglücklich zu sein, wenn wir einmal keine Zuwendung von außen erfahren.

Wir tun aber gut daran, uns selbst und andere dahingehend einzuschätzen, daß jeder, auch der gesunde Erwachsene, mehr oder weniger von anderen Menschen abhängig ist, die einem wichtig sind und denen man selbst wichtig ist. Es wäre auch kein Fehler anzunehmen, daß, analog den Sexualtrieben, echte Bedürfnisse danach vorhanden sind, geliebt zu werden, und zwar ganz im Sinne eines elementaren Bedürfnisses, das so stark ist wie Hunger. Das englische Wort *needs* bringt zum Ausdruck, daß es sich hierbei um *eine elementare Notwendigkeit* handelt, um *ein Not-wendendes Bedürfnis*, das, wenn es nicht befriedigt wird, Not hervorruft. Ohne eine minimale Befriedigung dieser gleichsam naturgegebenen narzißtischen Bedürfnisse fehlt uns eine elementare Sicherheit, mangelt es uns an dem, was uns Selbstsicherheit verleiht.

Wichtig ist, ob echte Selbstsicherheit wirklich vorhanden ist oder ob wir uns nur selbstsicher wähnen, im Sinne einer Illusion oder gar eines Wahns. Schon als Kinder haben wir nämlich gelernt, worauf besonders Kohut (1971, 1975) hinwies, unsere Hilflosigkeit und Ohnmacht dadurch zu kompensieren, daß wir uns einbilden, alles zu können, omnipotent zu sein. In Kohuts Worten entwickeln wir ein „grandioses" narzißtisches Bild von uns selbst, das uns hilft, unvermeidliche Zustände von Hilflosigkeit und Ohnmacht leichter zu ertragen. Dies ist ein Zustand, den wir auch als Erwachsene auf regressivem Wege besonders dann leicht wiederbeleben können, wenn wir uns in einem ähnlichen Zustand von Hilflosigkeit und Ohnmacht befinden.

Die grandiosen Vorstellungen können sich aber auch, wiederum Kohut folgend, auf die Eltern oder auf andere uns wichtige Personen beziehen, die wir dann idealisiert, überhöht, großartig erleben. Das sind Gefühle, in denen wir uns als Kind solcher großartigen Eltern ebenfalls großartig fühlen, weil wir an deren Großartigkeit teil haben. Dasselbe erleben wir im Alltag, wenn wir eine Persönlichkeit unserer Umwelt narzißtisch überhöhen, um uns gleichsam in deren Großartigkeit zu sonnen.

Täuschungen, Enttäuschungen, Kränkungen

Es leuchtet unmittelbar ein, daß derartige Schein-Lösungen früher oder später genauso *enttäuscht* werden wie der kindliche Glaube an das Christkind oder an den Weihnachtsmann. Dabei ist nur wichtig, daß derartige Des-Illusionierungen oder Enttäuschungen von den entscheidenden Bezugspersonen des Kindes aufgefangen werden, um dem Kind zu helfen, mit der Enttäuschung fertig zu werden. Haben wir genügend Zeit und günstige Umweltbedingungen, um derartige unvermeidliche Enttäuschungen verarbeiten zu können, dann nähern sich die narzißtisch überhöhten Bilder nach und nach der Realität an, und es kann sich etwas von dem entwickeln, was Kohut ein kohärentes, d. h. ein zusammenhängendes, in sich stabiles Selbst nennt, verbunden mit einem gesunden Selbstgefühl.

Massive Enttäuschungen, wie sie leider im menschlichen Leben nicht selten sind, führen dagegen zu ernsten Krisen mit labilem Selbstgefühl, in pathologischen Fällen zu den von Kohut so genannten *narzißtischen Persönlichkeitsstörungen*, deren Selbstkonzept eben nicht kohärent ist, sondern in sich gebrochen, ja fragmentiert.

Die uns selbst beeinträchtigenden Kränkungen hat besonders Alice Miller in ihren Büchern beschrieben, vor allem im *Drama des begabten Kindes und die Suche nach dem wahren Selbst* (1979). In ihrem zweiten Buch *Am Anfang war Erziehung* (1980) ging sie auch gleich auf die Ursachen der narzißtischen Störungen ein: das häufig uneinfühlsame, die Verletzlichkeit der kindlichen Seele und deren Bedürftigkeit nach Liebe nicht achtende oder gar ver-achtende Verhalten vieler Eltern und Erzieher gegenüber ihren Kindern oder Schülern. Schädigendes oder traumatisierendes Verhalten wichtiger Bezugspersonen spielt also eine große Rolle in der Genese narzißtischer Störungen. Diese werden damit, *in Einklang mit dem vor-klassischen Traumamodell* der Neurose, zu traumatischen Neurosen, d. h. zu Neurosen, deren Ursachen narzißtische Kränkungen, Verletzungen des Selbst sind. Wir können auch umgekehrt formulieren: *narzißtische Störungen sind die Folgen traumatischer Einwirkungen auf die verletzliche kindliche Psyche.*

Damit steht die moderne Selbst-Psychologie Heinz Kohuts in der Tradition der Trauma-Theorie Sigmund Freuds, die vor allem in der ungarischen Schule der Psychoanalyse durch Sandor Ferenczi und Michael Balint gepflegt wurde. Im Balints Theorie ist es die *Primäre Objektliebe* (Balint 1937), eine Liebe, die Liebe vom Objekt zu empfangen wünscht und die erst dann befriedigt ist, wenn das Kind vom Objekt geliebt wird. Balint sieht in diesem Zustand den ursprünglichen Zustand des Säuglings. Bei ihm gibt es also keinen primären Narzißmus, sondern der Narzißmus tritt erst dann – sekundär – in den Vordergrund, wenn die – primäre – Objektliebe frustriert wird.

Ich denke, die Leser werden mir zustimmen, wenn ich, mich Balint anschließend, davon ausgehe, daß wir primär auf Objekte angewiesen sind, und zwar im Sinne existentieller Notwendigkeit. Das trifft besonders für das Kindesalter zu, weniger für das Erwachsenenalter, sofern wir ein genügend sicheres Selbstgefühl entwickelt haben.

Narzißtische Neurosen

Als narzißtische Neurosen grenzen wir diejenigen psychischen Störungen von den anderen neurotischen Störungen ab, bei denen die von Kohut beschriebenen frühkindlichen narzißtischen Strukturen in pathologischer Weise reaktiviert oder wiederbelebt sind. Derartige Patienten fühlen sich wie Kinder, erfahren sich als Folge der reaktivierten unbewußten narzißtischen Prozesse großartig, einzigartig, omnipotent oder allmächtig. Ohne es recht zu wissen, erwarten sie von den sie umgebenden Personen, daß sie entsprechend beachtet werden. Ist dies nicht der Fall, sind sie sehr *rasch enttäuscht*, reagieren depressiv oder aggressiv. Unbewußt sind sie ständig auf der

Suche nach der verlorenen Zeit mit ihrer Großartigkeit und Allmacht.

Bei narzißtisch gestörten Persönlichkeiten ist dieses Suchen am stärksten ausgeprägt. Viele Analytiker, ob sie nun Kohuts Beitrag zur Wissenschaft achten oder nicht, können das nur bestätigen. Die Patienten idealisieren den Analytiker in einer idealisierenden Übertragung, d. h. sie sehen im Analytiker ein narzißtisch überhöhtes Objekt, von dem sie wünschen, daß es so großartig sei, wie sie die Eltern großartig gewünscht hatten.

Die Leser werden leicht folgern können, daß eine derartige Illusion nicht lange aufrecht erhalten werden kann, sondern früher oder später enttäuscht wird. Der Patient in der Analyse hat dann allerdings die Chance, daß sich der Analytiker besser als seine uneinfühlsamen Eltern in das Kind im Patienten einfühlt und ihm dadurch hilft, die unvermeidlichen narzißtischen Kränkungen im nachhinein zu verarbeiten.

Anwendungen der psychoanalytischen Narzißmustheorie auf Pädagogik und Gesellschaft

Die psychoanalytische Narzißmustheorie wurde wegen ihrer praktischen Relevanz für die Erziehung besonders im pädagogischen Bereich intensiv diskutiert. Eine ganze Reihe entsprechender Publikationen belegt dies. Dazu gehört Thomas Ziehes Buch *Pubertät und Narzißmus* (1975) ebenso wie das Buch *Narziß: Ein neuer Sozialisationstypus* von Häsing, Stubenrauch und Ziehe (1979).

Lehrer beobachteten in der Schule vermehrt Schüler, die, allzu sehr auf sich selbst bezogen, sich nicht auf den Unterricht konzentrieren konnten und dadurch indirekt den Lehrern Schwierigkeiten bereiten. Die den Narzißmus-Begriff auf die Pädagogik anwendenden Autoren suchten darüber hinaus nach einer Erklärung für die, ihrer Beurteilung nach, gehäuft vorkommenden narzißtisch gestörten Schüler. Sie fanden sie in dem von ihnen so genannten *neuen Sozialisationstypus*: Hier handelt es sich um *ein emotional zu kurz gekommenes und kognitiv verunsichertes Kind*, das frustriert unter einer *dominie-*

renden Mutter, enttäuscht über einen als *schwach erlebten Vater* heranwächst. Unter derartigen Sozialisationsbedingungen könne sich, so die pädagogischen Autoren, *kein stabiles Selbstgefühl* entwickeln. Außerdem würden nachahmenswerte Ideale fehlen.

In dieser Perspektive sollen also die Lehrer, konsequent psychoanalytisch gedacht, unbewußt bessere Mütter sein, Mütter, von denen man aber dann, wenn sie etwas fordern, rasch enttäuscht ist. Die Lehrer stellen aber auch unbewußt die schwachen Väter der eigenen Familie dar, denen man ohnehin nichts zutraut. Diesen Vermutungen ist die Plausibilität nicht abzusprechen.

Immerhin lassen sich damit manche Schwierigkeiten des zwischenmenschlichen Zusammenlebens verstehen. Man denke an Partner, die sich an einen hängen wie ein Kind an die Mutter; an Mitmenschen, die zutiefst verunsichert sind, wenn die gerade geknüpften zarten Bande unter Spannung geraten. Solche Menschen sind somit stark *abhängig von ständiger „narzißtischer"* *Zufuhr.* Sie wollen ständig gelobt, beachtet und bewundert werden.

Jeder wird in seinem nächsten Bekanntenkreis derartige Persönlichkeiten finden. Es sind Menschen, die ständig danach trachten, versorgt zu werden, ohne selbst etwas dafür tun zu müssen. Sie sind unfähig, Konflikte auszutragen, Spannungen auszuhalten, Krisen durchzustehen und unvermeidliche Konflikte des Lebens zu lösen. Sie sehnen sich lieber *Zurück ins Paradies,* wie dies Cremerius, Morgenthaler, Rothschild und andere Mitglieder des Züricher Psychoanalytischen Seminars treffend bezeichnet haben (1983).

Ich gehe nicht so weit wie die Autoren des Psychoanalytischen Seminars Zürich, die glauben, die neueren Narzißmustheorien der Psychoanalyse als Ideologie entlarven zu können. Sie fürchten, daß mit der These vom neuen Sozialisationstypus viele Jugendliche ungerechterweise stigmatisiert würden, werfen Kohut vor, er sei unhistorisch und selbst neurotisch. Das ist eine meines Erachtens weit übers Ziel hinausschießende destruktive Kritik, die ich nicht mitvollziehen kann. Wenn man Kohut persönlich kennenlernen konnte, dann durfte man miterleben, wie sorgfältig er die von ihm analysierten Menschen zu

verstehen suchte, wie er sein eigenes Denken und Handeln
immer wieder kritisch revidierte, trotzdem aber davon überzeugt war, mit seinem Verständnis narzißtischer Störungen einen neuen Zugang zu bislang unzugänglichen psychisch gestörten Menschen gefunden zu haben.

Vielleicht liegt die vehemente Ablehnung Kohuts und seiner
Lehre bei einigen Psychoanalytikern auch daran, daß Kohut an
eigene Schwächen rührt, an Mängel, die darin bestehen, manche
Patienten wegen mangelnder Einfühlung nicht genügend verstanden und deswegen auch nicht hinreichend erfolgreich behandelt zu haben. Mir leuchteten Kohuts Beiträge sehr ein. Sie
halfen mir, meine Patienten besser zu verstehen, mehr Geduld
mit ihnen zu haben, vor allem, wenn es ihnen darum geht, ihr
zuvor beeinträchtigtes Selbstwertgefühl durch ein gesundes
Selbstwertgefühl zu ersetzen.

Zum Abschluß noch ein instruktives *Fallbeispiel* einer narzißtischen Neurose:

Ein 40jähriger Architekt, der als Kind über seine eigene Identität im
unklaren gelassen worden war (er hatte erst in der späteren Kindheit
entdeckt, daß der vermeintliche Vater gar nicht sein wirklicher Vater,
dagegen sein „Onkel" der wirkliche Vater war). Gebunden an eine ihn
wie eine Mutter behandelnde Frau, zweifelte er in höchstem Grade an
sich selbst. Seine Selbstzweifel fanden darin Nahrung, daß er nur
langsam und mit Mühe denken, nicht frei sprechen konnte, sich in der
Öffentlichkeit gänzlich verunsichert fühlte und darüber hinaus wegen
„Herz-Kreislaufstörungen" immer wieder glaubte, den täglichen Anforderungen nicht gewachsen zu sein. Alle seine Symptome ließen sich
auf mangelnde Zuwendung in der Kindheit, Unverständnis der Erwachsenen und manche seelischen Verletzungen zurückführen.

Während des analytischen Prozesses war es interessant zu verfolgen,
wie das eigene Denken und Handeln, das eigene Fühlen und Erleben
zum Mittelpunkt der Betrachtungen beider beteiligter Personen wurden. Dabei konnte der Patient das nachholen, was er als Kind versäumt
hatte, und erfahren, daß sich der andere für ihn interessiert, für seine
Gedanken, sein Handeln, sein Fühlen und sein Körpererleben. Mit
großer Instinktsicherheit suchte er sich in Ergänzung zur Analyse, die
ja im wesentlichen auf Sprache beschränkt ist, zusätzliche Möglichkeiten, daß man sich mit ihm selbst befaßte: Eine Jogalehrerin verhalf ihm
über Joga zu einem neuen Selbsterleben, ein Skilehrer zu neuer Körper-
beherrschung und ein Bademeister brachte ihm das Schwimmen bei,
vor dem er sich als Kind gefürchtet hatte. Dabei war es über viele
Stunden wesentlich, dem Patienten in seinen Erzählungen über seine
neuen Selbst- und Körpererfahrungen aufmerksam zuzuhören, sich in

ihn einzufühlen, Worte und Sätze für seine Erlebnisse zu finden und ihm das Gefühl zu vermitteln, daß er dabei etwas Lebenswichtiges nachholt. Dieser Patient entwickelte sich über die Stabilisierung seines gesunden Narzißmus in ungeahnter Weise weiter. Er fand nicht nur eine neue Partnerin, mit der er eine Beziehung gegenseitiger Achtung aufbauen konnte, sondern entfaltete eine reiche künstlerische Tätigkeit mit großer Produktivität. Das ist ein Beleg dafür, daß durch genügend lange, geduldige, nachträgliche Einfühlung Nachentwicklung möglich ist, die wir früher in der Psychoanalyse für nicht möglich gehalten hätten.

3.2 Borderline-Fälle

Symptomebene

Mit *Borderline-Fällen* sind psychische Störungen gemeint, die zwischen Neurose und Psychose, also *auf der Grenze* (border-line = Grenzlinie), liegen: Eine Diagnose, die früher selten gestellt wurde, heute aber durch die Arbeiten Otto F. Kernbergs (1975, 1976) im deutschsprachigen Raum zusätzlich durch die Monographie Christa Rohde-Dachsers (1979) häufig genannt wird. Es sind Patienten, die an einer Fülle von Symptomen leiden können. Sie betreffen, wie bei den klassischen Neurosen, nicht objektivierbare körperliche Beschwerden sowie Zwangssymptome, Phobien und depressive Zustände. Dazu kommen wie bei den narzißtischen Persönlichkeitsstörungen Größenphantasien und eine ausgeprägte Selbstbezogenheit.

Es ist daher zunächst nicht einfach, das Typische der Border-line-Fälle zu benennen. Auf der Symptomebene sind es vor allem *Gefühle der Leere und der Sinnlosigkeit*. Die Patienten fühlen sich darüber hinaus häufig hilflos und ohnmächtig und von der Zuwendung anderer abhängig. Diese anderen werden aber beneidet, weil sie weniger an Gefühlen der Leere und Sinnlosigkeit zu leiden scheinen als man selbst. Es ist daher verständlich, wenn derartige Borderline-Persönlichkeiten starke Neidgefühle gegenüber anderen Menschen empfinden. Den *Neid* und damit die eigene Bedürftigkeit zuzugeben, würde aber als zu kränkend und demütigend erlebt. Deswegen

müssen derartige Gefühle, der psychoanalytischen Abwehrlehre gemäß, abgewehrt werden. Damit kommen wir zur Psychodynamik der Borderline-Fälle:

Abwehrebene

Um nicht wahrzunehmen, wie innerlich leer man sich fühlt, wie
hilflos und abhängig man ist, wird ein Abwehrmechanismus
eingesetzt, der in der modernen Psychoanalyse eine zentrale
Rolle spielt, nämlich die *Spaltung.*

Um zu verstehen, was die Psychoanalyse darunter versteht,
muß ich etwas ausholen: Wir müssen uns vorstellen, daß neben
den Gefühlen der Leere und Sinnlosigkeit auch andere Gefühle
in der Seele der Borderline-Persönlichkeit existieren, nämlich
Größenideen, also Vorstellungen von eigener Grandiosität und
Vollkommenheit, wie sie bei den narzißtischen Persönlichkeitsstörungen in Reinkultur vorhanden sind. Die besondere Abwehr der Spaltung besteht nun darin, daß die Persönlichkeit
gleichsam *in zwei Teile gespalten* wird: *Der eine Teil* fühlt sich
vollkommen und großartig, *der andere* leer und sinnlos. Der
Abwehraufwand besteht nun darin, die beiden sich widersprechenden psychischen Bereiche ständig *voneinander getrennt zu
halten.* Das Selbstbild einer Borderline-Persönlichkeit ist damit
in charakteristischer Weise in zwei Teile gespalten. Dabei ist zu
einem gegebenen Zeitpunkt immer nur ein Teil bewußt, während der andere unbewußt bleibt. Das charakteristische der
Borderline-Persönlichkeiten ist dabei, daß die Zustände von
vollkommener Grandiosität und hilfloser Leere und Sinnlosigkeit *rasch miteinander abwechseln* können.

Neben den widersprüchlichen Selbstbildern existieren in der
Psyche des Borderline-Falles auch widersprüchliche Bilder über
die wichtigsten Bezugspersonen: Auch diese erscheinen entweder nur großartig und ideal oder abgrundtief schlecht und unfähig. Auch diese Vorstellung über andere kann rasch wechseln.

In der Beziehung zu anderen ergeben sich somit ebenfalls
rasch wechselnde Interaktionsmuster: eines, in dem man sich
selbst großartig vorkommt und den anderen als verächtlich,
klein und abhängig neben sich erlebt, und ein anderes, in dem

man sich selbst klein und abhängig fühlt, während der andere als großartig empfunden wird.

Wir müssen uns die hier theoretisch gegebenen Beziehungsmuster aber viel lebendiger vorstellen, als Beziehungen, die mit starken Affekten verbunden sind. Der Neid der Besitzlosen gegenüber den Besitzenden wurde schon erwähnt. Wut, Haß, Verachtung und alle Formen von Entwertung wie Verspotten, Lächerlichmachen usw. müssen noch genannt werden. Dabei können sich solche Gefühle einmal gegen den anderen, das andere Mal gegen die eigene Person richten. Da durch den Abwehrmechanismus der Spaltung die entwertenden Prozesse genau so wie die sich selbst oder den anderen idealisierenden Vorgänge voneinander getrennt sind, ohne sich gegenseitig zu stören, kann das aus der Abwehr resultierende System der Borderline-Persönlichkeit relativ gut funktionieren.

Es funktioniert dann besonders reibungslos, wenn es einem Menschen mit Borderline-Persönlichkeit gelingt, eine andere Person im Sinne einer inter-personalen Abwehr (vgl. S. 142) in das System mit einzubeziehen, und zwar eine Person, die einen idealisiert und bewundert, wenn man sich selbst gering schätzt. Im umgekehrten Fall wird eine andere Person abgewertet und geringschätzig behandelt, während man sich selbst idealisiert. An der folgenden Abbildung können wir eine vertikale Spaltung von einer horizontalen unterscheiden: *Die vertikale Spaltung* trennt die entwerteten Selbst- und Objektanteile von den entsprechenden idealisierten Bereichen des Selbst und des Objekts ab, während *die horizontale Spaltung* die jeweiligen Bilder von Selbst und Objekt voneinander getrennt hält (vgl. Abb. 10).

Eine derartige mehrfach in sich gespaltene Persönlichkeit kann *nicht selbstsicher* sein, sie kann keine Sicherheit ausstrahlen und vor allem *nicht verläßlich* sein. Es resultiert eine in sich selbst unsichere, schwache Persönlichkeit. Sie ist auch schwach, selbst wenn sie bei sehr guter Intelligenz auf den ersten Blick gar nicht so wirkt. Intelligente Patienten mit Borderline-Persönlichkeit können nämlich mit Hilfe ihrer Intelligenz die Schwächen ihrer Persönlichkeit so überspielen, daß sie ihre Umwelt über ihre tatsächlichen persönlichen Schwächen lange täuschen können.

In zwischenmenschlichen Beziehungen werden ihre Defizite

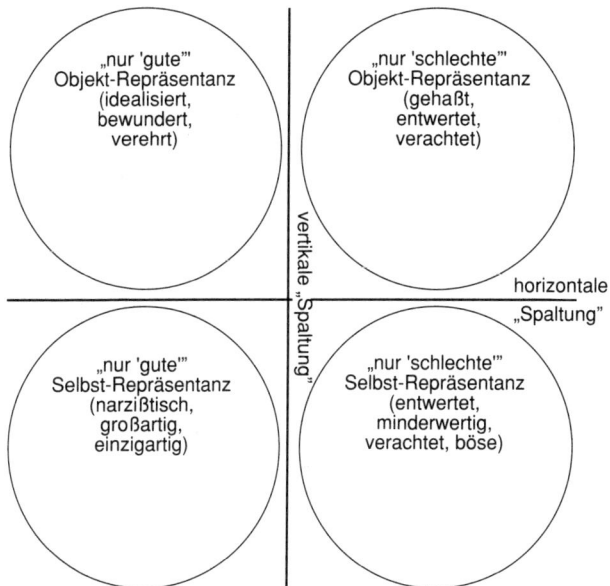

Abb. 10. borderline-personality-organisation; modifiziert nach Kernberg (1975). Die *vertikale* „Spaltung" trennt entwertete (böse) und idealisierte (gute) Selbst- und Objektanteile voneinander. Die *horizontale* „Spaltung" hält Selbst- und Objektrepräsentanzen voneinander getrennt. Klinisch kommen vier Konstellationen vor:

1. Das Individuum erlebt sich selbst bewußt als großartig, das Objekt ebenso ideal (die schlechten Selbst- und Objekt-Repräsentanzen sind durch *vertikale* Spaltung verleugnet).
2. Das Individuum erlebt sich bewußt als verachtenswert, desgleichen das Objekt – Zustand der Depression – (die idealisierten Selbst- und Objekt-Repräsentanzen sind durch *vertikale* Spaltung abgewehrt).
3. Das Individuum erlebt sich bewußt als ideal und das Objekt als entwertet (die schlechten Selbstanteile sind durch *vertikale* Spaltung unbewußt. Die idealen Objektanteile sind gegenüber dem schlechten Objekt ebenfalls durch *vertikale* Spaltung unbewußt. Gegenüber dem sich gut erlebenden Selbst ist das gute Objekt durch *horizontale* Spaltung abgewehrt).
4. Das Individuum erlebt sich bewußt als minderwertig und das Objekt als ideal (die idealen Selbstanteile sind gegenüber dem sich als minderwertig erlebenden Selbst durch *vertikale* Spaltung unbewußt. Die schlechten Objektanteile sind gegenüber dem guten Objekt durch *vertikale* Spaltung, gegenüber dem schlechten Selbst durch *horizontale* Spaltung abgewehrt).

aber relativ schnell deutlich, vor allem am häufigen Wechsel zwischen Idealisierung und Entwertung. Sexuelle, aggressive oder perverse Triebe erzwingen oft unentstellt Befriedigung. Am häufigsten kommt es, meiner Erfahrung nach, zu sadistischen Triebdurchbrüchen mit Entwertungen der anderen Person. Dies ist besonders dann schmerzlich, wenn diese zuvor idealisiert worden war.

Ursachen

Wie kann man so werden, wird der Leser fragen. Wenn man als Kind *zu wenig Liebe erfahren* hat oder/und *in vielerlei Hinsicht schlecht behandelt*, um nicht zu sagen mißhandelt worden war. Ich empfehle daher, sich nicht zu lange mit den sicher interessanten theoretischen Erörterungen über die Psychodynamik der Borderline-Persönlichkeit zu befassen, vielmehr sich ohne jede theoretische Vorannahme einfach auf den anderen Menschen einzulassen:

Eine 39jährige Lehrerin klagt über Müdigkeit, schwere Kopfschmerzen und die Unfähigkeit, ihren täglichen Aufgaben gewachsen zu sein. Sie fühlt sich innerlich leer und kommt sich dumm vor. Sie empfindet außerdem sadistische Anwandlungen gegenüber Männern, denen sie in der Phantasie das Glied abschneiden will, während sie sich gleichzeitig von Frauen eher angezogen fühlt. Sie fürchtet sich vor der Dunkelheit, vor Fremden, vor Wasser sowie vor Höhen und Tiefen.

In der über 500 Stunden umfassenden Psychoanalyse kommt es zu einem starken Clinch zwischen Analysandin und Analytiker. Die Analysandin fühlt sich zuerst erhaben über ihn und traut ihm überhaupt nichts zu. Dann ist es in umgekehrter Konstellation die Analysandin, die, sich entwertend, sich ohnmächtig, hilfsbedürftig und abhängig vorkommt, während der Analytiker als total unabhängig, im Vollbesitz aller Kräfte und mächtig erlebt wird. Er erscheint der Patientin als ein Mann, der die Frau quält, klein hält, ihr alles vorenthält, was er im Überfluß hat, nur um ihr zu zeigen, wie wertlos, abhängig und hilfsbedürftig sie sei.

Dieses Beziehungsmuster entpuppt sich als Wiederholung der Beziehung zwischen Tochter und Vater: Vom *Vater* fühlte sie sich ausgenutzt, mißbraucht, ständig bloßgestellt und gedemütigt. Später stellte sich sogar heraus, daß der Vater die elfjährige Tochter im Wald verführte und sein erigiertes Glied in ihre Scheide stecken wollte. Diesbezügliche Erinnerungen waren so realistisch, daß die Alternative, es handelte sich hierbei nur um eine Phantasie, als unwahrscheinlich ausschied.

Das für Borderline-Fälle charakteristische Nebeneinander von Entwertung und Idealisierung betraf in diesem konkreten Fall also den Vater und die eigene Person und dies wiederum in charakteristischem Wechsel: Einmal fühlte sich die Patientin über ihren Vater erhaben, der es wagte, derartige inzestuöse Handlungen an ihr zu begehen; ein andermal ist sie es selbst, die sich wie der letzte Dreck vorkommt, während der Vater idealisiert wird.

In tieferer Schicht wiederholte sich das die eine Seite jeweils idealisierende und die andere Seite entwertende Beziehungsmuster in der Interaktion zwischen Tochter und Mutter: Auch die *Mutter* nutzte die Tochter, freilich ohne es bewußt zu wollen, für ihre Zwecke aus. Sie fühlte sich selbst ihrem Mann gegenüber sehr unsicher und kam sich dann, wenigstens der Tochter gegenüber, überlegen vor, indem sie die von ihr abhängige Tochter für sich nutzte, um nicht zu sagen, mißbrauchte.

Im Laufe der Analyse erinnerte sich die Patientin an Erfahrungen, wie sie als kleines Kind furchtbar eng gewickelt und ans Bett festgebunden wurde und wie sie von der Mutter, vermeintlich aus Spaß, beim Baden unter Wasser gehalten wurde. Die Patientin erlebte die damit verbundenen Ängste wieder, Ängste, umgebracht zu werden. Sie waren für sie so unerträglich, daß sie sich lieber selbst umbringen wollte.

Wir wundern uns bei einer derartig belastenden Kindheit nicht weiter, daß ein so geschädigter Mensch sich nicht wohlfühlen kann. Er muß seine geschädigten Beziehungen im Umgang mit anderen Menschen unbewußt wiederholen. Er kann schon allein deswegen nicht voll funktionsfähig sein, weil die unbewältigten Traumatisierungen ständig seelische Energie verbrauchen, die dann für das tägliche Leben nicht mehr zur Verfügung steht.

So mußte die Patientin im Laufe der Analyse einsehen, daß sie sich mit der Berufswahl als Lehrerin in eigener Idealisierung überfordert hatte. Auch der Versuch, einen anderen Beruf zu erlernen, scheiterte an den begrenzten Fähigkeiten, sich auf andere Menschen einzulassen und mit ihnen gesunde Beziehungen aufzubauen. Die Analyse mußte aus äußeren Gründen abgebrochen werden. Die Patientin fand dann insofern ein inneres Gleichgewicht, als sie sehr religiös wurde und gleichsam in der Kirche eine sie bejahende Mutter und in Gott, so glaubte sie zumindest, endlich einen sie liebenden Vater gefunden zu haben, ohne, wie tragischerweise von den Eltern erfahren, dabei ausgenutzt zu werden.

3.3 Mangel- und Bindungsneurosen

Mangelneurosen

Der Ausdruck *Mangelneurose* scheint mir sinnvoller zu sein als der der narzißtischen Persönlichkeitsstörung oder der Border-line-Persönlichkeit, wird in der Bezeichnung „Mangel" doch das ausgedrückt, daß diesen Menschen tatsächlich etwas mangelt, nämlich: Liebe und Zuwendung (Kutter 1975). Ich habe zuweilen den Eindruck, daß diese harte Tatsache unter manchen kunstvollen Beschreibungen der unbewußten Prozesse derartiger Patienten verdeckt wird. Die Tatsache des Mangels leuchtet uns unmittelbar ein, wenn wir uns erinnern, was der soeben vorgestellten Patientin alles *gefehlt* hat: Die Mutter liebte sie nicht und überließ sie deswegen gern dem Vater. Der seinerseits mißbrauchte die Tochter für eigene Zwecke. Sie konnte sich somit weder mit einer überwiegend guten Mutter identifizieren noch vom Vater das Gefühl erfahren, geachtet zu sein. Das Ergebnis war eine große Unsicherheit in der Geschlechtsidentität als Frau, verbunden mit einer beeinträchtigten Beziehungsfähigkeit gegenüber Männern. Außerdem war sie gänzlich unfähig, mütterliche Gefühle zu entwickeln, da sie sich nicht mit einer sich als Frau sicher fühlenden Mutter identifizieren konnte.

Eine Identifizierung mit dem Vater war ebensowenig möglich. *Um zu einer erwachsenen Persönlichkeit heranzureifen, ist es aber für das Mädchen ebenso wie für den Jungen unerläßlich, sich mit dem Vater in positiver Weise identifizieren zu können.* Man muß wenigstens einige gute Züge des Vaters für Wert erachten und in die eigene Persönlichkeit einbauen können.

Es sind also *Mängel in der Identifizierung* mit der Mutter und mit dem Vater, die der Mangelneurose zugrunde liegen. Derartige Störungen sind meiner Erfahrung nach sehr häufig, was bei aller Vorsicht der Interpretation auch damit zusammenhängen mag, daß es uns heute überhaupt an soliden Vorbildern mangelt, mit denen zu identifizieren es sich lohnt. Margarete Mitscherlich (1978a) spricht vom *Ende der Vorbilder*. Ein besonders großer Mangel an identifizierungsfähigen Vorbildern herrscht für die Generation, deren Väter und Mütter im Dritten Reich aktiv handelnd oder passiv mitlaufend beteiligt waren.

Bindungsneurosen

Der Ausdruck *Bindungsneurose* soll das Moment unbewußter Bindung an eine frühe Bezugsperson in den Vordergrund stellen. Meist ist es die *Mutter*, von der sich die Tochter oder der Sohn nicht lösen können. Die Trennung wird umso mehr erschwert, je mehr die Mütter ihre Kinder nicht frei geben, sondern für eigene Zwecke festhalten. Löst sich die Tochter bzw. der Sohn trotzdem ab, dann führt dies zu schweren Schuldkonflikten.

Wenn der *Vater als dritte Person* die Lösung von Mutter und Kind seinerseits erschwert, wird das *Trennungsproblem* noch komplizierter. Bei derartig engen Bindungen würde Trennung in jedem Fall zu Schuldgefühlen führen. Sie lassen sich einfach dadurch vermeiden, daß das Kind der Mutter treu bleibt.

Viele *Beziehungsstörungen* mit Partnern haben ihren Grund darin, daß derartige unbewußte Bindungen weiter bestehen. Die neuen Beziehungen werden dann unbewußt zerstört, um die ursprüngliche Beziehung zur Mutter, beziehungsweise zum Vater, nicht zu stören. Dies ist ein häufiger Grund für Beziehungsstörungen von Frauen, denen es nicht glückt, eine befriedigende Beziehung mit einem Mann aufzubauen. Dasselbe trifft natürlich für Männer zu, die wegen ihrer unbewußten Mutterbindung zu keiner reifen Beziehung mit einer Frau gelangen.

Eine andere neurotische Lösung einer Mutter- oder Vaterbindung in Form einer Bindungsneurose besteht darin, daß man in unbewußter Übertragung im Partner die Mutter oder den Vater sucht und gefunden zu haben glaubt, jedenfalls so lange, wie Partner oder Partnerin die ihr übertragene Rolle mitspielen. Eric Berne (1974) und Jürg Willi (1975) haben derartige Beziehungsmuster beschrieben. Jeder kann sich leicht in sie einfühlen, weil es einem teilweise selbst so geht und weil jeder andere Menschen kennt, die so mit einem umgehen.

Patienten mit phobischen Symptomen lassen sich übrigens auch sehr gut im Sinne der hier vorgestellten Bindungsneurose verstehen: Sie sind ebenfalls unbewußt an eine wichtige Bezugsperson gebunden. Der jeweilige Partner muß dann diese im Sinne eines Ersatzobjektes oder eines Substitutes ersetzen und den ständigen Begleiter spielen. Ist der Begleiter nicht anwesend, kommt es zu Angstzuständen. Derartige Menschen sind somit nicht in der Lage, sich in sich selbst sicher genug zu fühlen, um ohne Sicherungen von außen auskommen zu können. Weil derartige Menschen als Kinder nicht genügend Sicherheit durch für sie wichtige Bezugspersonen erfahren haben, sind sie auch im Erwachsenenalter noch von Sicherheit gewährenden Menschen abhängig[2]. Sie konnten deswegen, weil sie in der Kindheit nicht die notwendige Zuwendung erfahren haben, keine Gefühle von Sicherheit und Unabhängigkeit in sich selber aufbauen, die sie als Erwachsene von der Anwesenheit anderer hätten unabhängig machen können (König 1981).

Der folgende Fall einer *Schulphobie*, mit einer lange unerklärlichen Angst vor der Schule, zeigt besonders eindrucksvoll, wie eng das faktische Verhalten der Mutter mit der Entwicklung der Phobie des Kindes verflochten sein kann.

Das mit sieben Jahren eingeschulte Kind wurde wegen eines leichten Stotterns von den Mitschülern viel gehänselt und entwickelte sich langsam aber sicher zum Außenseiter und Sündenbock der Klasse. Als Folge davon bekam das Kind zunehmend Angst, in die Schule zu gehen. Eine zeitlang war dies noch in Begleitung der Mutter möglich. Dann gelang auch das nicht mehr.

Zunächst suchte man die Ursache der Störung im *Kind*, in möglichen Phantasien von Strafe und Verfolgung. Das Kind hatte auch Angst vor Geistern, die es aufzufressen drohten. Im Laufe der psychoanalytischen Behandlung des Kindes und der begleitenden Psychotherapie der Mutter zeigte sich dann aber, daß es die *Mutter* war, die ihre Ehe als sehr unbefriedigend erlebte. Sie suchte deshalb im Sohn ein Substitut für ihren Mann (Richter 1963).

Die Bindung zwischen Mutter und Sohn mußte im Lauf der Therapie sowohl auf der Seite des Kindes als auch auf Seiten der Mutter bewußt gemacht werden, um beide beteiligten Personen aus ihrem „Clinch" zu befreien. Der Vollständigkeit halber bleibt noch zu erwähnen, daß es eigentlich die Aufgabe des *Vaters* gewesen wäre, nicht nur seine Rolle als Mann bei der Frau einzunehmen, sondern auch die des Vaters gegenüber dem Sohn, eines Vaters, der dem Sohn zeigt, daß es neben der Bindung an die Mutter in der Welt noch viele interessante Dinge zu entdecken gibt.

Die *starke Bindung an Mutterfiguren* und die *Ängste, sich von der Mutter zu trennen*, stellen sich auch in den Analysen vieler erwachsener Patienten heraus. Hier ist es besonders wichtig, neben den Ängsten der Patienten auch die Pathologie der Bezugsperson in die Analyse mit einzubeziehen. Häufig genügt es, daß andere Familienmitglieder im Sinne einer Familientherapie in die Behandlung mit einbezogen werden.

Die Konstellation einer Familie, in der die Mutter sich vom Ehemann zu wenig gestützt fühlt und deswegen ihr Kind als Ersatz in Beschlag nimmt, kann dabei in der psychoanalytischen Praxis immer wieder festgestellt werden.

Nun kommen wir zu einem Gebiet, von dem eine große Faszination ausgeht, das vielen nicht ganz geheuer ist. Es ist der etwas unheimliche und doch so interessante Bereich der Psychosen.

4. Psychosenlehre

4.1 Vorbemerkungen

Die Psychosen sind im Gegensatz zum Bereich der klassischen Neurosen in der Psychoanalyse wenig repräsentiert. Es waren immer nur einzelne Psychoanalytiker, meistens ausgebildete Psychiater, wie Karl Abraham, Carl Gustav Jung, Paul Federn und Paul Schilder, um einige der Pioniere der Psychoanalyse zu nennen, die sich mit psychotisch kranken Menschen befaßt haben.

Eine wichtige Initiative zur psychoanalytischen Erforschung der Schizophrenie ging von den USA aus. In Chestnut Lodge haben sich Frieda Fromm-Reichmann, Harold F. Searles und Ping-Nie Pao über viele Stunden in der Woche über Jahre mit einzelnen schizophren Erkrankten auseinandergesetzt. Sie brachten dadurch etwas Licht in das Dunkel dieser schwerwiegenden geistigen Störung. Weitere Forschungszentren konzentrieren sich um Theodore Lidz an der Yale University School of Medicine und um Thomas Freeman in Glasgow.

In der Bundesrepublik interessierten sich viele aktive Teilnehmer der Studentenbewegung für Psychosen, vor allem für deren gesellschaftliche Hintergründe. Im Zusammenhang damit wurde der Sammelband *Schizophrenie und Familie* (Bateson et al. 1969) vielfach rezipiert. Dort wurden Phänomene beschrieben, die man, wenn auch nicht so extrem, in den eigenen Familien feststellen konnte (die berühmten „doppelten Botschaften", das „Mystifizieren" von Information u. a., siehe auch S. 196).

In der etablierten Psychiatrie der Bundesrepublik wurde die psychoanalytische Perspektive der Psychosen aber nicht beachtet. Im Gegensatz dazu wurde in den Vereinigten Staaten von Amerika die psychoanalytische Perspektive der Psychosen über die Mental-Health-Bewegung weitgehend in die Psychiatrie integriert. Hierzulande hat sich die Psychiatrie eher mit der Psychologie verbündet als mit der Psychoanalyse. Die deutschen Psychiater trauen der quantifizierbaren psychologischen Testdiagnostik mehr zu als den eher qualitativen diagnostischen Möglichkeiten psychoanalytischer Verfahren (vgl. Kap. VII). Sie werden daher voraussichtlich das vorliegende Kapitel ebensowenig beachten wie die psychoanalytischen Aspekte psychiatrischer Krankheitsbilder in der von Wolfgang Loch herausgegebenen *Krankheitslehre der Psychoanalyse* (1967a). Dagegen werden sich engagierte Sozialwissenschaftler und aufgeklärte Laien für die folgenden Abschnitte eher interessieren. Beginnen wir ausnahmsweise nicht mit den Schizophrenien, sondern mit den eher vernachlässigten Depressionen, die wegen der Häufigkeit ihres Vorkommens aber nicht minder wichtig sind.

4.2 Depressive Psychosen oder psychotische Depressionen

Abgrenzung und Symptomatik

Depressive Zustände sind uns schon im Rahmen der Neurosenlehre begegnet (vgl. Abschnitt 2.5). Den dort aufgezeigten psychodynamischen Zusammenhängen (Verlusterlebnis, Schuldthematik, Aggressionsproblematik und Selbstwertprobleme) begegnen wir auch bei der psychotischen Depression oder depressiven Psychose. Der große Unterschied besteht aber darin, daß die entscheidenden unbewußten Prozesse – der depressive Prozeß – bei den depressiven Psychosen nicht nur *quantitativ stärker ausgeprägt*, sondern auch *qualitativ andersartig* sind.

Die beobachtbare Symptomatik ist durch *die depressive Trias* gekennzeichnet:

1. *verlangsamtes Denken,* dessen Inhalte um Schuldgefühle, Minderwertigkeit, Wertlosigkeit und fehlende Selbstachtung kreisen,
2. *niedergeschlagene Stimmung* und
3. *verlangsamte Motorik.*

Die drei Symptombereiche führen in tragischer Verengung der eigenen Perspektive häufig zu Selbstmordgedanken oder Suizidideen. Depressionen sind also ernste lebensgefährliche Erkrankungen. Die Symptome treten vorwiegend in Phasen auf, die sich über Wochen und Monate hinziehen. Dieser bipolare Verlauf ist durch einen charakteristischen Wechsel von Depression und Manie gekennzeichnet (vgl. Abschnitt 4.3). Dazu kommen typische Tagesschwankungen mit Verschlimmerungen am Morgen und Besserung am Abend sowie eine typische Beeinträchtigung der körperlichen Funktionen mit fehlendem Appetit und Schlafstörungen; alles im Gegensatz zur neurotischen Depression, der die genannten Merkmale fehlen. Auch die bei psychotischen Depressionen häufigen Wahnideen und die gestörte Realitätsprüfung werden bei den neurotischen Depressionen vermißt.

Unbewußte Prozesse

Die entscheidenden unbewußten Prozesse betreffen *Triebkonflikte* sowohl sexueller als auch aggressiver Art: Die genitale Sexualität ist meist gestört, weitgehend aufgehoben. Statt dessen werden die Kranken von *aggressiven* Gefühlsregungen bedrängt, die in charakteristischer Wendung gegen die eigene Person gerichtet sind und dem Kranken schwer schaden. Sie sind auf Selbstzerstörung ausgerichtet.

Passiv-orale Konflikte kreisen um Wünsche, ausschließlich befriedigt zu werden. Kommt es nicht dazu, dann führt die

Enttäuschung darüber, leer ausgegangen zu sein, zu reaktiver Wut. Darüber hinaus kommt es zu Ängsten, in der reaktiven Wut das letzte noch zu zerstören, was einen gerade noch am Leben hält.

Solche um Haben-wollen und Enttäuschungwut kreisende Konflikte lassen sich am besten als *oral-sadistische* Konflikte verstehen. Sie sind in der Sicht Melanie Kleins (1937) deswegen besonders stark ausgeprägt, weil sie letztlich konstitutioneller Natur sind und den Menschen von innen bedrängen. Insofern hätte der Ausdruck endogene Depression (von innen kommende Depression) durchaus seine Berechtigung.

Auf der anderen Seite finden sich bei näherer Analyse depressiver Zustände immer auch äußere Gründe für die depressive Verstimmung, nämlich *Enttäuschung* ganz *berechtigter Wünsche nach minimaler Beachtung* und Zuwendung. Hauptmerkmal des depressiven Prozesses ist ein *affektiver Zustand von Hilflosigkeit und Ohnmacht.* Dabei handelt es sich nach Edward Bibring (1953) um eine fundamentale menschliche Weise des Reagierens auf Frustration, die ebenso grundlegend ist wie die Angstreaktion angesichts konkreter Gefahr.

Jeder von uns wünscht, geliebt und geachtet zu werden. Jeder hat das Bedürfnis, sich groß, stark und sicher zu fühlen. Und jeder möchte gerne andere Menschen lieben.

Es sind genau die *Versagungen* dieser drei Wünsche, die reaktiv zur Depression führen. Die drei Wünsche passen zur Selbstwertthematik der psychoanalytischen Narzißmustheorie (vgl. Abschnitt 3.1) und zu dem dort behandelten narzißtischen Regulationskreis. Die dort beschriebene charakteristische Diskrepanz zwischen den eigenen Idealen und dem realen Verhalten ist allerdings bei der psychotischen Depression extrem groß. Der damit verbundene seelische Zustand nimmt daher unerträgliche Ausmaße an: Der Depressive fühlt sich völlig verachtet und entwertet.

Die *Abwehrmechanismen, die der narzißtischen Persönlichkeit zur Verfügung stehen, fehlen den Depressiven.* Dies ist ein charakteristischer qualitativer Unterschied. Trotzdem finden sich auch Abwehrmechanismen wie die der Spaltung. Charakteristisch ist der Abwehrmechanismus der *Einkapselung* (D. Rosenfeld 1985). Der Depressive versucht z.B. unbewußt, seine

184

Selbstachtung (das „wahre Selbst" im Sinne von Winnicott 1965b) dadurch vor dem Zugriff entwertender und zerstörender Prozesse zu retten, daß er es einkapselt. Damit ist das wahre Selbst zwar geschützt, kann aber dem betreffenden Menschen nicht mehr nützen, da es ja unzugänglich geworden ist; ein untauglicher Abwehrmechanismus.

Nicht weniger tauglich erscheint der Abwehrversuch der *Identifizierung* mit dem bedrohenden, verfolgenden und strafenden Objekt. Der Erfolg der Abwehr besteht hier darin, nicht mehr ständig gequält, gestraft, verurteilt zu werden. Das Opfer, das dabei aber gebracht wurde, ist die damit verbundene, in der neurotischen Depression partielle, in der psychotischen Depression nahezu völlige Verwandlung des Selbst in das bedrohende Objekt.

Der depressive Prozeß

Der depressive Prozeß besteht beim psychotischen Typ der Depression darin, daß weite Teile der Persönlichkeit – in Freuds Strukturmodell das Ich – durch bedrohende Instanzen – in Freuds Strukturmodell das Überich – verloren gehen. Sie werden von einer zuerst drohenden, dann aber direkt angreifenden Instanz – die Leser mögen die militärische Ausdrucksweise entschuldigen – „erobert", „besetzt" und schließlich „vereinnahmt", um nicht zu sagen, „aufgefressen".

Der depressive Prozeß kann aber auch darin bestehen, daß sich das Ich der vermeintlichen oder realen Übermacht des Überich gleichsam „opfert" und sich „vereinnahmen" und „auffressen" läßt, mit dem Ergebnis der völligen Kapitulation. Meistens besteht an der Grenze zwischen eigenem Bereich und fremder Okkupation ein bewegtes Hin und Her, in dem einmal die eine Seite, das andere mal die andere Seite gewinnt oder verliert. Damit ist eine plausible Erklärung gegeben für die von den Psychiatern beschriebenen unterschiedlichen Zustände zwischen

a) *der gehemmten Depression*, in der das Ich gegenüber dem Überich kapituliert hat und

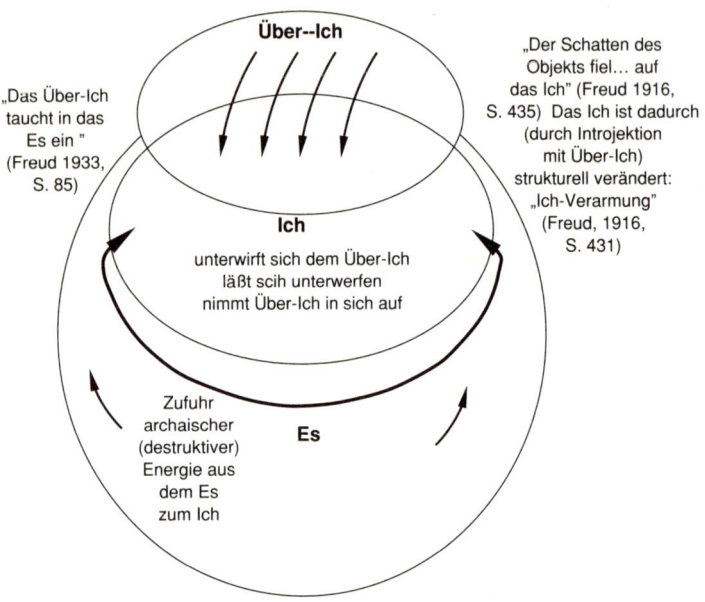

Abb. 11. „Psychotischer" Typ der Depression: Das Ich ist nahezu völlig vom Über-Ich „vereinnahmt", „aufgefressen". Das Über-Ich ist wie ein Schatten auf das Ich gefallen.

b) *der erregten Depression*, in der der Kampf zwischen Ich und Überich in vollem Gange ist (vgl. Abb. 11).

Freud (1916) spricht in seiner anschaulichen Sprache davon, daß der „Schatten des Überich" auf das Ich gefallen ist. Der zweifelhafte Gewinn der Abwehr besteht darin, wenigstens nicht mehr ständig mit dem bedrohenden, strafenden oder verfolgenden Objekt konfrontiert zu sein. Der Selbstverlust ist freilich ein hoher Preis für diesen Gewinn. Ein weiterer Nachteil besteht darin, daß auch gute Teile des Objektes über den depressiven Prozeß der Vereinnahmung dem Ich verlorengegangen sind und nun nicht mehr außen zur Verfügung stehen (Wenn der Apfel gegessen ist, habe ich ihn nicht mehr in der Hand).

Im Gegensatz zur neurotischen Depression sind bei der psychotischen Depression eigene und fremde Persönlichkeitsanteile *nicht scharf voneinander getrennt*. In diesem psychodynamischen Merkmal ist die psychotische Depression ebenso psychotisch wie die Schizophrenie, wenn auch die depressive Persönlichkeit nicht wie die schizophrene Persönlichkeit in viele Teile aufgespalten ist. Hier besteht ein scharfer qualitativer Unterschied zur neurotischen Depression, bei der die Grenzen zwischen Ich und Nichtich immer streng gewahrt sind.

Stellen wir abschließend den *depressiven Prozeß in chronologischer Folge* dar:

1. Er beginnt mit einer *Enttäuschung* an sich selbst oder am anderen.
2. Das führt zu einer narzißtischen *Kränkung*.
3. Die entstandene *Hilflosigkeit* kann nicht ausgehalten werden.
4. Deswegen wird als Ausgleich für die Kränkung unbewußt versucht, *vom Objekt narzißtische Zufuhr* zu erhalten.
5. Die damit bestehende *Abhängigkeit* wird aber zusätzlich als narzißtisch kränkend empfunden, so daß sie verleugnet werden muß.
6. *Die unerträgliche Abhängigkeit* von einem mächtigen Objekt kann dadurch leichter ertragen werden, daß das *Objekt* herabgesetzt, *entwertet* wird.
7. Das kann eine *Genugtuung* sein.

Man schneidet sich damit aber ins eigene Fleisch, weil einem ja ein entwertetes Objekt keine narzißtische Zufuhr mehr gewähren kann. Immerhin ist der andere dann nicht besser als man selbst. Dies führt zur vorübergehenden Aussöhnung mit sich selbst.

Geringste Anlässe wie die kleinste Provokation können das prekäre Gleichgewicht aber wieder stören. Die reaktive Wut kann dann leicht gerade das Objekt, von dem man abhängt, zerstören. Dies wäre auf der einen Seite ein Triumph. Auf der anderen Seite würde man aber damit gerade den Ast absägen, auf dem man selber sitzt. Um dies zu vermeiden, wird die Aggressivität gegen die eigene Person gewendet. Dies wird als geringeres Übel hingenommen, freilich mit dem Ergebnis größerer Selbstzweifel und extrem herabgesetzter Selbstachtung.

Therapie

Die genannten unbewußten Prozesse sind deswegen so gut zu beschreiben, weil sie sich während der psychoanalytischen Behandlung von depressiven Patienten in der Beziehung zwischen Analysand und Analytiker wiederholen: Hier ist es dann der Analysand, der sich zu Beginn der Behandlung gänzlich zerstört fühlt, der dann aber in der Übertragung auf den Analytiker seine abgewehrten aggressiven Regungen gegen die anderen ebenso wiederbelebt wie seine Wünsche, von diesem bewundert und akzeptiert zu werden. Der Analytiker fühlt dann in der Gegenübertragung, wie er in der einen Phase der Behandlung aufgebaut, idealisiert und bewundert wird, während er in einer anderen Phase das Ziel zerstörerischer Angriffe und spöttischer Entwertung ist.

Durch geduldiges Bewußtmachen der unbewußten Prozesse, sowohl der Idealisierung als auch der Entwertung, der Identifizierung und der Aggression, der Selbstaufopferung und der damit verbundenen Ängste, können auch bei depressiven Psychosen Besserungen erzielt werden.

Die Wahrscheinlichkeit eines Erfolges ist größer, wenn die Relation zwischen der als Kind erfahrenen Zuwendung und Aufwertung und der nichtachtenden Abwendung und Abwertung nicht zu ungünstig ausgefallen ist. Günstig ist außerdem, wenn die während der Behandlung neu gewonnene Zuwendung aufrechterhalten und bewahrt werden kann und nicht immer wieder durch unvermeidliche Enttäuschungsaggression zerstört werden muß.

Ist das Verhältnis zwischen der erfahrenen Zuwendung und Verachtung dagegen ungünstig, dann wird es verständlich, wenn viele Depressive die Qual ihres Leidens dadurch beenden wollen, daß sie sich selbst töten.

Im Tötungsakt wäre dann freilich mit dem Leiden auch das Leben beendet. Das ist eine Lösung, die kein Mensch leichtfertig sucht. Das zeigen die leider viel zu häufigen Fälle von Selbstmordversuchen.

Setzt man sich mit diesen Menschen aber intensiv auseinander, dann können viele vor dem Selbstmord bewahrt werden. Leider hat aber gerade dann, wenn die Hilfe am nötigsten ist, niemand Zeit. Erschwerend kommt hinzu, daß die Ärzte, die die Selbstmordpatienten behandeln, auf die psychische Problematik eines Suizidanden nicht vorbereitet sind. Die Psychoanalytiker ihrerseits, die dies könnten, stehen wegen ihrer Verpflichtungen gegenüber den Patienten, die sie schon behandeln, nicht zur Verfügung.

Bei den *harten* Selbstmordhandlungen wie Erschießen oder Erhängen überwiegt das aggressive Moment als Selbstaggression. Bei den *weichen* Selbsttötungen mit Hilfe von Schlaftabletten fliehen die verzweifelten Menschen die unerträgliche Situation und suchen regressiv nach Harmonie und Frieden, wenn auch um den hohen Preis des eigenen Lebens. Selbstmordversuch und Selbstmord sind daher immer auch extreme *Narzißtische Krisen* (Henseler 1974).

4.3 Die Manie

Psychodynamik

Hier kann ich mich kurz fassen. *Manie ist die geniale Verleugnung alles dessen, was depressiv macht.* In ihrem Zentrum steht die Wiederbelebung all der Bereiche, in denen wir uns großartig und allmächtig fühlen. Insofern entspricht die pauschale Abwehr der Depression in der Manie exakt der Abwehr bei den narzißtischen Persönlichkeitsstörungen. Bezogen auf das handliche und praxisgerechte Strukturmodell ist das Überich – bildhaft gesprochen – vom Ich „besiegt": Das Ich steht über dem Überich und kostet seinen Triumph so lange aus, wie es möglich ist.

Das Ganze ist aber nur eine grandiose Illusion (Abwehrmechanismus der Verleugnung), denn die tatsächlichen Verhältnisse sind nicht so. Früher oder später erzwingen die tatsächlichen Kräfteverhältnisse – der Leser möge wiederum die militärische Sprache entschuldigen – wieder den Sieg des Überichs und die Niederlage des Ichs. Umgangssprachlich ausgedrückt: Nach dem Rausch folgt der Kater.

Bertram D. Lewin (1961) erklärt das Hochgefühl und die Hochstimmung des manischen Menschen dadurch, daß der Maniker glaubt, lang ersehnte Wünsche seien endlich in Erfüllung gegangen. Das Hochgefühl in der Manie ist aber *wie die Wunscherfüllung im Traum* unecht und trügerisch. Es wird ja durch eine *Täuschung* über die tatsächlichen Machtverhältnisse erkauft. Der Maniker *verwechselt die Wirklichkeit mit einem Traum.* Er lebt gleichsam in wahnhafter Selbsttäuschung über sich selbst seinen Traum im realen Leben aus und zwingt damit die anderen, die ihnen in seinem Traum zugewiesenen Rollen zu übernehmen. Tun sie dies, dann bestärkt dies natürlich den Maniker in seinem manischen Glauben. Früher oder später kommt es aber doch zu einem massiven Zusammenstoß zwischen Traum und Wirklichkeit. Dem folgt dann die unvermeidliche Depression.

Therapie

Unter solchen Umständen ist klar, daß Maniker äußerst schwer psychoanalytisch zu behandeln sind. Der Analytiker könnte ihnen lediglich zeigen, daß die Flucht in die Manie keine Lösung darstellt und ihnen dabei helfen, langsam aber sicher zur harten Wirklichkeit zurückzufinden. Gerade dies wird aber vom Maniker gefürchtet, weshalb er, abgesehen von der völlig fehlenden Motivation (denn es geht ihm (in seinem Erleben) ja gut), jeden Versuch einer psychoanalytischen Behandlung ablehnt. Die beste Art des Umgangs mit einem manisch Kranken ist es daher, zwischen Traum und Wirklichkeit insofern zu vermitteln, als man einerseits die manische Welt des Patienten partiell teilt, andererseits aber die realen Interessen des Manikers so lange vertritt, wie dieser selbst dazu nicht in der Lage ist. Dies ist nicht immer leicht, da der andere den Maniker ja in seiner Traumwelt bestätigen und nicht mit der Realität konfrontieren soll. Es ist daher sinnvoller, mit aufdeckenden psychoanalytischen Maßnahmen bis zum Stadium der Depression zu warten. Dann ist die Wahrnehmung der Realität nicht mehr durch Verleugnung verzerrt. Die Situation wird eher so wahrgenommen, wie sie wirklich ist.

4.4 Die Schizophrenie

Psychiater und Psychoanalytiker

Psychiater sehen ihre Aufgabe darin, die Symptome der schizophrenen Störung so genau wie möglich zu beschreiben: den Wahn, die Sinnestäuschungen, die Trugwahrnehmung, das autistische und „zerfahrene" Denken, die gestörte Affektivität und die charakteristische Desorientiertheit über die eigene Person. Sie teilen die Vielfalt der schizophrenen Störungen in Zustandsbilder und Syndrome ein: in Hebephrenie, Katatonie und paranoide Schizophrenie. Sie postulieren eine organische Ursache in Form einer Stoffwechselstörung des Gehirns. Dafür gibt es in der Tat einige Anhaltspunkte.

Psychoanalytiker interessieren sich besonders für die unbewußten seelischen Prozesse. Dabei spielen sogenannte *Spaltungen* (wir lernten die Spaltung als Abwehrmechanismus bereits kennen, vgl. Abschnitt 2.1) eine so zentrale Rolle, daß sich Eugen Bleuler schon 1911 veranlaßt sah, den hier zur Diskussion stehenden Störungen den Sammelnamen Schizophrenie zu geben, was wörtlich aus dem Griechischen übersetzt so viel wie „gespaltene Seele" heißt.

Entscheidende Psychodynamik

Die für die Schizophrenie so charakteristischen Spaltungsprozesse sind gegenüber den Borderline-Fällen in quantitativer Hinsicht extrem vermehrt und in qualitativer Hinsicht in typischer Weise andersartig. Die durch die Spaltungsprozesse voneinander getrennten Bereiche gehen nämlich *ohne scharfe Grenze* ineinander über. Die Grenzen zwischen den getrennten Regionen sind also unscharf bzw. *teilweise durchlässig*.

Wollen wir verstehen, was in einer schizophren gestörten Persönlichkeit vorgeht, dann können wir versuchen, uns einmal vorzustellen, wie wir uns selbst in der Phantasie sehen. Da ist zuerst unser *Selbstbild*, d. h. das Bild, das wir uns heute von uns selbst machen. Dazu kommen die Bilder, die wir uns früher von uns gemacht haben, als Jugendlicher und als Kind. Außerdem haben wir von uns noch ein *Idealbild,* d.h. ein Bild, dem wir gerne in idealer Weise entsprechen würden. Wir erleben uns aber in bestimmten Zeiten auch als böse, schlecht und minderwertig, zu anderen Zeiten im krassen Gegensatz dazu, als großartig und wunderbar. Es sind Extreme, die wir bei der Borderline-Persönlichkeit schon kennengelernt haben (vgl. Abschnitt 3.2).

Um uns nun aber wirklich in schizophrene Menschen einzufühlen, brauchen wir uns jetzt nur noch vorzustellen, daß die verschiedenen genannten Bilder in der Schizophrenie *nicht voneinander scharf getrennt* sind, sondern *alle nebeneinander gleichzeitig vorhanden,* ja sogar *aktiv* sind. Sie drängen sich ins Bewußtsein, ohne daß sich die unglücklichen schizophrenen Menschen ihrer erwehren können. Die Bilder aus der Vergangenheit stehen neben denen der Gegenwart. Wenn wir uns darüber hinaus noch denken, daß zu den genannten Bildern von uns selbst noch die unterschiedlichen *Bilder anderer Personen* hinzukommen, dann kommen wir dem Erleben schizophrener Menschen noch näher. Da sind Bilder von Menschen, die wir idealisiert haben, die uns enttäuscht haben, auf die wir wütend gewesen sind, die wir wütend gemacht hatten und die ihrerseits wütend auf uns waren. Sie werden von Bildern überlagert, die wir uns von Menschen gemacht haben, die uns schätzen und liebten, dann aber wieder haßten oder verfolgten. Stellen Sie sich vor: all diese Bilder sind gleichzeitig aktiv, übereinander gelagert, ohne voneinander klar abgegrenzt zu sein, dann bekommen Sie langsam eine Ahnung, was der Schizophrene an verwirrender Vielfalt im Kopf hat.

Normalerweise haben wir von einem bestimmten Menschen ein klares Bild: Wir schätzen diesen Menschen so ein, wie er/sie jetzt gerade ist. Falls wir uns an frühere Erlebnisse mit dem betreffenden Menschen erinnern, dann schwebt uns das Bild vor, das die betreffende Person seinerzeit geboten hat. In der schizophrenen Störung sind diese *normalerweise voneinander getrennten* Bilder aber nicht nur *gleichzeitig im Bewußtsein,* sondern auch *unvermindert virulent.* Davon wird man zwangsläufig verwirrt, desorientiert und konfus. Derartig von inneren Selbst- und Objektbildern bedrängt, ist man kaum fähig, sich auf das gerade aktuelle Geschehen zu konzentrieren, sei dies ein Gespräch mit einem anderen Menschen, sei dies eine geistige Arbeit oder ein bestimmter beruflicher Handlungsablauf.

Denken, Fühlen und Handeln sind als Folge der das Bewußtsein bedrängenden vielfältigen Selbst- und Objektbilder tiefgreifend gestört. Sie lassen sich nicht mehr zur Einheit bringen. Die Fülle der bedrängenden inneren Bilder führt tragischerweise dazu, daß die reale *Außenwelt nicht mehr so wahrgenommen wird, wie sie wirklich ist.* Die Bilder der Innenwelt dominieren die Bilder der Außenwelt zu sehr. Dazu kommen Projektionen der inneren Bilder in die Außenwelt, so daß die gestaltende Phantasie scheinbar die Außenwelt belebt. Umgekehrt werden die Bilder von real erlebten Außenpersonen introjiziert, verinnerlicht, in die eigene Person hineingenommen.

Diese projektiven und introjektiven Prozesse sind aber noch kein Indiz für eine schizophrene Geistesstörung, denn sie kommen z.B. auch in der Borderline-Persönlichkeit vor. Das typische formale Moment der schizophrenen Geistesstörung ist neben der Spaltung das *Verschwimmen der Grenzen zwischen den einzelnen Selbst- und Objektbildern, zwischen Innenwelt und Außenwelt.* So kann in der Tat, wie der Titel eines Stückes von Handke zeigt, die „Innenwelt zur Außenwelt der Innenwelt" werden und umgekehrt.[3].

Die zur Abwehr der Konfusion der Bilder eingesetzten Spaltungsprozesse versuchen verzweifelt, die verschwimmenden Bilder voneinander *getrennt zu halten,* vor allem die guten zu bewahren und vor den bösen, zerstörerischen Bereichen zu *schützen.* Dabei kann es vorübergehend zu recht stabilen Zuständen kommen. In diesen kann z.B. (wie bei der narzißtischen Persönlichkeitsstörung) das Größenselbst dominieren (ich bin ganz großartig). Oder es herrschen (wie bei der Depression) diejenigen Gefühlszustände vor, in denen wir uns klein und häßlich vorkommen.

In solchen Gefühlszuständen reagieren wir dann auch sehr *leicht eifersüchtig,* wenn sich eine uns wichtige Bezugsperson jemandem anderen zuwendet. Zu anderen Zeiten dominieren uns wichtige Autoritäten, die uns nicht nur beurteilen, sondern auch *verurteilen, anklagen* oder *verfolgen.*

Wenn wir uns auf die hier vorgestellte Weise in den schizophren gestörten Menschen einfühlen, dann erklären sich auch sonst unverständliche Phänomene wie *Größenwahn, Minderwertigkeitswahn, Eifersuchtswahn* und *Verfolgungswahn* ohne Schwierigkeiten.

Die Erlebniswelt schizophren gestörter Menschen erscheint noch bizarrer, wenn wir beachten, daß sich die Vorstellungen von der eigenen und die Bilder von der anderen Person nicht nur auf die jeweiligen Personen als Ganzes beziehen, sondern nur auf *Teile* davon, z.B. das Gesicht. Es können sogar nur Teile des Gesichtes sein wie die Nase, der Mund oder die Augen, ein Arm oder nur eine Hand, ein Fuß, die Brust, der Penis. Wir sprechen dann von Teilobjektbeziehungen. Eine solche Teilobjektbeziehung ist z.B. die zwischen Brust und Mund.

Wenn sich die Leser jetzt derartige Beziehungen vorstellen, dann ist das natürlich nicht pathologisch. Genausowenig ist es krankhaft, wenn ich mich im Moment auf meine schreibende rechte Hand konzentriere. Das Pathologische bei der Schizophrenie ist die aufdringliche *Art und Weise,* wie die verschiedenen Bilder aus dem Unbewußten aufsteigen, *das gleichzeitige Nebeneinander* der verschiedensten Bilder und *das Verschwimmen der Grenzen* zwischen den Bildern. Die aufdringliche Art, in der die Bilder ins Bewußtsein drängen, spricht übrigens für ein starkes Triebmoment, das die Verhältnisse bei der schizophrenen Psychose zusätzlich kompliziert: Triebregungen sexueller und aggressiver Art steigen ins Bewußtsein auf und überfluten es. Nicht von ungefähr kommt es im Beginn schizophrener Störungen häufig zu Traumbildern von Überschwemmungen und Ertrinken. Die folgende Abbildung soll die fragmentierten Verhältnisse einer schizophrenen Psyche illustrieren (vgl. Abb. 12):

Familiendynamik

Bei Untersuchungen von Familien mit einem schizophrenen Patienten stellte sich heraus, daß die gestörten Prozesse, wie wir sie als innerseelische unbewußte Prozesse in der Persönlichkeit

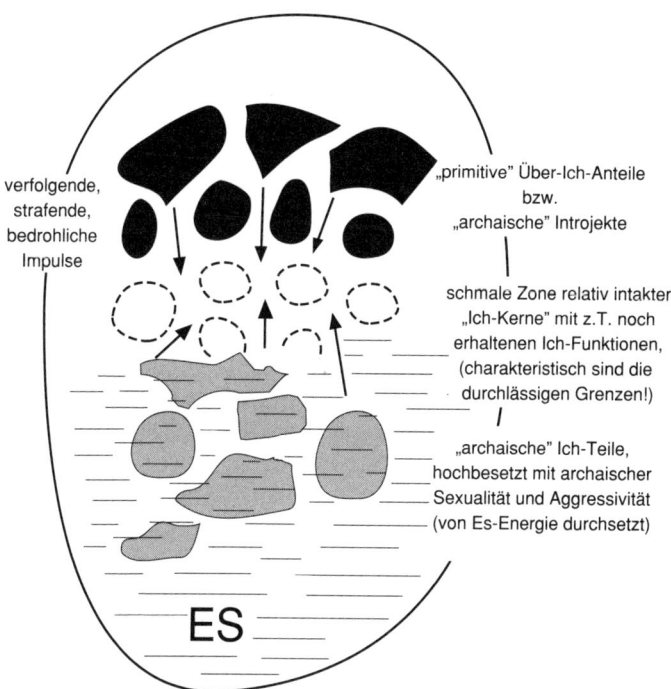

verfolgende, strafende, bedrohliche Impulse

„primitive" Über-Ich-Anteile bzw. „archaische" Introjekte

schmale Zone relativ intakter „Ich-Kerne" mit z.T. noch erhaltenen Ich-Funktionen, (charakteristisch sind die durchlässigen Grenzen!)

„archaische" Ich-Teile, hochbesetzt mit archaischer Sexualität und Aggressivität (von Es-Energie durchsetzt)

ES

Abb. 12. Schizophrene Psychose: Das Ich ist mehrfach gespalten in „Ich-Kerne" (gestrichelt), deren Grenzen unscharf ineinander fließen. Sie sind von zwei Seiten bedroht: von „archaischen Über-Ich-Introjekten" (einfach schwarz) mit Verfolgung und Strafandrohung, von archaischen „Ich-Teilen" (grau), die ganz von Es-Energie „durchsetzt" sind, davon „überflutet" sind.

des Schizophrenen soeben beschrieben haben, auch innerhalb der Familie zwischen den einzelnen Familienmitgliedern ablaufen. Hierbei sind es besondere pathologische Formen des Denkens, Fühlens und Handelns, die dann, wenn sie sich auf ein abhängiges Kind richten, dieses sekundär pathologisieren, d.h. krank machen. Das kann im Zusammenhang mit unserem Thema nur heißen: verrückt machen bzw. gegenüber dem normalen Standpunkt „ver-rücken". Hier gilt das Wort Hamlets: „Und ist es schon Wahnsinn, so hat es doch Methode."

Eine solche Methode ist die von den Kommunikationswissenschaftlern der Palo Alto-Gruppe um Gregory Bateson (1969) entdeckte *double-bind-Methode*, auf deutsch am besten mit *Beziehungsfalle* übersetzt. Ein Kind gerät z. B. insofern in eine Falle, als es gegenüber den widersprüchlichen Botschaften einer wichtigen Bezugsperson nicht mehr unterscheiden kann, was nun wirklich wahr ist und was nicht.

Um uns ein Bild von solchen Verhältnissen machen zu können, was da vor sich geht, brauchen wir uns nur an eigene Erfahrungen zu erinnern: Jemand macht uns ein X für ein U vor. Jemand sagt „Du bist müde", während ich mich hellwach fühle. Jemand behauptet felsenfest, daß er zu mir steht. Dann aber handelt er nicht so. In all diesen Fällen gerate ich insofern in eine Falle, als ich nun nicht mehr weiß, ob ich nun falsch wahrgenommen habe oder ob es die andere Person ist, die mir etwas Falsches sagt. Wenn mir die andere Person wichtig ist, dann kann ich mir schwer vorstellen, daß sie lügt.

Die tragische Folge dieser Annahme ist dann die, daß ich (auf Grund der Annahme, die andere Person lüge nicht) logischerweise zu dem Schluß kommen muß, daß *ich* es bin, *der die Situation falsch einschätzt*. Wenn wir uns jetzt noch dazu denken, daß es sehr häufig zu derartigen Mißverständnissen kommt und daß die mir wichtige Person viel Macht hat – ich mir dagegen klein und abhängig vorkomme –, dann ist es nicht besonders schwierig, sich vorzustellen, daß ich durch die widersprüchlichen Botschaften des mir wichtigen Menschen so verwirrt werde, daß ich nicht mehr ein und aus weiß, an mir selbst zweifle und mir schließlich ein völlig falsches Bild von den tatsächlichen Verhältnissen mache.

Eine ähnliche Wirkung haben *mystifizierende Botschaften*, Botschaften, die so abgefaßt sind, daß sie nicht das wiedergeben, was tatsächlich vorgeht. Den Begriff der *Mystifizierung* hat ursprünglich Marx verwendet, um damit auszudrücken, daß der Prozeß der Ausbeutung der Arbeiterklasse, wie er zumindest im 19. Jahrhundert tatsächlich stattgefunden hat, nicht als solcher gesehen wird, sondern im mystifizierender Weise so dargestellt wird, als ob es sich um ein wohltätiges Verhalten handeln würde. Das Wesentliche dabei ist, daß die tatsächlichen Verhältnisse nicht so bezeichnet werden, wie sie sind. Sie werden

statt dessen nur undeutlich benannt, vieldeutig beschrieben, so
daß der Empfänger der Botschaft verunsichert wird und nicht
weiß, wie er/sie dran ist. Wir bekommen eine Vorstellung von
dem Vorgang der Mystifizierung, wenn wir zufällig Zeuge werden, wie eine Mutter ihrem sich offensichtlich wohlfühlenden
Kind einredet, es sei müde und ihm sagt: „Sonja, du bist doch
müde, du willst sicher jetzt ins Bett." Die kleine Sonja wird
zwar zunächst noch sagen: „Nein, ich bin nicht müde, ich fühle
mich pudelwohl", dann aber, vor allem bei Wiederholung der
Aussage der Mutter, anfangen, an sich selbst zu zweifeln, um
schließlich zu glauben, sie sei wirklich müde.

In einem anderen Beispiel von Ronald S. Laing (1960) ist eine
Tochter auf ihre Mutter böse.

Mutter: „Ich bin nicht böse, daß du so redest. Ich weiß ja, du meinst es
nicht wirklich so."
Tochter: „Aber ich meine es wirklich so."
Mutter: „Nun, Liebes, ich weiß, du meinst es nicht so, du kannst dir
nicht selber helfen."
Tochter: „Ich kann mir selber helfen."
Mutter: „Mein Liebes, ich weiß, du kannst es nicht, denn du bist
krank. Würde ich einen Augenblick vergessen, daß du krank bist, dann
wäre ich sehr wütend auf dich."

Hier weiß in jedem Fall die Mutter besser, wie die Tochter sich
fühlt. Die Tochter wehrt sich zwar noch, wird aber gegenüber
den sich wiederholenden und immer wieder neuen Behauptun-
gen der Mutter früher oder später unsicher und übernimmt, um
des lieben Friedens willen, deren Einschätzung. In jedem Fall
wird das Vertrauen des anderen in die Zuverlässigkeit der eigenen Gefühle und Wahrnehmungen systematisch untergraben.
Dies ist besonders dann möglich, wenn wir uns vorübergehend
in einer labilen seelischen Verfassung befinden und uns selber
nicht ganz klar darüber sind, wie wir nun fühlen und wahrnehmen.

Der Film *Family Life*[4] bringt eine Fülle derartiger Beispiele
aus dem tatsächlichen Leben: Auch hier geht es um einen
Mutter-Tochter-Konflikt, in dem die Mutter alles besser weiß
als die Tochter. Der Film zeigt aber noch mehr. Nämlich die
gegenüber der bewußten Rede unbewußten Regungen der Eltern, die der Tochter immer wieder versichern, nur das Beste zu

wollen, sie im Grunde aber umbringen könnten. Nimmt die Tochter dann derartige Todeswünsche der Eltern wahr und äußert sie sie (Mutter versucht, mich umzubringen), dann wird die Tochter schlicht für verrückt erklärt.

Konsequenterweise geht es dann in der Gruppentherapie der Patientin, die ebenfalls im Film gezeigt wird, darum, die abgespaltenen Gefühle und Gedanken dem Bewußtsein zugänglich zu machen und zu klären, was nun wirklich stimmt. Dabei können dann die falschen Bilder über sich selbst und die Mutter korrigiert werden, wobei die Eltern meist nicht sehr gut weg kommen.

Therapie

In der Therapie werden die Therapeuten zwangsläufig zu den verwirrenden Eltern. Es ist deswegen ganz besonders wichtig, daß neben den verwirrenden eingebildeten Beziehungen zwischen Patient und Therapeut *klare Arbeitsbeziehungen* herrschen. In ihnen können dann die Gefühle in einer gegenüber früher nicht mehr zweideutigen, vielmehr eindeutigen Weise *benannt* werden. Nur über eine solche Klärung unklarer Verhältnisse hat der Patient die Chance, sich über die eigenen Gefühle und Wahrnehmungen klar zu werden, um dadurch immer mehr an Selbstsicherheit zu gewinnen.

Leider können schizophrene Patienten nur selten psychotherapeutisch behandelt werden. Die Beweise sind aber erbracht, daß mit psychoanalytischen Mitteln auch schwerste schizophrene Psychosen geheilt werden können. Man muß nur die auf den ersten Blick verrückten und uneinfühlbaren Gedanken und Empfindungen schizophrener Menschen versuchsweise nachvollziehen. Man wird dann feststellen, daß das zunächst so fremdartig erscheinende Denken so unlogisch gar nicht ist, ja sogar einer Logik folgt, die gerade in ihrer gegenüber der Norm ver-rückten Einstellung oft sogar besonders sinnvoll erscheint. Luc Ciompi hat dies in seinem Buch *Affektlogik* (1982) anschaulich dargestellt.

Die Bücher von Benedetti (1983), Bryce Boyer (1976), Frieda

Fromm-Reichmann (1957), Paul Matussek (1976), Herbert Rosenfeld (1966), Marguerite Sechehaye (1954) zeigen alle den latenten Sinn noch so verrückter Phantasien und Handlungen genau so wie die Selbstschilderungen von Patienten[5] oder das bekannte Buch von Hannah Green, *Ich habe Dir nie einen Rosengarten versprochen* (1964). Der wörtlich aus dem Englischen übersetzte Titel „I never promised you a rose garden" meint sinngemäß „Ich hab' Dir nie den Himmel auf Erden versprochen".

Die genannten Bücher zeigen alle, daß das Erleben von Menschen, die die Diagnose Schizophrenie „angehängt" bekamen, von unserem Erleben gar nicht so weit entfernt ist. Zuweilen hat es den Anschein, daß die als „schizophren" Titulierten *der Wahrheit näher sind als wir* selbst. Wir haben uns nämlich alle an eine Realität angepaßt, die in vielen Bezügen mehr als verwirrend ist. Wir nehmen, um gesund zu bleiben, immer mehr Aspekte der komplizierten Wirklichkeit gar nicht mehr wahr, weil wir deren Wahrnehmung gar nicht ertragen könnten. Hier sind – darauf hat Lilo Süllwold mit dem Begriff der „Basisstörungen" (1977) hingewiesen – basale Mechanismen am Werk, die uns vor dem Eindruck allzu vieler Reize schützen, mögen diese nun von außen oder von innen kommen. In dieser Perspektive haben die in der Psychoanalyse so genannten Abwehrmechanismen sehr wohl ihren Sinn. Hätten die an schizophrenen Störungen leidenden Menschen mehr „gesunde Abwehr" zur Verfügung, dann wären sie nicht so gestört. Es handelt sich somit bei der Schizophrenie vor allem um einen Abwehrmangel.

5. Psychosomatische Störungen

5.1 Krankheitsformen

Im Gegensatz zur Seele bei der Schizophrenie ist es jetzt der *Körper*, der manifest krank wird. Dabei können neben den von der Medizin erforschten Krankheitsursachen wie Bakterien bei Infektionskrankheiten oder krebserzeugende Substanzen bei Krebs psychische Faktoren eine große Rolle spielen.

Klassische psychosomatische Erkrankungen

Dies ist mit Sicherheit bei den von Franz Alexander (1950) und seinen Mitarbeitern am Chicago Institute of Psychoanalysis gründlich erforschten sogenannten sieben „heiligen" Krankheiten der Fall:

1. Fett- und Magersucht, 2. Asthma bronchiale, 3. essentielle Hypertonie (Bluthochdruck), 4. Neurodermitis und andere Hautkrankheiten, 5. Tyreotoxikose (Schilddrüsenüberfunktion), 6. Diabetes mellitus (Zuckerkrankheit) und 7. rheumatische Arthritis (Gelenkrheumatismus).

Fortschrittliche Mediziner haben sich aber daran gewöhnt, eigentlich alle Krankheiten als psychosomatische Krankheiten zu verstehen, da in jedem Falle psychische Faktoren am Werke sind, und zwar

a) *sekundär als psychische Reaktionen auf eine organisch bedingte Krankheit.* Hier müßte man sinngemäß von „somatopsychischen" Störungen sprechen, da der Krankheitsprozeß zuerst somatischer, also körperlicher Natur ist und erst in zweiter Linie den psychischen Bereich erfaßt.

b) *primär psychische Ursachen führen sekundär zu körperlichen Störungen,* zu den eigentlichen „psycho-somatischen" Störungen.

Im Volksmund finden sich zahlreiche Hinweise auf psychische Ursachen körperlicher Störungen.

Wir brauchen uns nur die Mühe zu machen und uns an die im

Alltag ständig wiederkehrenden *Redensarten* zu erinnern, als
das sind: Ich habe die *Nase* voll (Schnupfen), es drückt mir das
Herz ab (Herzbeklemmungen), das gibt mir einen Stich (Herzstiche), daran habe ich schwer zu schlucken (Schluckbeschwer-
den), das liegt mir schwer im *Magen,* das muß ich erst verdauen,
da reagiere ich sauer, ich hab' die Wut im Bauch (Magen- und
Darmbeschwerden), da läuft mir die *Galle* über, ich ärgere mich
grün und blau, sie spuckt Gift und Galle (Gallebeschwerden),
der macht ja in die Hosen, den werde ich aber anscheißen, da
habe ich Schiß oder noch etwas drastischer „Schleimscheißer"
(verschiedene Störungen beim Stuhlgang), da ist mir etwas über
die *Leber* gekrochen (Leberbeschwerden).

Auch die *Haltung* des Menschen, wie sie sich in der Körper-
haltung ausdrückt, findet im Volksmund viele Anspielungen:
Ein Mensch ohne Rückgrat, dem wurde das Rückgrat gebrochen, der hat einen breiten Buckel, halte dich steif. Man denke
auch an die Wunschformel „Hals- und Beinbruch". Bezogen
auf den *Kopf* halten wir den Kopf oben, steht uns das Wasser
bis zum Hals, kann einer den *Hals* nicht voll genug bekommen,
ist hartnäckig, halsstarrig, zerbricht einer sich den Kopf oder
macht sich über dies oder das Kopfschmerzen.

Wir könnten nun die einzelnen psychosomatischen Krankheiten nacheinander durchnehmen oder rekapitulieren, wie sich
das Wissen um psychosomatische Störungen entwickelt hat,
oder wir könnten uns die psychosomatischen Konzepte herausragender Autoren nacheinander ansehen. Dies würde im vorliegenden Buch in jedem Falle zu weit führen. Ich habe mich
daher für eine subjektiv gewichtete Übersicht über die wichtigsten psychoanalytischen Aspekte psychosomatischer Störungen
entschieden.

Einiges ist uns schon bekannt: Wir hatten bei der Besprechung der Hysterie oder Konversionsneurose festgestellt, daß
es hier wegen unerträglicher verdrängter Vorstellungen zu viel-
seitigen, nicht objektivierbaren körperlichen Störungen kommen kann. Damit sind auch hysterisch bedingte Körperstörun-
gen im weitesten Sinne des Wortes psycho-somatische Störungen.

Im Unterschied zu psychosomatischen Krankheiten lassen
sich bei der Hysterie aber keine Störungen der Körperfunktio-

nen nachweisen. Im populärwissenschaftlichen Sinn handelt es sich insofern bei hysterischen oder konversionsneurotischen Beschwerden wirklich um „eingebildete" Störungen, d. h. um Störungen, die in der Einbildung, in der Phantasie zwar vorhanden sind, nicht aber in der Realität des Körpers. Sie werden, anders ausgedrückt, lediglich in die Körpersphäre projiziert und dort so erlebt, als ob sie wirklich wären.

Funktionelle Störungen

Die funktionellen Störungen, medizinisch auch „*vegetative Dystonie*" oder „*vegetativ-funktionelle Störungen*" genannt, sind, wie der Name sagt, tatsächlich Störungen der Funktionen, und zwar der inneren Organe: beschleunigte oder verlangsamte Atmung, beschleunigter oder verlangsamter Herzschlag, zu starke oder zu schwache Darmtätigkeit, erhöhter oder erniedrigter Blutdruck, Verkrampfungen der Gallenblase, Verengungen der Blutgefäße, gesteigerte oder verlangsamte Funktion innersekretorischer Organe wie Schilddrüse oder Keimdrüsen.

Alle diese Störungen sind sehr verbreitet; 50 Prozent der Fälle in der allgemeinärztlichen Praxis, 25 Prozent aller Krankheiten in einer medizinischen Klinik gehören zu diesen Krankheitsbildern. 12 Prozent der Bevölkerung leiden mehr oder weniger daran (Schepank 1987). Den oft sehr hartnäckig anhaltenden oder nach vorübergehenden Besserungen häufig wiederkehrenden Symptomen entsprechen nicht immer innerseelische Konflikte. Vor allem ist der Beweis eines ursächlichen Zusammenhangs zwischen funktionellen Störungen einerseits und inneren Konflikten andererseits sehr schwer zu führen, da innere Konflikte zur conditio humana gehören, zum allgemein menschlichen Dasein. Lassen sich aber zeitliche Zusammenhänge nachweisen, dann ist die Wahrscheinlichkeit eines ursächlichen Zusammenhangs schon wesentlich größer: Etwa bei einem Schnupfen nach einer Kränkung durch eine Person, auf die wir wütend sind; Magenbeschwerden nach der Mitteilung, daß uns eine Kündigung ins Haus steht; Herzstiche nach einer Enttäuschung in der Liebe; Durchfall nach dem Verlust einer wichtigen Bezugsperson. Viktor von Weizsäcker, der die auf das Subjekt bezogene Betrachtungsweise in die Medizin einführte, fragte immer: „Warum gerade jetzt?" Eine Frage, die an kränkende Erlebnisse erinnert, die dem ersten Auftreten der körperlichen Beschwerden unmittelbar vorausgegangen sind. Die ursächlichen Zusammenhänge sind nicht so leicht zu durchschauen, wenn die auslösenden Ursachen so geringfügig sind, daß sie keinen plausiblen Erkärungswert für die entstandene psychsomatische Störung abgeben. Hier sind es dann nach psychoanalytischer Auffassung in der Kindheit erworbene Dispositionen oder Anfälligkeiten, die ein Organ oder ein Organsystem besonders leicht auf Kränkungen reagieren lassen. Dabei gibt es teilweise ererbte, teilweise aber auch über Identifizierungen zustandegekommene Empfindlichkeiten besonderer Organe im Sinne einer „Organ-Tradition". So kann zum Beispiel in der einen Familie auf seelischen Streß mit Herzbeschwerden und in der anderen mit Magenbeschwerden reagiert werden.

5.2 Der psychosomatische Prozeß

Organwahl

Damit ist die schwierige Frage der unbewußten Organwahl angeschnitten, die nicht so leicht zu beantworten, aber durch logisches Denken zu erschließen ist: So können z. B. Dispositionen zu Hautkrankheiten dadurch entstehen, daß die Haut des Babys entweder überhaupt nicht gestreichelt oder zu grob behandelt wurde. Man denke an überängstliche oder nervöse Mütter und Väter. So läßt sich auch leicht vorstellen, daß ein ständiger Streit um das Essen die Vorgänge der Nahrungsaufnahme irritiert und zu Empfindlichkeiten im Bereich des Magens oder Darms führt. Ebenso ist es denkbar, daß eine stark affektbesetzte Reinlichkeitserziehung durch eine auf extreme Reinlichkeit erpichte Mutter die Ausscheidungsfunktion eines Kindes stört. Schwieriger ist es schon, nachzuvollziehen, daß die asthmatischen Anfälle eines Babys darauf zurückzuführen sind, daß ihm eine beherrschende Mutter gleichsam „die Luft wegnimmt".

Existentielle Angst und Basiskonflikt

Wenn wir uns aber tiefer in das Erleben derartiger Menschen einfühlen, dann rühren wir an die hinter dem Symptom versteckte existentielle Angst, unter der diese Menschen leiden, einer Angst, die in Qualität und Quantität von der Signalangst der Neurosen weit entfernt ist und für den Betroffenen *Vernichtung, Verlust der Existenz* oder *Tod* bedeutet.

Die besondere existentielle Angst ist der Schlüssel zum Verständnis psychosomatischer Störungen. Sie ist das Resultat eines *basalen* Konfliktes, der darin besteht, daß das Selbst durch ein *malignes Introjekt* existentiell bedroht wird und sich verzweifelt dagegen wehrt (Basis-Konflikt).

Die Stadien des psychosomatischen Prozesses

Die einzelnen unbewußten Stadien des „psycho-somatischen Prozesses" sind dabei für manche Leser sicher nicht einfach nachzuvollziehen: Abendländischer Tradition folgend, stehen wir nämlich alle unter der Auswirkung einer Spaltung von Seele und Körper. In Wirklichkeit stellen aber *Körper und Seele eine Einheit* dar, sie reagieren einheitlich. Davon können wir uns jederzeit bei Kindern überzeugen: Sie empfinden gleichzeitig Angst (seelisch) und reagieren (körperlich) mit Herzklopfen, Schwitzen und Zittern.

Im Laufe unserer Sozialisation lernen wir aber, *die körperliche Seite* psychosomatischen Reagierens immer mehr zu *unterdrücken.* Das heißt aber nicht, daß unser Körper jetzt nicht mehr auf Angst reagieren würde. Das gleiche gilt für andere, Seele und Körper gleichermaßen betreffende Affekte wie Trauer, Verzweiflung, Hilflosigkeit, ohnmächtige Wut und Schmerz. Alle diese Affekte sind aber jederzeit abrufbar in unserer Psyche gespeichert und können, ausgelöst durch narzißtische Kränkungen – man beachte den Ausdruck der Sprache: Kränkung = krank machend – jederzeit wieder aktiviert werden.

Neben der *Psycho*-Logik *der Psychologie* müssen wir also auch die *Somato*-Logik *des Körpers* beachten, um psychosomatische Störungen verstehen zu können. Wir müssen, mit anderen Worten, die *Körpersprache* lernen.

Erinnern wir uns an die am Anfang dieses Kapitels wiedergegebenen Redewendungen, die nachdrücklich auf die Sprache des Leibes verweisen. In vielen Fällen läßt sich allerdings die körperliche Symptomatik nicht ohne weiteres in gesprochene Sprache übersetzen. In einem von mir behandelten Fall brauchte es z. B. sehr lange, bis ich verstand, daß die nach Therapieunterbrechungen regelmäßig auftretenden Verschlimmerungen der Herzanfälle und Migräneattacken *Angriffe und Vorwürfe* gegen mich ausdrückten, gegenüber einer wichtigen Bezugsperson, von deren Anwesenheit oder Abwesenheit das seelische Wohlbefinden abhing. In dieser Behandlung hatte sich nämlich in der Übertragung regressiv ein kindliches Beziehungsmuster wiederbelebt, demzufolge der Analytiker als Mutter erfahren wurde, die in sträflicher Weise immer wieder das Kind verläßt. Die altersgemäße Reaktion eines Kindes darauf können sehr wohl Herzanfälle und Kopfschmerzen sein, ist doch ein kleines Kind von der realen Präsenz wichtiger Bezugspersonen existentiell abhängig. Es gibt Menschen, die genau so wie ein Kind auf Kränkungen unmittelbar körperlich reagieren, als ob Körper und Seele nicht durch Sozialisationseinwirkungen voneinander getrennt wären.

Der psychosomatische Prozeß hat folgende Stadien:

1. *Zuerst wird versucht, die auslösende Kränkung ausschließlich psychisch zu verarbeiten:*
   a) Wenn irgend möglich, in reifer und erwachsener Weise dadurch, daß der Kränkung *angemessen begegnet* wird, etwa durch eine Klärung der Beziehung zu der Person, die einen gekränkt hat, oder durch die angemessene Verarbeitung einer unvermeidlichen Kränkung.
   b) *Unter Einsatz von neurotischen Abwehrmechanismen,* wenn auch um den Preis neurotischer Symptome, wie Zwangsdenken oder die phobische Vermeidung von großen Plätzen oder engen Räumen.

c) Meistens ergreift die Abwehr die gesamte Persönlichkeit *im Sinne einer Charakter-Neurose.*

Im Falle eines Patienten mit Zwangscharakter war es die Wut über die erfahrene Unterdrückung, die Angst, sich deswegen zu wehren und die Angst, deswegen umsomehr verurteilt zu werden, ferner das Gefühl, ständig zu kurz gekommen zu sein. Dadurch, daß sich der Patient den von außen vorkommenden Forderungen beugte, unterwarf und anpaßte, konnte er seine Wut über Reaktionsbildung abwehren.

In einem anderen von Alexander Mitscherlich beobachteten Fall eines Kochs (Mitscherlich 1967) waren es das von ihm geleitete Restaurant und damit die Gelegenheit, beim geringsten Hunger etwas essen und trinken zu können, die das psychische Gleichgewicht aufrecht erhielt. Daß es sich hierbei aber um ein sehr prekäres und leicht störbares Gleichgewicht handelte, wurde evident, als amerikanische Besatzungstruppen des Restaurant besetzten und dessen Chef, unseren Koch, vor die Tür setzten. Dieser bekam zunächst einen Wutanfall, schluckte dann aber die Wut herunter. Die Folge war schließlich ein Magengeschwür.

Daß übrigens auch konstitutionelle Faktoren bei der Entstehung des Magengeschwürs eine Rolle spielen, zeigten die Versuche von Mirsky (1958), der feststellte, daß bei Menschen, die zu Magengeschwüren neigen, der Pepsinogenspiegel im Blut überdurchschnittlich erhöht ist. Dies führt aber allein noch nicht zum Magengeschwür, was in einer methodisch einwandfreien prospektiven Untersuchung verifiziert werden konnte: Es wurde prognostiziert, daß junge Männer, bei denen ein erhöhter Pepsinogenspiegel festgestellt worden war, erst dann an einem Magengeschwür erkrankten, wenn sie von zu Hause getrennt und am neuen Ort psychischem Streß ausgesetzt wurden.

Dazu brauchte Mirsky keine komplizierte Versuchsanordnung zu schaffen; er wählte lediglich Versuchspersonen aus, von denen er wußte, daß sie zur Armee eingezogen werden. Dort erkrankten sie dann ohne Ausnahme an dem prognostizierten Magengeschwür.

Trennungen und Verlusterlebnisse stehen also am Anfang des

psychosomatischen Prozesses. Sie können dann nicht gemeistert werden, wenn dabei, als Disposition aus der Kindheit, Körperbereiche angesprochen werden, die auf jede Form von Kränkung übermäßig sensibel reagieren. Gelingt es bei anhaltendem Affektdruck nicht mehr, die verzweifelte Situation über eine neurotische Notlösung zu bewältigen, dann kommt es in einer

2. Phase der Abwehr (nach der ersten Phase der neurotischen Konfliktbewältigung) über *„Somatisierung"* zur Einbeziehung des Körpers in Form einer Funktionsstörung, die besonders dann, wenn latente, die eigenen Existenz bedrohende, basale Konflikte wiederbelebt werden, die *körperlichen Funktionen* so nachhaltig stören, daß in einer weiteren

3. Phase des psychosomatischen Prozesses strukturelle Schäden an den betroffenen Organen auftreten *(z. B. Magengeschwür, Morbus Crohn, chronische Dünndarmentzündung oder Colitis ulcerosa, eine chronische Entzündung des Enddarms, verbunden mit Geschwüren).*

Regressive und progressive Abwehr

Was fehlt den psychosomatisch gestörten Patienten? (Wir fragen ja auch umgangssprachlich: „Was fehlt Ihnen?") Es ist eine wichtige Bezugsperson oder ein Ideal, das ihnen verloren gegangen ist. Aus diesem Grunde können *Gefühle der Hilflosigkeit und Hoffnungslosigkeit* nicht bewältigt werden, weil dazu die Hilfe einer zuverlässigen Person notwendig wäre. Der in den psychosomatischen Prozeß einbezogene Körper kann dabei grundsätzlich auf zweierlei Weise reagieren:

a) Er kann Hilfe suchen und auch finden, indem er *regressiv frühkindliche Zustände wiederbelebt.* Dies sehen wir am deutlichsten, wenn z. B. der an Magengeschwür Erkrankte tatsächlich im Bett liegt und mit Hilfe von Diät wieder so versorgt wird, wie er als Säugling versorgt zu werden wünschte *(regressive Abwehr).*

b) Er kann sich *körperlich wehren und alle verfügbaren Kräfte bereitstellen (progressive Abwehr),* um mögliche Angriffe mit Erfolg abzuwehren. Das aber würde die eigene Existenz bedrohen. Deswegen bleiben die Affekte der Wut und die zur Ausführung der Verteidigungshandlung bereitgestellten Energien ungenutzt. Sie können nicht in Handlungen abreagiert werden, sondern bleiben gleichsam im Körper gestaut, führen dort zu einer Dauererregung, die zwangsläufig die in das Geschehen einbezogenen Organsysteme primär funktionell stört und sekundär schädigt.

Soziale Ursachen

Noch ein Wort zu den in unserem Sprachraum vor allem von Alexander Mitscherlich herausgestellten sozialen Ursachen psychosomatischer Störungen. Wir haben es also genau gesagt mit sozio-psycho-somatischen Störungen zu tun.

Marxistisch orientierte Autoren führen die sozialen Ursachen psychosomatischer Störungen auf die kapitalistischen Arbeitsbedingungen zurück. Diese gestatten es den Menschen nicht, sich so weit zu schonen, wie es von den körperlichen Bedürfnissen her notwendig wäre. Sie erlauben es auch nicht, daß die Körper und Seele zu stark belastenden Faktoren ausgeschaltet werden können: Der Streß am Bildschirm oder am Fließband, die gespannten Beziehungen zu Arbeitskollegen oder zum Abteilungsleiter. Die krankmachenden Faktoren *liegen aber nicht am kapitalistischen Wirtschaftssystem als solchem, sondern an den ungünstigen Umweltbedingungen der heutigen Industriegesellschaft.* Sie sind es, die den Menschen unter Streß setzen. Deswegen kommen psychosomatische Störungen in sozialistischen Staaten nicht weniger vor.

Die Gesellschaft sind zuallererst wir selbst. Häufig ist es die eigene *unvernünftige Lebensweise,* die die Befriedigung elementarer biologischer Bedürfnisse erschwert. Dazu zählen *extremes Konsumverhalten,* sinnloses Taumeln von einer Ablenkung in die andere, auch in der Freizeit, *fehlende Muße, Ruhe und Besinnlichkeit, vor allem aber fehlende befriedigende zwischenmenschliche Beziehungen.*

Vielfach ist es gar nicht die reale Streßsituation, die uns psychosomatisch krank macht, sondern die irreale, aber nicht minder wirksame *innere Instanz Überich*, die uns unter Druck setzt, die uns nicht ruhen läßt, bis wir krank werden; nicht zuletzt deshalb, weil wir mit den Bedürfnissen unseres Körpers höchst unsachgemäß, oft sehr gewaltsam umgehen, z. B. wenn wir uns zwingen, doch noch eine Leistung zu vollbringen, auch wenn wir längst müde sind, sei dies beim Autofahren, in der geistigen oder in einer körperlichen Arbeit. Wir nehmen unsere körperlichen Gefühle gar nicht mehr richtig wahr.

Moderne Therapieentwicklungen nahmen sich dieser Probleme an, z. B. die von Wilhelm Reichs vegetotherapeutischen Vorstellungen abgeleitete *Bioenergetik* von Alexander Lowen (1975) oder die von Artur Janov (1970) entwickelte, „primär", d. h. zeitlich sehr frühe, archaische affektive Prozesse berücksichtigende, Primär- oder *Urschreitherapie*. Mit derartigen Therapieformen werden die vielfach in der Psychoanalyse immer noch vernachlässigten Körpergefühle wiederbelebt und damit fühlbar. Auf diese Weise können angestaute Affekte des Schmerzes über Weinen und Schreien befreit und die Wut über körperliches Sich-Aufbäumen, Schlagen, Stampfen usw. im nachhinein so abreagiert werden, daß es zu ebenso objektiv beobachtbaren wie subjektiv spürbaren Entlastungen kommt.

Der Kampf um den Körper und drei wichtige pathogene Interaktionsmuster

Ein unbewußter Prozeß, der mir in letzter Zeit in Erinnerung an selbst behandelte oder supervisierte psychosomatische Fälle immer deutlicher wurde, spielt hierbei noch eine wesentliche Rolle, nämlich *die Wiederaneignung des durch die Mutter oder eine andere wichtige Bezugsperson enteigneten Körpers*. Ist es doch in jedem Fall die Mutter, die das Kind während der Schwangerschaft ursprünglich besitzt und es dann bei der physischen Geburt zum erstenmal und bei der psychischen Geburt – um mit Mahler, Pine und Bergman (1975) zu sprechen – zum zweitenmal frei gibt und damit dem heranwachsenden Kind die Chance gibt, sich den eigenen Körper nach und nach anzueignen, ihn in Besitz zu nehmen oder ihn zu bewohnen (Sophinette Becker 1975).

Es leuchtet unmittelbar ein, daß ein Kind, das in besitzergreifender und festhaltender Weise von einer Mutter *in Beschlag genommen* wird, sich nur schwer aus der damit verbundenen Abhängigkeit befreien kann. Tut es dies trotzdem, dann erkauft es dies mit Schuldgefühlen.

In anderen Fällen verhindern dies *ein-dringende Verhaltensweisen* der Mütter. Sie führen dem Kind z. B. aus pathologischer Angst, es würde den Stuhlgang nicht rechtzeitig ausscheiden, ständig Klistiere in den After ein. Sie respektieren damit den körperlichen Innenraum des Kindes nicht. Leider sind derartige seelische Übergriffe allzu dominierender Mütter, die die Privatheit ihres größer werdenden Kindes nicht achten und ständig durch Übergriffe verletzen, nicht selten.

Als ein weiteres, drittes, pathogenes Beziehungsmuster erwies sich die *Nicht-Beziehung*. Sie besteht darin, daß das Kind nicht beachtet, mißachtet oder gar verachtet wird. Auf diese Weise „links liegengelassen", muß es sich zwangsläufig ungeliebt fühlen. Damit werden die naturhaft vorgegebenen Bedürfnisse nach emotionaler Versorgung und narzißtischer Beachtung zwangsläufig frustriert.

Ein in neuerer Zeit vielfach beschriebenes Phänomen wurde noch nicht benannt, nämlich das der „pensée opératoire"* der französischen Autoren Marty und de M'Uzan (1963) oder der „Alexithymie"** der am Massachusetts Hospital in Boston arbeitenden Wissenschaftler Nemiah (anglisiert von Neumeier) und Sifneos (1970). Diese kunstvollen Ausdrücke besagen folgendes:

Psychosomatisch kranke Patienten denken *mechanistisch*. Sie reden über ganz *konkrete Gegenstände*, über ihr Auto oder über das Wetter. Sie haben *wenig Phantasie*. Sie *können sich nicht in andere Menschen einfühlen*. Diese stellen sie sich höchstens so vor, wie sie selbst sind. Sie sehen im anderen also *ein Doppel* (Reduplikation).

Der Vergleich mit Pinocchio, dem hölzernen Menschlein, das

---

* Pensée opératoire heißt, wörtlich ins Deutsche übersetzt: mechanistisches Denken.

** Der aus griechischen Silben zusammengesetzte Kunstausdruck Alexithymie bedeutet so viel wie: Unfähigkeit (A-), Worte (lexis) für Gefühl (thymos) zu finden.

seine Eltern sucht, macht in anschaulicher Weise die hölzerne Art deutlich, die psychosomatisch kranke Patienten bei oberflächlicher Betrachtung erkennen lassen. Läßt man sich aber auf derartige Menschen wirklich ein und gibt ihnen zu verstehen, daß man sie in ihrer Art akzeptiert und in ihrer Not ernst nimmt, dann öffnen sich diese Menschen. Sie beginnen, von ihren kränkenden Erlebnissen zu erzählen oder von Mißhandlungen, die sie durch die nächsten Angehörigen erfahren haben. Sie fangen an, ihre jahrelang unterdrückte Wut wieder zu spüren. Es kommt daher während der Behandlung psychosomatisch gestörter Menschen häufig zu einer „psychosomatischen Krise" (Widok 1978). Das ist eine Krise, die dadurch entsteht, daß die bislang schlafenden Hunde geweckt werden und gewaltig zu bellen und zu beißen beginnen. Jetzt werden die im psychosomatischen Symptom gebundenen bedrohlichen Affekte frei. Diese sind in der Tat bedrohlich, denn sie können entweder andere Menschen gefährden oder sich gegen die eigene Person wenden.

In einem von mir supervisierten Patienten einer psychosomatischen Klinik wechselten Wutausbrüche gegen Mitpatienten und Personal mit Suizidversuchen miteinander ab. In anderen Fällen entlädt sich die nach außen gewendete Wut in delinquentem (kriminellem) Verhalten oder – häufiger – in Alkoholexzessen.

5.3 Stationäre Psychotherapie

Die psychoanalytische Psychotherapie psychosomatisch kranker Patienten ist daher nicht einfach. Die *ambulante* Behandlung erfordert sehr viel Zeit und Geduld. Zuerst müssen beim Patienten über eine konstante verständnisvolle Zuwendung erst einmal die Voraussetzungen dafür geschaffen werden, damit die im Laufe des psychosomatischen Prozesses abgewehrten vielschichtigen Konflikte im nachhinein gelöst werden können.

Bei *stationärer* Psychotherapie ermöglicht es der äußere Rahmen einer Klinik, daß sich die Patienten im Schutze der Institution regressiv den abgewerteten infantilen Wünschen nach Versorgtwerden überlassen können. Die klinischen Rahmenbedingungen gestatten es auch, daß die die eigene Existenz so bedrohenden Attacken eines verinnerlichten Objektes geäußert werden können. Das Ausleben der Aggressivität in den vielfältigen Beziehungen, die eine psychosomatische Klinik bietet, ermöglicht schließlich das nachträgliche Verarbeiten der ungelöst gebliebenen inneren Konflikte. Dabei ist es unabdingbar, daß das Therapeutenteam die regressiv wiederbelebten oral-verschlingenden oder aggressiv-destruktiven Affekte auch toleriert und die auf verschiedene Personen übertragenen Beziehungsmuster erkennt, integriert und in integrierter Form dem Patienten rückvermittelt (Janssen 1987).

In den genannten unbewußten Prozessen sehe ich gesetzmäßig ablaufende Vorgänge in psychosomatisch gestörten Patienten. Sie lassen sich meistens durch eine psychoanalytisch orientierte Therapie reaktivieren. Dies ist eine Vorbedingung, ohne die die nachträgliche Aufarbeitung der gestörten Beziehungsmuster und der damit zusammenhängenden Affekte gar nicht möglich wäre. Die individuelle Ausgestaltung der basalen Konflikte in Form bestimmter psychosomatischer Krankheiten ist dabei nicht so entscheidend. Deshalb können wir uns eine detaillierte Besprechung der psychosomatischen Krankheitsbilder im Sinne einer speziellen Psychosomatik hier ersparen. Sind die grundlegenden unbewußten Prozesse verstanden, dann lassen sich die einzelnen Krankheitsbilder auch erklären.

Bei der *essentiellen Hypertonie* sind es z. B. bereitgestellte Wutaffekte, die deswegen nicht abgeführt werden können, weil damit eine noch größere Gefahr verbunden wäre. Würde ein Angestellter z. B. seine angestaute Wut auf seinen Abteilungsleiter diesem gegenüber wirklich abreagieren, dann wäre ihm die fristlose Kündigung sicher.

Bei der *Magersucht* ist es das Diktat der Mutter, das der heranwachsenden Tochter vorschreibt, wann, was und wieviel sie zu essen hat. Die einzige Gegenwehr der Tochter besteht nun darin, daß sie das Essen ganz verweigert. Damit trifft sie in unbewußter Sicherheit die Mutter an empfindlicher Stelle, indem sie ihr zeigt, nicht auf sie und ihr Essen angewiesen zu sein.

Das Essen hat im einzelnen Fall die verschiedenste unbewußte Bedeutung. Oft bedeutet es „Dann wirst du so wie Mutter, so dick, so vom Mann abhängig, so unterwürfig. Alles andere als das! Bloß nicht so fraulich und mütterlich werden wie Mutter!" Der Preis dafür ist die Abmagerung, im Extremfall der Tod.

Bei der *Fettsucht* ist es das Essen, das für das hungererzeugende Gefühl, ständig unterernährt zu sein, entschädigen soll. Es kann aber deswegen nie befriedigt werden, weil es für die ersehnte vermißte Zuwendung lediglich einen Ersatz darstellt.

Bei der heute aktuellen *Bulimie* wird das unbewußte selbstzerstörerische Moment besonders sichtbar: Zuerst werden in unersättlicher Gier große Mengen von Lebensmitteln vertilgt. Dann werden sie durch künstlich herbeigeführtes Erbrechen wieder ausgespuckt. Damit greifen die Patienten brutal in natürlich geregelte Körpervorgänge ein. Sie bringen in ihrem bizarren Verhalten unbewußt zum Ausdruck, daß sie das Leben mit Essen und Verdauen im Grunde als nicht lebenswert empfinden. Das Leben erscheint höchstens als Zerrform oder als Mimikry.

Wären im alltäglichen Leben sinnvolle zwischenmenschliche Beziehungen möglich, dann wären derartig pathologische Entwicklungen nicht nötig. Es entbehrt nicht der Tragik, daß die vielen jungen Menschen, die sich mit Eßproblemen herumschlagen, schon als Kinder keinen Sinn im Leben finden konnten. Psychoanalytische Behandlungen zeigen immer wieder, daß sie von ihren Eltern in ihrer Eigenständigkeit nicht respektiert wurden und häufig unbewußt mißbraucht worden sind.

5.4 Prävention

Wir können daraus im Sinne einer echten Prävention nur die Lehre ziehen, uns für unsere Kinder genügend Zeit zu nehmen, uns seelisch richtig auf sie einzustellen, um ihren vielfältig wechselnden Bedürfnissen einigermaßen entsprechen zu können. Da wir wegen der vielfältigen sozialen Zwänge dazu heute nur noch wenig in der Lage sind, brauchen wir uns nicht zu wundern, daß psychosomatische Störungen heute in großer Häufigkeit auftreten, und zwar in klarem ursächlichem Zusammenhang mit äußeren und inneren Streßfaktoren. Frauen sind besonders nach einer Scheidung gefährdet (85 Prozent leiden dann an körperlichen Beschwerden). Der tägliche Streß am Arbeitsplatz stellt eine ständige Belastung dar. Er steigert sich besonders dann, wenn die mitgebrachten Fähigkeiten und Fertigkeiten nicht mehr ausreichen, die anstehenden Aufgaben angemessen zu bewältigen, wenn die den Körper rekreierenden Ruhepausen fehlen oder zu kurz sind.

Eine zusätzliche Gefahr ist die Form von Gewalt, in der wir selbst mit unserem Körper umgehen. Das sehen wir besonders bei denjenigen Patienten, die zur koronaren *Herzerkrankung* und damit zum Herzinfarkt neigen. Das sind Menschen, die sich ständig überfordern, die das eigene Ruhebedürfnis nicht wahrnehmen und ihrem Körper in geradezu brutaler Weise Leistungen abverlangen, für die dieser biologisch nicht geschaffen ist. In der Psychoanalyse von Patienten mit psychosomatischen Störungen finden wir immer wieder einen auffallenden Mangel an emotionaler Zuwendung in der frühen Kindheit. Nicht weniger häufig zeigt die innere Psychodynamik dieser Menschen ein Übermaß an Aggressivität. Es ist dieselbe gewalttätige Aggressivität, die sie als Kinder erfahren haben und nun unbewußt an den Körper weitergeben.

Damit sind abschließend die beiden Angelpunkte der psychosomatischen Störung genannt: 1. das *Selbst-Defizit* und 2. der *Basis-Konflikt*.

Das schmerzliche Defizit an emotionaler Zuwendung zehrt ständig an Seele und Körper, und der basale Konflikt läßt den Menschen wegen der damit verbundenen existentiellen Angst vor übermächtigen Objekten nicht zur Ruhe kommen.

6. Delinquentes Verhalten

6.1 Gesellschaftliche Aspekte

Delinquentes oder kriminelles Verhalten wird durch vielschichtige soziale Prozesse unterhalten. Sie sollen deshalb zu Beginn dieses Kapitels kurz abgehandelt werden. Es wäre ein Kurzschluß, nur die individuelle Problematik des einzelnen Delinquenten zu untersuchen und die sozialen Ursachen des abweichenden Verhaltens unbeachtet zu lassen.

Nach Robert Merton (1971) ist es deswegen für manche Menschen so schwer, auf delinquente Handlungen zu verzichten, weil in der herrschenden Gesellschaft alle Welt um jeden Preis nach Gewinn, Konsum und Erfolg strebt. Es ist deshalb für gesellschaftlich benachteiligte Menschen sehr schwer, auf legalem Wege die von allen angestrebten Ziele der Gesellschaft zu erreichen. Sie suchen deswegen auf illegale Weise zu Erfolg zu kommen. Sie begehen Unterschlagungen, betrügen, stehlen und rauben sich das, was sie legal nicht bekommen können.

Es leuchtet unmittelbar ein, daß es vorzugsweise die Besitzlosen sind. Angehörige der sogenannten Unterschicht, die in überdurchschnittlicher Weise zu illegalen Handlungen neigen (Cohen 1955). Allerdings darf die in jüngster Zeit zunehmende Wirtschaftskriminalität (Bestechung, Unterschlagung) „besserer Kreise" nicht unterschätzt werden.

Nach dem sogenannten *Labeling-Ansatz* (vgl. H. S. Becker 1974; Schure 1971) spielt in der Karriere eines Kriminellen das Etikettieren (englisch = labeling) eines Menschen insofern eine verhängnisvolle Rolle, als die einmal als kriminell Benannten gar nicht mehr anders können, als sich weiter kriminell zu verhalten. Die *Delinquenz-Karriere* läuft also in folgenen Stufen ab:

1. zufällig ausgeübte primäre Delinquenz,
2. Strafe,
3. sekundäre Delinquenz,
4. schwerwiegende Strafe,
5. zunehmend delinquentes Verhalten.

Damit entsteht ein circulus vitiosus, ein Teufelskreis, in dessen Verlauf der Delinquente ständig ebenso sich selbst wie andere schädigt. Zwischen dem delinquenten Individuum und den Menschen, die den Kriminellen verfolgen, entstehen dann Beziehungsmuster, denen wir bei der Besprechung der psychosomatischen Störungen schon begegnet sind. Es sind sehr gewalttätige Auseinandersetzungen, in denen der eine dem anderen seine Macht zeigt, ohne Rücksicht auf Verluste.

Auf der einen Seite stehen die mächtigen Instanzen des Staates in Gestalt der Polizei und der Staatsanwaltschaft, die demokratisch legitimiert sind (was oft übersehen wird). Auf der anderen Seite glaubt sich der Delinquente im Recht, um sich das ihm Vorenthaltene gewaltsam, etwa durch Bankraub, direkt anzueignen oder indirekt, etwa durch Betrug oder Unterschlagung, zu erschleichen.

Nach Paul Reiwald (1948) ist es die Gesellschaft selbst, die durch verständnisloses Handeln und allzu harte Strafen *geradezu die Verbrecher erzeugt, die sie vermeiden möchte.* Dies ist ein Gedankengang, der manchem deswegen nicht einleuchtet, weil eigene Abwehrprozesse bei der Einschätzung der Relation zwischen dem individuellen Delinquenten und der ihn verfolgenden Gesellschaft unbewußt beteiligt sind. Es sind *projektive Prozesse,* die darin bestehen, daß *eigene kriminelle Anteile auf den Kriminellen projiziert werden,* der dann krimineller erscheint, als er wirklich ist. Deswegen wird er oft strenger bestraft, als er es verdienen würde. Es ist sogar denkbar, daß das Strafen unbewußt eine Ersatzbefriedigung eigener aggressivkrimineller Impulse darstellt.

Damit möchte ich nicht gesagt haben, daß legalisierte Strafverfolgung und eine überlegte Rechtsprechung, wie sie im Strafprozeßrecht gehandhabt wird, generell durch projektive Prozesse verzerrt ist und letztlich der Ersatzbefriedigung der Repräsentanten von Exekutive und Rechtsprechung dient. Ich möchte lediglich darauf hinweisen, daß bei auffallend strengen Strafen möglicherweise derartig unbewußte Prozesse eine Rolle spielen, wie sie in der Psychoanalyse von Juristen auch durchaus eingeräumt werden. Hierher gehören auch jene Lehrer, die ihre Schüler umso strenger bestrafen, je mehr diese etwas ausleben, was sie sich selbst auszuleben nicht gestatten. Franz Alexander und Hugo Staub haben in ihrem Buch *Der Verbrecher und seine Richter* (1929) die Welt der Paragraphen psychoanalytisch durchleuchtet und in ihrer Theorie des Verbrechens die unbewußte Beteiligung der Gesellschaft an objektiven Fehlurteilen gebrandmarkt.

6.2 Individuelle Aspekte

Menschen mit delinquentem Verhalten sind nicht in der Lage, ihre inneren Konflikte mit Hilfe neurotischer Abwehrmechanismen zu lösen. Sie brechen auch nicht damit den Kontakt zur Wirklichkeit ab, daß sie sich wie die an Schizophrenie Erkrankten in eine Wahnwelt zurückziehen. Noch weniger fliehen sie in körperliche Krankheit, um den unerträglichen inneren Spannungen zu entgehen. Sie brechen aber insofern mit der Realität und flüchten vor ihrer inneren Wirklichkeit, *als sie Handlungen begehen, die verboten sind,* die polizeilich überwacht, staatsanwaltlich verfolgt und richterlich verurteilt werden.

Betrachten wir bei diesen Menschen, was in der Kindheit an Interaktionsmustern abgelaufen ist, dann stellen wir fest, daß es die gleichen traumatisierenden *präödipalen Beziehungsstörungen* sind, die wir in der frühen Geschichte derjenigen Menschen finden, die später an Psychosen oder psychosomatischen Störungen erkranken. Die Vorgeschichte delinquenten Verhaltens ist nicht weniger tragisch: *Delinquente Menschen wurden als Kinder nicht geliebt. Sie waren zumindest nicht geachtet, blieben vernachlässigt und waren extremen Mangelzuständen ausgesetzt.* Die tragischen Folgen sind Defizite in den seelischen Strukturen.

Dazu kommen häufig genug zusätzliche Schädigungen: Die Kinder wurden direkt mißhandelt (vgl. Beiderwieden u. a. 1986) oder, noch häufiger, seelischer Grausamkeit ausgesetzt. Dabei sind es wieder die „potentiell kriminogenen Sozialisationsbedingungen in der Unterschicht", deren Erziehungsstile mit Straftechniken so innig verwoben sind, daß die in einem derartigen Milieu heranwachsenden Kinder gar nichts anderes lernen, als bestraft und mißhandelt zu werden. Dies sind Erfahrungen, die die Betroffenen später in typischer „Identifizierung mit dem Aggressor" (Anna Freud 1936) dadurch an andere weitergegeben, daß sie ihnen das antun, was ihnen selbst angetan worden war (vgl. T. Moser 1972).

Damit haben wir eine wesentliche Psychodynamik bei delinquentem Verhalten kennengelernt, die die besondere Gewaltförmigkeit der Beziehungsmuster verständlich macht. Eine gesunde Selbstentwicklung wird dadurch weitgehend verhindert.

Holländische Autoren aus der Umgebung der sogenannten Mesdag-Klinik in Groningen sprechen deswegen von *Entwicklungspsychopathie* (Reicher 1976). Das heißt wörtlich übersetzt „krankhafte seelische Entwicklung". Die sich entwickelnde Persönlichkeit wird durch unbewußte zerstörende Prozesse extrem beeinträchtigt. Ursprünglich kamen die zerstörerischen Prozesse von außen. Später werden sie nach ihrer Verinnerlichung dem eigenen Selbst zugefügt.

Die Parallele zu der von Balint herausgearbeiteten *Grundstörung* mit ihrem charakteristischen Mangel an emotionaler Zuwendung und zu dem von mir näher bezeichneten *Basiskonflikt* bei psychosomatischen Störungen ist nicht zu übersehen.

Gleichzeitig finden sich häufig Merkmale der Borderline-Persönlichkeit (Kernberg 1975, 1976). Dazu zählen archaische Ängste vor Selbstvernichtung, fehlende Liebesfähigkeit, die nur oberflächliche flüchtige Kontakte ermöglicht, große Einsamkeit und häufige schwer erträgliche psychische Zustände mit Gefühlen von Sinnlosigkeit, ohnmächtiger Wut und Verzweiflung. Dies alles sind Zustände, die dann leichter ausgehalten werden können, wenn man in einer Gruppe von Gleichgesinnten (englisch „gang", deutsch „Bande") die Unerträglichkeit der eigenen Situation vergessen kann. Werden dann gemeinsam Straftaten unternommen, dann sind damit gleichzeitig die Repräsentanten der Gesellschaft angegriffen. Die Strafhandlungen stellen auch Racheakte dar. Jetzt sind die Jugendlichen nicht mehr *Opfer* ihrer Eltern, die ihre Erziehungsgewalt allzu wörtlich genommen haben. Sie sind auch nicht mehr Opfer anonymer Instanzen, die sie nicht hochkommen ließen. Jetzt ist man endlich *Täter*, der aktiv handelt. Endlich kann man sich dadurch Genugtuung verschaffen, daß man eigenmächtig die Verbote übertritt.

Zu den Rachephantasien passen die häufig vorkommenden Phantasien von Größe und Großartigkeit. Sie gleichen durchaus denen bei narzißtischen Persönlichkeitsstörungen. Endlich kann man sich im delinquenten Akt den gewaltig imponierenden Instanzen von Staat und Gesellschaft gegenüber überlegen fühlen.

Dies ist natürlich umso leichter möglich, wenn sich die Repräsentanten von Staat und Gesellschaft tatsächlich etwas zuschulden kommen ließen. Häufiger sind es aber innere Prozesse beim Delinquenten, die über die Projektion eigener schlechter Anteile in die Gesellschaft diese in illusionärer Verkennung schlechter erscheinen lassen, als sie wirklich ist (Polizisten, die zu „Bullen" entwertet werden; Repräsentanten der Justiz, denen nicht mehr zugetraut wird, daß sie sich ernsthaft darum bemühen, den wahren Sachverhalt herauszufinden und in ausgewogener Weise Recht zu sprechen).

Zum Abschluß noch einige Sätze zur geschlechtsspezifischen Delinquenz. Nach Carol Smart (1976) sind Kindermord, Prostitution und Kaufhausdiebstahl bei Frauen häufiger als bei Männern. Männer stehlen vorzugsweise Autos, bevorzugen Raub, Diebstahl, Körperverletzung einschließlich Mord und, nicht zu vergessen, Vergewaltigung als typisch männliches Delikt. Frauen werden im Strafvollzug eher als krank eingeschätzt und deswegen leichter in die psychiatrische Klinik eingewiesen als Männer, die wegen ihres expansiven Verhaltens häufiger mit dem Gesetz in Konflikt kommen als Frauen. Allerdings gleicht sich der Unterschied in kriminellem Verhalten in den letzten Jahren in dem Maße aus, als Frauen sich im Zuge der Frauenbewegung nicht mehr als typisch weiblich, und damit häuslich und angepaßt verstehen, sondern mit den Männern konkurrieren und damit gleichfalls wie die Männer in die Maschinerie gesellschaftlicher Zwänge wie Leistungs- und Konsumzwang geraten. Sie werden damit zwangsläufig ebenso zu Opfern der herrschenden Verhältnisse wie bisher nur die vorzugsweise im Berufsleben stehenden Männer.

6.3 Therapie

Wegen der extremen Defizite an seelischer Zuwendung ist die psychoanalytische Behandlung von Straftätern nicht einfach. Mit überdurchschnittlichem Einsatz an Personal und persönlichem Engagement ist es aber sehr wohl möglich, die Sozialisationsdefizite, wenn auch in Grenzen, soweit auszugleichen, daß eine Nachsozialisation möglich ist. Unerläßliche Voraussetzung ist allerdings, daß die für Rechtsprechung und den Strafvollzug zuständigen Instanzen die hier geschilderten unbewußten Prozesse im Delinquenten wahrnehmen, um nicht in unbewußtem Wiederholungszwang das hervorzurufen, was vermieden werden soll, nämlich die Wiederholung kriminellen Handelns.

Die Einrichtungen der Justiz haben sich zwar, spätestens seit der Strafrechtsreform, nicht zuletzt unter dem Einfluß psychoanalytischer Gedanken, zum Besseren hin verändert. Die ursprünglichen Pläne, nämlich durch „Heilen" und nicht durch „Strafen", durch sozialtherapeutische Einrichtungen und nicht durch Gefängnisse die Straftäter auf den Pfad der Tugend zurück- oder erst hinzuführen, konnten jedoch wegen der Begrenztheit der materiellen Mittel und wegen der mangelnden Einsicht entscheidender politischer Instanzen lange nicht in dem Maße realisiert werden, wie es wünschenswert wäre. Wir brauchen uns daher über die besonders in den Großstädten steigende Kriminalitätsrate nicht zu wundern.

7. Alkoholismus und Drogenabhängigkeit

7.1 Alkoholismus

Definition

Ich setze das Thema Alkoholismus an die erste Stelle dieses Kapitels, weil derzeit sehr viele Menschen an Alkoholproblemen leiden. Man schätzt, daß in der Bundesrepublik vier Prozent der Bevölkerung Alkoholiker sind. Das wären 2,5 Millionen Menschen (Feuerlein 1979). Zuweilen ensteht auch der Eindruck, daß die Probleme des Alkoholmißbrauchs gegenüber denen der Drogenabhängigkeit weniger interessant seien. Sie mögen wohl nicht so exotisch sein wie die Probleme derjenigen, die Kokain schnupfen, und längst nicht so dramatisch wie die der Heroinabhängigen, gesellschaftspolitisch sind sie aber nicht weniger wichtig.

Wie in der Psychoanalyse nicht anders zu erwarten, werden besonders die *Triebprobleme* alkoholabhängiger Menschen in den Vordergrund gerückt. Das *oral-saugende* Verhalten alkoholabhängiger Menschen legt es auch nahe, hier eine Fortsetzung des Verhaltens des Säuglings an der Mutterbrust zu sehen. Die Bierflasche wäre dann Ersatz für die fehlende Mutterbrust. Die Flasche oder das Glas haben gegenüber der Brust sogar den Vorteil, jederzeit verfügbar zu sein.

Zum Akt des Trinkens kommt die Wirkung des Alkohols im Bier, Wein oder Schnaps: eine leichte *anregende* und gleichzeitig *beruhigende* Wirkung. Der sich innerlich leer fühlende oder stark beunruhigte Mensch wird dann den alkoholischen Genuß wegen der damit gemachten guten Erfahrungen immer wieder suchen. Die bei Alkoholabhängigen zusätzlich auftretende physische Wirkung des Alkohols mit zunehmender Toleranz und Alkoholentzugssyndromen tut ein übriges, um die Abhängigkeit vom Alkohol zu erhöhen.

Wir wollen uns aber weiter mit der Psychodynamik des Alkoholismus befassen und dazu einige psychoanalytische Perspektiven beisteuern.

Psychodynamik

Sowohl das *Trinken* von alkoholischen Getränken als auch *die Wirkung des Alkohols funktionieren wie Abwehrmechanismen,* die den Alkoholabhängigen vor unerträglichen inneren seelischen Zuständen schützen. Das können Angst-, Schuld- und Schamgefühle sein, die nunmehr nicht, wie bei den Neurosen, Psychosen oder psychosomatischen Störungen, über besondere Abwehrmechanismen abgewehrt werden müssen, sondern einfach im Alkohol „ertränkt" werden. Strenge Gebote und Verbote werden dadurch unschädlich gemacht, daß das Überich, bildhaft gesprochen, gleichsam im Alkohol „aufgelöst" wird. Im Alkoholrausch kann der Alkoholabhängige dann genauso wie der Maniker über depressive Gefühle triumphieren und in der Illusion des Rausches bedrückende Sorgen vergessen.

In jüngster Zeit (Rost 1987) wird das selbstschädigende Moment der Alkoholiker immer mehr beachtet, läuft der Alkoholmißbrauch doch in der Tat auf eine langsame aber sichere *Selbstzerstörung* hinaus. Ich mache in diesem Zusammenhang besonders auf die toxische Wirkung des Alkohols auf Leber, Magen-Darm-Trakt und Nervensystem aufmerksam, die gegenüber dem skandalemachenden Glykol kollektiv völlig verdrängt wird; von den sozialen Folgen des Alkoholismus und dem damit verbundenen sozialen Abstieg ganz zu schweigen.

Kommen Alkoholiker in die Psychoanalyse, was nicht so häufig vorkommt, dann gelangen die zerstörenden Prozesse, die bislang allein in der Psyche des Alkoholikers wirksam waren, zwangsläufig unmittelbar in die Beziehung zwischen Analysand und Analytiker. Das Prinzip „Wiederholungszwang" (Freud 1920) funktioniert hier genauso wie bei Patienten mit psychosomatischen Störungen oder delinquentem Verhalten. Entweder fühlt sich der Patient vom Analytiker dadurch geschädigt, daß er sich ausgebeutet, mißbraucht, ausgenutzt oder auf andere Art mißhandelt vorkommt oder umgekehrt (Dann ist es der Patient, der sich unbewußt gegenüber dem Analytiker so verhält, daß dieser sich mißbraucht, ausgenutzt oder sonstwie geschädigt fühlt).

Es sind *Interaktionsmuster, in denen der eine Macht über den anderen ausübt.* Eine gewisse Lust am Quälen oder Gequältwerden, wie sie uns bei den sadistischen und masochistischen Perversionen (vgl. Abschnitt 8) noch begegnen wird, ist dabei nicht zu übersehen. Die Häufigkeit sadistischer und masochistischer Beziehungsmuster in den Behandlungen von Alkoholikern spricht dafür, daß die Beziehung zwischen Alkoholiker und alkoholischem Getränk im Grunde *eine sado-masochistische Beziehung* ist. Das alkoholische Getränk hat also nicht immer die eingangs beschriebenen guten Eigenschaften, weil es angenehm anregt oder beruhigt. Es hat beim ausgeprägten Alkoholiker vielmehr eher eine böse, schädigende, ja zerstöreri-

sche Eigenschaft; wohlgemerkt: in der Phantasie und weitgehend unabhängig von den – in pharmakologischer Hinsicht –
schädigenden Eigenschaften des Alkohols.

Die Phantasie spielt bei Alkoholikern gegenüber der Realität
eine sehr große Rolle. Die Phantasie macht es möglich, daß die
unbewußte Bedeutung des alkoholischen Getränks zu verschiedenen Zeiten stark wechselt: das eine Mal wird das bevorzugte
alkoholische Getränk über den grünen Klee gelobt, das andere
Mal abgelehnt, gehaßt, verteufelt. Es kommt auch vor, daß
beide Extreme dadurch vermieden werden, daß in der Phantasie
des Alkoholrausches das totale Vergessen deswegen gesucht
wird, weil das ständige Hin und Her zwischen Idealisierung
und Entwertung viel schwerer auszuhalten ist.

Wen wundert es noch, wenn die Psychoanalyse in ausgeprägten Fällen von Alkoholmißbrauch schwere Schädigungen in der
frühen Kindheit feststellt. Solche Schädigungen fanden wir auch
in der frühen Kindheit bei denjenigen Menschen, die als Erwachsene an Psychosen und psychosomatischen Störungen erkranken oder in delinquentes Verhalten ausweichen. Es sind
massive Entbehrungen im Sinne der von Balint beschriebenen
Grundstörung im Hinblick auf die Befriedigung elementarer
narzißtischer und oraler Wünsche und/oder im Sinne des *Basis-
konflikts* fundamentale, die eigene Existenz bedrohende Konflikte. Sie rühren von einer Instanz her, von der man sich
ständig unter Druck gesetzt und verfolgt fühlt.

Insofern gehört die Gruppe der Alkoholkranken in die Kategorie der „nach-klassischen" Neurosen, wie wir sie als narzißtische Persönlichkeitsstörung, Borderline-Fälle und als Patienten
mit einer Mangel-Neurose im Abschnit 3 besprochen hatten.

Kasuistik

Es gibt aber auch einen neurotischen Typ von Alkoholmißbrauch, wie folgendes *Fallbeispiel* zeigt:

Der Patient war bei Therapiebeginn 27 Jahre alt und von Beruf Apothe-
ker. Er litt an einer ihn bedrängenden Angst in exponierten Situationen
und fühlte sich gegenüber seiner Frau und seinen Angestellten leicht
unterlegen. Mit Alkohol konnte er die Angst effektiv dämpfen. Er war

bis zum achten Lebensjahr ohne Vater aufgewachsen und mußte schmerzlich nach Rückkehr des Vaters aus dem Krieg miterleben, wie die acht und zehn Jahre jüngeren Schwestern als Lieblinge des Vaters vorgezogen wurden. Auch die Beziehung zur Mutter war denkbar schlecht. Er fühlte sich von beiden Eltern im Stich gelassen, vor allem dann, wenn er etwas wollte und brauchte, wobei er ständig für beide Eltern da sein mußte.

Ausbruchversuche führten zu quälenden Schuldgefühlen, die zusammen mit den gleichzeitig bestehenden Ängsten so unerträglich wurden, daß der in solchen Situationen getrunkene Alkohol sehr entlastend wirkte. Die Flucht in den Alkohol sollte den Eltern unbewußt signalisieren, daß er hilflos und verzweifelt sei, nicht mehr ein und aus wisse, daß man ihm doch endlich helfen müsse. Das Ergebnis war, wie zu erwarten, das Gegenteil: Er wurde noch weniger geschätzt als zuvor, vielmehr mit Verachtung gestraft und bloßgestellt.

So blieb die Psychoanalyse die einzige Möglichkeit für ihn, eine zuverlässige Bezugsperson zu erleben, die trotz seiner wiederholten Rückfälle kontinuierlich zu ihm stand. Unter diesen günstigen Bedingungen gelang es auch, die Ängste vor exponierten Situationen als Ängste vor Strafe durch den gefürchteten Vater zu erkennen. Gleichzeitig wurde klar, daß die Episoden mit Alkoholmißbrauch u. a. die Funktion hatten, auf die eigene Not aufmerksam zu machen und die wichtigsten Bezugspersonen daraufhin zu prüfen, ob sie trotz der ihnen zugemuteten Belastungen zu ihm hielten. Dabei war es tragisch mit anzusehen, wie die nächsten Bezugspersonen, in gesellschaftlichen Vorurteilen befangen, die hinter dem Trinken verborgenen neurotischen Konflikte mit ihren Ängsten, Schuld- und Schamgefühlen nicht sehen konnten. Deswegen mußten fremde Personen, der Analytiker und eine Freundin, die dem Patienten unvoreingenommen begegneten, die Mängel in der Zuwendung der nächsten Angehörigen ausgleichen, um dem Patienten auf diese Weise zu helfen, an seine neurotischen Probleme zu kommen und diese zu lösen.

7.2 Drogenabhängigkeit

Droge und Gesellschaft

Das Problem, das die Gesellschaft und deren Repräsentanten mit den Drogenabhängigen und diese mit der Gesellschaft haben, ist nach wie vor ungelöst. Im Gegensatz zum Alkoholkonsum, der gesellschaftlich toleriert ist, wird der Mißbrauch von Heroin, Kokain oder auch nur Haschisch und Marihuana von der großen Mehrheit angepaßter Bürger *mehr oder weniger stark abgelehnt.*

Hier spielen also – wie beim delinquenten Verhalten – *unbewußte Prozesse zwischen der Gesellschaft einerseits und dem einzelnen Drogenabhängigen oder der Gruppe der Drogenabhängigen andererseits* eine große Rolle. Zu allererst wären hier projektive Prozesse zu nennen, in denen von der Mehrheit der Bürger unangenehme eigene Eigenschaften auf die Drogenabhängigen projiziert werden. Die Drogenabhängigen führen uns nämlich das im Extrem vor, was wir uns selbst nicht eingestehen wollen. Sie spiegeln unser eigenes Konsumverhalten wider, nämlich Haben-wollen um jeden Preis, unser Besitz- und Machtdenken, aber auch unsere geschäftliche Kälte und Lieblosigkeit, unsere Heuchelei und Unglaubwürdigkeit. Da gibt es den trinkenden Vater, der die eigene Schwäche gegenüber dem Alkohol dadurch unbewußt abwehrt, daß er die Schwäche des Haschisch konsumierenden Sohnes brandmarkt. Dazu paßt die Tatsache, daß der Handel mit Heroin, Kokain usw. im Gegensatz zum Verkauf von alkoholischen Getränken verboten ist. Konsumenten harter Drogen bewegen sich deswegen zwangsläufig im Bereich der Illegalität.

Von Drogenabhängigkeit sprechen wir, wenn jemand immer wieder eine Droge einnimmt, obwohl dies schädlich ist. Dabei bedeutet *psychische Abhängigkeit* den unkontrollierbaren Drang, die Sucht, das nicht zu unterdrückende Verlangen, das Unersättliche, Gierige, Begehrende. *Körperliche Abhängigkeit* tritt dann auf, wenn sich unter dem ständigen Einfluß der Droge, in pharmakologischer Sicht, ein gestörtes Stoffwechselgleichgewicht eingependelt hat, das nun seinerseits, aus körperlichen Gründen, die Zufuhr des Stoffes erzwingt.

Neben den unbewußten psychischen Prozessen, die uns in der vorliegenden Einführung in die Psychoanalyse natürlich besonders interessieren, dürfen wir die pharmakologisch zu definierenden körperlichen Prozesse, nämlich die toxische Wirkung der Droge auf den Körper, insbesondere auf das Zentralnervensystem, nicht vernachlässigen. Es sind erregende Wirkungen mit dem Gefühl größerer Wachheit, erhöhtem Selbstvertrauen und dem typischen „high"-gefühl, die nach Einnahme von Kokain, Benzedrin, Ritalin oder Preludin auftreten. Heroin, Morphin und andere Narkotika oder Valium, barbitursäurehaltige Präparate und andere Sedativa *beruhigen* Unruhezustände, dämpfen Angstgefühle, unterdrücken überhaupt die Gefühle. Marihuana und Haschisch *heben die Stimmung* und lassen Hemmungen überwinden, während LSD und andere Halluzinogene die Phantasie derart *anregen,* daß die Realität der Umwelt gegenüber den aus dem Unbewußten aufsteigenden Vorstellungen und Gefühlen völlig zurücktritt. Haschisch und Marihuana gelten eher als „sanfte" Drogen, als Protest-Drogen. Heroin, Kokain und LSD sind die „harten" Drogen; deswegen „hart", weil deren Wirkung Denken, Fühlen und Handeln des Konsumenten total ergreift.

Psyche und Droge

Die Wirkung der Droge beeinflußt vor allem die Affekte; Ängste, Schuld- und Schamgefühle. *Die Wirkung der Drogen kommt somit der eines Abwehrmechanismus gleich.* Was bei der Neurose der Abwehrmechanismus der Verdrängung leistet, bewirkt bei der Drogenabhängigkeit die Wirkung der Droge: unangenehme Vorstellungen und Gefühle werden nicht mehr wahrgenommen.

Gegenüber dem Menschen mit einer schlichten Neurose kommt aber bei den Drogenabhängigen noch etwas hinzu, nämlich die pharmakologisch erzeugte Wirkung der Droge, entweder als Erregung oder als Beruhigung. Damit wird pharmakologisch etwas ersetzt, was psychologisch nicht vorhanden ist, nämlich die Fähigkeit, sich je nach Bedarf, unabhängig von einer Droge, zu erregen oder zu beruhigen.

Erfaßt uns zu bestimmten Zeiten eine innere Erregung mit einer Sehnsucht nach Abenteuer, dann können wir dieser Sehnsucht nachgehen und Geselligkeit suchen und finden. Empfinden wir eine Ruhebedürfnis, dann können wir eine entsprechend ruhige Umgebung aufsuchen, Zärtlichkeit bei Freund oder Freundin suchen und uns dabei beruhigen. Drogenabhängige können dies nicht. Ihnen geht die Fähigkeit ab, *das, was sie brauchen, in der Realität zu suchen. Ihnen fehlt die Geduld* und die *Fertigkeit,* das, was Nicht-Drogenabhängigen im Kontakt mit anderen Menschen gelingt, zustande zu bringen.

Damit wird deutlich, daß denjenigen Menschen, die zu Dro-

genabhängigkeit neigen, bestimmte positive Eigenschaften fehlen, vor allem Fähigkeiten, auf andere Menschen zuzugehen, sie
für sich zu gewinnen, sowie Fähigkeiten, tragende, verläßliche
und gefühlvolle Beziehungen aufzubauen und aufrechtzuerhal-
ten. Hier bestehen Erlebnislücken und mehr oder weniger ausgeprägte Defizite, die bewußt wahrzunehmen viel zu unerträglich wäre. Solchen Menschen ist daher jedes Mittel recht, auch
wenn es schadet, wenn nur der unerträgliche Zustand erträglicher wird.

Dies wäre *der Gewinn*, den die Droge den Drogenabhängigen ermöglicht. Die Droge wird damit zu einem Guten, wohltuenden Objekt, das gerade wegen der wohltuenden Wirkung
begehrt wird.

Die gleichzeitig *schädigende Wirkung* der Droge (wegen der
pharmakologischen Wirkung), wird entweder gar nicht wahrgenommen oder unter Einsatz psychologischer Abwehrmechanismen verdrängt. Es kann aber auch sein, daß die Droge unbewußt gerade wegen ihrer schädigenden Wirkung gesucht wird.
Ein derartig selbstschädigendes Verhalten ist nicht leicht nachzuvollziehen. Wir werden hier wieder mit der Tatsache
menschlicher Aggressivität konfrontiert: Menschen können andere Menschen bewußt schädigen, ja zerstören (als *Täter*). Damit können sie gleichzeitig geschädigt und zerstört werden (als
Opfer).

Das Drogen-Problem

Die Analyse von Drogenabhängigen zeigt, daß im Prinzip genauso wie bei der Borderline-Persönlichkeit neben der wohltuenden, guten Beziehung latent auch eine schädigende, böse
Beziehung am Werk ist. Die Selbstschädigung hat dabei, genauso wie im Extrem beim Suizidversuch, auch die Funktion
der Anklage gegenüber der Umwelt, und zwar in folgendem
Sinne: „So geht ihr mit uns um, daß uns nichts anderes übrig-
bleibt, als Drogen zu nehmen, auch wenn wir uns dabei zugrunderichten!" Dieser Appell scheint aber bei den maßgebli-
chen Instanzen der Gesundheitspolitik keine Resonanz zu finden, auch wenn sich immer mehr Drogenabhängige gesundheit-

lich zugrunderichten und am „goldenen Schuß" sterben. Ihnen
wird das rettende Methadon konsequent vorenthalten, obwohl
damit in anderen Ländern, wie in den USA und in den Niederlanden, verbunden mit Psychotherapie, gute Erfolge erzielt
wurden (Geerlings 1984). Nicht von ungefähr fühlen sich Drogenabhängige von der Gesellschaft im Stich gelassen, zu Außen-
seitern gestempelt, die immer mehr an den Rand der Gesellschaft gedrängt werden.

Das sind aber gerade diejenigen unangenehmen Erfahrungen,
die Drogenabhängige schon in frühester Kindheit gemacht haben. Ihre berechtigten Bedürfnisse nach Beachtung werden
ebensowenig gestillt wie die nach liebevoller Zuwendung und
Zärtlichkeit. Insofern gleicht die Vorgeschichte der Drogenabhängigen mit ihren vielfachen Traumatisierungen genau derjenigen der Delinquenten und Psychosomatiker. Es sind immer
wieder dieselben tragischen Ursachen: Ein Zuwenig an Gutem
und/oder ein Zuviel an Schlechtem, an Schädigungen, an Verletzungen.

Therapie

Welche Konsequenzen müssen wir aus diesen Einsichten für die
Therapie ziehen? Wenn überhaupt, dann erfordert das Ausmaß
und die Art der psychischen Schädigungen aufwendige und
langwierige psychotherapeutische Maßnahmen. Die Schwierigkeiten beginnen damit, überhaupt *erst eine Basis für ein thera-*
peutisches Arbeitsbündnis zu schaffen. Dies erfordert eine den
anderen gänzlich akzeptierende Grundhaltung, die durch stete
Zuverlässigkeit und absolute Aufrichtigkeit gekennzeichnet ist.
Auf diese Weise können die Defizite der Kindheit und Jugend
nicht aufgehoben oder wiedergutgemacht werden. Das ist un-
möglich. Die schlechten Erfahrungen der Kindheit können nur
besser verstanden werden. Das aber hilft schon.

Ein sicherer institutioneller Rahmen ist dabei besser als die
freie ärztliche oder psychotherapeutische Praxis. Gleichge-
sinnte haben dabei bessere Chancen als professionelle Drogen-
berater. Ärzte und auch Psychoanalytiker sind allesamt als Autoritäten eher gefürchtet als geliebt und werden wegen ihrer

Ferne zur „beschissenen" Realität des Drogenabhängigen eher abgelehnt. *Unkonventionelle Methoden und alternative Wege führen daher eher zum Ziel als systematisch aufgebaute Behandlungspläne.* Letztere lehnen die Drogenabhängigen genau so ab wie die früher als Dressur erlebte Erziehung zur Anpassung. Es kommt vielmehr darauf an, gemeinsam die bestehenden inneren und äußeren Schwierigkeiten aufzudecken. Dazu gehören die harten Realitäten einer auf Leistung und Konsum hin orientierten Gesellschaft nicht weniger als die Schwächen und Ängste des Patienten, die kindliche Sehnsucht nach Angenommenwerden, aber auch die schwer zu akzeptierende Neigung, sich selbst und andere zu zerstören.

In jeder Begegnung mit einem Drogenabhängigen wird also früher oder später das zerstörende Potential wirksam werden, das früher in der Beziehung zwischen Drogenkonsumenten und Droge gebunden war. Weichen beide Beteiligte davor aus, dann kommt es konsequenterweise zum Behandlungsabbruch. Rechnet der Therapeut aber damit und läßt er die zerstörerischen Aggressionen zu, auch wenn sie sich gegen ihn selbst wenden, und hält ihnen auch stand, dann können die abgespaltenen destruktiven Kräfte nach und nach kontrolliert und integriert werden. Der Therapeut muß dabei die Gefühle (Ärger, Wut, Angst, Scham u. a.) frühzeitig erspüren und dem Patienten gegenüber signalisieren oder widerspiegeln. Dies ist nur möglich, wenn er sich voll auf den Patienten einläßt und *seine Gefühle mit ihm teilt (joining;* von to join = sich verbinden, vereinigen). Der Therapeut darf sich aber nie wundern, wenn es zu Rückfällen kommt, wenn der Patient wieder die Droge ihm gegenüber vorzieht. Die darin enthaltene Entwertung muß ausgehalten und die Aufspaltung in gute Droge und schlechten Analytiker interpretiert werden. Etwaige Vorwürfe würden dem Drogenabhängigen nur bestätigen, was er ohnehin im Laufe seines Lebens früh gelernt hat und deswegen erwartet: daß nämlich niemand an ihm Interesse hat.

Finden die Drogenabhängigen niemand, der zärtlich zu ihnen ist, der sie mag, dann flüchten sie sich oft in den Trost von Musik. Sie spielen entweder selbst Instrumente oder sind geradezu süchtig nach Rock, Pop oder anderen Tänzen. Deswegen hilft auch Tanztherapie (vgl. Hanusch 1988). Während der Drogenabhängigkeit dient dann die Musik als Ersatz für die Droge. Im Heilungsprozeß wird sie zu einer neuen Art zu genießen.

8. Die sogenannten Perversionen

8.1 Sichtbares Verhalten

Mit dem Thema Perversion nehmen wir ein zentrales Anliegen wieder auf, nämlich das der Sexualität (vgl. V. 3.1). Bei Prostitution und Pornographie geht es ebenso ganz konkret um Sexualität wie bei sadistisch-masochistischen Perversionen, bei den Transsexuellen, Exhibitionisten und Fetischisten.

Eine gesunde „reife" Sexualität schließt Perversion aus. Dies setzt aber sehr viele Fähigkeiten voraus: Kontaktfähigkeit, Selbstsicherheit, Humor und Witz, ein angstfreier Umgang mit andern und mit sich selbst, ein differenziertes Gefühlsleben und ein Mindestmaß an Menschenkenntnis. Dann kann Sexualität mehr als nur primitive Triebbefriedigung sein, nämlich etwas, was den zwischenmenschlichen Umgang belebt und bereichert. Viele Leser werden mir darin zustimmen. Andere werden vielleicht fürchten, daß mit der Einordnung einer bestimmten sexuellen Handlung als eine Perversion eine Bewertung vorgenommen wird, die nicht alle teilen. Auf sogenannte „Perverse" wird leicht projiziert wie auf Drogenabhängige oder Delinquenten, und zwar eigene perverse Anteile.

Freud zeigte schon 1905b in seinem berühmten *Drei Abhandlungen zur Sexualtheorie,* daß wir alle von Anfang an „polymorph pervers" sind, d. h. Bedürfnisse haben,

– sexuellen Handlungen zuzuschauen (Schautrieb, *Voyeurismus*);

– die eigene Potenz zur Schau zu stellen (Zeigelust, *Exhibitionismus*);

– sich eines intimen Gegenstandes zu bedienen, als Ersatz für die begehrte Person (*Fetischismus*);

- sich in die Person des anderen Geschlechtes zu versetzten, und zwar dadurch, daß man sich so kleidet wie das andere Geschlecht (*Transvestitismus*);
- oder, mehr noch, ganz so sein wollen wie das andere Geschlecht (*Transsexualismus*);
- andere zu quälen, zu demütigen, körperlich oder seelisch zu verletzten (*Sadismus*);
- gequält, gedemütigt, ja zerstört zu werden (*Masochismus*).

Als „pervers" gilt alles, was in einer gegebenen Gesellschaft so bezeichnet wird. „Perverses" Verhalten ist eine gegenüber der Norm abweichende Handlung, analog dem delinquenten Verhalten. Dabei handelt es sich immer auch um ein Verhalten, das nicht den sozialen Normen entspricht, wörtlich: *a-soziales,* oder, falls es in direktem Gegensatz zur gesellschaftlichen Norm ausgeübt wird, *anti-soziales* Verhalten. Hier liegt der gemeinsame Nenner von delinquentem Verhalten, Drogenabhängigkeit und perversem Handeln.

8.2 Erklärungen für die Entstehung von Perversionen

Die Perversion ist wie eine Neurose aufgebaut

Freud und die Psychoanalytiker seiner Zeit sahen im perversen Handeln eine unmittelbare Fortsetzung kindlicher Sexualität, z. B. wenn ein Mann wie ein Kind anderen sein Glied zeigt, um diese zu erschrecken; eine Frau sich mit einer bestimmten Kleidung eher enthüllt als verhüllt; ein Fan eines bestimmten Rock-Stars dessen Halstuch zum Fetisch macht.

Es gibt Fälle, in die wir uns auch relativ leicht einfühlen können, weil uns derartige Regungen nicht fremd sind. Schwieriger ist das Verständnis für einen Exhibitionisten, der sich immer wieder in Gefahr bringt, für den Junggesellen, der sich ausschließlich mit einem Fetisch begnügt, für den Studienrat, der sich wie Professor Unrat im *Blauen Engel* erniedrigen läßt oder für den unauffälligen Bürger, der unvermittelt einen Menschen, dem gegenüber er sich bislang nur freundlich gezeigt hat, geringschätzig behandelt, bloßstellt und in jeder Weise quält.

Die triebpsychologisch orientierten Psychoanalytiker der Zeit Sigmund Freuds konnten sich derartiges Verhalten nur dadurch erklären, daß sie es wie eine Symptom ansahen, das im Prinzip nicht anders aufgebaut ist als ein neurotisches Symptom. Dahinter verbergen sich typische ödipale Triebregungen des Kindes gegenüber Mutter und Vater, nämlich inzestuöse und rivalisierende Wünsche. Meiner Erfahrung nach trifft diese „ödipale Theorie" der Perversionen bei vielen Fällen auch heute noch zu. „Prä-odipale" Konflikte, die aus zeitlich frühester Kindheit stammen, spielen aber eine nicht minder wichtige Rolle bei der Entstehung perverser Verhaltensweisen.

Die Perversion ist eine Mangelneurose

Erinnern wir uns an das, was wir über narzißtische Persönlichkeitsstörungen, über Borderline-Fälle und „nach-klassische" Mangel- und Bindungs-Neurosen gelesen haben, dann werden uns die zunächst unverständlichen perversen Handlungweisen verständlicher. Mit ihnen werden nämlich *unerträgliche Gefühle der Schwäche,* der Abhängigkeit und der Kleinheit dadurch *abgewehrt,* daß man sich *stark, unabhängig und großartig* fühlt. Dies ist z. B. der Fall, wenn der Lehrer den Schüler quält, der Mann die Frau schlägt, oder wenn sich der angepaßte Bürger im Prostituiertenmilieu gegen Geld die Befriedigung all jener Wünsche erlaubt, die er sich sonst nicht gestattet.

In jedem dieser Fälle sind vorübergehend Größenideen wiederbelebt, die im Sinne der psychoanalytischen Abwehrlehre den Betroffenen dazu verhelfen, schwer erträgliche Gefühle von Schwäche, Kleinheit und Abhängigkeit mit Hilfe der perversen Handlung leichter zu ertragen. Dies wird besonders in sado-masochistischen Beziehungen deutlich: Die perverse Person ist wie ein Borderline-Fall in zwei Teile gespalten: in einen ausschließlich guten, mächtigen und idealisierten Teil einerseits und in einem ausschließlich schlechten, ohnmächtigen und verteufelten Teil andererseits. Wird nun letzterer in eine andere Person projiziert, dann kann man sich selbst als großartig, mächtig, idealisiert vorkommen und in sadistischer Position den anderen, der gleichzeitig in die schlechte, ohnmächtige und damit in die masochistische Position gebracht wird, quälen.

Erinnern wir uns darüber hinaus an die Psychodynamik der Mangel- und Bindungsneurosen, dann werden die perversen Handlungen noch verständlicher: Der perverse Akt soll nämlich *den unerträglichen Mangel, das innere Leeregefühl und die Empfindungen der Sinnlosigkeit und Verzweiflung erträglicher machen.* Damit wird die perverse Beziehung zur Abwehr unerträglicher Gefühle im Sinn des auf S. 142 besprochenen interpersonalen Abwehrmechanismus benutzt, um nicht zu sagen: mißbraucht. Dies funktioniert natürlich nur, wenn die andere Person mitspielt. In der einschlägigen „Szene" finden sich aber die gegensätzlichen Pole allzu leicht zu gemeinsamem Handeln, besonders dann, wenn z. B. die sadistischen Bedürfnisse der einen Person den masochistischen der anderen Person ideal entsprechen.

Die Perversion als eine aggressive Form von Liebe

Wie Robert J. Stoller (1975b) gezeigt hat, kommt in der perversen Handlung – hier wiederum am deutlichsten beim Sadismus – eine „erotische Form von Haß" zum Ausdruck. Es ist ein Haß, der deswegen so groß ist und nicht gesteuert werden kann, weil er in den meisten Fällen re-aktiv entstanden ist, nämlich *als Reaktion auf ein Trauma, das der Perverse als Kind in der Vergangenheit* hinnehmen mußte. Als Erwachsener und in der Gegenwart dreht der so Betroffene nun gleichsam den Spieß um und triumphiert im Handlungsvollzug des perversen Aktes so über den anderen, wie dieser einst über ihn triumphiert hatte.

Den hassenden oder den andere verachtenden Anteil finden wir in vielen perversen Beziehungen, wenn auch nicht so offen wie im Verhältnis zwischen Sadist und Masochist. Der *Fetischist* zieht den Fetisch gegenüber dem anderen Menschen vor. Der *Exhibitionist* läßt sich nicht wirklich auf eine Frau ein, sondern zeigt ihr lediglich sein erigiertes Glied und hat womöglich seinen Triumph darin, sie zu erschrecken, auch auf die Gefahr hin, deswegen angezeigt zu werden. Die transsexuelle Person ist mit dem biologisch vorgegebenen Geschlecht nicht zufrieden. Sie mag sich in vielen Fällen damit begnügen, sich selbst und anderen dadurch etwas vorzumachen, daß sie Kleider des anderen Geschlechts anzieht und sich darin zeigt (*Transvestitismus*). Sie mag aber auch mehr wollen, nämlich eine Veränderung der tatsächlichen geschlechtlichen Verhältnisse (*Trans-Sexualismus*).

Das Gewaltförmige kommt in solchen Fällen schon darin zum Ausdruck, daß Transsexuelle Ärzte unter Druck setzten und zwingen, sie durch operative Eingriffe zu dem zu machen, was sie sein möchten. Im operativen Eingriff wirkt sich die in der Perversion steckende Gewalt noch krasser aus, wenn der Penis oder die Brüste ganz konkret abgetrennt werden. Das fast besessene Verlangen, das krankhafte Handeln und das kompromißlose Suchen nach dem Ziel aller Wünsche zeigt dabei ebenso die Nähe zu Sucht und Drogenabhängigkeit wie zur Psychose. Eigentlich sind solche Menschen ver-rückt, wenn sie die Wirklichkeit des eigenen Geschlechts einfach nicht so akzeptieren, wie sie ist, als Frau bzw. als Mann, sondern sie in größenwahnsinniger Weise, um den Preis eines Bruchs mit der Realität, mit roher Gewalt verändern wollen und dabei mit Hilfe ebenso verrückter Chirurgen noch Erfolg haben.

Perverse Handlungen bekommen durch den Anteil an offener oder versteckter Gewalt einen inhumanen oder unmenschlichen Zug. Im Benutzen eines Tieres (*Sodomie*) oder einer Leiche (*Nekrophilie*) zur sexuellen Befriedigung kommt dies nur besonders drastisch zum Ausdruck. Zeigen uns jene bedauernswerten Menschen in ihrem Verhalten aber nicht auch, wie „abartig" wir zuweilen miteinander als Erwachsene umgehen oder unsere Kinder behandeln? Nämlich achtlos und lieblos, wie Gegenstände, nicht wie Menschen oder Gäste, denen wir Achtung entgegenbringen und die wir höflich und zuvorkommend behandeln. Insofern sollten wir die im doppelten Sinne des Wortes „unerhörte" Botschaft pervers handelnder Menschen nicht überhören: „Das kommt dabei heraus, wenn man uns als Kinder vernachlässigt, quält, mißbraucht und nicht liebt!"

Insofern sollten wir die meist unerhört verklingende Botschaft der pervers handelnden Menschen als Mahnung und Appell an uns verstehen. Sie zeigen uns mit ihrem Verhalten überdeutlich, was wir ihnen in ihrer Kindheit vorenthalten haben.

8.3 Prostitution

Dieselben trostlosen Verhältnisse wie bei vielen Perversen finden wir auch im „Milieu" der Prostitution, Zuhälter und ihrer Kunden. Hier fällt besonders das Moment der Ausgrenzung gegenüber der übrigen Gesellschaft in den Blick. Dies wird in doppelter Weise deutlich:

a) *Soziologisch* gesehen grenzt sich die „bürgerliche" Mehrheit gegenüber der im „Milieu" oder in der „Szene" lebenden Minderheit ab.

b) *Psychoanalytisch* betrachtet kommt dies einer Ausgrenzung einer Triebregung gleich. Hier sind es die auf sexuelle Befriedigung zielenden Impulse und die die Demütigung des anderen suchenden Haßregungen.

So wie der Zuhälter die Dirne behandelt, so behandelt der Kunde die Dirne oder – umgekehrt – läßt sich der Kunde von der Domina behandeln, wobei er in ein und derselben Handlung, wie in dem Film *Die flambierte Frau*[6] gezeigt, sich masochistisch quälen läßt (dadurch, daß er geschlagen wird) und gleichzeitig die Frau erniedrigt (dadurch, daß er sie bezahlt und in diese Position zwingt).

Im Milieu der Prostituierten wird der Warencharakter menschlicher Sexualität besonders sichtbar, wenn anstelle der personalen Beziehung eine Warenbeziehung ohne Kommunikation tritt (Röhr 1972); ein Aspekt, der in der „normalen" Sexualität der Mehrheit genauso vorkommen kann, dort aber oft nicht wahrgenommen wird.

9. Resümee

Mit den nicht immer erfreulichen perversen Phänomenen haben wir das ganze Pandämonium menschlichen Verhaltens, Fehlverhaltens und Scheiterns kennengelernt. Wir haben die Augen vor den harten Wirklichkeiten menschlicher Möglichkeiten und Unmöglichkeiten nicht verschlossen. Wir haben uns in die davon betroffenen Menschen eingefühlt und dabei versucht, sie in ihrer Not zu verstehen.

Ich hoffe, daß dieses Ziel mit Hilfe der psychoanalytischen Methode und Theorie auch erreicht wurde. Es mag Theorien geben, die einige andere Aspekte all dieser psychischen Störungen besser erklären können als die Psychoanalyse. Deren Überlegenheit etwa gegenüber der Lerntheorie oder Verhaltenstherapie liegt aber darin, daß sie in entscheidender Weise die unbewußten Prozesse mit einbezieht. Dies ermöglicht ihr ein ebenso umfassendes wie tiefgreifendes Verstehen menschlichen Erlebens und Handelns.

Ich hoffe abschließend, daß es mir gelungen ist, folgendes zu zeigen: *Es lohnt sich, selbst im verrücktesten Verhalten eines Schizophrenen, noch einen Sinn zu finden.* Die aus der Gesellschaft ausgesonderten „Fixer", „Verbrecher" oder „Perversen" sind in einer verzweifelten Lage. Sie verdienen daher unser Interesse nicht weniger als die nur neurotisch gestörten Menschen oder als die körperliche Schmerzen leidenden Patienten mit psychosomatischen Krankheiten.

Die Brücke zu all diesen mit so schönen Fremdwörtern bedachten Menschen besteht darin, daß wir in ihrem zunächst so fremdartig anmutenden Erleben etwas wiederfinden, was uns im Grunde nicht fremd ist, weil es zur „conditio humana" gehört. Das sind vor allem die von Karl Jaspers (1956) so genannten *Grenzsituationen* von *Kampf, Leiden, Schuld* und *Tod.* Dies sind Grenzsituationen, denen keiner entgehen kann. Sie reißen vernarbt geglaubte Wunden der Kindheit wieder auf und lassen uns sonst leicht zu meisternde Situationen so erleben, als ob wir noch Kinder wären. Wir sind dann heilfroh, wenn wir mit Hilfe gut funktionierender neurotischer Abwehrmechanismen das kleinere Übel der Neurose gewählt haben, was immerhin eine Leistung ist, die an einige Voraussetzungen gebunden ist, nämlich
– eine wenigstens existentiell gesicherte Kindheit,
– keinen allzu großen Mangel und
– keine übermäßige Traumatisierung.

Unterschiede zwischen den einzelnen Störungen

Die *ödipalen Ursachen klassischer Neurosen* lassen sich auch in klassischen psychoanalytischen Behandlungen relativ leicht behandeln. *Psychosomatisch kranke Patienten* sind dagegen wesentlich schlechter dran: Sie laufen Gefahr, das Etikett einer organischen Krankheit aufgeklebt zu bekommen. Die *Gefahren delinquenten Verhaltens* sind noch größer: Hier drohen Strafen; in der Verurteilung und im Strafvollzug. Das Dilemma der *drogenkonsumierenden* Außenseiter liegt schließlich darin, daß sie wegen der Illegalität des Beschaffens der Drogen ebenfalls delinquent werden müssen und früher oder später im Strafvollzug landen. *An Psychose erkrankte Menschen* bezahlen den fragwürdigen Gewinn ihrer Flucht in die Phantasie damit, daß sie die Brücken der Realität abbrechen, worauf die Einrichtungen der Gesellschaft damit antworten, daß sie solche Menschen in psychiatrische Kliniken, notfalls zwangsweise, einweisen. *So findet jede Störung den ihr von der Gesellschaft zugedachten Raum:*
– die Neurose die Praxis des Psychoanalytikers,
– die Psychose die psychiatrische Klinik,
– die Delinquenz das Gefängnis und
– das drogenkonsumierende oder
– perverse Verhalten, wenn nicht Gefängnis oder Psychiatrie, so doch die jeweils zugehörige „Szene" (Vgl. Abb. 13).

Damit habe ich den Leser Einblick in eine wenig erfreuliche Welt gegeben. Die Öffentlichkeit soll darüber informiert sein, denn *Informationen sind unerläßliche Voraussetzungen für fällige Veränderungen.*

Es sieht aber so aus, daß wir auf lange Sicht mit derart desolaten Verhältnissen leben müssen. Das ganze Aufgebot von Experten, Beratern und Therapeuten kann allenfalls die Not verstehen und in Grenzen lindern, manchmal sogar heilen.

Die gesellschaftlich vorgegebenen Verhältnisse werden dadurch aber nicht geändert. Sie ins Bewußtsein der Leser zu rufen, ist mindestens genauso notwendig, wenn nicht notwendiger, als den einzelnen Lebensschicksalen bis in die feinsten Verästelungen kindlicher Erlebnisse hinein nachzugehen. *Dabei dürfen wir uns allerdings keinen Illusionen hingeben*

Kategorie der Störung	Art der Abwehr	Art des Konflikts	Art der Angst	Art der Therapie	Ort der Behandlung
Neurosen	Verdrängung, Isolierung	Ödipus-komplex	Strafangst, Schamangst, Verletzungs-angst	Psycho-analyse	psycho-analytische Praxis
narzißtische Persönlich-keitsstörung	grandiose Selbstüber–schätzung	prä-ödipale Störung	Angst vor Selbstent-wertung	analytische Psycho-therapie	psycho-analytische Praxis
borderline-Fälle	Spaltung in Idealisierung und Entwer-tung	prä-ödipale Störung	Angst vor Selbst- bzw. Objektverlust	analytische Psycho-therapie	psycho-analytische Praxis
Psychosen	„Psychoti-sierung", Bruch mit der Realität	prä-ödipale Störung	Angst vor Selbstverlust	Pharmako-therapie / nur aus-nahms-weise Psycho-analyse	Psychiatri-sche Klinik / nur aus-nahms-weise psy-choanaly-tische Praxis
Psycho-somatosen	„Somatisie-rung", d.h. Erkrankung eines Organs	Basis-konflikt	existentielle Bedrohung	allgem. ärztl. internist. Behand-lung / nur aus-nahms-weise psy-choanaly-tische Praxis	Kranken-haus / nur aus-nahms-weise psy-choanaly-tische Praxis
delinquentes Verhalten	„kriminali-siertes" Verhalten, d.h. Störung der öffentli-chen Ordnung	Basis-konflikt	existentielle Bedrohung	keine / nur aus-nahms-weise Psycho-analyse	Strafvoll-zug / nur aus-nahms-weise psy-choanaly-tische Praxis
Alkoholismus und Drogen-abhängigkeit	Abwehr mit Hilfe der pharma-kologischen Wirkung der Droge	prä-ödipale Störung	existentielle Bedrohung	Entgif-tung / selten Psycho-therapie	Sttrafvollzug/ Psychiatri-sche Klinik / selten analytische Praxis
Perversionen	Abwehr in Form des „perversen" Verhaltens bzw. Handelns	Ödipus-Komplex / prä-ödipale Störung	existentielle Bedrohung	Selbstthera-pie in der „Szene" / Psycho-Thera-pie aus-nahms-weise	typische „Szene" / nur aus-nahms-weise psy-choanaly-tische Praxis

Abb. 13. Schema der psychischen Störungen, geordnet nach Krankheitskategorie, Art der Abwehr, Art des Konflikts, Art der Angst sowie nach Art der Therapie und nach dem Ort der Behandlung.

und wie zur Zeit der Studentenbewegung (vgl. Kap. IX. 5. 1)
Utopien aufbauen, die nicht realisiert werden können, so
schwer dies auch einzusehen ist. Wir brauchen deswegen aber
nicht in Freuds Pessimismus vom *Unbehagen in der Kultur*
(1930) zu verfallen. Was wir können ist: gleichermaßen geduldig und zielstrebig die ebenso biologisch vorgegebenen wie
gesellschaftlich vermittelten tatsächlichen Verhältnisse *analysieren*, d. h. im *ersten* Schritt *in unerschrockener Wahrheitssuche
aufdecken, bewußtmachen* und *benennen*. Dann können wir im
zweiten Schritt überprüfen, was daran geändert werden kann
und was nicht. Im *dritten* Schritt ändern wir dann das, was
veränderbar ist, z. B. die komplizierte Neurose eines einzelnen
Patienten durch die geduldige „Knochenarbeit" der Psychoanalyse; die desolaten Familienverhältnisse eines Drogenabhängigen durch konsequente Familientherapie, aber auch die benachteiligenden gesellschaftlichen Ausgrenzungen der an Psychosen
Leidenden, der Delinquenten, Abhängigen und pervers Handelnden durch entschlossene Öffentlichkeitsarbeit.

VII.
Diagnostische Verfahren in der Psychoanalyse

1. Vorbemerkungen

Das wichtigste diagnostische Verfahren ist das *Gespräch,* als Zwiegespräch, als Dialog. Umgangssprachlich kommen wir ins Gespräch, bringen das Gespräch auf etwas, nehmen den verlorenen Faden des Gesprächs wieder auf, wir sind ins Gespräch vertieft oder wir führen ein Gespräch unter vier Augen. Dabei findet die Kommunikation immer über die Sprache statt. Der Zweck des Gesprächs ist in unserem Zusammenhang die Diagnose. Insofern sprechen wir von einem *diagnostischen Gespräch.*

Diagnose ist stets Forschung und kann gleichzeitig Therapie sein, muß es aber nicht. Ort, Ziel und Methode des Gesprächs sollten daher von vornherein klar sein. So ist es ein Unterschied, ob das Gespräch in der Privatpraxis eines Analytikers stattfindet, mit einem Patienten, der Hilfe sucht, oder in einem Institut, an dem Forschung betrieben wird. Der Gesprächspartner sollte jedenfalls immer in fairer Weise wissen, worum es geht. Damit wird klar, daß der äußere Rahmen und der innere Ablauf des Gesprächs von Ziel und Zweck des Gesprächs bestimmt werden.

So macht es z. B. einen großen Unterschied, ob ein Patient, der in Not ist, einen Psychotherapeuten aufsucht und Hilfe braucht, oder ob der Interviewer zur Beantwortung einer bestimmten wissenschaftlichen Frage mit anderen Menschen Gespräche führt. Im einen Fall benutzt der Patient den Therapeuten als *Helfer,* im anderen Fall braucht der Interviewer den anderen als *Versuchsperson,* dann in konsequenter Weise auch nicht Patient oder Klient genannt, sondern Proband. Das Gespräch kann *in Form eines standardisierten Interviews* durchgeführt werden: Es werden Fragen gestellt, alternative Fragen, die nur eine Ja- oder Neinantwort zulassen, offene Fragen oder Fragen mit Auswahlmöglichkeit (multiple choice). *Das halbstandardisierte Interview* besteht teilweise aus formulierten Fragen, teilweise aus einem freien Gespräch. Im *nicht standardisierten* oder *freien* Interview werden keine Fragen gestellt; hier bleibt es dem Verhalten der beiden beteiligten Personen überlassen, wie sich das Gespräch entwickelt. Wie wir weiter unten noch sehen werden, wird sich der Interviewer überwiegend zurückhalten, um dem anderen, der Rat oder Hilfe sucht, Gelegenheit zu geben, seinerseits das Gespräch zu gestalten.

Im Laufe des Gesprächs werden *objektive Daten* zur Sprache kommen wie Geburtsort, Geburtsdatum, Beruf des Vaters, Verlust einer wichtigen Bezugsperson in einem bestimmten Alter usw., aber *auch subjektive* Daten, wenn z. B. der Patient davon erzählt, wie er sich von seinem Vater unterdrückt gefühlt hatte, von der Mutter verraten, wie er seinen älteren Bruder erlebte, wie er seine Beziehung zur Ehefrau einschätzt usw. Noch wichtiger sind die Informationen, die der Psychoanalytiker *aus der Art des Verhaltens des Patienten* schließt. Doch darüber mehr weiter unten.

2. Das psychoanalytische „Interview"

2.1 Methode und Voraussetzungen

Das psychoanalytische „Interview" steht am Anfang jeder psychoanalytischen Behandlung oder Beratung. Die Bezeichnung *Interview* bedeutet Befragung, wie wir sie als Befragung von im öffentlichen Leben stehenden Persönlichkeiten aus Funk und Fernsehen kennen. Hier werden Fragen gestellt und beantwortet.

Im *psychoanalytischen* „Interview" werden aber höchst selten

Fragen gestellt und beantwortet. Deswegen ist „Interview" hier in Anführungszeichen gesetzt. Das „Psychoanalytische" daran ist die Tatsache, daß dabei die psychoanalytische Methode in besonderer Weise angewandt wird.

Die psychoanalytische Methode wurde gleichermaßen als *Forschungs- und Behandlungsmethode* von Freud in die Wissenschaft eingeführt, in Form der klassischen Psychoanalyse, mit dem Ziel der Behandlung von Menschen mit psychischen Störungen (vgl. Kap. VIII.4).

Beim psychoanalytischen „Interview" geht es ausschließlich um die Diagnose. *Der Psychoanalytiker denkt dabei durchaus in diagnostischen Kategorien.* Er hat die psychoanalytische Persönlichkeitstheorie und Krankheitslehre im Kopf und überlegt sich, welche Psychodynamik hinter einer bestimmten Symptomatik verborgen sein könnte.

Gleichzeitig vergißt der Analytiker aber in der Begegnung mit dem Patienten alle Theorie und akzeptiert den vor ihm Sitzenden so unvoreingenommen wie möglich. Dieses *Paradoxon* ist für das psychoanalytische Vorgehen ganz charakteristisch. Es wird zwar psychoanalytisches Wissen eingesetzt, aber, zumindest streckenweise, auch nicht. Wird es nämlich zu früh verwendet oder dominiert der Einfluß der Theorie zu stark, dann besteht die Gefahr, daß der uns gegenüber sitzende Patient zu schnell in eine diagnostische Kategorie eingeordnet wird, daß ihm dadurch gleichsam ein Etikett aufgeklebt wird; etwa als „typischen Fall" einer Zwangsneurose. Unmittelbare Begegnungen und die jeweilige Einmaligkeit des Individuums wäre damit ernsthaft gefährdet. Andererseits bestünde natürlich bei fehlendem Wissen die Gefahr, daß der Psychoanalytiker eine bestimmte Störung nicht erkennt. Um beide Gefahren zu vermeiden, muß er somit zwischen beiden Einstellungen wechseln können, oszillieren, hin und her schweben.

Ich persönlich stelle mich zunächst ohne jede theoretische Vorannahme auf den Patienten so ein wie gegenüber einem Menschen, den ich gerne kennenlernen möchte, der mich interessiert, mit dem eine Begegnung einzugehen es sich lohnt. Schon mit dieser nicht einmal professionellen Grundhaltung kann ich sehr viel über den anderen Menschen erfahren. Ich erfahre aber noch mehr, wenn ich mich bemühe, mich in den anderen so einzufühlen, daß ich gleichsam das, was der andere erzählt, *mit ihm fühle,* mitfühle. Damit *fühle ich mich in die andere Person ein, fühle so, wie sie fühlt, denke so, wie sie denkt, empfinde so, wie sie empfindet.*

Dies ist natürlich umso leichter möglich, je mehr mir die Situation, die die andere Person erzählt, vertraut ist. Hier gibt es *Grenzen der Einfühlung;* der Einfühlung eines Mannes in eine Frau, einer Frau in einen Mann, Grenzen der Einfühlung eines Analytikers, der wie ich in dem von Hitler beherrschten Deutschland aufwuchs, gegenüber einem Verfolgten. Hier sind Grenzen, die aber mit etwas Mut und Engagement, über Gespräche mit Personen, die solche Situationen erlebten, ja auch mit Hilfe von Lektüre, durchaus erweitert werden können.

Ich versuche, mein Gegenüber so vorbehaltlos wie möglich anzunehmen. Ich reagiere auf alles, was mir von seiten des anderen angeboten wird, vor allem auf Gefühle, Affekte oder Emotionen. Ich reagiere z.B. verärgert auf ein verächtlich-geringschätziges Verhalten; mit einer leichten Wut gegenüber einem allzu aufdringlichen Benehmen; mit einer gewissen Angst, vereinnahmt zu werden, gegenüber einem Verhalten eines Patienten, der alles von mir wissen will, der mich wie eine Zitrone ausquetscht und nie genug haben kann. Mit einer anderen Art von Angst reagiere ich, wenn mich der Patient direkt oder indirekt angreift, in Frage stellt, kritisiert.

Ich beeile mich hinzuzufügen, daß es sich hierbei um Gefühle handelt, die, wie Michael und Enid Balint (1961) formulieren, sehr wohl *kontrolliert* sind und mir helfen, herauszufinden, in welches Beziehungsmuster mich der Patient hineinzubringen versucht. Insofern sind *die eigenen Gefühle* unter der Bedingung, daß sie der Psychoanalytiker im Laufe seiner Ausbildung gründlich kennengelernt hat, *hervorragende Instrumente zur Diagnostik von Beziehungsstörungen.* Ihre Anwendung ermöglicht Daten, *die sonst keine andere Methode gewinnen könnte;* insbesondere Daten sehr persönlicher, privater und intimer Art.

Um sie zu gewinnen, müssen allerdings bestimmte Voraussetzungen erfüllt sein:

1. *Der Interviewer muß dem Patienten einen klaren Rahmen bieten, in dem er sich sicher fühlen kann.* Er muß eine Atmosphäre schaffen können, in der der Patient dem Interviewer

gegenüber Vertrauen aufbringen kann, was wiederum voraussetzt, daß der Psychoanalytiker den Patienten in jeder Hinsicht akzeptiert, so wie er/sie ist. Sind diese Voraussetzungen auf seiten des Psychoanalytikers erfüllt, dann kann sich

2. *der Patient seinerseits in die Situation hineinbegeben,* sich auf den Interviewer einlassen und dadurch zum Gelingen des Gesprächs beitragen, daß er/sie spricht, während sich der Analytiker ausschließlich auf das Zuhören konzentriert. Dabei handelt es sich um ein in vielfältiger Weise sehr aktives Zuhören, bei dem wir nach Hermann Argelander (1970) folgende drei Ebenen unterscheiden können:

2.2 Die drei Ebenen des „Interviews"

1. Die *Ebene der objektiven Information* mit ihrer *logischen Evidenz* bezieht in einer Logik Ursache und Wirkung z. B. auf den Beginn einer Depression (Wirkung) im Anschluß an den Verlust einer wichtigen Bezugsperson (Ursache).

2. Auf der *Ebene der subjektiven Information* herrscht *psycho-logische Evidenz;* z. B. ich habe das Gefühl, meine Traurigkeit hat mit dem Verlust meines Onkels zu tun, der mir viel bedeutet.

3. Die *Ebene der situativen und szenischen Information.* Hier gibt der Patient dem Analytiker dadurch etwas von sich zu erkennen, daß er ihn in eine ganz bestimmte Szene einbezieht, in der er ihn z. B. wie ein Kind um Hilfe bittet, von oben herab behandelt oder ihn dazu verführen will, ihn in einer ganz besonderen Weise zu behandeln. Die Art einer solchen Beziehung wird beiden beteiligten Personen *situativ* dann *evident,* wenn klar wird, *was der eine mit dem anderen tut bzw. der andere an sich tun läßt.* Als Orientierung für den Interviewer hat sich folgendes Schema bewährt (Kasten 4):

Kasten 4
Erstinterview-Schema
(nach Balint und Balint 1961, modifiziert)

A. *Wie kommt der Patient zu uns?*
1. Von wem überwiesen? Weshalb?
2. Wie bislang behandelt und mit welchem Erfolg?
3. Einstellung des Patienten zur bisherigen Behandlung, zu den Therapeuten?
4. a) ohne Einsicht
   b) mit Einsicht
5. Gekommen auf vorwiegend eigene Initiative

B. *Gesamteindruck*

C. *Geklagte Beschwerden*
1. Jetzige Beschwerden
2. Vorgeschichte der Beschwerden
3. Eigene Theorie des Patienten über seelische Ursachen
4. Auslösende Situation (Vermutung des Untersuchers)
5. Emotionale Einstellung des Patienten zu den Beschwerden
6. Leidensdruck
7. Sekundärer Krankheitsgewinn

D. *Biographische Daten*

E. *Jetzige Situation*
1. Was für ein Bild hat Patient von sich selbst?
2. Was für ein Bild hat Patient von anderen wichtigen Bezugspersonen?
3. Zukunftsvorstellung?

F. *Wie entwickelt sich die Patient-Therapeut-Beziehung?*
1. Übertragung: wie behandelt der Patient den Therapeuten?
2. Gegenübertragung: wie behandelt der Therapeut den Patienten?

G. *Wichtige Augenblicke im Interview*
1. Wann waren Gefühlsäußerungen (erwartet oder unerwartet)?
2. Wie findet sich Patient in Interviewsituation zurecht? Verhältnis von Einsicht und Abwehr? Symptome im Interview?
3. Wichtige Bemerkungen des Patienten
4. Deutungen des Interviewers und Reaktion des Patienten

H. *Ergebnisse und Beurteilung*
1. Stabile Objektbeziehung?
2. Funktionsfähigkeit des Ich (Grad der Ich-Einschränkung)
3. Emotionale Differenzierbarkeit
4. Intelligenz
5. Einsichtsfähigkeit
6. Therapeutische Illusion

I. *Diagnose:* vermutete Bedeutung der Störung, psychodynamisch ausgedrückt

K. *Therapieeignung*
1. Kurztherapie mit Begründung
2. evtl. Gegengründe
3. Psychoanalyse mit Begründung
4. evtl. Gegengründe
5. Ablehnung jeder Form von Psychotherapie; Begründung
6. Welche andere Behandlung kommt in Frage?

L. *Tatsächlicher Behandlungsvorschlag*

M. *Begrenztes Ziel der Behandlung* (focus) bei Kurztherapie

N. *Prognose?*

2.3 Fallbeispiele

Das praktische Vorgehen des Psychoanalytikers in einem diagnostischen Gespräch illustriert der folgende über Tonband aufgenommene und dann wörtlich transkribierte Texte.

Es betrifft einen Patienten, den Michael Balint persönlich interviewte (Text gekürzt, Daten verändert).

Protokoll über ein Interview mit Patient Wolfgang X, geb. 1933, wohnhaft in K.; durchgeführt durch Dr. Michael Balint, London, am 28. Oktober 1963.

A.: Wie alt sind Sie?

P.: 30 Jahre.

A.: Ihr Vater lebt noch?

P.: Nein, er ist gefallen (in diesem Satz deutliches Stottern).

A.: Was war er?

P.: Schlossermeister.

A.: Wie ist es mit der Mutter?

P.: (zögert)

A.: *Ich möchte gern den Hintergrund Ihrer Beschwerden wissen* und stelle Ihnen deswegen diese Frage. Lebt Ihre Mutter, ist sie gesund?

P.: Ja, sie ist 55 Jahre alt.

A.: Haben Sie Geschwister?

P.: Eine Schwester von 24 Jahren, verheiratet, mit einem dreijährigen Kind.

A.: Welche Schulen haben Sie besucht?

P.: Ich bin bei den Großeltern aufgewachsen. (Sehr zögernd fortfahrend) Ich bin immer ein schüchterner Junge gewesen und gut erzogen.

A.: Was für Schulen haben Sie besucht?

P.: Die Volksschule, aber im Deutschen bin ich nicht mitgekommen.

A.: Haben Sie den Sprachfehler damals schon gehabt?

P.: Den hab' ich immer, wenn ich unter Spannungen stehe.

A.: *Sie sind jetzt sehr gespannt?* (Pause)

P.: Ich bin in der 2. Klasse sitzen geblieben; später kriegte ich gute Zeugnisse. Was ich wirklich gelernt habe, entspricht aber nicht dem, was ich unter normalen Umständen gelernt hätte.

A.: Was haben Sie denn gemacht?

P.: Eine Schlosserlehre. Ich sollte die Schlosserei vom Vater und Großvater übernehmen und bin gegen meinen Willen da hineingekommen.

A.: *Da gab es einen Zwiespalt?*

P.: Weil ich als Lehrling in einem Betrieb anfing, den ich mal übernehmen sollte. Da saß ich zwischen zwei Stühlen. Damals habe ich seelisch einen Knacks bekommen. Ich war körperlich nicht in der Lage, die Arbeit zu tun und der Meister war sehr roh. (Pause)

A.: Es wird schwer sein, daß wir uns verstehen, weil ich nicht weiß, ob Sie Sprachschwierigkeiten haben, wenn Sie schweigen.

P.: (sehr impulsiv) Gehen wir davon aus, daß andere etwas abstoßen könnte; das ist es, was ich nicht kann.

A.: Sie sind ein ziemlich jähzorniger Mensch?

P.: Nein, gar nicht.

A.: Ein sehr kontrollierter?

P.: Jähzorn ist mir verhaßt.

A.: Ihr Ideal ist der gleichgültige Mensch, der nicht aus der Fassung zu bringen ist?

P.: Aus der Fassung bin ich schon öfters gekommen. Beruflich habe ich verschiedene Stellen angefangen (Pause). Einmal hatte meine Mutter einen Bekannten (Pause). Ich komme so leicht aus der Fassung, weil ich so viel Schlaf brauche.

A.: Wieviel Stunden: 10 Stunden?

P.: 7–8 Stunden, aber die hatte ich in der Schlosserei nicht.

A.: Was machen Sie jetzt?

P.: Im Moment gar nichts.

A.: Wovon leben Sie?

P.: Ich bin krankgeschrieben.

A.: Was war Ihr letzer Beruf?

P.: Ich wollte Erzieher werden in einem Jugendwohnheim. Ich mußte mit Jugendlichen zusammen sein.

A.: Um anderen etwas zu geben, was Sie selbst vermißt haben?

P.: Aber das war die größte Fehlentscheidung meines Lebens. (Schweigen)

A.: Kann ich von Ihnen etwas erbitten: Sie haben Schwierigkeiten beim Sprechen. Können Sie mir ein Zeichen geben, wenn Sie wegen Sprachschwierigkeiten schweigen, in dem Fall den Arm hochheben; nehmen Sie Ihre Brille in die Hand und heben Sie sie hoch, wenn Sie etwas sagen möchten, es aber nicht herausbringen.

P.: Es fällt mir im Moment alles sehr schwer, weil ich unheimliche Kopfschmerzen habe.

A.: Warum?

P.: Das macht sich zunächst im Herzen bemerkbar und muß von der Anstrengung kommen... ich strenge mich an, Ihnen etwas plausibel zu machen... ich merke schon, daß Sie meinen Lebenslauf brauchen, um mich zu bewerten.

A.: *Ich will Sie nicht bewerten, sondern nur verstehen.* (Schweigen)

A.: Was ich bislang verstanden habe, ist, daß Sie Ihren Platz im Leben nicht gefunden haben. (Schweigen)

A.: *Wir haben Schwierigkeiten, miteinander zu reden;* wir müssen das ernst nehmen; diese Schwierigkeit, sich zu verständigen, ist nun einmal da.

P.: Schon (stottert).

A.: Können wir sagen, daß Sie Schwierigkeiten haben, einen Menschen zu erobern?

Sie wollen mich jetzt erobern, und ich will Sie erobern.

P.: Kann man da von einer Eroberung sprechen? (Lacht, sichtlich etwas entspannter)

A.: Haben Sie nichts zu sagen?

P.: Es ist doch einfacher, Sie stellen mir Fragen.
(Pause)

A.: Nun, Sie sind 30 Jahre und die großen Fragen Ihres Alters sind Beruf und Frauen.

P.: Ich möchte sagen, daß ich nur freundschaftliche Beziehungen mit Mädchen haben konnte, weil ich beruflich nicht mit mir zufrieden war und nicht gefunden habe, was ich beruflich gesucht habe.

A.: Sie verknüpfen beide Sachen und meinen, Frauen ständen Ihnen nicht zu, weil Sie beruflich nicht selbstständig sind?

P.: Ja, ich bin sehr vorsichtig... das ist immer schon so gewesen... Das habe ich schon sehr früh gemerkt.

A.: *Kann ich Ihnen etwas vorschlagen?* Die Mädchen wollen einen Mann haben, und Sie haben sich nicht wie ein Mann gefühlt.

P.: Vielleicht bin ich in meinem Denken etwas konservativ.
(Langes Schweigen)

A.: *Sie möchten jetzt aber viel sagen.*

P.: Ja, aber ich kann es nicht... daran liegt es eben.

A.: *Kann ich Ihnen helfen, damit wir miteinander reden können und Sie etwas weniger gespannt sind?*

P.: (stottert) Es ist so, daß ich sehr viel gelitten habe, auf seelischem Gebiet.

A.: Sie haben Schweres erlebt?

P.: Schweres nicht, aber ich bin jemand, der sich leicht etwas zu Herzen nimmt.
(Schweigen)

A.: *Sie haben vorhin eine Anspielung gemacht,* nämlich, daß Mutter einen Bekannten hat.

P.: Ja, die beiden verstehen sich aber nicht und leben im Zwiespalt.
(Pause)

P.: Er hat mir ja helfen wollen, aber es ist nicht gegangen.

A.: Das war, als Sie Lehrling waren?

P.: Ja, ich hatte gerade ausgelernt. Vorher war ich noch ein halbes Jahr in B.

A.: Da waren Mutter und der Mann allein?

P.: Mit Schwester und Großmutter zusammen.

A.: Warum heirateten die beiden nicht?

P.: Ich habe das schon als Jugendlicher erkannt, daß sie nicht zusammenpassen.

A.: Sie paßten nicht zusammen, aber leben zusammen?
(Schweigen)

A.: Sie waren sehr eifersüchtig?

P.: Nein.

A.: Hat es Ihnen nichts ausgemacht?

P.: Ich hätte ihn unter Umständen umbringen können.

A.: Was hat er gemacht?

P.: Es gab immer Krach ... er ist ein Nachtmensch, und ich bin ein Tagmensch (stottert). Durch den Beruf bin ich dann in die Fremdenlegion gegangen; aber da bin ich auch nicht zurechtgekommen, da war alles viel zu lebhaft; verstehen Sie, Sie müssen davon ausgehen, daß ich ein Gefühlsmensch bin. (Schweigen)

A.: Können wir so sagen: daß Sie ein Gefühlsmensch sein möchten, daß aber die Ereignisse so sind, daß Sie an jedem Wort ersticken, daß die Welt Sie nicht einen Gefühlsmensch sein läßt.

P.: (hat den Interviewer bereits unterbrochen) Ich bin viel zu verkrampft.

A.: *Auch hier kommen Sie nicht aus der Verkrampfung heraus, obwohl wir keinen Krach miteinander gehabt haben.*

P.: Eine Ursache hätte ich schon hier, weil es sehr schwierig ist, Ihnen etwas zu erklären. (Schweigen)

A.: Sie haben Beispiele gebracht, was für Sachen Sie in die Verkrampfung gezwungen haben; können wir sagen, daß es sich um eine verkrampfte Wut handelt?

P.: Wütend bin ich nicht. Ich bin nur mit mir selbst im Unklaren.

A.: Auch in der Schule hat es keine Kämpfe gegeben; haben Sie nie geboxt?

P.: Nur selten; ich war ziemlich schwach und bin gegen die Gewalt; aber geschlagen hab' ich mich nur selten; nein, manchmal hab' ich auch mit Begeisterung gerungen.

A.: Wenn Sie gezwungen waren, nicht aus Feindseligkeit? (Schweigen)

A.: Haben Sie außer dem Freund der Mutter einmal jemand gehaßt?

P.: Nein, aber mit ihm habe ich mich einmal geschlagen; ich war so böse, daß ich ein Jahr lang nicht mit ihm gesprochen habe.

A.: Wer war bei der Schlägerei der Stärkere?

P.: Ich hätte viel mehr zuschlagen sollen, und hatte auch Chancen, weil ich längere Arme habe. (Schweigen)

A.: Es ist kein Zweifel, daß Sie Hilfe brauchen, um sich aus der Verkrampfung zu lösen; es gibt hier im Hospital eine Möglichkeit.

P.: Es ist natürlich eine Frage des Zahlens. Ich müßte erst wieder arbeiten; ich werde ja auch nur kränker, wenn ich keine Beschäftigung habe. Außerdem müßte zu Haus jemand ausziehen, weil es da zu eng ist.

A.: Wie ist die Situation in der Wohnung?

P.: Es sind drei Zimmer da. Eines für meine Schwester mit dem Schwager und dem Neffen, ein Zimmer hat meine Mutter und ein Zimmer habe ich, aber der Schwager zieht wahrscheinlich bald aus.

A.: Wie alt ist der Neffe?

P.: 3 Jahre.

A.: Und dann schläft er bei den Eltern?

P.: (versteht nicht) Ich müßte erst zum ersten November wieder arbeiten, ich weiß nur nicht was.

A.: Ich werde dafür sorgen, daß Sie als Dringlichkeitsfall vorgemerkt
werden, aber vor Anfang nächsten Jahres werden Sie mit einer
Aufnahme nicht rechnen können.

(P. bedankte sich bei A. und macht vor den Zuhörern eine steife
Verbeugung.)

Kommentar: Balint fragt relativ viel. Hier würden moderne
Psychoanalytiker heute eher abwarten. Wahrscheinlich wäre
dieser Patient aber ohne Fragen nicht aus sich herausgegangen.

Wichtig ist Balints Satz: „Ich will Sie nicht bewerten, sondern
nur verstehen". Wichtig ist auch die Intervention „Kann ich
Ihnen helfen, damit wir miteinander reden können". Hier ist
Balints helfende Haltung besonders deutlich. Wichtig ist
schließlich *Balints Insistieren* auf dem Konflikt des Patienten,
als dieser Kind war und zwischen Mutter und deren Freund
stand. Hier stecken die abgewehrten Gefühle der Eifersucht,
der Wut und der Feindseligkeit, die aber aus Angst vor Zurückweisung sämlich abgewehrt sind.

Das zweite Interview bezieht sich auf eine Patientin, mit der
ein Ausbildungskandidat sprach (Gedächtnisprotokoll, aber gekürzt und mit veränderten Daten).

Erstinterview über eine 31jährige med.-techn. Assistentin, verheiratet,
keine Kinder.

Begrüßung: Der Interviewer begrüßt die Pat. im Wartezimmer, bittet
sie einen Stock tiefer in einen kleineren Seminarraum, wo in zwei
Sesseln Platz genommen wird, und Int. bemerkt, daß die Pat. an der
rechten Hand einen Ring trägt.

Äußere Erscheinung: Mittelgroß, jugendlich wirkende Frau mit blauen
Augen und kurzgeschnittenem blonden Haar.

Verlauf des Interviews: Der Interviewer entschuldigt sich für eine
kleine Verspätung, er stehe jetzt zur Verfügung.

„Sie möchten, daß ich Ihnen etwas erzähle?" „Ja." Pat. berichtet als
erstes, daß ihr im Februar klar geworden sei, daß etwas nicht stimme.
Sie habe beim Einkaufen etwas mitgenommen, gestohlen; sie habe das
irgendwie tun müssen, und so habe das nicht weitergehen können. – Sie
habe hier (Poliklinik) angerufen, und es sei ihr geraten worden, sich an
die Beratungsstelle zu wenden, wo sie auch hingegangen sei. Bei den
Gesprächen dort sei ihr klar geworden, daß es noch tiefer sitze, weshalb sie sich erneut hierher gewandt habe.

(Der Interviewer verspürt das Bedürfnis, über das Stehlen und die
Beratung noch Näheres zu erfahren, schiebt aber die entsprechenden

Fragen auf, um die Pat. sich entwickeln zu lassen, was diese ohne weitere Aufforderung tut und was im Int. ein Gefühl der Erleichterung erzeugt.)

Die Pat. fährt fort, daß sie in letzter Zeit ziemlich viel nachgedacht habe. Sie habe den Eindruck, es liege an der Angst. Aber inzwischen habe sie die schon etwas im Griff. Angst sei zwar etwas sehr Diffuses, aber irgendwie könne man sie doch packen.

Interviewer: Sind Sie sicher?

Ja, beim Nachdenken sei ihr folgendes deutlich geworden: Sie sei zu einem Zeitpunkt gezeugt worden, als es dem Vater und auch der Mutter nicht richtig gelegen gekommen sei. Ihr Vater habe damals zum zweitenmal promovieren wollen – er sei Arzt –, schließlich habe er es doch nicht getan. Schließlich habe man auch akzeptiert, daß sie da sei – sie habe einen um 2 Jahre älteren Bruder –, aber zum Zeitpunkt der Geburt sei sie eben ein unerwünschtes Kind gewesen.

(Der Interviewer hat den Eindruck, daß diese Schilderung ein wenig hergeholt und konstruiert ist, aber die Pat. fährt sofort lebhafter in ihrer Schilderung fort.)

Ihre Mutter habe ihr erzählt, daß sie während der Bombennächte in dem Keller, in dem sich wohl immer diesselben Leute getroffen hatten, mit einem Nachbarn ein Gespräch gehabt hätte, in dem dieser ihr gesagt hätte, daß sie ja, wenn es einmal sehr eilig sei, nur eins der beiden Kinder mit in den Keller nehmen und retten könne. Die Mutter habe ihr auch erzählt, daß sie in einem solchen Notfall den Bruder mitgenommen hätte. Das habe ihr die Mutter mehrmals erzählt; wie könne eine Mutter das nur tun! (Die Pat. ist zunehmend affektiv beteiligt, und schließlich treten ihr Tränen in die Augen. Der Interviewer ist von der Szene beeindruckt, kann die Gefühle der Pat. verstehen, wundert sich aber doch darüber, daß die Pat. bei der Erzählung, die sicher nicht zum erstenmal erfolgt, gefühlsmäßig derart bewegt ist.)

Pat. berichtet weiter, sie habe als Kind oft Träume gehabt, die ihr Angst gemacht hätten. Irgendetwas sei bedrohlich auf sie zugekommen. Sie sei oft aufgewacht, aber wenn sie eingeschlafen sei, sei es dasselbe gewesen: sie habe wieder geträumt und Angst bekommen.

Der Interviewer fragt, ob diese Träume zeitlich vor der Mitteilung der Mutter lagen, was, wie erwartet, bestätigt wird.

Nunmehr teilt der Interviewer mit, daß er sich den (von der Pat. ausgefüllten) Aktenbogen nur kurz angeschaut habe und sie deshalb versehentlich mit „Fräulein" angeredet habe. – Der Interviewer fährt fort, daß er dort auch als Grund des Kommens das Wort „Angst" gelesen habe. Er habe dabei gedacht, daß sie jetzt Angst habe, sie aber gehe mit ihren Ausführungen weit in die Vergangenheit zurück.

Darauf kommt die Pat. jetzt auch zu sprechen. Sie berichtet über ein aktuelles Erlebnis:

Kürzlich sei sie an einem Sonntagmorgen aufgestanden, während ihr

Mann noch weitergeschlafen hätte, und sei ins Wohnzimmer gegangen. Dort habe sie eine wahnsinnige Angst bekommen, die ihr ganz unerklärlich gewesen sei und die sie ganz blödsinnig gefunden habe. Ihrem Mann habe sie das gar nicht erzählen können. Sie habe sich dann überlegt, was das wohl für eine Angst sein könnte und habe an Todesangst gedacht. Durch einen Autounfall könne man ja heute rasch zu Tode kommen. Es sei ihr schrecklich gewesen, sich vorzustellen, daß bei einem Unfall ihr Mann überleben würde, während sie dann der Märtyrer sei.

Der Interviewer bietet an, diese vorgestellte Szene mit der von ihr mitgeteilten möglichen Verhaltensweise der Mutter in den Bombennächten zu vergleichen; da wäre sie auch tot gewesen, sozusagen die Märtyrerin gewesen, während ihr Bruder überlebt und vielleicht Schuldgefühle bekommen hätte.

Die Pat. reflektiert – kurz nachdenklich –, daß damit der Interviewer ihren Mann mit ihrem Bruder vergleiche. Ihr Bruder habe doch dann nichts dafür gekonnt. Bei dem Unfall sei sie aber auch davon ausgegangen, daß ihr Mann ganz unschuldig sei.

Interviewer: er wolle den Vergleich nicht auf die Spitze treiben, aber in bezug auf die Unschuld sei es bei Mann und Bruder gleich.

Die Pat. bestätigt das noch einmal und fügt an, daß sich ihr Mann sicherlich trotzdem Gewissensbisse machen würde, ob er nicht doch am Steuer anders hätte reagieren können. Ihr Bruder hätte sicher ein dickeres Fell gehabt.

Der Interviewer bittet die Pat., noch Näheres über das Stehlen zu berichten. Sie geht darauf ein und erzählt, daß es zum erstenmal im Oktober vorgekommen sei. Sie sei bisher noch nie erwischt worden. Beim erstenmal sei es merkwürdig gewesen, daß sie erst, als sie es in der Tasche gehabt habe, gemerkt habe, daß sie etwas mitgenommen habe. Sie hätte es ja wieder zurücklegen können, das habe sie dann aber auch nicht wollen; schließlich sei es so gut gegangen. Seither habe sie wiederholt und mit voller Absicht etwas mitgenommen. Auf die Frage, was sie denn genommen habe, antwortet die Pat., daß sie sich meistens etwas Schönes zum Essen ausgesucht habe, insbesondere Tiefkühlkost, die ja etwas teurer sei; Langusten und andere Arten von Fisch habe sie oft gestohlen.

(Der Interviewer hat bei dieser Mitteilung die Vorstellung, daß die Pat. aus dem Norden, von der Küste stammen müsse; erst später wird klar, daß er wahrscheinlich den Geburtsort an der Nordsee bereits auf dem Aktenbogen gelesen hat. Auch von der hochdeutschen Aussprache her läßt sich die nördliche Herkunft vermuten. Der Interviewer behält diese Vermutungen aber vorläufig für sich.)

Frage des Interviewers, ob sie früher schon einmal gestohlen habe.

Die Pat. verneint das erst, doch dann fällt ihr ein, daß sie der Mutter als Kind Geld gestohlen habe. Es sei auch ungerecht gewesen, daß ihr

Bruder immer zwei Mark mehr als sie bekommen habe. Einmal habe sie einer Freundin ein rotes Portemonaie entwendet. Man sei bald darauf gekommen, daß sie es genommen haben mußte, und sie habe es wieder herausgeben müssen. Es hätten jedoch zwei Mark gefehlt, und da habe sie erst gemerkt, daß die wiederum von ihrem Bruder gestohlen worden seien.

Dem Bruder sei es aber auch nicht viel besser gegangen als ihr. Sie seien beide herumgestoßen worden. Die Mutter, die den Vater immer einen Alkoholiker nenne, was aber nicht stimme, habe zur Zeit ihrer Zeugung den Vater nicht mehr geliebt. Damals habe sie sich mit einem anderen Mann gut verstanden, der dann auch noch ihr Patenonkel geworden sei. Ihre Mutter habe sie immer mitgenommen, wenn sie sich mit ihm getroffen habe. Sie habe dann immer mit der dritten Tochter ihres Patenonkels spielen müssen, die zwei Monate älter als sie selbst gewesen sei. Der Onkel habe Jungen auch mehr geschätzt als Mädchen, habe sich dann aber auch um sie gekümmert, und sie habe auf seinem Schoß sitzen dürfen.

(Der Interviewer fragt sich, ob die Pat. in der Phantasie zwei Väter haben könnte.)

Der Onkel habe auf einem Landgut gewohnt. Auf einer Fahrt dorthin (mit dem Onkel?) sei die Mutter schwer verletzt worden. Der Onkel habe dann bei ihrem Vater angefragt, ob er sich scheiden lassen würde, damit er die Mutter heiraten könne, was ihr Vater aber abgelehnt habe. Die Mutter habe sich dann von dem Onkel in der Folgezeit zurückgezogen. Da sei sie konsequent gewesen. Sie sei aber öfter zu ihr (Pat.) gekommen, um bei ihr Unterstützung zu finden, wenn sie mit dem Vater nicht zurecht gekommen sei. Dabei sei es ihr doch so gegangen, daß sie von der Mutter nicht bekommen habe was sie an Zuwendung brauchte. Noch jetzt vertrage sie Zurückweisungen schlecht. Wenn sie ihren Mann etwas frage und dieser lieber seine Zeitung weiterlesen wolle, statt sich ihr zuzuwenden, sei sie sehr gekränkt, auch dann, wenn sie die Reaktion ihres Mannes ganz gut verstehe.

(Nachträglich beim Protokollieren in den zeitlichen Zusammenhang des Interviews nicht mehr sicher einzuordnen, berichtet die Pat. folgende Episode): In einer Buchhandlung sei es ihr kürzlich so gegangen, daß sie zwei Bücher habe kaufen wollen, um sie zu besitzen, was sie dann auch getan habe. Ein drittes Buch sei ihr aufgefallen und sie habe es interessant gefunden. Für dieses hätte sie aber nicht bezahlen wollen, vielmehr hätte sie es gerne so mitgehen lassen. Ihr habe aber eine passende Tasche gefehlt. Sie habe sich dann so geholfen, daß sie das Buch an Ort und Stelle diagonal gelesen hätte, und dann hätte sie es gut liegenlassen können.

Interviewer: Sie haben sich eben den Inhalt des Buches einverleibt. Die Pat. stimmt zu.

Die Pat. berichtet im weiteren über ihren Mann. Sie hätten sich gefunden, als ob es nicht anders hätte sein können. Auf einer Party – sie sei noch Schülerin gewesen, während er noch studiert habe – sei er in einer Gruppe junger Leute gestanden, während sie sich gerade bei einer Unterhaltung gelangweilt habe. Da habe er sie zum Tanzen aufgefordert, sie habe das ganz toll gefunden. Ein Jahr lang sei es dann so hin und her gegangen. Sie habe eine zeitlang nichts mehr gehört, bis er eines Tages wieder angerufen habe. Das sei gerade an ihrem späteren Hochzeitstag gewesen. Es sei dann ziemlich rasch gegangen. Sie habe gewußt, daß sie mit ihm glücklich werden würde.

Die Frage des Interviewers, ob sie glücklich geworden sei, wird glaubhaft bejaht.

Ihr Vater habe recht unglücklich darauf reagiert, als sie ihren Eltern ihre Absicht mitgeteilt habe, er habe nämlich geäußert, daß sie damit rechnen müsse, nicht mehr den gewohnten Lebensstandard zu haben. Sie stamme eben aus einer richtig behüteten Familie, ihr sei es gerade recht gewesen, da etwas herauszukommen.

Die Pat. kommt auf ihre Kinderlosigkeit zu sprechen. Sie seien jetzt sieben Jahre verheiratet. Zwei Fehlgeburten haben sie gehabt. Die Periode sei jetzt ganz unregelmäßig. Nach der Temperaturmethode finde gar kein Eisprung mehr statt. Der Frauenarzt, der sie behandle, habe geäußert, daß wohl auch psychische Faktoren beteiligt seien. Deutlich bewegt, teilt die Pat. weiterhin ihre Überlegungen mit, ein Kind zu adoptieren: Das könne sie nicht, denn sie habe Angst, daß sie zu diesem Kind kein Verhältnis finden könne, da dieses wahrscheinlich so ungewünscht sei wie sie selbst, es sei denn, das Kind sei Vollwaise. Sie habe da Angst, ebenso habe sie Angst vor einer neuen Fehlgeburt, auch vor einem mißgebildeten Kind. Natürlich müsse jede Frau diese Angst bis zur Geburt aushalten.

Interviewer: Wie steht ihr Mann dazu?

Die Pat. antwortet, daß er auch lieber ein Kind von ihr hätte. Wenn sie ein Kind hätte, dann müßte sie sich nicht mit all diesen Problemen herumschlagen.

Interviewer: Sie kommen aber hierher wegen des Stehlens.

Pat.: Das stimme schon. Aber die Kinderlosigkeit sei ihr großes Problem.

Interviewer: teilt der Pat. mit, daß er bei der Mitteilung, daß sie Fisch stehle, gedacht habe, daß sie von der Küste stamme, was sich ja inzwischen bestätigt habe.

Die Pat. führt aus, daß sie wirklich sehr gerne Fisch esse. Der könne jeden Tag auf den Tisch kommen. Anfänglich hätte sie es hier in S. etwas schwer gehabt, hätten jetzt aber einen Bekanntenkreis. Sie seien beide nicht kontaktschwach, gingen auf andere zu. Es sei auch gar nicht so schlecht, daß sie etwas von zu Hause weg seien. Aber die Mutter käme doch zu ihnen, suche einen Rückhalt, was ihr gar nicht so recht sei. Sie sei auch dagewesen, als sie (Pat.) ganz merkwürdig reagiert habe. Mit erheblichem Affekt äußert die Pat.: Meine Mutter, die hat einen Scheiß' gemacht, das ist nicht zu fassen.

Im Schlußteil des Interviews geht die Pat. darauf ein, daß sie schließlich ihrem Mann gesagt habe, daß sie gestohlen habe.

Er habe sie etwas enttäuscht, daß er sie aufgefordert habe, sich zusammenzunehmen. Er frage sie einfach jeden Tag, ob sie wieder gestohlen habe. Sie wolle aber mit ihm reden. Ihr könne es dabei passieren, daß er ihr sage, daß man doch schon am Tag vorher über eine Sache gesprochen habe. Sie sei dann aber noch gar nicht damit fertig. Als sie jetzt in psychoanalytischer Behandlung gewesen sei, sei ihr Mann auf den Psychoanalytiker eifersüchtig geworden.

Als der Interviewer fragte, woher sie wisse, daß sie es in der Beratungsstelle mit einem Psychoanalytiker zu tun gehabt habe, meinte sie, daß sie das vorausgesetzt habe. Fünfmal sei sie dort gewesen; sie sei gelobt worden, wie sie die Probleme aufzuarbeiten gesucht habe. Über die Eifersucht ihres Mannes habe der Therapeut aber gelacht. Da habe sie ihm die Hammelbeine langgezogen; sie habe einen weichen Punkt genau getroffen, was er dann auch zugegeben habe. Er habe auch gesehen, daß es so nicht gehe.

Der Interviewer fragt, ob ihr Mann wisse, daß sie hier sei, was bejaht wird. Auf die Äußerung des Interviewers, daß der Mann sich vielleicht wieder ärgere, meint die Pat., daß er die ganze Sache nicht richtig einsehe.

Die Pat. kommt noch einmal zurück auf die zurückliegende Beratung und äußert, daß sie unterbrochen werden und kritisiert werden wolle.

Der Interviewer weist darauf hin, daß er mehrmals unterbrochen habe (tatsächlich ließ die Pat. wenig Pausen, in denen interveniert werden konnte, so daß Äußerungen des Interviews im vorliegenden Bericht z. T. unterbrechend wirkten).

Pat.: Das habe sie gemerkt. Sie wolle kritisiert werden, um es besser machen zu können.

Interviewer: Sie möchten kritisiert werden, aber es ist ihnen unangenehm, wenn man Sie bestätigt.

Die Pat. antwortet bestätigend.

Bei der Verabredung des Nachgesprächs teilt die Pat. mit, daß sie zu jedem Termin kommen könne, da sie ihre Berufstätigkeit (als medizinisch-technische Assistentin) unterbrochen habe, um sich ganz ihren Schwierigkeiten zu widmen. Sie sei sehr entschlossen, zu einer Klärung ihrer Probleme zu kommen.

(Der Interviewer ist nach dem Interview beeindruckt von der Schilderung der Pat., besonders von der emotionellen Beteiligung, dem Leidensdruck und dem Gesundungswillen.)

Kommentar: Die Leser sind wahrscheinlich ebenso wie der Interviewer beeindruckt von dem Dialog. Der Text spricht weitgehend für sich selbst, so daß sich ein weiterer Kommentar erübrigt.

2.4 Empirische Absicherung

Derartige *Verbatim-Protokolle* aufgrund von Tonbandaufnahmen oder aus dem Gedächtnis, eignen sich hervorragend für die Forschung. Die Interpretationen und deren diagnostische Auswertung können genauso empirisch überprüft werden wie die Äußerungen des Patienten. Es können Vergleiche zwischen verschiedenen Patienten angestellt werden und Vergleiche zwischen verschiedenen Äußerungen desselben Patienten zu verschiedenen Zeitpunkten.

Zur Auswertung eignen sich *inhaltsanalytische Methoden* sowohl qualitativer als auch quantitativer Art. So können die Äußerungen des Patienten durch Experten erneut eingeschätzt werden. Dies eröffnet die Möglichkeit, diese neuen Einschätzungen mit den während des Gesprächs durchgeführten Interpretationen des Psychoanalytikers zu vergleichen. Mit den in der Forschung bereits erprobten quantitativen Methoden können z. B. die während des Gesprächs angesprochenen Angstthemen computerunterstützt maschinell ausgewertet werden (Kächele 1976). Nähe und Distanz zwischen den beiden beteiligten Personen lassen sich mit der sogenannten Aktantenanalyse (Rost 1981) erfassen. Über die Sprache kann auch auf die während des Gesprächs vorhandenen Affekte geschlossen werden (Schöfer 1980); Forschungsansätze, wie sie in einigen psychoanalytischen Zentren der Bundesrepublik und Westberlins, aber auch in Ostberlin, reichlich genutzt werden.

Die große Mehrheit der Psychoanalytiker wählt indessen nach wie vor den von Sigmund Freud begangenen Weg des *Fallberichts*. Dieser geht ganz auf die Einmaligkeit der Person ein und liest sich deshalb wie eine Novelle. Die persönlichen Eigenheiten eines Menschen werden dabei so anschaulich, so bildhaft und so lebendig wie möglich herausgearbeitet. Dadurch kommen ebenso ausdrucksvolle wie eindrucksvolle Bilder eines Menschen zustande, gleichsam Portraits, die die unverwechselbare Individualität des Einzelnen betonen. Die damit verbundene Gefahr besteht in der allzu subjektiven Einschätzung des Schreibers. Weitere Fehlermöglichkeiten sind die unterschiedliche Wahrnehmungsfähigkeit der Analytiker, bezogen auf ein- und dieselbe Situation, die unterschiedliche Wahrnehmungsverarbeitung, das unterschiedliche Gedächtnis und Erinnerungsvermögen.

Traditionell empirisch eingestellte Forscher verwerfen daher das Gedächtnisprotokoll völlig und lassen lediglich diejenigen Methoden gelten, deren Datengewinnung und -auswertung kontrollierbar, überprüfbar und damit objektivierbar sind. Dennoch hat die intensive Fallstudie ihren Wert in der Forschung. Die individuellen Feinheiten eines Einzelnen können nämlich durch keine noch so raffinierten Testverfahren und Fragebogen erfaßt werden. Hier hat das psychoanalytische „Interview" und der ausführliche, ins Detail gehende Bericht darüber nach wie vor seinen Platz in der Forschung.

Der Subjektivitätsgrad des Berichts kann reduziert und der Objektivitätsgrad kann erhöht werden, wenn die einzelnen Schritte des Gesprächs auch im Gedächtnisprotokoll so genau wie möglich nachvollziehbar sind und wenn eine klare Trennung vorgenommen wird zwischen a) dem *Bericht* über den Ablauf des Gesprächs und dessen einzelne Phasen und b) der *Interpretation* des „Interviews". Der Objektivitätsgrad wird weiter erhöht, wenn c) die Interpretationen in wissenschaftlicher Argumentation *im einzelnen belegt und begründet* werden.

Eine weitere Verfeinerung der diagnostischen Methode der Psychoanalyse ist die sogenannte *Supervision:* Der Psychoanalytiker spricht nach dem Gespräch über seine Eindrücke und Interpretationen mit einem Experten, der sich seinerseits in die Situation einfühlt und sich dabei sowohl mit dem Patienten als auch mit dem Psychoanalytiker versuchsweise identifiziert. Mit dieser Supervisionsmethode können blinde Flecken des Psychoanalytikers entdeckt und nicht zutreffende Interpretationen korrigiert werden. Der Objektivitätsgrad wird weiter erhöht, wenn *eine ganze Gruppe von Experten* über das stattgefundene

„Interview" diskutiert. Dadurch können Lücken, die ein einzelner Supervisor übersehen hat, durch die anderen Experten entdeckt und ausgeglichen werden. Es hat auch mehr Beweiskraft, wenn z. B. fünf Analytiker eine Sequenz des Gesprächs übereinstimmend beurteilen, als wenn dies nur zwei tun oder, wie üblich, der Analytiker allein.

Schließlich können die Interpretationen des Psychoanalytikers *mit Hilfe von Testverfahren gestützt oder widerlegt* werden. Wenn die Ergebnisse der Testuntersuchungen z. B. in dieselbe Richtung weisen wie die Interpretationen des Psychoanalytikers, dann bestätigen sie diese damit. Das Ergebnis der Testuntersuchung hat dann dieselbe Funktion wie das Resultat eines Röntgenbildes; nämlich die, die diagnostische Einschätzung des Experten zu unterstützen oder zu widerlegen. Es erscheint daher sinnvoll, sich in einem weiteren Abschnitt psychologischen Testverfahren zuzuwenden, die die psychoanalytische Diagnostik in zweifacher Weise bereichern, nämlich a) dadurch, daß sie zur psychoanalytischen Diagnostik psychologische Gesichtspunkte hinzufügen und b) dadurch, daß das qualitative und damit subjektive psychoanalytische „Interview" durch quantitative und damit objektivierbare Tests ergänzt wird.

3. Psychoanalytisch orientierte Testverfahren

3.1 Qualitative Verfahren

Am besten bekannt ist der Rorschach-Test mit seinen Tintenklecksbildern. Er wurde durch Roy Schafer (1954) psychoanalytisch aufbereitet. Die Äußerungen der Probanden, die auf die vorgezeigten Tintenklecksbilder reagieren, werden nicht nur psychologisch interpretiert und ausgewertet, sondern auch psychoanalytisch. Zunächst wird möglichst wörtlich protokolliert, was der Proband gesagt hat. Darauf folgt ein Kommentar, in dem die Äußerungen des Probanden auf dem Hintergrund der psychoanalytischen Theorie, insbesondere deren Persönlichkeitstheorie und Krankheitslehre, ausgewertet werden. Dabei werden nicht nur die Qualitäten der Äußerungen berücksichtigt, sondern vor allem auch die formalen Abläufe: Ob das Bild als Ganzes oder nur in Teilen gedeutet wurde, ob ungewöhnliche Details benannt wurden oder ob Farbauffälligkeiten vorkamen. Die Inhalte werden in einer thematischen Inhaltsanalyse genauer unter die Lupe genommen. Äußerungen über bedrohliche Tiere, freundliche Menschen, friedliche Szenen oder über Blut und Schrecken werden dann ebenso subjektiv und qualitativ interpretiert wie objektiv und quantitativ. Die quantitative Dimension besteht darin, daß man zählt, und zwar die Zeit, die ein Proband braucht, um auf ein Bild zu reagieren, ferner die Zahl der Antworten, die Zahl der Ganz-Antworten oder Teil-Antworten. Dabei wird der vorliegende Befund stets mit einem Durchschnittsbefund verglichen, der dadurch gewonnen wurde, daß man eine große Zahl von Menschen (die Gesamtpopulation) untersucht hat und daraus Mittelwerte bildete. Auf diese Weise ist es möglich, besondere Ängste, spezielle Abwehrmechanismen und die spezifische Art der Konflikte relativ genau herauszufinden.

Patienten mit klassischen Neurosen (vgl. VI.2) weisen z. B. relativ gut funktionierende Abwehrmechanismen wie Verdrängung, Affektisolierung oder Reaktionsbildung auf. Patienten mit schizophrenen Symptomen (vgl. VI.4) lassen auch im Rorschach-Test erkennen, daß sie die Wirklichkeit mehr oder weniger nicht mehr so wahrnehmen, wie sie ist, daß also die Phantasie mit ihnen „durchgeht". Sie können keine Zusammenhänge mehr erkennen und wissen vor akuten Details nicht mehr ein und aus. Bei Alkoholikern und Drogenabhängigen finden wir im Rorschach-Test Hinweise auf Oralität, wenn z. B. viel von „bekommen, verschlingen oder vereinnahmen" die Rede ist. Bei narzißtischen Persönlichkeitsstörungen und Borderline-Fällen zeigen sich entsprechende (vgl. VI. 3) narzißtische Phänomene, typische Störungen der frühen Objektbeziehungen, stark regressive Tendenzen und eine hohe Affektlabilität.

Andere projektive Testverfahren, die die Diagnose des Psychoanalytikers bestätigen oder widerlegen, auf jeden Fall aber ergänzen können, sind der TAT (*Thematic Apperzeption Test*) und ORT *(Object Relations Test)*. Dem Patienten werden Bilder vorgelegt, die einen sehr starken Aufforderungscharakter haben, weil sie unbewußte Inhalte berühren, die in jedem Menschen vorhanden sind; z. B. Trauer über einen Verlust, Ausgeschlossensein, Liebe, Streit, Glück und Tod.

Alle genannten projektiven Testverfahren sind besonders geeignet, gerade wegen ihres Aufforderungscharakters, unbewußte Bereiche in der getesteten Person anzurühren. Es sind Bereiche, die während eines einstündigen „Interviews" häufig allein deswegen nicht berührt worden sind, weil sich die Interviewer im allgemeinen wohlwollend und freundlich verhalten.

Neben der Reaktion auf die vorgezeigten Bilder kommt es während der Testuntersuchung auch zu einer Reaktion auf das Verhalten der Person, die den Test durchführt. Insofern ist das Ergebnis der Testuntersuchung nie situationsunabhängig. Der Proband projiziert nicht nur *in die Bilder* der ihm vorgelegten Tests, sondern auch *in die Person* des Untersuchers. Genaugenommen geht es somit um *zwei* Dimensionen der Projektion.

Stets geht auch das Verhalten des Untersuchers in das Ergebnis mit ein. Es ist daher sehr wichtig, dies im Kommentar unter besonderer Berücksichtigung der Beziehung zwischen Proband und Untersucher herauszustellen. Die Testsituation an sich löst verständlicherweise leicht Reaktionsmuster aus, in denen der Untersucher als Prüfer, Urteiler, Richter, Lehrer, jedenfalls als Autorität erlebt wird, der gegenüber man sich selbst eher unsicher, exponiert und in seiner Selbstbestimmung eingeschränkt erlebt. Sehr leicht wird auch Mißtrauen ausgelöst, weil die getestete Person ja nicht weiß, was der Untersucher alles aus den Antworten heraushört. So wird das Testergebnis völlig anders ausfallen, je nachdem, ob der Untersucher äußerst unnahbar oder streng vorgeht oder freundlich und zugewandt. So wie der Proband auf das Verhalten des Untersuchers reagiert, so reagiert natürlich der Untersucher auch auf das Verhalten des Probanden. Insofern ist die Testuntersuchung selbst ein Feld, in dem wechselseitige Übertragungen (vgl. VIII.4.2) eine große Rolle spielen[1]. Die Übertragungs- und Gegenübertragungs-Prozesse zwischen testender und getesteter Person verdienen daher in Ergänzung zur Beschreibung und Interpretation der Prozesse, wie sie zwischen getesteter Person und Testmaterial ablaufen, ganz besonders beachtet zu werden.

3.2 Quantitative Verfahren

An quantitativen Testverfahren, die sich als ergänzende Methoden in der psychoanalytischen Diagnostik bewährt haben, nenne ich zuerst den seit 1972 bewährten *Gießen-Test*, entwickelt von Dieter Beckmann und Horst-Eberhard Richter. Der Test umfaßt über 40 Fragen (psychologisch: Items) und erlaubt bei mittlerer Reliabilität und Validität ein recht fundiertes Urteil über sich selbst und andere Menschen. Er erlaubt eine Aussage darüber, wie sich jemand selbst subjektiv fühlt, ob er sozial geschätzt oder eher unbeliebt ist, ob er andere dominiert oder sich eher unterwirft, sich selbst streng kontrolliert oder dazu neigt, in jeder Hinsicht großzügig zu sein. Der Test zeigt, ob sich jemand eher depressiv fühlt oder in guter Stimmung ist, ob jemand von sich glaubt, leicht aus sich herauszugehen oder sich eher zu verschließen und schließlich, ob jemand von sich denkt, daß er/sie geschickt in sozialen Beziehungen mit anderen umgehen kann oder sich hierbei eher als unfähig erweist.

Umfangreiche Untersuchungen der Gießener Forschergruppe zeigen, daß hier signifikante Unterschiede zwischen Frauen und Männern, Älteren und Jüngeren, Medizinstudenten und Philosophiestudenten, zwischen Gesunden und neurotisch Kranken, zwischen Patienten mit psychosomatischen Symptomen und Drogenabhängigen, zwischen Delinquenten und Patienten mit Perversionen bestehen. Damit erlaubt der Test ziemlich genaue Zuordnungen eines untersuchten Patienten im Hinblick auf eine bestimmte Krankheitsgruppe. Er gestattet Vergleiche zwischen den unterschiedlichsten Patientengruppen zur gleichen Zeit und innerhalb ein und derselben Gruppe zu verschiedenen Zeiten. Darüber hinaus können die Testergebnisse sowohl auf Item-Ebene als auch auf Skalen-Ebene individuell interpretiert werden im Hinblick auf vorherrschende Ängste, Abwehrmechanismen und Konflikte, so daß nach Beschreibung und Auswertung der Ergebnisse ein ähnliches Bild entstehen kann wie nach Beschreibung und Interpretation eines psychoanalytischen Gesprächs.

In den letzten drei Jahren machten drei weitere quantitative Tests von sich reden:

1. Der *FAPK*, der *Fragebogen zur Abschätzung des psychosomatischen Krankheitsgeschehens*, 1981 von Claus Koch vorgelegt. Bei seiner Entwicklung standen die psychoanalytischen Theorien über die Entstehung psychosomatischer Störungen Pate. Von den zehn vorliegenden Skalen sind besonders wichtig

– Skala 2, die eine Einschätzung darüber zuläßt, inwieweit die Phantasietätigkeit eingeschränkt ist,

– Skala 3, in der die emotionale Beziehungsleere zum Ausdruck kommt oder nicht, sowie

– die Skalen 5 und 6, in denen die unbewußte Aggressivität bzw. deren Hemmung erfaßt wird.

Die anderen Skalen sind für die Diagnose psychosomatischer Merkmale nicht so entscheidend.

2. Der *Narzißmusfragebogen*, 1985 von Deneke & Müller veröffentlicht, zwar noch in Entwicklung begriffen, aber schon mit Erfolg in Gebrauch. Mit diesem quantitativen Test können die Merkmale narzißtischer Persönlichkeitsstörungen, wie wir sie in Kapitel VI.3.1 beschrieben haben, in entsprechenden Items erfaßt, in Skalen abgebildet und statistisch ausgewertet werden[2]. In Dimension I sollen diejenigen Merkmale erfaßt werden, die für das Gefühl der Bedrohung der eigenen Person charakteristisch sind, also Hilflosigkeit, Ohnmacht und Angst. Das entsprechende Item lautet z.B.: „Ich fühle mich oft in einem schlecht zu beschreibenden Zustand von innerer Leere, wie gelähmt". Die eigene Zerbrechlichkeit ist in einer anderen Frage enthalten: „Oft fühle ich mich wie ein Glas, das bei der kleinsten Berührung zerspringen könnte". Der selbstzerstörerische Aspekt ist z.B. in folgendem Item enthalten: „Manchmal ist es schon erschreckend, wie heftig ich gegen mich wüten kann." Der weniger bei narzißtischen Persönlichkeitsstörungen, eher bei Borderline-Persönlichkeiten (vgl. VI.3.2) drohende Affekt- und Impulskontroll-Verlust zeigt sich z.B. in hohen Werten bei folgendem Item: „In manchen Zeiten bin ich so maßlos gereizt, daß ich fürchten muß, jede Kontrolle über mich zu verlieren."

Gefühle eigener Kleinheit kommen in folgender Formulierung zum Ausdruck: „Es ist manchmal nicht zu ertragen, wenn man merkt, was für ein kleines Licht man ist" oder in dem Item: „Man kann sich furchtbar schämen, wenn man glaubt, versagt zu haben." Die soziale Isolierung zeigt sich in dem Satz: „Ich meide Feste, weil ich mich ohnehin nur als Außenseiter und Fremder fühlen würde." Die Größenideen über sich selbst sind in folgender Frage erfaßt: „Andere würden sich wundern, wenn sie wüßten, was wirklich an Begabungen in mir steckt", die narzißtische Wut in der Formulierung: „Innerlich koch ich, wenn ich nicht die Anerkennung kriege, die ich verdient habe", oder die Abwertung anderer in dem Item: „Man muß den meisten Menschen gegenüber auf der Hut sein, dann können sie einem auch nicht gefährlich werden."

3. Der *Fragebogen zur Erfassung von Aggressivitäts-Faktoren (FAF)*[3]. Es wurde aus dem Freiburger Persönlichkeitsinventar entwickelt und gibt sehr gut darüber Auskunft, welche Art von Aggressivität im Moment der Untersuchung bei einem bestimmten Patienten vorhanden ist und welche nicht. Nach psychologischen und psychoanalytischen Theorien finden wir gerade bei psychosomatischen Krankheiten (vgl. VI.5) hohe Werte für gehemmte Aggressivität und niedrige Werte für nach außen gerichtete Aggressivität. Während der Behandlung kann sich dies aber sehr leicht ändern: Kommen nämlich die unbewußten aggressiven Affekte im Laufe der Symptomheilung zum Ausdruck, dann ändert sich das Bild: Wir finden dann hohe Werte für direkt ausgedrückte Aggressivität und niedrige für Aggressionsgehemmtheit.

Damit lassen sich quantitative Testverfahren, wie die hier unter 1., 2. und 3. genannten Methoden, sehr wohl im Bereich der psychoanalytischen Diagnostik anwenden: Die quantitativen Testverfahren erfassen freilich nicht die unbewußten Prozesse. Dies ist aber indirekt über das psychoanalytische „Interview" und mit Hilfe projektiver Tests möglich. Die quantitativen Tests erlauben aber insofern eine Kontrolle über die Wirkung psychoanalytischer Behandlungen, als damit tatsächlich vorhandene Unterschiede im Vor- und Nachvergleich objektiviert werden können. *Das sonst wegen seines hohen Subjektivitätsgrades immer zweifelhafte Urteil des Psychoanalytikers, der die Behandlung selbst durchführt, kann somit durch objektive Untersuchungsverfahren abgesichert werden.* Diese Möglichkeit sollte im Interesse größerer Objektivität von Psychoanalytikern ruhig mehr genutzt werden.

VIII.
Psychoanalytische Behandlungs- und Beratungsverfahren

1. Abgrenzung gegenüber anderen Therapieformen

Heute ist die Psychoanalyse gegenüber der Zeit vor 20 Jahren eine Methode neben vielen anderen. Der Psychologie-Student lernt während seines Studiums vor allem die *Verhaltenstherapie* kennen: systematische Desensibilisierung, Selbstsicherheitstraining, aversives Konditionieren und operantes Konditionieren. Daneben spielt die *Gesprächspsychotherapie* eine wichtige Rolle. In Hamburg z. B. kann man darin schon während des zweiten Studienabschnittes nicht nur theoretisch, sondern auch praktisch ausgebildet werden.

Damit ist die Psychoanalyse nicht mehr das einzige Behandlungsverfahren, das Psychologen heute kennenlernen. Wenn überhaupt, finden sie erst *nach* dem Studium zur Psychoanalyse. Ich kenne manche Psychologen, die zuerst die Verhaltenstherapie und Gesprächspsychotherapie und weitere Behandlungsmethoden ausprobiert hatten, dabei aber nicht voll zufrieden waren und dann erst auf die Psychoanalyse kamen.

Eine gegenüber früher geänderte Ausgangslage erfordert eine neue Darstellung des psychoanalytischen Verfahrens. Ich gehe daher primär von Verhaltenstherapie und Gesprächstherapie aus und grenze dann sekundär die Psychoanalyse davon ab. Dies mag ein für die Leser vielleicht ungewohntes Vorgehen sein. Es spiegelt aber die heutige Realität der Psychologie wieder.

1.1 Verhaltenstherapie

Die Verhaltenstherapie ist in logischer Konsequenz aus der experimentell begründeten *Lerntheorie* hervorgegangen. Sie hat sich im Laufe ihrer Entwicklung immer mehr differenziert und präzisiert. Sie umfaßt verschiedene praktische Methoden, die *direkt beobachtbar* sind und die auf eine in sich logisch konsistente und grundsätzlich widerlegbare Theorie zurückgeführt werden können.

Die *Forderung nach objektiver Überprüfung* durch Experimente wird sehr ernst genommen. Demnach steht die Verhaltenstherapie eindeutig in der Linie der naturwissenschaftlich begründeten experimentellen Psychologie, in der allgemeingültige Gesetzmäßigkeiten auf den Einzelfall angewandt werden.

Psychische Störungen lassen sich im Labor erzeugen und beheben. Sie folgen einem einfachen Reiz-Reaktions-Schema. Die Verhaltenstherapie ist daher leicht lehr- und lernbar. So ist z. B. die Phobie in der Sicht der Verhaltenstherapie eine unangepaßte, konditionierte Reaktion, die in einer peinlichen oder angstauslösenden Situation erworben wurde. Phantasien, verdrängte Wünsche oder Abwehrmechanismen spielen keine Rolle. Die Ursachen liegen in der Sicht der Verhaltenstherapie nicht in der Kindheit, sondern in der *Gegenwart*. Der Verhaltenstherapeut fragt nicht nach einer möglichen symbolischen Bedeutung eines Objektes, vor dem jemand Angst hat, sondern allenfalls nach den Auslösern und nach den Konsequenzen. Die Verhaltenstherapie hat das Ziel, das inadäquate Verhalten durch adäquates Verhalten zu ersetzen.

Im krassen Gegensatz zur Verhaltenstherapie legt die Psychoanalyse gerade auf die inneren unbewußten Prozesse großen Wert. Sie interessiert sich gerade für das, was *in* der Person vor sich geht. Sie setzt deswegen eine kompliziertere Persönlichkeitstheorie voraus, von der die therapeutischen Interventionen abgeleitet werden.

Trotzdem gibt es auch einige Gemeinsamkeiten zwischen Verhaltenstherapie und Psychoanalyse: Beide Verfahren versuchen, etwas zuvor Unverständliches in etwas Verständliches zu übersetzen. Beide Methoden finden in einer sozialen Beziehung statt, in der etwas bislang Schädigendes unschädlich gemacht und in etwas Nützliches umgewandelt werden soll. Versuch und Irrtum sind in beiden Methoden mit im Spiel, ebenso die wiederholte Überprüfung der erreichten Erfolge an der Realität, wenngleich dies auch in der Psychoanalyse lange nicht so systematisch erfolgt wie in der Verhaltenstherapie.

Während von den meisten Psychoanalytikern die gravierenden Unterschiede zwischen Verhaltenstherapie und Psychoanalyse herausgestellt werden, so z.B. von Hans-Volker Werthmann in der „Zeitschrift für psychosomatische Medizin und Psychoanalyse"[1], werden von anderen Autoren Möglichkeiten der Synthese oder zumindest der gegenseitigen Ergänzung gesucht und gefunden. Der klinische Psychologe und Psychoanalytiker Rainer Krause[2] z.B. hat eine effektive Kombination verhaltenstherapeutischer und psychoanalytischer Methoden bei der Therapie von Stotterern entwickelt. Auf der anderen Seite finden Annäherungen seitens der Verhaltenstherapie gegenüber der Psychoanalyse statt, wenn die klinische Psychologin Eva Jaeggi[3] in der aus der Verhaltenstherapie entwickelten kognitiven Therapie die psychische Störung nicht nur logisch als einen spezifischen „Denkfehler" ansieht, sondern auch als Folge irrationaler Gedanken und Zwiespältigkeiten, die dem betreffenden Menschen nicht klar sind.

Die Ähnlichkeiten zwischen Verhaltenstherapie und Psychoanalyse erscheinen noch größer bei E. Hand (1986). Er führt zuerst eine konsequente Problemanalyse durch, in der die einzelnen Bedingungen, Funktionen, Motivationen und Beziehungen eines gestörten Verhaltens gründlich analysiert werden. Dabei werden neben bewußten Funktionsvariablen sogar „nicht-bewußte" Funktionsvariablen unterschieden (vgl. Rosenbaum und Merbaum 1984). Deren „Bedeutung" wird in der Therapie herausgearbeitet.

Damit wird in psychoanalytischer Perspektive bis in die Sprache hinein etwas festgestellt, was in der Psychoanalyse seit langem bekannt ist. Dies einzuräumen, ist man aber im Lager der Verhaltenstherapie keineswegs geneigt. Sehr eindrucksvoll belegt dies die Feststellung: „Die Annahme oder Unterstellung nicht-bewußter oder nicht-gewußter Intentionen beinhaltet nicht die Übernahme analytischer Konstrukte unbewußter

Handlungsmotivation, sondern ist lediglich pragmatisches Mittel zum therapeutischen Zweck einer spekulativ-kreativen Funktionsanalyse" (Hand 1986, S. 289).

Der Psychologe Paul Wachtel ist in seinem Buch *Psychoanalyse und Verhaltenstherapie. Ein Plädoyer für ihre Integration* (1981) weniger ängstlich und scheut sich nicht, z. B. eine nicht erfolgreich gebliebene Verhaltenstherapie einer Phobie durch eine Psychoanalyse zu ergänzen, indem nach der unbewußten Bedeutung des angsterregenden Gegenstandes gefragt wird. Umgekehrt sollten sich aber auch Psychoanalytiker nicht scheuen, einen erfolglos behandelten Fall einem Diplom-Psychologen zur Verhaltenstherapie zu überweisen, wenn z. B. die zahlreichen herausgefundenen unbewußten Bedeutungen eines Zwangs oder einer Verhaltensstörung wie Stottern nicht zum gewünschen Erfolg geführt haben. Ich plädiere daher eindeutig für eine gegenseitige Ergänzung von Verhaltenstherapie und Psychoanalyse.

1.2 Gesprächspsychotherapie

Die Gesprächspsychotherapie beruft sich ebenso wie die Verhaltenstherapie auf die experimentelle Psychologie. Sie spricht von Therapeuten-, Klienten- und Situationsvariablen, beschreibt klinische Phänomene, setzt Behandlungsziele fest und kümmert sich besonders um die Kontrollmethoden der Behandlung. Das Aufdecken unbewußter Inhalte interessiert dagegen nicht. Wichtig sind die drei von Carl R. Rogers (1957) herausgearbeiteten „Basisvariablen":
1. echtes, mitmenschliches Reagieren,
2. warmherziges, bedingungsloses Akzeptieren und Verstehen des Klienten und
3. Verbalisieren von dessen Gefühlen.

In Übereinstimmung mit der Psychoanalyse wird die Selbsterfahrung des Therapeuten als wesentlich angesehen. Zuweilen wird auch davon gesprochen, daß es wichtig sei, die Bedeutung der Gefühle und deren Sinn zu erfassen, um eine „Verhaltensmodifikation" zu erzielen. Betont wird das Nicht-Direktive an der Therapie. Es wird in keiner Weise dirigiert, angeleitet oder auf eine bestimmte Richtung hingearbeitet. Dies steht in scharfem Kontrast zur Verhaltenstherapie. Der Klient selbst weiß am besten, was ihm fehlt und wohin der Weg geht. Der Gesprächspsychotherapeut braucht ihn auf diesem Weg lediglich zu begleiten und ihm seine Gefühle zu benennen.

Eine wichtige Intervention ist z. B. die Frage: „Wie fühlst du dich im Moment?" oder „Beunruhigt dich etwas?" oder „Fühlst du dich allein gelassen?". Dabei vertraut der Gesprächspsychotherapeut auf die Selbstverwirklichungstendenz im Klienten.

Wiederholungen früher Beziehungsmuster, wie sie die Psychoanalyse in ihrem Übertragungs-Konzept betont, werden negiert oder als schädlich angesehen. Sie sind deswegen zu vermeiden. Es ist auch nicht nötig, nach der unbewußten Bedeutung eines Verhaltens oder nach den dahintersteckenden Konflikten zu fragen. Damit entfällt, in gesprächspsychotherapeutischer Sicht, der gesamte *Popanz*[*] der psychoanalytischen „Heiligen Kühe": Widerstand, Wiederholungszwang, Übertragung und Gegenübertragung. Von psychoanalytischer Seite[4] wird die Gesprächspsychotherapie allenfalls als eine psychologische Gesprächstechnik angesehen, nicht aber als Psychotherapie, da sie „weder über eine Theorie psychischer Erkrankungen, noch über krankheits- oder fallbezogene therapeutische Techniken" verfügt.

Dies stimmt nicht ganz, denn von gesprächspsychotherapeutischer Seite wird durchaus eine Persönlichkeitstheorie und sogar eine Theorie ihrer Therapie vorgelegt, und zwar von Carl R. Rogers persönlich geschrieben (1959). Im Hinblick auf die Interventionen gegenüber dem Klienten werden auch Konfrontationen, in denen auf Diskrepanzen zwischen realem und idealem Selbstbild des Klienten hingewiesen wird, genau wie in der Psychoanalyse , verwendet. Jedoch werden auch hier Ähnlichkeiten mit der Psychoanalyse ängstlich gemieden.

---

[*] Ein Ausdruck aus einem gemeinsam mit K. Heinerth im Wintersemester 1976/77 abgehaltenen Seminar mit dem Thema „Psychoanalyse und Gesprächspsychotherapie – Gemeinsamkeiten und Unterschiede".

1.3 Sonstige psychotherapeutische Methoden

Die von Eric Berne entwickelte *Transaktions-Analyse* (1974) betont drei Ich-Zustände, nämlich neben dem Erwachsenen-Ich ein Kindheits- und Eltern-Ich, sieht im konflikthaften Verhalten zwischen Menschen „Spiele", in denen einer mit dem anderen etwas macht, wie z. B. „tritt mich" oder „jag mich fort". Insofern werden, ähnlich wie in der Psychoanalyse, stereotype Erlebens- und Verhaltensmuster herausgearbeitet, ja, es wird dem Patienten sogar ein „Skript" als „unbewußter Lebensplan" bewußt gemacht, so daß die transaktionale Analyse als Therapie wie eine vereinfachte Psychoanalyse erscheint. Theorie und Methode der Transaktions-Analyse sind am besten von Leonhard Schlegel in Band 5 von *Grundriß der Tiefenpsychologie* (1979) beschrieben.

In der *Gestalttherapie* werden blockierte innere Kräfte im Spiegel der Körpersprache entdeckt. Da wird Kontakt mit inneren Botschaften, Bildern und Szenen aufgenommen. Da werden sogar Widerstandsphänomene interpretiert, wie in der Psychoanalyse; der Klient wird einfühlend begleitet, wenngleich die unbewußten Inhalte nicht wie in der Psychoanalyse gedeutet werden (vgl. Hartmann-Kottek-Schröder 1986).

In der *Bio-Energetik* wird, wie es im Untertitel eines Buches von Alexander Lowen (1979) heißt, die Seele durch Arbeit mit dem Körper behandelt: Lowen folgt hier Wilhelm Reich, für den die körperliche Haltung, z. B. eine bestimmte Verkrampfung der Schulter, entscheidend war. Das Leben des Körpers ist Fühlen. Die Sprache des Körpers muß verstanden werden. Nur so läßt sich bio-energetisch eine bessere Kommunikation zwischen Körperinnerem, Charakter und Außenwelt erzielen. Die Verbindungen zur Psychoanalyse, insbesondere zu Wilhelm Reichs *Charakteranalyse* (1933), sind unübersehbar, werden auch eingeräumt und als wichtig erachtet.

Auch die bei uns als „Urschrei-Therapie" bekannt gewordene *Primärtherapie* Arthur Janovs (1970), gibt ihre Verwandtschaft mit der Psychoanalyse zu. Der Patient regrediert in bislang unbewußte und von ihm abgewehrte Regionen des Schmerzes, der Verzweiflung, der Angst oder der Wut. Auf diese Weise entdeckt er den „Urschmerz", die extremen Versagungen seiner frühesten Kindheit. Er wird dadurch geheilt, daß er derartige unerfreuliche Versagungen während des (wie es im Jargon der Primärtherapeuten heißt) „primelns" wieder erlebt. Jetzt kann er den bislang unterdrückten „Urschrei" loswerden, hemmungslos weinen und zornig werden, ohne fürchten zu müssen, deswegen ewig ungeliebt zu sein*.

Die Parallele zur Psychoanalyse in der Betonung von Regression, Wiedererleben und neuer Erfahrung sind frappierend. In gewisser Beziehung geht die Primärtherapie sogar weiter als die Psychoanalyse, wenn sie mit Hilfe der Gruppe in viel längeren Zeiteinheiten und, unterstützt durch den abgedunkelten Behandlungsraum, tiefere und länger dauernde Regressionen, punktuell effektivere Veränderungen ermöglicht als die klassische Psychoanalyse.

Trotzdem scheinen, wie eingangs gesagt, alle diese Therapieformen nicht immer voll zu befriedigen: Die Verhaltenstherapie blendet die unbewußten Bedeutungen unseres Verhaltens, unsere inneren Konflikte und die unbewußte Bedeutung des Therapeuten für den Klienten völlig aus. Die Gesprächspsychotherapie sieht zwar die große Bedeutung der Therapeutenvariable und der Gefühle des Klienten, hält aber die Notwendigkeit der Wiederholung unbewußter Interaktionsmuster in Übertragung und Gegenübertragung für entbehrlich und sogar schädlich. Lediglich die Transaktionsanalyse, in Grenzen die Bioenergetik und, am stärksten ausgeprägt, die Primärtherapie, stimmen mit der Psychoanalyse darin überein, daß als Ursachen psychischer Störungen nicht bewältigte Erfahrungen in früheren Beziehungen Spuren hinterlassen haben, *die ohne eine Wiederbelebung dieser Beziehungsmuster nicht verändert werden können.* Damit ist schon ein wichtiges psychoanalytisches Prinzip genannt.

---

* Auch der Psychologe und Psychoanalytiker Albert Görres hat in München in der Universitätsklinik Rechts der Isar bis zu seiner Emeritierung Primärtherapie neben Psychoanalyse praktiziert.

2. Die Voraussetzungen des psychoanalytischen Verfahrens

2.1 Auf Seiten des Analytikers

Neben dem situativen Faktor des Ortes der psychoanalytischen Praxis und der Methode der Psychoanalyse spielt der Persönlichkeitsfaktor des Psychoanalytikers (die Therapeuten-Variable der Gesprächspsychotherapie) ein zentrale Rolle, die jedoch in der psychoanalytischen Literatur viel zu sehr vernachlässigt wird. Diesem Umstand möchte ein in jüngster Zeit veröffentlichter Sammelband mit Beiträgen international prominenter Psychoanalytiker abhelfen (Kutter et al. 1988). Der *Psychoanalytiker sollte sich als subjektiver Faktor selbst gut kennen.* Daher ist die Lehranalyse unverzichtbarer Bestandteil der Weiterbildung, denn hier hat der angehende Psychoanalytiker Gelegenheit, sich von vielen Seiten her selbst sehen zu lernen, ungelöst gebliebene Konflikte im nachhinein zu lösen und dadurch zu einem größeren Grad an Selbsterkenntnis zu kommen. Er kann sich damit selbst und – in Analogie zu sich – auch andere Menschen besser seelisch einschätzen. Dies gilt gleichermaßen für psychologisch und medizinisch vorgebildete Psychoanalytiker.*

Eine gute Lehre für angehende Psychoanalytiker ist neben der Lehranalyse der Besuch von gruppendynamischen Laboratorien. Hier haben sie Gelegenheit, zu erfahren, wie sie sich

---

* Was die Vorbildung der Psychoanalytiker betrifft, war ich früher der Meinung, daß die ärztliche Tätigkeit mit ihrer Verantwortung für kranke Menschen die bessere Voraussetzung für die psychoanalytische Haltung ist. Inzwischen habe ich nach über zehn Jahren Ausbildung von Psychologen am Institut für Psychoanalyse in Frankfurt gelernt, daß das Studium der Psychologie auch seine Vorzüge hat. Die Studierenden befassen sich immerhin ausschließlich mit Psychologie, d. h. mit der Lehre vom Verhalten und Erleben des Menschen. Dabei besteht allerdings die Gefahr, daß die Überbetonung von Statistik und Methodenlehre den Blick auf das Subjekt Mensch genauso verstellt, wie dies die Konzentration auf Krankheitseinheiten und Arzneimitteltherapie für die Mediziner tun.

tatsächlich verhalten, z. B. anmaßend, überheblich und herablassend oder unterwürfig, angepaßt und ängstlich. Nicht professionell deformierte, ganz unbefangene Teilnehmer eines gruppendynamischen Laboratoriums können einem in entwaffnender unverblümter Weise viel eher ins Gesicht sagen, was man tut, was man unterläßt und vor allem, wie man es tut oder unterläßt. Das sind Konfrontationen, die ihre Wirkung nicht verfehlen, vor allem, wenn sie mehrere Personen äußern. Kennen die Psychoanalytiker auf diese Weise ihre Stärken und Schwächen, dann wissen sie auch besser, warum ihre Patienten so oder so auf sie reagieren. Das Verhalten ihrer Patienten ist nämlich zu einem nicht geringen Teil auch vom eigenen Verhalten abhängig; ein Punkt, auf den ich noch zurückkommen werde. Die Grundregel des Psychoanalytikers ist die *Abstinenz*, d. h. die Zurückhaltung gegenüber privaten Gefühlen in Beziehung zum Patienten.

2.2 Auf Seiten des Patienten

Der ideale Patient leidet nicht nur an seinen Symptomen und hat eine Vorstellung davon, daß sein Leiden mit seelischen Ursachen zu tun hat, er ist auch bereit, sich selbst am Aufdecken der Hintergründe seines Leidens aktiv zu beteiligen. Je besser der Patient im psychoanalytischen *Arbeitsbündnis* (Greenson 1967) mitarbeitet, umso besser ist die Aussicht auf Erfolg. Zur Mitarbeit gehört vor allem die Bereitschaft, der *Grundregel* der Psychoanalyse zu folgen, nämlich, alles zu sagen, was einem gerade in den Kopf kommt, d. h. also: *frei zu assoziieren*, ohne sich durch irgendwelche Hemmungen, Ängste, Scham- oder Schuldgefühle beeinträchtigen zu lassen. Dies setzt ein gehöriges Vertrauen in den Psychoanalytiker voraus, ein Vertrauen, das natürlich von vorneherein nicht vorhanden ist, sondern erst im Laufe der gemeinsamen Arbeit entstehen muß. Um den Lesern ein lebendiges Bild zu machen, wie der Psychoanalytiker zu Beginn der Psychoanalyse klärt, ob auch günstige Voraussetzungen für einen produktiven analytischen Prozeß auf Seiten der Patientin gegeben sind, hier *ein kurzes Beispiel:*

Analytiker: Ich versuche Sie zu verstehen, ich möchte gerne in Zusammenarbeit mit Ihnen herausfinden, weshalb Sie so leiden müssen.

Patientin: Ja, helfen Sie mir denn nicht auch?

Analytiker: Ich helfe Ihnen schon, biete Ihnen aber keine Patentlösung an. Es sind nicht die Symptome, die interessieren, sondern die psychischen Hintergründe. Würden Sie sich denn dafür auch interessieren?

Patientin: Ja, ich habe aber Zweifel, ob ich dies kann.

Analytiker: Ich bin bereit, Ihnen dabei zu helfen. Unsere Zusammenarbeit ist das Wesentliche, und die ist nur möglich, wenn *Sie mir mitteilen, was Sie wahrnehmen.* Was glauben Sie denn, womit Ihr Leiden zusammenhängt?

Patientin: Meine Ehe hat bestimmt damit zu tun.

Analytiker: Das mag sein. Damit werden wir uns befassen. Noch wichtiger ist aber, daß sie selbst *verstehen, weshalb Sie in Ihrer Ehe so unglücklich sind.* Es kommt also immer wieder auf *Ihren* Beitrag an.

3. Die psychoanalytische Situation

Nachdem wir uns kurz mit dem Beitrag der Therapeuten wie des Patienten zum Gelingen des therapeutischen Prozesses befaßt haben, soll jetzt vom psychoanalytischen *setting* die Rede sein. In der klassischen Situation mit Couch und Sessel liegt der Patient, weitgehend ungesehen vom Analytiker, entspannt auf der Couch, während der Psychoanalytiker hinter ihm auf einem bequemen Sessel sitzt. Beide stellen sich auf das ein, was sich *über die freien Assoziationen des Patienten* entwickelt. Die gegenüber dem Psychoanalytiker abhängige und kindliche Rolle *wird im Arbeitsbündnis definiert, freiwillig anerkannt* und als Voraussetzung für die Heilung akzeptiert. Die Zurückhaltung des Psychoanalytikers führt zu unvermeidlicher Frustration, zu einer Art Vakuum, was allein schon dadurch entsteht, daß der Psychoanalytiker (im Gegensatz zum Alltagsgespräch) auf die Äußerungen des Patienten nicht unmittelbar reagiert, sondern mehr oder weniger lange schweigt, um den Patienten zu weiteren Assoziationen anzuregen.

Die Psychoanalyse findet somit, wie Leo Stone (1973) in seinem Buch *Die psychoanalytische Situation* sagt, *im Medium der Sprache* statt und in einem charakteristischen *Zustand der Trennung,* trotz einer gegenüber dem Alltag *höchst ungewöhnlichen Nähe und Intimität.* Leo Stone spricht daher von einem „Zustand intimer Trennung" oder von „getrennter Intimität". Die Psychoanalyse enttäuscht in charakteristischer Weise die Erwartungen des alltäglichen zwischenmenschlichen Kontaktes. Weil sie aber eine künstlich hergestellte Situation ist, in der die „normalen" Bedürfnisse einer zwischenmenschlichen Begegnung nicht befriedigt werden, wird die Phantasie angeregt, der Wiederholungszwang gefördert und damit genau das zustandegebracht, was im Interesse der Analyse der Psyche erforderlich ist.

Vielleicht ist es für die Leser interessant, auch einige nicht-psychoanalytische Einschätzungen der psychoanalytischen Situation kennenzulernen.

In linguistischer Sicht handelt es sich beim Assoziieren des Patienten um ein Erzählen, in dem subjektiv erlebte Ereignisse erst angekündigt und dann erzählt werden. Dies ist im Prinzip nichts anderes als die Erzählweise des Schriftstellers, der Novellen schreibt und im Roman ganze Lebensläufe und Familiengeschichten entwickelt[5].

In soziologischer Perspektive halten sich beide Parteien in der psychoanalytischen Situation an bestimmte soziale Regeln. Dabei bleibt die Autonomie der Lebenspraxis des Patienten absolut gewahrt. Jeder muß sein Problem lösen. Der Analytiker kann diese seine Aufgabe ihm nicht abnehmen. Der Patient kann seine Konflikte allenfalls mit professioneller Hilfe entdecken. Die *Rollen* von Patient und Psychoanalytiker sind klar definiert. Es besteht eine Vertrauensbasis und eine wechselseitige affektive Beziehung, die es dem Psychoanalytiker erlaubt, stellvertretend für den Patienten bestimmte *Beziehungen* so zu deuten, wie der Patient sie aus einer momentanen Einengung heraus nicht deuten kann, aber prinzipiell selbst deuten könnte (vgl. Oevermann u. a. 1976).

In politologischer Sicht übt der Psychoanalytiker gegenüber dem Patienten zweifellos *Macht* aus. In gewisser Weise ist der Patient dem Psychoanalytiker ausgeliefert: Der Patient leidet und weiß nicht, was mit ihm los ist, während der Analytiker professionell ausgebildet ist und seine Kompetenz ins Spiel bringt. Im Extrem steht somit einem allmächtigen Psychoanalytiker ein ohnmächtiger Patient gegenüber. Er kann den Patienten ausbeuten und ihm auch schaden, wie die Selbstschilderung Dörte von Drigalskis in ihrem Buch *Blumen auf Granit* (1979) beweist. Auf der anderen Seite ist das Gegenteil genauso wahr: *Ohne freie Assoziationen des Patienten ist der Psychoanalytiker machtlos.* Er ist auf die Assoziationen des Patienten angewiesen. Auf den möglichen schädlichen Einfluß des Therapeuten wies jüngst Robert Langs (1987) hin. Therapeuten leiden ebenso wie ihre Patienten an neurotischen Störungen, auch wenn sie während ihrer Lehranalyse gelernt haben, damit konstruktiv umzugehen. So kann es passieren, daß der Therapeut so wie der Patient auf ihn, auf den Patienten unbewußt „überträgt". Er kann den Patienten, ohne es zu wissen, für eigene Zwecke mißbrauchen, wenn z. B. unbewußte sadistische Anteile in die Beziehung geraten oder er sich umgekehrt vom Patienten in eine Position bringen läßt, gequält zu werden.

Derartige Gefahren, wie sie Robert Langs beschwört, sind nicht ganz von der Hand zu weisen. Sie kommen besonders leicht bei Ausbildungskandidaten vor, vor allem aber dann, wenn Psychotherapeuten nicht an einem von der kassenärztlichen Bundesvereinigung anerkannten Institut ausgebildet sind und schon nach einigen Wochenend-Workshops glauben, sie könnten qualifiziert psychotherapeutisch tätig werden. Mitglieder der deutschen Gesellschaft für Psychotherapie, Psychosomatik und Tiefenpsychologie sind qualifiziert ausgebildet und geprüft. Hier ist nach meinen persönlichen, über 20jährigen, Erfahrungen eine derartige *therapeutische Verschwörung* wie sie Robert Langs beschreibt, extrem selten. Insofern kann ich die durch derartige Informationen beunruhigten Leser beruhigen.

4. Die psychoanalytische Methode im engeren Sinne

Um die psychoanalytische Methode nun besser verstehen zu können, muß ich auf zwei, jeweils bipolar miteinander zusammenhängende Konzepte besonders eingehen, nämlich auf die Konzepte von „Wunsch und Widerstand" sowie von „Übertragung und Gegenübertragung".

4.1 Wunsch und Widerstand

Analysanden sind, im Arbeitsbündnis gemeinsam mit dem Psychoanalytiker, bereit, selbst an dem Aufdecken der Hintergründe ihres seelischen Leidens mitzuarbeiten. Sie haben *freiwillig* den Wunsch, dies zu tun. Sie sind deswegen auch *ernsthaft bemüht*, dabei auftretende Widerstände auf ihre Gründe hin zu untersuchen und damit zu deren Überwindung beizutragen. Sie *interessieren sich ernsthaft für die ihnen nicht bekannten Hintergründe ihrer Störungen*, ihres Leidens. Sie wollen, hochmotiviert, gemeinsam mit dem Psychoanalytiker herausfinden, welche „Zusammenhänge" zwischen dem ihnen selbst merkwürdig erscheinenden Verhalten und den dahinter liegenden Gründen bestehen.

Trotzdem *sträuben sich* viele Analysanden gegen das Wiedererinnern und -inszenieren der ihnen unangenehmen Konflikte, weil sie Angst haben und *fürchten*, in eine ähnlich ausweglose Lage zu geraten, wie sie sie im frühen Leid ihrer Kindheit erlebt haben. Es ist ihnen *peinlich*, an ihr Versagen erinnert zu werden. Sie *schämen sich* deswegen und erwarten, vom Analytiker ausgelacht und lächerlich gemacht zu werden. Die Patienten werden daher aus unbewußtem *Widerstand* ein sie früher beschämendes Erlebnis lange Zeit nicht erinnern.

Die peinlichen Erlebnisse werden sich aber über Träume, in denen man sich z. B. halb nackt der Öffentlichkeit aussetzt, nach und nach im Bewußtsein bemerkbar machen. Wenn die Analysanden dann merken, daß sie deswegen nicht ausgelacht werden, dann läßt der *Widerstand* nach und die bisher verdrängten peinlichen Szenen der Kindheit gelangen vermehrt ins Bewußtsein. Die Analytiker können ihrerseits den Patienten dadurch helfen, ihre Widerstände zu überwinden, indem sie ihnen zeigen, *daß* sie im Moment Schwierigkeiten haben, trotz guter Absicht eine peinliche Szene zu erinnern, *wie* sie das erahnt Peinliche umgehen (etwa dadurch, daß sie in der Rede zögern, das schon einmal gerade erinnerte peinliche Erlebnis wieder vergessen oder auf ein unverfänglicheres Thema ausweichen) und schließlich, *warum* es zum Widerstand gekommen ist. Sie helfen ihnen nicht zuletzt dadurch, daß sie ihnen sagen, daß sie fürchten, nunmehr ausgelacht zu werden, wie früher als Kind von den Eltern.

Widerstände bestehen z. B. darin, daß die Patienten ihrerseits zu kontrollieren versuchen, was ihnen einfällt, daß sie zu spät kommen, daß sie auf unverfängliche Themen ablenken oder daß sie die peinliche Szene immer wieder vergessen.

In einem kurzen Praxisbeispiel empfindet eine Patientin Wut auf den Analytiker, weil er ihr nicht die gewünschte zusätzliche Stunde gibt. Sie möchte deshalb wütend reagieren und dem Analytiker die Meinung sagen, hat aber Angst und bekommt Migräne. In diesem Fall produziert die Patientin unbewußt aus Widerstand ein Symptom, nur um der Angst, wegen der empfundenen Wut vom Analytiker womöglich zurückgewiesen zu werden, auszuweichen. Die *Widerstandsanalyse* bestünde dann darin, der Patientin zu zeigen, daß die Migräne einen versteckten Vorwurf gegen den Analytiker enthält, der nur deswegen nicht geäußert wird, weil dahinter ein Widerstand steckt, nämlich die Angst, beim Äußern von Wut abgewiesen zu werden.

4.2 Übertragung und Gegenübertragung

Übertragung

Der Patient wird früher oder später seine ungelösten Konflikte mit früheren Bezugspersonen in der Beziehung zum Analytiker wieder *inszenieren,* wieder *beleben* oder *re-aktivieren.* Dabei werden die damals wirksamen Gefühle im „Hier und Jetzt" lebendig. *Der Analysand überträgt Gefühle, die eigentlich einer Bezugsperson der Vergangenheit gelten, auf den Analytiker in der Gegenwart.*

Auf diese Weise ist die Krankheit des Patienten der analytischen Bearbeitung zugänglich geworden. Die Symptomneurose hat sich in eine *Übertragungsneurose* verwandelt. Das heißt, anstelle der Symptome und der im Patienten aktiven *inneren* Konflikte haben sich jetzt *äußere* Konflikte zwischen Patient und Analytiker konstelliert.

So erlebte z. B. eine Analysandin in einer Phase, in der sie ausprobierte, sich mehr in den Vordergrund zu stellen, den Analytiker wie die früher bedrohliche, einschränkende und unterdrückende Mutter, von der sie Strafe erwartete. Wird die in der Übertragung erlebte Straferwartung im „Hier und Jetzt" der Beziehung zwischen Analytiker und Analysand gedeutet *(Übertragungsdeutung),* löst sich im Idealfall das übertragene Beziehungsmuster auf. Damit ist die Beziehung von der sie beeinträchtigenden Störung befreit und ermöglicht neue ungeahnte Erlebnisse.

Der Analytiker erkennt die Übertragung daran, daß etwas in der Beziehung wirksam wird, das nicht dazugehört, etwa eine unangemessene Freundlichkeit, eine ebenso unpassende Feindseligkeit, eine verführerische Komponente in der sonst herrschenden Arbeitsbeziehung oder eine nicht zum kognitiven Inhalt gehörende emotionale Tönung. Es ist also das „Unangemessene", „Übersteigerte", und „Ungewöhnliche", das den Psychoanalytiker an eine Störung der Beziehung durch eine Übertragung denken läßt. Dabei unterscheiden wir erotische, aggressiv aufgeladene, positiv und negativ getönte Übertragungen.

Hier ein *Fallbeispiel für eine negative Übertragung:*

„Ich hatte mein Auto in der Inspektion. Die haben nichts gemacht, nur Geld kassiert. Das ist doch allerhand! Die Benzinleitung war so gelegt, daß der Geruch unmittelbar in den Kofferraum ging. Da gehe ich doch lieber zu einem anderen, und sei der auch noch so weit."

Der Analytiker bezieht das Gesagte auf sich, nimmt es, im Jargon gesprochen, „in die Übertragung" und denkt, daß, die Unzufriedenheit über die Inspektion des Autos in verschlüsselter Form eine Unzufriedenheit über die Inspektion des Patienten in der Analyse ausdrückt, und deutet: „Meinen Sie nicht, daß dies, was sie über die Werkstatt sagen, auch für die Situation hier zutrifft? Im Grund meinen Sie nämlich mich. Ich bin der, der zuwenig gemacht hat, der nur Geld kassiert und nicht so genau arbeitet, wie sie es erwarten.„

Darauf der Patient nach längerem Nachdenken: „Ja, das stimmt. So war auch mein Vater, der hat nie etwas gemacht, so schwach und unfähig, wie er war, und wenn er mir geholfen hat, dann hat er mir falsch geholfen."

Der Analytiker: „Vor allem, wenn es um Verbindungen ging, wie bei dem Benzinschlauch?"

Patient: „Er hat nur an sich gedacht, nicht an die Verbindung zu mir."

Analytiker: „Er hat aber die Atmosphäre vergiftet, so wie Benzingeruch, der in den Innenraum des Autos dringt."

Patient: „Ja, das stimmt, davor habe ich Angst. Ich fürchte auch bei Ihnen, daß die Atmosphäre vergiftet wird und daß Sie mehr an sich denken als an mich. Ich möchte das nicht noch einmal erleben. Diesmal soll es anders sein."

In psychologischer Sicht handelt es sich bei der Übertragung des Patienten auf den Analytiker um eine selektive Wahrnehmung im Sinne einer stereotypen oder von einem Vorurteil bestimmten Wahrnehmung. Die andere Person wird nicht so wahrgenommen, wie sie tatsächlich ist, sondern so, wie man glaubt, daß sie sei.

Gegenübertragung

Unter Gegenübertragung verstehen wir die Reaktion des Psychoanalytikers auf die Übertragung des Patienten. Der Analytiker spürt z. B., daß ihn eine Patientin zu verführen sucht, wie ein Patient mit ihm rivalisiert, ihn kritisiert und attackiert oder daß eine Patientin ihn geringschätzig „wie Luft" behandelt.

Über sein Gefühl spürt der Analytiker, daß er damit in die Rolle einer wichtigen Bezugsperson gedrängt wird und daß der Patient wünscht, daß der Analytiker die ihm übertragene Rolle auch im tatsächlichen Umgang mit dem Patienten spielen soll. Dies tut der Analytiker aber gerade nicht. *Er beschränkt sich vielmehr darauf, in seiner Gegenübertragungsreaktion wahrzunehmen, welche Rolle der Patient auf ihn überträgt.* Die Gegenübertragung paßt somit zur Übertragung wie der Schlüssel zum Schloß. Der Analytiker kann sich sogar partiell mit der ihm übertragenen Rolle identifizieren und damit so fühlen, wie die Person gefühlt hat, die im Moment auf ihn übertragen wird.

Heinrich Racker (1978) spricht in diesem Fall von einer *komplementären Identifizierung,* d.h. einer Identifizierung, die gegenüber der *konkordanten Identifizierung* des Analytikers mit dem Patienten deswegen „komplementär" ist, weil es die andere Person ist, mit der sich der Analytiker identifiziert, nämlich mit der die Beziehung komplementär ergänzenden Person.

In der *totalen Gegenübertragung* sind alle emotionalen und kognitiven Reaktionen auf den Patienten zusammengefaßt:

1. *die Reaktionen des Analytikers auf die Übertragung* des Patienten im Sinne der engeren Definition von Gegenübertragung,
2. *die vom Patienten unabhängigen Gefühle,* die lediglich durch den Patienten angeregt im Analytiker aufkommen.
3. Eine weitere Ebene der Gegenübertragung wird in Analytikerkreisen meistens übergangen, nämlich die *unbewußte (primäre) Übertragung des Analytikers auf den Patienten.* Sie ist deshalb wichtig, weil der Patient auf diese dem Analytiker unbewußte Übertragung in Form einer Gegenübertragung reagiert. Die Reaktion des Patienten wird dann, wenn man nicht an eine mögliche Übertragung des Analytikers auf den Patienten denkt, leicht mißdeutet.

Ich erinnere mich an eine Patientin, die ich deswegen nicht in Analyse nahm, weil sie mich zu sehr an ein bestimmtes Verhalten meiner Schwester erinnerte, das mich als Kind sehr gekränkt hatte. In einer Gruppe entwickelte ich eine zunächst unerklärliche Abneigung gegenüber einer sehr beherrschend auftretenden Frau. Später fiel mir ein, daß sie mich an ganz bestimmte dominierende Züge meiner Mutter erinnert hatte.

Dieter Beckmann hat in seinem Buch *Der Analytiker und sein Patient* (1975) die drei unterschiedlichen Beziehungsebenen empirisch erforscht und die möglichen selektiven Wahrnehmungen der Patienten durch die Psychoanalytiker empirisch objektiviert. Beckmann stellte darüber hinaus fest, daß einige Analytiker dazu neigen, sich unabhängig vom Patienten konstant aggressiv-dominant zu verhalten, während andere Analytiker eher konstant passiv und unterwerfungsbereit auftreten.

Wegen dieser inter-individuellen Unterschiede zwischen einzelnen Psychoanalytikern habe ich oben (S. 274) darauf hingewiesen, wie wichtig es ist, diese eigenen Haltungen und Einstellungen zu kennen, um richtig abschätzen zu können, warum sich ein Patient so und nicht anders verhält. Verschiedene Analytiker reagieren auch unterschiedlich auf in der Übertragung vorkommende Angebote seitens des Patienten, besonders während ihrer Ausbildung. Nach ihrer Ausbildung sollen sie dazu imstande sein, ebenso heterosexuelle wie homosexuelle, aggressive wie entwertende Übertragungsanteile entsprechend wahrzunehmen und für das Verstehen der gerade übertragenen Beziehung zu nutzen.

Die geschilderten Phänomene von Übertragung und Gegenübertragung *kommen in allen zwischenmenschlichen Interaktionen vor.* In der psychoanalytischen Situation sind sie lediglich, wegen der besonderen Charakteristika der psychoanalytischen Situation und Methode, besonders ausgeprägt. So wiederholen sich z. B. in jeder Liebesbeziehung mehr oder weniger frühere Beziehungsmuster, wenn wir etwa unbewußt wünschen vom Partner wie von einem idealen Vater oder von der Partnerin wie von einer idealen Mutter behandelt zu werden.

Nach unserer bisherigen Kenntnis unterscheiden wir folgende Elemente der psychoanalytischen Methode:

1. die *Analyse von Wunsch und Widerstand* (Widerstands-Analyse).
2. die *Analyse der Übertragung* (Übertragungs-Analyse).
3. die *Analyse der Gegenübertragung* (Gegenübertragungs-Analyse).
   Dazu kommen
4. die *laufende Analyse der freien Assoziationen* des Patienten (Sprach-Analyse).

5. die *Analyse der Träume* (Traum-Analyse).

Ohne Überwindung der Widerstände und ohne Wiedererleben der wesentlichen pathogenen, also krankheitserzeugenden und -unterhaltenden Konflikte in Übertragung und Gegenübertragung kommt aber kein psychoanalytischer *Prozeß* zustande, kann sich nichts im Inneren des Patienten verändern, ergeben sich keine neuen Dimensionen in den Beziehungen zu den wichtigsten Bezugspersonen. Dabei genügt es nicht, daß Analysand und Analytiker darum wissen, in welchem Ausmaß die Wünsche nach Selbstveränderung durch unerwünschte Widerstände aufgehalten und die Wünsche nach neuen Beziehungen durch längst überwunden geglaubte frühere Beziehungsmuster behindert werden. Dies muß von beiden beteiligten Parteien, Analysand und Analytiker, im einzelnen verstanden und begriffen werden.

4.3 Die Deutung

Dazu verhilft nun in den üblichen psychoanalytischen Darstellungen die sogenannte *Deutung* oder *Interpretation* des Psychoanalytikers. Sie wird dann gegeben, wenn der analytische Prozeß nicht mehr weitergeht. In der Tat ist die Deutung, zur richtigen Zeit und in der angemessenen sprachlichen Form gegeben, wenn sich Widerstand und Übertragung entfaltet haben, ein wichtiges Instrument der Veränderung. Sie ist nach Strachey (1934) dann „mutativ", also verändernd, wenn sie *unmittelbar das aktuelle Geschehen zwischen Analysand und Analytiker in Übertragung und Gegenübertragung benennt* und dem Patienten zu einer neuen Einsicht verhilft. Ich erinnere an das oben genannte Beispiel, wonach dem Patienten gedeutet wurde, daß er im Grunde nicht über die sein Auto schlecht versorgende Werkstatt wütend sei, sondern über den ihn schlecht versorgenden Analytiker.

Bis es aber zu Deutung und Einsicht kommen kann, sind eine ganze Reihe von kleineren Schritten notwendig, über die bisher wenig geschrieben wurde, denen wir uns daher in einem besonderen Abschnitt zuwenden wollen.

Verstehen und Erklären

Ziel der Deutung ist es, das zuvor *Undeutliche deutlich,* das *Unbekannte bekannt* zu machen, das *Verdeckte aufzudecken,* das *im Dunkeln Verborgene ans Licht* zu bringen. Eine Deutung soll einleuchten, zu Einsicht verhelfen, Sinn stiften. Damit wird ein hoher Anspruch gestellt, den einzulösen der Psychoanalyse durchaus Schwierigkeiten bereitet. Ich erinnere an die die Psychoanalyse von Anfang an beherrschende Debatte, ob sie nun eine hermeneutische, also verstehende und interpretierende, Wissenschaft sei, oder naturwissenschaftlich Hypothesen überprüft. Wir sind überein gekommen, daß beides der Fall ist. Dafür sprechen einige Tatsachen: Beide Richtungen sind im Laufe der Geschichte der Psychoanalyse, wenn auch unterschiedlich akzentuiert, immer vertreten gewesen. Bei Freud selbst finden sich genügend Argumente für beide Positionen: In seinen Fallgeschichten folgt er den verschlungenen Fäden der Assoziationen seiner Patienten und versucht, aus deren Rede den latenten Sinn ihrer Symptome, Träume, Fehlleistungen zu „erraten" (Freud 1937a, S. 45). Er versucht aber gleichzeitig, das von ihm Erratene wissenschaftlich zu begründen.

Meines Erachtens hat die psychoanalytische Methode *wie eine Medaille zwei Seiten, nämlich eine verstehende und eine erklärende.* Wie beide Seiten miteinander zusammenhängen und welche einzelnen Schritte einer Deutung vorangehen, ist noch nicht genügend geklärt. Deswegen will ich dazu im folgenden einen Beitrag leisten.

In verstehender Perspektive versucht sich der Psychoanalytiker auf die Individualität von Persönlichkeit und Lebensgeschichte des anderen einzustellen und ihn in seiner Singularität und Unverwechselbarkeit zu verstehen. Spricht der andere von Liebe und Haß, dann versetzt sich der Psychoanalytiker in dessen Lage, erinnert sich an eigene Situationen des Liebens und Hassens, die er seinerseits erlebt hat, und wird dadurch in die Lage versetzt, den anderen zu verstehen. Dieses Ziel zu erreichen, kann eine Zeitlang dauern. Je mehr sich der Psychoanalytiker aber in das Erleben des Patienten hineinversetzt, je länger er sich damit beschäftigt hat, um so größer ist die Wahrscheinlichkeit, daß er den anderen auch versteht. Hat der Psychoanalytiker in etwa dasselbe erlebt, spricht dieselbe Sprache, hat er ungefähr dieselbe Herkunft, dann ist die Verständigung umso leichter. Geht der Psychoanalytiker aber zu sehr von seinem eigenen Erleben aus, dann besteht die Gefahr, daß er sich von dem, was den anderen beschäftigt, zu sehr entfernt und zu früh glaubt, verstanden zu haben, um was es geht.

In der erklärenden Perspektive denkt der Psychoanalytiker durchaus auch an Gesetzmäßigkeiten, z. B. an die seelische Entwicklung, an Stadien, die jeder mehr oder weniger gleich durchgemacht hat: Die Geburt, die Abhängigkeit des Säuglings und dessen schrittweise Ablösung von der Mutter, die Begegnung mit einer dritten Person (als Vater-, Geschwister- oder Großeltern-Figur), die Konflikthaftigkeit einer derartigen Dreier-Konstellation, das Hineinwachsen in unterschiedliche Gruppen und die Trennung davon, das Kennenlernen anderer Menschen, das Verarbeiten dieser Begegnungen usw. In dieser Sicht kann der Analytiker das vorherrschende Verhalten, Denken und Fühlen des Patienten entwicklungspsychologisch einordnen und dadurch wissenschaftlich erklären.* Wie geht dies aber nun vor sich?

Die zwischen Analytiker und Analysand ablaufenden Prozesse können wir mit Hilfe von Tonbandmitschnitten sprachlich genau erfassen, davon eine wortgetreue Transkription anfertigen und dieses schriftliche Dokument mit den verschiedensten Forschungsmethoden untersuchen. Das tun Kommunikationswissenschaftler und Linguisten, Soziologen und Sozialwissenschaftler ebenso wie Psychoanalytiker.

Was aber *im* Analytiker in der Zeit vorgeht, ehe es zur Deutung kommt, ist bislang wenig erforscht. Klauber (1980) hat in seinem Buch *Schwierigkeiten in der analytischen Begeg-*

---

* Parallelen zu meiner Differenzierung der zwei Perspektiven von Verstehen und Erklären finden sich, obwohl unabhängig davon entstanden, bei Jürgen Körner (1985), aber auch bei Heinz Kohut (1984), der die Rolle der Empathie bei der psychoanalytischen Heilung darin sieht, daß der Analytiker ständig „von einer Position des Verstehens zu einer Position des Erklärens" wechselt (S. 254). Die Unterschiede zu den Auffassungen der genannten Autoren werden unter VIII 4.3 (die sechs Erkenntnisschritte im inneren Dialog des Psychoanalytikers) deutlich.

nung in einem Beitrag „Über die Entstehung von Deutungen und ihr Ziel im psychoanalytischen Prozeß" auf das handwerkliche und künstlerische Moment und auf die Bedeutung der Spontaneität in diesem Zusammenhang hingewiesen. Enzo Codignola hat in seinem Essay über *Das Wahre und das Falsche* (1986) einen mutigen Versuch gemacht, das Problem der psychoanalytischen Deutung dadurch zu lösen, daß er deren implizite Logik herausarbeitet, ohne allerdings das Problem lösen zu können. Jacob Arlow (1986) spricht von einem „inneren" Dialog des Psychoanalytikers, der als Reaktion auf die Äußerungen des Patienten abläuft, ehe die Deutung formuliert wird.

Die sechs Erkenntnisschritte im inneren Dialog des Psychoanalytikers

Um diesen diffizilen inneren Dialog geht es in unserem Zusammenhang, also um das, was in einer Formulierung von Adolf-Ernst Meyer (1981) etwas abschätzig die „akustische Lücke" genannt wird, und zwar deswegen, weil der innere Dialog im Gegensatz zum äußeren Dialog bei den Tonbandmitschnitten als Lücke erscheint.

Die Instrumente, um die inneren Prozesse im Analytiker zu erfassen, fehlen uns. Wir müssen uns daher damit begnügen, die diesbezüglichen Prozesse indirekt zu erschließen. Dies wird am ehesten gelingen, wenn sich der Analytiker selbst ehrlich zum Gegenstand der Forschung machen läßt, sich möglichst genau an das erinnert, was in ihm abgelaufen ist, und wenn er dies so ehrlich und wahrheitsgetreu wie möglich bekannt gibt.

Dies habe ich getan. Im Ergebnis kam ich auf *sechs* einzelne *Erkenntnis-Schritte*. Sie gehen alle dem siebten Schritt, dem der sprachlich-wahrnehmbaren Deutung, voraus. Es sind innere Erkenntnisprozesse, die unbewußt verlaufen. Sie können aber wie die Vorgänge im Patienten grundsätzlich bewußt gemacht werden.

Die psychoanalytische Methode in einzelne Erkenntnis-Schritte aufzuteilen ist ein Wagnis und wird die Kritik der Kollegen herausfordern. Sie verlaufen in der täglichen Praxis wahrscheinlich auch nicht in der Weise nacheinander, wie sie hier, aus didaktischen Gründen, dargestellt werden, sondern in kreativer Weise gleichzeitig und miteinander. Der Kompliziertheit der tatsächlichen Verhältnisse wird somit im Interesse des Verständlichmachens etwas Gewalt angetan, was mir meine Fachkollegen bitte nachsehen mögen.

Der erste Schritt: Er besteht darin, daß das, was vom Patienten kommt, überhaupt *wahrgenommen* wird. Die Wahrnehmungspsychologie hat dazu einschlägige Forschungen vorgelegt. Das wichtigste davon ist, daß wir alle nur einen kleinen Teil dessen wahrnehmen, was von der Umwelt her auf uns einwirkt. Außerdem wird das Wahrgenommene je nach dem Ort, an dem wir uns befinden, in einer ganz bestimmten Perspektive gesehen. Schließlich wählen wir aus dem Wahrgenommenen das aus, was uns vertraut ist, was wir gelernt haben, was wir erwarten.

Der zweite Schritt: Hier versuche ich das Wahrgenommene zu verarbeiten. In unserem Zusammenhang heißt dies: im professionellen Rahmen der psychoanalytischen Methode zu *verstehen*. Wie schon oben bei der Darstellung der hermeneutischen Seite der psychoanalytischen Medaille angedeutet, stelle ich mir vor, wie es mir anstelle des Patienten jetzt gehen würde, was ich auf dem Hintergrund meiner Lebenserfahrung an dessen Stelle fühlen und empfinden würde, und wie ich mich in seiner Lage verhalten hätte. Gelingt mir dies, dann komme ich zu einem *Vor-Verständnis* dessen, worum es dem Patienten geht.

Ich erwähnte die *Lebenserfahrung:* Es leuchtet unmittelbar ein, daß die eigene Erfahrung möglichst vieler Lebenssituationen die Wahrscheinlichkeit erhöht, zu verstehen, was mit dem anderen los ist. Dabei sollte dem Psychoanalytiker nichts Menschliches fremd sein, das heißt: er sollte alle möglichen zwischenmenschlichen Konfliktkonstellationen wenigstens in Ansätzen erlebt haben: Trennungsprozesse, Lieben und Hassen, Herrschen und Beherrscht-Werden, Geben und Nehmen. Er sollte ebenso Eifersucht und Neid gefühlt haben wie Erfolg und Mißerfolg, Freude und Trauer; das gesamte Spektrum menschlicher und allzu menschlicher Erlebnismöglichkeiten, einschließlich so verborgener Wünsche wie die, mit der Mutter bzw. mit dem Vater zu schlafen und den Vater bzw. die Mutter zu beseitigen. In all das muß ich mich einfühlen können. Ich muß fähig sein, das aufzubringen, was ich einmal *empathische Kompetenz* (Kutter 1983) nannte, was *eine* der beiden wichtigsten Wahrnehmungsinstrumente des Psychoanalytikers ist. Das andere folgt sogleich.

Der dritte Schritt: Er ist ein genuin psychoanalytischer, im Gegensatz zu den bisher genannten zwei Schritten, zu denen keine besonderen fachlichen Voraussetzungen notwendig sind. Im dritten Erkenntnisschritt kommen nämlich ursprünglich psychoanalytische Konzepte ins Spiel, wie die in Abschnitt 4.1 und 4.2 schon dargestellten beiden bipolaren Konzepte von „Wunsch und Widerstand" und „Übertragung und Gegenübertragung". Hier ist es neben der Fähigkeit, Wunsch und Widerstand angemessen einschätzen zu können, die *Fähigkeit des Psychoanalytikers, auf die Übertragung des Patienten in Form der Gegenübertragung zu reagieren.* Dies ist neben der empathischen Kompetenz das *andere* wichtige Wahrnehmungsinstrument des Psychoanalytikers. Dabei spielt sich der Vorgang des Reagierens auf die übertragene Reaktion des Patienten *in horizontaler Dimension zwischen Patient und Analytiker* ab. Im Idealfall ist der Psychoanalytiker in der Lage, auf alle von Patientenseite kommenden Aktionen entsprechend zu reagieren: auf Verachtung ebenso wie auf Verführung, auf direkte Angriffe ebenso wie auf versteckte feindselige Aktionen, auf Ablehnung wie auf Zuwendung, auf ängstliche Zurückweisung wie auf zudringliches Näherkommen usw.

Im Vergleich mit einem Saiteninstrument werden im Psychoanalytiker, bildlich gesprochen, immer nur diejenigen *Saiten* zum Klingen kommen, die vom Patienten „angeschlagen" oder „angezupft" werden. Der musikalische Vergleich gibt mir die Möglichkeit zu verdeutlichen, wie sehr es darauf ankommt, daß im Psychoanalytiker erstens die entsprechenden Saiten vorhanden sind und zweitens auch zum Klingen kommen. Wie bei den entsprechenden Musikinstrumenten gibt es hier sicher Exemplare mit sehr vielen Saiten, die schwingungsfähig sind und solche, die weniger zur Verfügung haben und womöglich noch „verstimmt" sind.

Wem der Vergleich mit dem Musikinstrument nicht behagt, dem biete ich einen Vergleich mit der modernen Technik an: Der Analytiker muß in seiner Reaktionsfähigkeit auf die Aktionen des Patienten so reagieren können, wie *Sensoren* oder *Meßfühler*, die auf entsprechende Reize, wie Temperatur- oder Druckschwankungen oder auf elektronische Signale so reagieren wie im Prinzip auch unsere Sinnesorgane auf die entsprechenden Reize.

Der vierte Schritt: Dieser erscheint mir der schwierigste. Jetzt müssen die drei vorausgegangenen Schritte in der Vorstellung zu einer vorläufigen Synthese gebracht werden. Es bildet sich ein *vorläufiges „inneres Bild"* vom Patienten. Dieses „innere Bild", das sich der Psychoanalytiker von den bisher abgelaufenen Prozessen macht, kann natürlich sehr subjektiv ausfallen und sich einer Dichtung eher annähern als der Wahrheit. Es kann, wie Rosenhan (1967) nachwies, stark von den eigenen *Erwartungen* beeinflußt sein, nicht weniger von eigenen Ängsten und Vermeidungshaltungen und hat damit unweigerlich einen relativ hohen Subjektivitätsgrad, d. h. eine niedere Objektivität.

Das entstehende Bild von den stattgefundenen Interaktionen zwischen Patient und Analytiker wird auch stark von der jeweiligen *Grundhaltung* des Psychoanalytikers abhängen. Diese Grundhaltung, die, unabhängig vom Patienten, für den einzelnen Psychoanalytiker relativ konstant ist, variiert aber je nach Schule oder Richtung. So sehen die einen Analytiker, die mehr die Trauma-Theorie favorisieren, im Patienten eher das Opfer im Sinne von Massons Buchtitel *Was hat man dir, du armes Kind, getan?*(1984)[6], andere sehen im Sinne der Trieb-Theorie eher den Täter, der immer mehr oder weniger darauf aus ist, etwas anzustellen, den Analytiker hereinzulegen, hinters Licht zu führen.

Der fünfte Schritt: Er ist um so wichtiger, als in ihm das zu dem „inneren Bild" Verarbeitete mit einer Art „innerem Programm" des Psychoanalytikers verglichen wird. Dabei handelt es sich um ein *Programm*, das aus den während der Ausbildung empfangenen Anregungen entstanden ist und alle die Informationen umfaßt, die zur Einordnung der empfangenen Reize notwendig sind. Damit kann das im vierten Schritt entstandene vorläufige Bild von den vorherrschenden Interaktionen entsprechend eingeordnet und notfalls korrigiert werden. Im Begriffsinstrumentarium des Psychoanalytikers sind vor allem Interaktionsmuster gespeichert sowie dazugehörende Angstformen und Abwehrprozesse, wie z. B. trianguläre Interaktionsmuster und duale Beziehungsformen, die jeweils erotisch aufgeladen oder aggressiv gespannt sein können.

Wir können uns vorstellen, daß dieses innere Programm dem Psychoanalytiker *ein kategoriales System* zur Verfügung stellt, an dem er die horizontal empfangenen Reize *in vertikaler Dimension überprüfen* kann. Je nachdem, an welcher Stelle des Systems eine Reaktion eintritt, kann dann auf den entsprechenden Reiz geschlossen werden.

Das innere Programm des Analytikers reagiert natürlich in spezifischer Weise – oder sollte es zumindest – auf die entsprechenden Konflikte, mit denen der betreffende Patient gerade zu tun hat. Hier wird sich erstens die *Lebenserfahrung* und zweitens die *Lehranalyse* auf die professionellen Möglichkeiten des Analytikers auswirken: Je mehr der Analytiker die zu deutenden Beziehungen mit den dazugehörenden Ängsten und Abwehrprozessen an eigener Seele erlebt und in seiner Lehranalyse verarbeitet hat, um so eher ist er in der Lage, die empfangenen Impulse zu orten und mit Hilfe seines gespeicherten Kategoriensystems im vierten Erkenntnisschritt begrifflich zu klären.

Der sechste Schritt: Dieser baut eine zusätzliche „Sicherung" ein, die es dem Psychoanalytiker erlaubt, das im vierten Schritt gewonnene vorläufige innere Bild noch einmal zu überprüfen. Es geht um das *Nutzbarmachen der Theorie*, die im vorliegenden Buch nicht von ungefähr als Persönlichkeitstheorie und Krankheitslehre breiten Raum einnimmt. Hat der Psychoanalytiker die bisher besprochenen fünf Erkenntnisschritte weitgehend ohne psychoanalytische Theorie vollzogen, so wendet er im sechsten Schritt – bewußt oder unbewußt – auch Teile der psychoanalytischen Theorie an, um zur Deutung des Geschehens zu gelangen.

Das „innere Programm" des Psychoanalytikers umfaßt nämlich nicht nur Informationen über ganz bestimmte Interaktionen und die entsprechenden Angstformen und Abwehrprozesse, sondern auch Informationen über Persönlichkeitstheorie und Krankheitslehre sowie über die psychoanalytische Entwicklungspsychologie, um nun, je nach dem Stand der Entwicklung, um so besser einschätzen zu können, was mit dem Patienten los ist. *Jetzt kann das vorläufig verstandene Bild vom Patienten mit theoriegeleiteten Bildern verglichen werden*, wie z. B. mit denen über die einzelnen psycho-sexuellen Entwicklungsphasen, über die Selbst- und Objektrepräsentanzen sowie über Ich-Funktionen und -Strukturen. Dabei können auch ganz bestimmte *kausale* Zusammenhänge zwischen Symptomen und den dazu gehörenden Konflikten überprüft werden.

Damit wird das in der unmittelbaren Praxis abgelaufene Geschehen theoretisch reflektiert und auf dem Hintergrund der jeweils relevanten Teile der psychoanalytischen Theorie überprüft. Psychoanalytische Theorie und Praxis werden dabei wechselseitig bestätigt oder widerlegt.

Meiner Erfahrung nach findet der sechste Erkenntnisschritt im Gegensatz zu den bisher genannten fünf vorausgegangenen eher *zwischen den einzelnen Stunden* mit dem Patienten statt als *in* der Stunde. Der Psychoanalytiker hat dann einen größeren Abstand zum Patienten und ist daher eher in der Lage, sich nicht nur *emotional* (wie vor allem im zweiten, dritten und vierten Schritt) auf den Patienten einzustellen, sondern auch *kognitiv* über ihn zu reflektieren. Dabei werden auch logische Zusammenhänge hergestellt zwischen bestimmten Wahrnehmungen in der Gegenübertragung einerseits und bestimmten theoretischen Kenntnissen andererseits. Zuvor ungeklärt gebliebene Phänomene werden somit geklärt und erklärt. In ebenso schwer verständlichen wie schwierig zu erklärenden Fällen helfen psychoanalytische Fallseminare weiter. In ihnen kann der Psychoanalytiker die aktuellen Schwierigkeiten, die er gerade mit einem Patienten hat, Kollegen vortragen. Über deren Einfälle und Erklärungen kann er dann das eigene Verständnis des Falles erweitern.

Dem aufmerksamen Leser wird nicht entgangen sein, daß die ersten vier Erkenntnisschritte *der hermeneutischen* Seite der psychoanalytischen Methode entsprechen und nur die beiden letzten, der fünfte und sechste Erkenntnisschritt mit ihren allgemeinen Gesetzmäßigkeiten, *der nomothetischen* Seite entsprechen, wie sie in der psychoanalytischen Persönlichkeitstheorie und Krankheitslehre zusammengefaßt sind. Damit wären in den hier dargestellten einzelnen Schritten die beiden getrennt verlaufenden Anteile der psychoanalytischen Methode, nämlich hermeneutisches Verstehen und logisches Erklären, in ein und denselben Prozeß integriert.

Das Ergebnis der vielschichtigen Wahrnehmungs- und Erkenntnis-Prozesse im Psychoanalytiker ist dann – nach Unterbrechung der „akustischen Lücke" – im *siebten Schritt* die akustisch registrierbare wörtliche Deutung des Analytikers. Dabei sprechen wir von Widerstandsdeutung, wenn auf das Vorliegen von Widerständen, deren Form und Gründe hingewiesen wird. Übertragungsdeutungen sind Deutungen, in denen wir die aktuelle Übertragung in der Beziehung zum Psychoanalytiker deuten, wie z. B. im Falle des mit der Auto-Werkstatt unzufriedenen Patienten, dem ich sagte, daß er mit seinem Ärger über die Werkstatt eigentlich seinen Ärger über mich ausdrücke.

Die Überprüfung der Richtigkeit der Deutung

Damit kommen wir zu einem letzten heiklen Punkt, dem der Überprüfung der Richtigkeit der Deutung. Der Patient kann darauf unterschiedlich reagieren. Er kann zustimmen und sagen: „Ja, so ist es, daran habe ich manchmal auch schon gedacht, das leuchtet mir ein". Er kann aber auch sagen: „Das leuchtet mir nicht ein, das verstehe ich nicht, das kann ich nicht glauben". Dem Konzept von „Wunsch und Widerstand" folgend, kann der Psychoanalytiker trotzdem annehmen, daß seine Deutung richtig war, wenn er nämlich daran denkt, daß den Patienten innere Widerstände hindern, die Wahrheit der Deutung anzunehmen.

Es ist richtig, daß dies der Fall sein kann. Das muß aber nicht immer so sein. Meiner Erfahrung nach hat der Patient häufig recht, wenn ihm die Deutung des Psychoanalytikers nicht einleuchtet. Es bleibt dann nichts anderes übrig, als nach der

Methode „Versuch und Irrtum" neue Möglichkeiten der Deutung des Geschehens zu suchen.

Jörg Sommer hat in seinem jüngst erschienenen Buch *Dialogische Forschungsmethoden* (1987) folgende Kriterien zur Überprüfung der Deutung angegeben:

1. Das *Kohärenzkriterium,* wenn die Deutung in sich zusammenhängend, d. h. „kohärent" erscheint und deswegen überzeugt,

2. das *„Kriterium der Praxis",* das darin besteht, daß die Deutung praktikabel ist, d. h. daß sie der Patient in praktische Lebenserfahrung umsetzen kann und

3. das *Kriterium der dialogischen Überprüfung,* das darin besteht, daß sich beide beteiligte Personen über die Richtigkeit der Deutung einigen und damit „Konsens" erzielen.

Weitere Kriterien für die Richtigkeit der Deutung sind nach alter psychoanalytischer Erfahrung folgende: unmittelbar im Anschluß an die Deutung eintretende beobachtbare Veränderungen, z. B. neue Assoziationen, bisher unerwartete Wendungen des Übertragungsgeschehens, veränderte Träume, eine andere Sprache, ein verändertes Verhalten (z. B. ein besseres Durchsetzungsvermögen bei einer vorher bestehenden allzu großen Bereitschaft, alles hinzunehmen), oder ganz neue Erlebnismöglichkeiten in zwischenmenschlichen Beziehungen, die bisher ängstlich gemieden oder nie gewagt worden waren.

5 Exkurs: Ein Versuch, Extrem- und Mischformen von Psychoanalyse und Verhaltenstherapie zu unterscheiden

Ehe ich dieses Kapitel über die psychoanalytische Methode beende, möchte ich im Rückgriff die zu Beginn durchgeführten Vergleiche mit Verhaltenstherapie und Gesprächspsychotherapie wieder aufgreifen und auf dem Hintergrund der beiden Seiten der psychoanalytischen Medaille (Hermeneutik und erklärende Wissenschaft) versuchen, mögliche unterschiedliche Mischungsverhältnisse von Hermeneutik und Naturwissen-

reine Form der Psychoanalyse

1	Extremvariante der Psychoanalyse: Ausschließliche Konzentration auf Phantasie und Bedeutungszusammenhänge ohne Berücksichtigung der Theorie, nur indirekt erschließbar

2	Psychoanalyse im Sinne von psychoanalytischer Psycho- therapie mit Berücksichtigung der Theorie

3	Psychoanalyse im Sinne von psychoanalytischer Psychothera- pie mit Berücksichtigung der Theorie und empirischer Über–prüfung der Resultate auf der Ebene des beobachtbaren Verhaltens

4	Mischform von Psychoanalyse und Verhaltenstherapie, sich komplementär ergänzend (vgl. Wachtel 1981)

5	Verhaltentherapie nach der kognitiven Wende Berücksichtigung „mentaler Prozesse" zwischen Stimulus und Reaktion

6	Ausschließliche Konzentration auf Symptom ohne Bedeutungs- zusammenhänge mit Berücksichtigung der Lerntheorie, mit em- pirischer Überprüfung der Resultate auf der Ebene des beobacht- baren Verhaltens Extremvariante der Verhaltenstherapie

reine Form der Verhaltenstherapie

Abb. 14. Übersicht über die psychotherapeutischen Methoden mit Ex-
tremvarianten Psychoanalyse (oben) und Verhaltenstherapie (unten).
Dazwischen befinden sich Mischformen zwischen beiden Methoden.

schaft im psychoanalytischen Verfahren aufzuzeigen (vgl. Abb. 14):

Da gibt es ganz oben auf der Abbildung eine *rein hermeneutische Psychoanalyse (1)*, in der lediglich die Erkenntnisschritte 1, 2, 3 und 4 mit dem Ergebnis des Bildes vom Patienten zum Zuge kommen. Dies sind die vor-theoretischen Erkenntnisschritte, die ohne Rückgriff auf das in der Ausbildung gelernte Fachwissen (fünfter Schritt) und ohne psychoanalytische Theorie (sechster Schritt) auskommen und sich in ausschließlich hermeneutischer Weise um ein intuitives Verstehen des Patienten bemühen.

Das andere Extrem ganz unten ist eine *reine Form der Verhaltenstherapie (6)*, die ausschließlich beobachtet und das Beobachtete auf dem Hintergrund von Lerntheorie und Verhaltenslehre erklärt.

Dazwischen lassen sich nun *unterschiedliche Zwischenformen* denken: Auf der Seite der Psychoanalyse eine Zwischenform, in der das rein hermeneutisch Verarbeitete wenigstens an eigenen Erfahrungen überprüft wird (2); eine weitere Zwischenform, bei der zusätzlich die psychoanalytische Theorie mit dem Ziel herangezogen wird, das bislang hermeneutisch Verstandene auch wissenschaftlich zu erklären (3).

Neben der reinen Verhaltenstherapie, die nur von beobachtbaren Phänomenen ausgeht, gibt es die moderne Verhaltenstherapie nach der sogenannten „kognitiven Wende" (5), derzufolge „mentale" Prozesse, das sind in meiner Interpretation, der Psychoanalyse analoge „Phantasien oder Symbole", eine Rolle spielen. Schließlich gibt es noch eine Form der Psychoanalyse, in der nicht nur hermeneutisch verstanden und theoretisch erklärt, sondern auch das Verstandene und Erklärte empirisch am beobachtbaren Verhalten überprüft wird (4).

Die geschätzten Kolleginnen und Kollegen mögen sich fragen, ob sie wirklich die jeweils reine Form des Behandlungsverfahrens anwenden oder die eine oder andere Mischform. Im übrigen muß ich es den Lesern überlassen, ob sie die hier erstmals vorgenommene Aufteilung der psychoanalytischen Methode in einzelne Wahrnehmungs- und Erkenntnisschritte mitvollziehen können oder nicht. Ich kann die einzelnen Prozesse nicht beweisen oder belegen, denn die im Psychoanalyti-

ker ablaufenden Prozesse sind genauso unsichtbar, wie die im
Patienten ablaufenden. Dazu kommt die Schwierigkeit, daß der
Psychoanalytiker sein eigenes Meßinstrument darstellt, und
dies nicht wie ein Thermometer oder Mikroskop geeicht und
geprüft werden kann.

Der Psychoanalytiker ist nicht nur distanzierter Beobachter,
der von außen analysiert, sondern auch beteiligter Mitmensch,
der – gleichsam getrennt in einen mitfühlenden, beteiligten Teil
und in einen distanzierten, wahrnehmenden und beobachten-
den Teil – die Prozesse zwischen Patient und sich selbst laufend
verfolgt. Er *oszilliert* zwischen Identifizieren *mit* dem Patienten
und Distanzieren *von* dem Patienten. Er fühlt sich *in* den Patienten ein und reagiert *auf* den Patienten. Er ist zeitweise,
besonders in den vier erstgenannten Wahrnehmungs- und Er-
kenntnisschritten, *emotional* engagiert. Zu anderen Zeiten ordnet er, entsprechend Schritt fünf und sechs, eher *kognitiv*, was
geschieht, und versucht darüber hinaus, auch in ursächlichen
Zusammenhängen zu denken und zu erklären, um schließlich
die Wirkung der Deutung zu überprüfen.

6. Weitere psychoanalytische Therapieformen

6.1 Die psychoanalytische Psychotherapie

Was psychoanalytische Psychotherapie ist, wird unterschiedlich definiert. Es gibt zwei Standpunkte:
a) Die analytische Psycho*therapie* ist etwas *qualitativ* anderes
   als die Psycho*analyse.*
b) Die analytische Psychotherapie unterscheidet sich nur *quantitativ* von der Psychoanalyse.
Die erste Sichtweise geht davon aus, daß im Gegensatz zur
Psychoanalyse, bei der sich beide beteiligte Personen – Psychoanalytiker wie Psychoanalysand – dem Prozeß überlassen, um
die Psyche zu analysieren, in der Psycho-Therapie, wörtlich
übersetzt, die Psyche „therapiert" wird. Das heißt: *Der Psycho-*

therapeut „behandelt" eher *aktiv,* während der Patient eher passiv bleibt. Insofern besteht ein *klarer qualitativer Unterschied* zur Psychoanalyse.

In der Sicht des zweiten Standpunktes handelt es sich bei der „psychoanalytischen" Psychotherapie, *im Gegensatz zum Oberbegriff „Psychotherapie",* um ein psychotherapeutisches Verfahren, in dem, wie das Eigenschaftswort „psychoanalytisch" ausweist, durchaus psychoanalytische Gesichtspunkte (wie z.B. die genannten beiden bipolaren Konzepte „Wunsch und Widerstand" sowie „Übertragung und Gegenübertragung") eine große Rolle spielen. Insofern ist die „psychoanalytische" Psychotherapie von der „Psychoanalyse", wie unter Abschnitt 2 dargelegt, *nur quantitativ verschieden;* sie dauert nicht so lang und die Stundenfrequenz ist nicht so hoch.

Psychoanalytische Psychotherapie ist damit eindeutig aufdeckend. Sie ist insofern *„expressiv",* wie es im Englischen heißt, als sie etwas zum Ausdruck bringt, was zuvor nicht ausgedrückt war. Sie kann damit ihre Wurzel in der Psychoanalyse Sigmund Freuds nicht verleugnen. Im Gegensatz zur Psychoanalyse begnügt sich die analytische Psychotherapie aber mit einem weniger weit gesteckten Ziel: Sie *fordert keine totale Revision* der Persönlichkeit, sondern *begnügt sich mit einer begrenzten Veränderung.* Anstelle einer vollen Aufdeckung aller unbewußten Dimensionen ist sie mit dem Aufdecken der wichtigsten pathogenen, d.h. krankheitserzeugenden und -unterhaltenden Ursachen zufrieden.

Wegen des klaren Ziels der Beseitigung der Krankheitsursachen ist psychoanalytische Psychotherapie auch als Krankenbehandlung im Rahmen der Krankenversicherung in der Bundesrepublik und West-Berlin anerkannt: Es können, bei entsprechender Indikation und Überprüfung durch einen Gutachter, bis zu 80, 160, in besonderen Fällen 240 und ausnahmsweise sogar bis zu 300 Behandlungsstunden auf Kosten der Krankenkasse finanziert werden. Andere Länder sind in dieser Hinsicht weit weniger großzügig. Wie die Krankenkassen zuvor überprüft haben, lohnt sich indessen der Einsatz, zumal der Anteil der für psychoanalytische Psychotherapie aufgebrachten Kosten nicht einmal ein Prozent der Gesamtkosten, die für Krankenbehandlung aufgebracht werden müssen, beträgt. Im Gegensatz zur „klassischen" Psychoanalyse findet die Behandlung nicht im Rahmen von Sessel und Couch statt, sondern im Rahmen eines Gesprächs, bei dem beide Beteiligte sitzen.

Ich halte es für sinnvoll und zweckmäßig, daß sich Patient wie Therapeut von vorneherein auf klar definierte Ziele einigen, wie dies Lester Luborsky (1984) vorschlägt, und daß die gesteckten Ziele von Zeit zu Zeit darauf hin überprüft werden, ob sie erreicht wurden oder nicht. Insofern wird dem Patienten relativ viel Kontrolle überlassen, denn der Patient weiß am besten, wie er sich fühlt.

Die jeweils krankheitsunterhaltende konflikthafte Beziehung zwischen Patient und seinen wichtigsten Bezugspersonen steht die gesamte Zeit im Mittelpunkt der Behandlung. Dabei hat es sich als zweckmäßig erwiesen, beide Seiten des zentralen Beziehungskonfliktes besonders zu beachten, nämlich die *Wunschseite* mit ihren Bedürfnissen (etwa mit X zu schlafen) und *die Konsequenzen,* die die Realisierung dieses Wunsches sowohl für die Person X als auch für einen selbst mit sich bringen würden, wobei jeweils positive und negative Konsequenzen getrennt zu eruieren sind.

Zu der Einschätzung der Behandlungsfortschritte ist es auch hilfreich, das von Menninger und Holzman (1958) so genannte *Einsichts-Dreieck* zu beachten. In dieser Perspektive wird *der aktuelle Konflikt* (mit einer wichtigen Bezugsperson der Gegenwart) nicht nur mit einem *vergangenen Konflikt* (zu einer zentralen Bezugsperson der eigenen Vergangenheit) in Beziehung gebracht, sondern auch mit *der gerade vorherrschenden Übertragung* (zum Therapeuten). Weisen alle drei Ebenen in die gleiche Richtung, dann macht die Behandlung Fortschritte.

6.2 Die psychoanalytische Kurztherapie

In der psychoanalytischen Kurztherapie ist die Aktivität des Therapeuten noch größer als in der psychoanalytischen Psychotherapie, in der sie gegenüber der klassischen Psychoanalyse schon stärker ausgeprägt ist. Während in der psychoanalytischen Psychotherapie immerhin eine ganze Reihe pathogener

Konflikte gelöst werden, ist es in der psychoanalytischen Kurztherapie nur *ein* zentraler pathogener Konflikt, der zum *Focus* (lateinisch = Brennpunkt) gemacht wird, daher auch *Fokal-Therapie.*

Beide beteiligten Personen einigen sich ebenso auf den „Fokal-Konflikt" wie auf die äußeren und inneren Bedingungen der Kurztherapie. Dazu gehören die Begrenzung auf ein Limit von 10, 20, höchstens 30 Sitzungen und auf ein eingeschränktes Therapieziel, nämlich die Lösung des *einen* gemeinsam benannten Fokal-Konflikts. Dies bedeutet unmißverständlich, daß etwa während der Behandlung aufkommende andere Konflikte außer Betracht bleiben müssen.

Werden nur leicht gestörte Fälle mit klassischen Neurosen in Kurztherapie genommen, dann ist es relativ leicht, sich in der genannten Weise zu begrenzen. Haben Patient und Therapeut das Ziel, auch ein schwieriges Problem mit gravierenden Symptomen anzugehen, dann sind die Anforderungen an beide Beteiligte recht groß: Wie beim mechanischen Grundgesetz muß mehr Kraft aufgewendet werden, wenn der Weg in kürzerer Zeit zurückgelegt werden soll. Das heißt: *Die Intensität der Therapie ist weit größer als in Psychoanalyse und psychoanalytischer Psychotherapie.*

Die Voraussetzung *auf Seiten des Patienten* ist die entsprechende Bereitschaft, sich dem gerade bestehenden aktuellen Konflikt voll auszusetzen, etwa einem Trennungsproblem direkt ins Auge zu schauen, einer beruflichen Krise gerade nicht auszuweichen oder einen schon lange schwelenden Ehekonflikt endlich zu lösen. Dies ist freilich um so leichter, je sicherer sich der Patient in seinem Berufs- und Privatleben fühlt.

Das Engagement *auf Seiten des Therapeuten* muß entsprechend groß sein. Er muß sich auf die Problematik des Patienten einlassen können, sich intensiv dafür interessieren und eine hohe Kompetenz mitbringen, um, zusammen mit dem Patienten, so konstruktiv und intensiv daran zu arbeiten, daß in absehbarer Zeit eine Änderung erzielt werden kann.

In der Intensität der Beziehung, im Vertrauen des Patienten gegenüber dem Therapeuten und in beiderseitigem Engagement können die in der klassischen Psychoanalyse oft langwierigen Widerstände durch entsprechende Deutungen relativ leicht

Unterschiede	Psychoanalyse	Psychotherapie	Kurztherapie
Begriff	Analyse der Psyche	Therapie der Psyche	kurze Therapie der Psyche/ fokale Analyse des zentralen Problems
globale Definition der Methode	hermeneuti-sche Methode des Verstehens unbewußter Prozesse	ausgewählter Einsatz von Theorie und Methode	gezielter Einsatz von Theorie und Methode
Beziehung zwischen Analytiker/ Therapeut und Patient	beide Beteiligte überlassen sich dem psycho-analytischen Prozeß	Therapeut behandelt Patient psycho-analytisch	beide Beteiligte arbeiten konzentriert am Fokalkonflikt
Relation zwischen Methode und Therapeut/ Analytiker	Methode > Analytiker	Therapeut > Methode	Analytiker *und* Methode
formale Merk-male / räum-liche Anord-nung	Analytiker in Sessel Patient auf Couch	Jede der beiden Personen im Sessel	Jede der beiden Personen im Sessel
Stunden-frequenz	4/Woche	1-3/Woche	1/Woche
Dauer	mehrere Jahre (3-5)	mehrere Jahre (1-3)	–
Stunden-zahl	300 und mehr	bis maximal 300	maximal 30 Stunden

Abb. 15. Begriff, Definition und wichtige Merkmale von Psychoana-lyse, Psychotherapie und Kurztherapie im Vergleich

inhaltliche Merkmale	Psychoanalyse	Psychotherapie	Kurztherapie
Handhabung der Grundregel	streng	weniger streng	selektiv auf Fokalkonflikt begrenzt
freie Assoziation	nahezu ideal	weniger ideal	auf Fokus begrenzt
Abstinenz	streng gewahrt	gößere Nähe	große Nähe
Regression	gefördert	nicht speziell gefördert	auf zentralen Konflikt begrenzt
Symptome	werden praktisch nicht beachtet	werden in engem ursächlichem Zusammenhang mit Konflikten gesehen	wie bei Psychotherapie, mit Akzent auf Hauptsymptom
Konflikte	alle sich konstellierenden ungelösten Konflikte werden gelöst	nur pathogene Konflikte werden gelöst	nur der zentrale Konflikt wird gelöst
Übertragungsneurose	voll entfaltet	partiell entfaltet	nur ein pathogenes Interaktionsmuster
Durcharbeiten	systematisches Durcharbeiten der Übertragungsneurose	unsystematisches Durcharbeiten der Übertragungsneurose	konzentriertes Bearbeiten des pathogenen Interaktionsmusters
Relation zwischen Phantasie und Realität	Phantasie > Realität	Realität > Phantasie	Phantasie und Realität

Relation zwischen Interpretation und Identifikation	nur Interpretation	Interpretation und Identifikation mit Therapeut	gezielte Interpretation des Fokalkonflikts Identifikation mit Therapeut?
Ziele	weit über Krankenbehandlung hinausgehend	Krankenbehandlung mit Lösung der pathogenen Konflikte	nur auf Lösung des Fokalkonflikts konzentriert
	Selbsterkenntnis Wahrheitssuche, ohne jede Lebenslüge	partielle Selbsterkenntnis Wahrheitssuche, gleichsam als Nebeneffekt	Selbsterkenntnis und unbedingte Wahrheitssuche im Konfliktbereich
	totale Umstrukturierung der Persönlichkeit	partielle Umstrukturierung im Bereich der pathogenen Konflikte	sehr begrenzte Umstrukturierung
	umfassende Einsicht	partielle Einsicht	Einsicht in Fokalkonflikt

Abb. 16. Wichtige Unterschiede von Psychoanalyse, Psychotherapie und Kurztherapie in tabellarischer Übersicht: inhaltliche Merkmale und Ziele

überwunden werden. Beide am kurzen Prozeß der Kurztherapie beteiligten Personen müssen also mutig genug sein, sich dem fokalen Problem zu stellen. Ein derartiges Kurzverfahren ist daher nicht ohne Risiko und bürdet dem Therapeuten einiges an Verantwortung auf. Es ist daher gut, dieses Risiko nur dann einzugehen, wenn die genannten hohen Voraussetzungen wirklich erfüllt sind; Voraussetzungen, die nicht immer gegeben sind. Wir brauchen uns deshalb nicht zu wundern, wenn die psychoanalytische Kurztherapie nicht besonders oft durchgeführt wird.

Die Abbildungen 15 und 16 geben in tabellarischer Übersicht die wichtigsten Merkmale der drei Methoden wieder.

7. Anwendungen der Psychoanalyse

7.1 In der Medizin

Obwohl Michael und Enid Balint ihr 1961 auf Englisch und 1962 auf Deutsch erschienenes Buch ausdrücklich *Psychotherapeutische Techniken in der Medizin* nannten, sind es im Prinzip psycho*analytische* Techniken, die hier im Rahmen der Allgemeinmedizin angewandt werden. Dazu rechne ich nicht nur das psychoanalytische *Interview* (vgl. VII.2), sondern auch die soeben behandelte psychoanalytische *Kurztherapie*. Dazu gehören aber im weitesten Sinne alle Versuche, das besser zu verstehen, was sich im gesamten medizinischen Bereich in jeder Beziehung zwischen Patient und Arzt abspielt.

Auch hier kommen oft sogar stark ausgeprägte Übertragungen vor: Patienten sehen im „Onkel Doktor" eine Figur, die fast zur Familie gehört. Sie klammern sich an den Arzt, der nicht selten die einzige Bezugsperson der heute häufig vereinsamten Menschen ist. *Viele Krankheiten haben unbewußt nur die Funktion, zu erreichen, daß sich jemand um einen kümmert,* um nicht völlig alleingelassen zu sein. Viele Patienten ziehen den Arzt in Beziehungsmuster hinein, die diesen genauso wie den Psychoanalytiker zu gefühlsmäßigen Reaktionen veranlassen, die ihm bewußt sein sollten.

In vielen Fällen ist der Arzt allerdings ratlos: Er reagiert z. B. auf das ständige Anklammern des Patienten mit dem Verschreiben von immer mehr Arzneimitteln, mit Überweisungen zu Fachärzten oder mit der Einweisung ins Krankenhaus. Es soll auch vorkommen, daß der Patient im Zorn aus der Praxis geworfen wird. Andere Patienten erreichen es, daß ihre Ärzte sich über Jahre wie eine treusorgende Mutter oder wie ein gütiger Vater unermüdlich bis zur Selbstaufopferung um sie kümmern: ein Typus von Arzt, der allerdings selten geworden ist. Viel häufiger ist die distanzierte Beziehung, das unverbindliche geschäftsmäßige Verhalten, ohne jede gefühlsmäßige Beteiligung bei klarer Trennung der Rollen.

Etwas mehr gegenseitige Verbindlichkeit und etwas mehr

psychoanalytisches Denken auf dem Hintergrund von psychoanalytischer Methode und Theorie würden aber der heute weitgehend durch eine perfekte Technik beherrschten Medizin nicht schaden.

Patient wie Arzt müßten nur etwas Bereitschaft zu einem gemeinsamen Gespräch mitbringen, der Arzt die dafür erforderliche Zeit aufbringen und sich etwas auf die seelische Seite der Krankheit einlassen.

In dem seit 1. Oktober 1987 in Kraft getretenen einheitlichen Bewertungsmaßstab (EBM) für ärztliche Leistungen werden neuerdings eigens honoriert:

– die Erörterung und Planung gezielter therapeutischer Maßnahmen zur Beeinflussung chronischer Erkrankungen,
– die Erörterung körperlicher und/oder seelischer Krankheitszustände, z. B. bei Sexualkonflikten,
– die differentialdiagnostische Klärung psychosomatischer Krankheitszustände und
– die verbalen Interventionen bei psychosomatischen Krankheitszuständen unter systematischer Nutzung der Arzt-Patienten-Interaktion.

Dabei wäre es sehr günstig, wenn sich die Ärzte etwas mehr auf ihre Patienten einlassen würden. In Balint-Gruppen hätten sie Gelegenheit, über die in der Beziehung mit bestimmten Patienten auftretenden Probleme zu sprechen, ihre Erfahrungen mit Kolleginnen und Kollegen auszutauschen, um auf diese Weise immer mehr Einblick in unbewußte Prozesse zwischen Patient und Arzt zu gewinnen. Die gemeinsame Arbeit mit dem Patienten wird dann verbindlicher und macht um so mehr Spaß, je mehr es dem Arzt gelingt, seine Patienten berufsmäßig zu verstehen, d. h. nicht nur verstandesmäßig, sondern auch gefühlsmäßig. Damit kann er nicht nur seinen Patienten viel besser helfen, sich besser zu verstehen, sondern auch sich selbst.

Anstatt sich über die Patienten zu ärgern und immer wieder Rezepte zu verschreiben, können sich Ärzte fragen, warum sie sich so ärgern. Sie können sogar versuchen, den Ärger im entspannten Gespräch mit dem Patienten anzusprechen. Sie können z. B. die Patienten fragen, ob sie nicht auch anderweitig die Erfahrung gemacht haben, daß sich andere leicht über sie ärgern. Ein derartiges persönliches Vorgehen erfordert allerdings, wie in der psychoanalytischen Kurztherapie, etwas Mut, sich selbst und den Patienten gegenüber, denn es werden immerhin eigene Gefühle angesprochen, und die werden heute allemal lieber verdrängt, nicht nur bei Ärzten.

7.2 In der Psychologie

In der Psychologie sind es vorwiegend die Bereiche *Psychotherapie* und *Beratung*, bei denen psychoanalytische Theorien und Methoden hilfreich sein können, z. B. in der Beratung von Ehe- und Familienproblemen, aber auch bei beruflichen Krisen. Eine Sonderform stellt die Beratung bei unerwünschter Schwangerschaft dar, wie sie von „Pro Familia" durchgeführt wird.

Adolf Aichhorn wandte die Psychoanalyse schon in den zwanziger und dreißiger Jahren in der Erziehungsberatung an, wie sein erstmals 1925 im Internationalen Psychoanalytischen Verlag erschienenes Buch *Verwahrloste Jugend. Die Psychoanalyse in der Fürsorgeerziehung* zeigt.

Wir sprechen zwar heute nicht mehr von „Verwahrlosung" und „Fürsorgeerziehung", die Sorge um eine von Arbeitslosigkeit und Sinnlosigkeit bedrohte Jugend ist aber heute nicht geringer geworden. Die Psychoanalyse hat dazu konstruktive Beiträge geleistet.[7]

Wie in der Medizin, so ist auch in der psychologischen Praxis eine entsprechende Persönlichkeitsschulung, möglichst mit eigener Analyse oder über eine Selbsterfahrungsgruppe, eine wichtige Voraussetzung für die sinnvolle Anwendung psychoanalytischer Techniken. Eine möglichst praxisnahe Vermittlung psychoanalytischer Methoden und Theorien tut ein übriges, um den angehenden Psychologen in den Stand zu setzen, Psychoanalyse gezielt in Psychotherapie und Beratung einzusetzen. Dabei hat es sich auch in der klinischen Psychologie bewährt, die Beratungsgespräche regelmäßig in Balint-Gruppen supervisieren oder kontrollieren zu lassen. Wenn sich nämlich Psychologen intensiver auf ihre Klienten einlassen, dann verwickeln sie sich allzu leicht aus der Befangenheit eigener Subjektivität heraus in die Probleme des Klienten, so daß es manchmal geradezu schwierig werden kann, die Grenzen zwischen privater Beziehung, interessierter Zuwendung und professionellem Handeln klar zu ziehen; ein Beziehungsproblem, das ich in Balint-Gruppen mit Psychologie-Studenten häufig beobachtet habe.

Die administrativen Verhältnisse an Beratungsstellen mit ihren Vorschriften und Bestimmungen machen es engagierten Psychologen, die Psychoanalyse in der Beratung anwenden wollen, nicht immer leicht, dies zu tun. Die psychoanalytische Perspektive kann ebensowenig von oben verordnet werden wie sie subversiv von unten her gegen die Institution gerichtet werden sollte. Beides ist mit Sicherheit zum Scheitern verurteilt. So kann ein Psychologe nicht ohne weiteres vom Chefarzt in der Klinik, vom Direktor des Jugend- oder Sozialamtes oder vom Heimleiter dazu beauftragt werden, diesen oder jenen Jugendlichen psychologisch oder psychoanalytisch oder wie auch immer dahin zu bringen, daß er/sie ein ganz bestimmtes erwünschtes Verhalten zeigt. Ebensowenig geht es gut, wenn eine politisch engagierte Psychologin, die die Gelegenheit hat, in einem Waisenhaus zu arbeiten, sich einseitig mit den dort leidenden Kindern verbündet, ohne ernsthaft versucht zu haben, mit den verantwortlichen Leitern der Institution zu einer Einigung zu kommen.

Soll die Anwendung der Psychoanalyse im psychologischen Bereich sinnvoll und erfolgreich sein, dann ist es unerläßlich, vor Beginn der ersten Beratung die Voraussetzungen dazu auf allen Ebenen zu klären, nicht nur zwischen Ratsuchendem und Berater, sondern auch zwischen Berater und dessen Vorgesetzten. Kollegial organisierte Institutionen erleichtern natürlich ein derartiges Vorhaben. In der Regel sind aber Institutionen hierarchisch gegliedert. Deswegen ist es besser, sich nach den real gegebenen Verhältnissen zu richten und nicht mit utopischen Hoffnungen begeistert „drauf los" zu beraten. Leider sind die Voraussetzungen einer gegebenen Institution oft so kompliziert, daß psychoanalytische Aspekte gar nicht zum Tragen kommen können. In manchen Institutionen ist dies sogar unerwünscht, denn die aufdeckende Beschäftigung mit den Konflikten der Ratsuchenden könnte ja auch an eigene unentdeckte Konflikte rühren, an „Hunde, die man lieber nicht wecken" möchte.

7.3 In der Gruppen-Psychotherapie

Methode und Theorie

Über psychoanalytische Gruppentherapie und andere Formen von Gruppen-Psychotherapie ist so viel geschrieben worden, daß ich mich in der vorliegenden Einführung kurz fassen kann. Obwohl eine Gruppe etwas völlig anderes ist als ein einzelner Mensch, haben die eine Gruppe bildenden Einzelnen, unabhängig von der Gruppe, nach wie vor ihre individuellen inneren Konflikte, die sich zwangsläufig früher oder später zwischen den Mitgliedern der Gruppe ergeben. Derartige Konflikte sind in Gruppen meist unbewußt, welche Ziele auch immer die Gruppen verfolgen: politische, pädagogische, sportliche usw. Es genügt daher nicht, eine Gruppe nur in soziologischer Perspektive nach Struktur und Funktionen zu untersuchen, nach Macht- und Abhängigkeitsverhältnissen, nach den Entscheidungsmodi, nach der Art des Datenflusses im Hinblick auf die Ziele und die Probleme der Kontrolle. Eine psychoanalytische Theorie der Gruppe zielt dagegen definitionsgemäß besonders auf diejenigen unbewußten Prozesse, die zwischen den einzelnen Mitgliedern sowie in der Gruppe als solcher ablaufen. Dabei handelt es sich um unbewußte Phantasien, die alle Gruppenteilnehmer mehr oder weniger teilen. Um sie psychoanalytisch zu verstehen, gibt es zunächst zwei Möglichkeiten:

– *Man betrachtet das einzelne Mitglied einer Gruppe so wie einen einzelnen Patienten in der Psychoanalyse* und nutzt die Anwesenheit der anderen Mitglieder der Gruppe wie den Chor der griechischen Tragödie als Hintergrund dazu, die Analyse des zu analysierenden Einzelnen zu fördern.

– *Man sieht die Gruppe wie ein Individuum,* womit der Psychoanalytiker die für ihn vielleicht ungewohnte Situation im Umgang mit einer ganzen Gruppe zu einer ihm wieder vertrauten Situation umgewandelt hätte, nämlich zu einer Beziehung zwischen sich und einem unbekannten Gegenüber.

Beide Methoden tun der Realität der Gruppe Zwang an, denn eine Gruppe ist mehr als nur ein Hintergrund mit der Funktion des griechischen Chors; noch weniger würden wir der Gruppe gerecht, wenn wir so tun, als wäre sie ein Individuum.

Der Ausweg aus dem Dilemma ist eine dritte Methode: Sie folgt Sigmund Heinrich Foulkes (vor seiner durch Hitler erzwungenen Emigration: Fuchs), der 1898 in Karlsruhe geboren wurde. Er arbeitete bis 1933 am damaligen Frankfurter Psychoanalytischen Institut für Sozialforschung zusammen mit so berühmten Männern wie Theodor W. Adorno, Max Horkheimer, Herbert Marcuse, Erich Fromm und Norbert Elias und hatte dabei Gelegenheit, die kritische Gesellschaftstheorie gründlich kennenzulernen. Während des Zweiten Weltkrieges war er im Northfield Military Hospital bei Birmingham tätig und hatte mit vielen Soldaten zu tun, die an psychischen Störungen litten. Da es so viele waren, lag es nahe, sie in Gruppen zusammen mit anderen zu behandeln. 1948 publizierte er sein Buch *Introduction to Group Analytic Psychotherapy.* Mit dem Adjektiv „gruppen-analytisch" ist das Prinzip dessen präzise benannt, das Foulkes auf die Gruppe anwendet, nämlich die *Analyse der Gruppe.* Diese Analyse der Gruppe schließt aber bei Foulkes immer auch die *Analyse des Einzelnen* ein, der ja, zusammen mit den anderen, die Gruppe bildet. Die Gruppe wäre ebensowenig das, was sie ist, ohne die Einzelnen, wie der Einzelne nicht das wäre, was er/sie ist, ohne die Anderen in der Gruppe, mit denen er/sie in den verschiedensten Gruppen mehr oder weniger eng zusammenhängt (Foulkes 1974).

Die zwei-dimensionale Perspektive, die sowohl den Einzelnen als Glied der Gruppe als auch die Gruppe als Ganzes sieht, ist auch die mir sympathischste Sichtweise. Sie tut weder der Gruppe noch dem Individuum Zwang an, indem sie jedes Gruppenmitglied nicht nur als Teil einer Gruppe, sondern auch in seiner jeweils unverwechselbaren Individualität wahrnimmt.

Die Psychoanalyse sieht also die Gruppe als einen neuartigen Forschungsgegenstand an, dem sie sich in ganz anderer Weise zuwendet als dem Individuum. Da in der Gruppe andere Gesetzmäßigkeiten vorherrschen, kann der Psychoanalytiker nicht umhin, bei anderen Wissenschaften, wie z. B. der Soziologie, der Feldtheorie Kurt Lewins oder der Gruppendynamik, entsprechende Anleihen zu machen.

Schicht- und Prozeßmodelle

Um sich in den vielschichtigen unbewußten Gruppenprozessen orientieren zu können, wurden verschiedene Modelle entwikkelt, die es erlauben, eine jeweils real gegebene Gruppe gleichsam durch das Raster des jeweiligen Modells zu sehen. Dazu gehören vor allem die *Schicht-Modelle* der psychoanalytischen Gruppenpsychotherapie, wie sie von verschiedenen Autoren vorgelegt wurden, die alle implizit am topographischen Modell Sigmund Freuds (vgl. Kap. V, S. 98) ausgerichtet sind. Sie sind in der folgenden Tabelle übersichtlich zusammengefaßt (Abb. 17).

Dann gibt es *verschiedene Prozeßmodelle*, nach denen unterschiedliche Phasen des im Laufe der Zeit ablaufenden Gruppenprozesses theoretisch geordnet werden. Nach Warren G. Bennis und H. A. Shepard (1956) sind die Teilnehmer einer Gruppe in der initialen Dependenz-Phase, also Abhängigkeitsphase, mit ihren Abhängigkeiten von Autoritäten beschäftigt. In der darauf folgenden Interdependenz-Phase geht es um die persönlichen Beziehungen zu den anderen Gruppenmitgliedern. Dabei kann es auch zu Kontradependenz kommen, eine Position, in der Abhängigkeit von Autoritäten wie zu der Zeit der Studentenbewegung nach 1968 in jeder Form ängstlich gemieden, verbissen bekämpft oder mit panischer Flucht beantwortet wird. Werden die damit verbundenen Konflikte erkannt und gelöst, dann ist über eine gewisse Desillusionierung oder Entzauberung ein Konsens möglich.

Das Modell Philip Slaters (1970) unterscheidet ebenfalls mehrere Phasen:
- eine erste Phase mit einer Neigung, den Gruppenleiter zu vergöttlichen,
- eine zweite Phase, in der die Gruppe gegen den Leiter revoltiert und
- eine dritte Phase, in der die Revolte dahin gelöst wird, daß es zu gegenseitiger Einigung mit einer neuen Ordnung kommt.

Die Ähnlichkeit mit den zuerst von Wilfred R. Bion (1961) vorgelegten drei Grundannahmen einer Gruppe ist unverkennbar. *Grundannahmen* im Sinne von Bion sind Annahmen, die die Mitglieder einer Gruppe über unbewußte Prozesse unter-

einander entwickeln, ohne sich deswegen bewußt darüber auszutauschen. Sie fürchten sich z.B. davor, sich zu sehr auf die
Gruppe einzulassen, von dieser oder vom Gruppenleiter abhängig zu werden. Deswegen einigen sie sich untereinander, zur
Abwendung der gefürchteten Gefahr lieber zu fliehen oder
gegen den Gruppenleiter zu kämpfen. Das sind Prozesse, wie
sie in jeder Gruppe vorkommen, so verschieden deren Ziele
auch sind.

Hinter den Grundannahmen stecken die von der Psychoanalyse immer wieder betonten sexuell und aggressiv aufgeladenen
unbewußten Beziehungsmuster, in die wir von frühester Kindheit an hinein verstrickt sind, die wir mehr oder weniger
zwanghaft in unseren aktuellen Beziehungen und damit auch in
Gruppen wiederholen.

Wir sehen sie in Gruppen um so leichter, als wir uns an
psychoanalytischen Modellen über die Phasen des Gruppenprozesses orientieren. Weitere Prozeßmodelle wurden von Dieter Sandner (1978) und mir (Kutter 1976) vorgelegt:

Dem Schichtmodell entsprechend gibt es da eine erste refle-
xiv-interaktionelle Ebene bzw. gruppen-dynamische Ebene,
in der sich die Teilnehmer wie bewußte vernünftige Menschen unterhalten. Darunter liegt aber eine zweite Ebene, auf
der unbewußte Prozesse ablaufen, auf der die auf S. 143 und
S. 157f. beschriebenen triangulären oder ödipalen Konflikte
wieder belebt werden. In einer dritten, noch tieferen Schicht
spielen sich die Konflikte ab, die – zeitlich gesehen – vor den
ödipalen Konflikten liegen, nämlich die prä-ödipalen bzw.
narzißtischen Konflikte, wie sie die duale Beziehung zwischen Kind und Mutter charakterisieren (vgl. Kap. VI. 3,
S. 161–171).

Je nach den Konflikten, die die Teilnehmer in der Gruppe,
wie es in der Sprache der Gruppendynamik heißt, „einbringen",
strukturieren sich dann auch die jeweiligen Gruppen. Das
heißt: Sie nehmen mehr oder weniger neurotische Züge, Eigenschaften einer Borderline-personality-organization oder die einer narzißtischen Persönlichkeitsstruktur an.

Um sich selbst nicht zu sehr zu überfordern, tut ein Gruppenleiter gut daran, nicht zu verschiedenartige Patienten in ein
und dieselbe Gruppe zu nehmen. Er würde sich sonst sehr

	W. Schindler 1951	Bion 1961	Foulkes 1974	Kutter 1974	Heigl-Evers & Heigl 1975	Sandner 1978
bw	Arbeitsbündnis „Vertrag"	Arbeitsgruppe	Aktuelle Ebene	Ebenen der Gruppen-Dynamik: Rollen, Status	normative Verhaltensregulierung; Aushandeln (interaktionelle Gruppentherapie)	reflexiv interaktionelle Ebene
vbw	neue reale Beziehungen	dynamische Matrix (van der Kleij 1982)	„personale" Matrix	Normen	**psycho-soziale Kompromißbildung** (tiefenpsychologisch fundierte Gruppentherapie); gemeinsames Tagträumen (analytische Gruppentherapie)	phantasierte (irreale) Beziehungsmuster; **ödipale Konstellationen**
ubw	Wiedererleben der eigenen Herkunftsfamilie mit den Gruppenmitgliedern als Geschwistern dem Leiter als Vater und der Gruppe als Mutter (symbolisch) / Gefahr des Identitäts- oder Ich-Verlustes	Grundannahme-Gruppe 1. Abhängigkeit 2. Kampf/Flucht 3. „pairing" / **depressive** Position (M.Klein 1952) / **paranoid-schizoide** Prozesse	projektive Ebene mit Selbst-, Körper- und Objektanteilen / „psychotische" Ebene / „Grund"-Matrix (van der Kleij 1982)	Übertragung und Gegenübertragung ubw. (ganzer) Objektbeziehungsmuster aus ödipaler Konstellation (Bereich der „Klassischen Neurosen") / Abspaltung von Teilobjekten bzw. nur-gute nur-schlechte Selbst- und Objektanteile (Bereich der „nach-klassischen Neurosen")	Projektion, Introjektion, projektive Identifizierung	**prä-ödipale** Phänomene
Autor	W. Schindler 1951	Bion 1961	Foulkes 1974	Kutter 1974	Heigl-Evers & Heigl 1975	Sandner 1978

Abb. 17: Schicht-Modelle der psychoanalytischen Gruppen-Psychotherapie

schwer tun, immer einen gemeinsamen Nenner zwischen den einzelnen Gruppenmitgliedern zu finden.

Meiner langjährigen Erfahrung nach hat sich dabei am ehesten ein Mittelweg zwischen einer allzu homogenen Gruppe (mit Teilnehmern, die alle mehr oder weniger an den gleichen Konflikten leiden) und einer allzu heterogenen Gruppe (deren Mitglieder an den verschiedensten psychischen Störungen leiden, wie wir sie in Kapitel VI behandelt haben) bewährt.

Damit lassen sich gleichermaßen die Gefahren der zu wenig fruchtbaren Dynamik einer zu homogenen Gruppe wie die Gefahren der allzu großen Spannung bei zu großen Unterschieden bannen.

Indikationsfragen

Gruppen-Psychotherapie ist am ehesten dann indiziert, *wenn die zu lösenden Konflikte in Gruppen entstanden sind.* Sie werden in der Situation der Gruppe unweigerlich re-aktiviert und können dann effektiv verändert werden zugunsten eines eher realitätsgerechten Verhaltens, verbunden mit der Einsicht in die unbewußten Prozesse zwischen den in der Gruppe zusammenarbeitenden Menschen.

Die Mitglieder der Londoner gruppen-analytischen Vereinigung glauben, daß die Wirkfaktoren der gruppen-analytischen Methode weniger darin liegen, daß in der Kindheit erworbene ungelöste Konflikte wieder belebt, psychoanalytisch erkannt und im nachhinein gelöst werden, sondern eher darin, daß neue Beziehungen geknüpft und unter wohlwollender Gewährung des Gruppenleiters erstmals gewagt, riskiert und probiert werden.

Ich bin nicht dieser Meinung: In Kapitel VIII (insbesondere Abschnitt 4) dürfte den Lesern klar geworden sein, daß sich ohne Re-Aktivierung bislang unbewußter konflikthafter Beziehungsmuster nichts, aber auch gar nichts verändert. *Es führt also kein Weg daran vorbei, sich den peinlichen und unangenehmen und deswegen gefürchteten Situationen der Vergangenheit in der unmittelbaren Gegenwart der Gruppe auszusetzen.* Nur so lassen sich bessere Möglichkeiten der Konfliktlösung finden. Sind die alten ungelöst gebliebenen Konflikte endlich gelöst, dann sind wir überhaupt erst in der Lage, von Störungen freie Beziehungen einzugehen.

Fallbeispiel: eine studentische Selbsterfahrungsgruppe

Zur Veranschaulichung des bisher Gesagten folgen zum Abschluß dieses Abschnitts über Anwendungen der Psychoanalyse in der Gruppe einige anschauliche Szenen aus einer Selbsterfahrungsgruppe mit Studenten:

Die *Anfangsszene,* in der zehn Teilnehmer und zwei Leiter in einem zugegebenermaßen wenig erfreulichen Raum des 38. Stocks des sogenannten Uni-Turms in Frankfurt sitzen, besteht darin, daß einige Teilnehmer die unfreundliche Umgebung der Gruppe zur Sprache bringen. Einer will sogar den Raum verlassen und gegen einen anderen günstiger gestalteten eintauschen. Die Gruppe wagt aber nicht, offen gegen die beiden Leiter vorzugehen, da alle Teilnehmer angesichts der ihnen unvertrauten Situation noch ängstlich sind. Sie haben Angst, womöglich von den beiden Autoritäten zurechtgewiesen oder gar gestraft zu werden; eine Interpretation, die die Zustimmung der Teilnehmer findet. Die Teilnehmer einigen sich daher unbewußt darauf, lieber abzuwarten und die Abhängigkeit von den beiden Leitern vorerst zu akzeptieren.

In einer späteren Phase des Gruppenprozesses ist es die Angst vor zu großer Nähe, die die Teilnehmer zurückhält, offener aufeinander einzugehen. Würde man dies nämlich tun, dann würde man sich verletzbar machen, weil man nie wissen kann, was andere gegen einen im Schilde führen. Offen ausgedrückter Ärger würde die „zarten Bande" zwischen einzelnen Gruppenmitgliedern gefährden. Deshalb einigt man sich unbewußt darauf, lieber zu schweigen und den Ärger zu unterdrücken. Damit wird freilich die Gefahr heraufbeschworen, daß die unterdrückte Wut sich doch auf irgendeine Weise Ausdruck verschafft.

Genau das geschieht im weiteren Verlauf des Gruppenprozesses: Eine Teilnehmerin, die sich von ihrer Persönlichkeitsstruktur sicher dafür anbietet, gerät mit einer anderen Teilnehmerin, die dazu nicht weniger prädestiniert ist, zunehmend in einen „Clinch". Es kommt zu einer zunehmend eskalierenden Auseinandersetzung zwischen den beiden Frauen: Die eine wirft der anderen vor, sich „fies" verhalten zu haben: „Da bin ich sehr empfindlich, da reagiere ich sofort!" Die andere hält das Verhalten der einen für „unerträglich" und wirft ihr Strenge und Verkniffenheit vor.

Während der Konflikt zwischen den beiden Frauen unterschwellig weiterschwelt, haben die anderen Gruppenmitglieder ihre Ängste vor Nähe langsam überwunden, kommen einander näher und können jetzt gemeinsam geteilte Konflikte, wie z. B. die, als Studierende gegenüber den Nichtstudierenden elitär zu sein und deswegen an untergründigen Schuldgefühlen zu leiden, zur Sprache bringen.

Ein typischer *Gruppentraum*, d. h. ein Traum, in dem der unbewußte Konflikt der Gruppe sinnfällig zum Ausdruck kommt, leitete diese Phase ein: „Es ist in der DDR, eine Reisegesellschaft, irgendwie privilegiert gegenüber den DDR-Bewohnern". Die lange unbewußt gebliebene Abhängigkeitsproblematik zu den beiden Leiter-Autoritäten deutet sich ebenfalls in einem Traum an: „Da ist ein schwieriger Weg, der unheimlich wirkt, niemand weiß, wie es weitergeht. Da taucht hinterrücks hinter einem Baum ein Mann auf, mit einer Pistole in der Hand", von dem die Träumerin weiß, „das ist der Entführer!". In den Assoziationen der Gruppenmitglieder zu dem Traum fällt der Träumerin ein, daß der als „Entführer" erlebte Mann einen Bart trägt. Da beide Gruppenleiter ebenfalls Bärte tragen, und diese Tatsache anderen im Laufe des weiteren Gespräches auffällt, ist es ein leichtes, die von dem „Entführer" gefürchtete Gefahr in typisch psychoanalytischer Weise „in die Übertragung zu nehmen" und auf die Gruppenleiter zu beziehen. Diese erotische Übertragungsebene war von Anfang an vorhanden. Man konnte sie am Blickkontakt zwischen den weiblichen, zum Teil sehr attraktiven Teilnehmerinnen und den beiden älteren, männlichen Leitern zweifellos erkennen.

Der damit verbundenen erotischen Gefahr der Beziehung zwischen Frauen und Männern weicht man aber in einer unbewußten Grundannahme dadurch aus, daß die Gruppe in einer der folgenden Sitzungen unversehens zehn „Negerküsse" mitbringt (wer es nicht wissen sollte: ein kugelförmiges, mit einer weißen Masse gefülltes, schokoladenüberzogenes Gebilde). Damit kann nun die versteckte Erotik zwischen Teilnehmern und Leitern in einer zwar verbindenden, aber nicht gefährlichen Weise zum Ausdruck gebracht werden. Die zehn Negerküsse werden dabei in ihrer unbewußten Bedeutung nach und nach als das erkannt, was sie hintergründig ausdrückten. So können sie schließlich von allen Beteiligten, einschließlich Leiter, nachdem die versteckte Erotik nicht mehr ängstigt, nicht ohne Genuß auch gegessen werden.

Gegen Schluß der elf jeweils 1½stündigen Sitzungen gelingt es noch, den ungelösten Konflikt zwischen den beiden Frauen als das zu erkennen, was er unbewußt bedeutete, nämlich

erstens eine Rivalität zwischen den untereinander konkurrierenden Frauen, und zwar nicht nur im Hinblick darauf, „wer ist die Beste im ganzen Land?" sondern auch darauf, „wer angelt sich den besten Mann?" und

zweitens als ein wechselseitiges Übertragungsgeschehen, in der die eine Teilnehmerin in der anderen unbewußt die verhaßte Mutter erlebt und sich selbst als entsprechend beschämtes Kind. Die andere wird damit für jene eine nicht näher bekannte, aber gefürchtete Person.

Mit Hilfe entsprechender Übertragungsdeutungen gelang es vor Beendigung der elf Sitzungen, diese Übertragungen als Mutterübertragungen zu erkennen und zu überwinden („Ich erlebte X. wie eine Mutter, genauso streng und abweisend wie meine Mutter. Nachdem ich dies gesehen habe, kann ich X. gegenüber unbefangener sein.").

Dagegen war es der anderen Teilnehmerin nur schwer möglich einzusehen, warum sie ihre Gegenspielerin so „fies" findet. Dies hätte nämlich bedeutet zuzugeben, daß sie in deren Konterfei etwas sieht, was sie bei sich selbst zu sehen permanent vermeidet, nämlich die „fiese" Seite ihrer selbst.

Die Leser werden die Projektion der Teilnehmerin auf X. längst genauso erkannt haben, wie dies damals die Gruppenleiter in der Gruppe erkannten, und können daher jetzt genauso interpretieren wie seinerzeit die Gruppenleiter. Da es aber leichter ist, den Splitter im Auge des anderen zu sehen als den Balken im eigenen Auge, war es während des kurzen Gruppenprozesses leider nicht möglich, der betreffenden Teilnehmerin ihre Projektion so deutlich zu machen, daß sie sie hätte völlig zurücknehmen können.

Im Bereich der schon zu Anfang geknüpften „zarten Bande" zwischen einzelnen Teilnehmern machte die Gruppe aber große Fortschritte. Eine Frau erklärte einem Mann gegenüber: „Ich hab' dich einfach gern", und fügte hinzu: „plötzlich hab' ich gemerkt, daß wir hier ja Männer und Frauen sind. Wenn ich also sag', ich hab' dich gern, dann mein' ich dich als Mann". Eine der Frauen merkt aber gleich auch eine Gefahr, die mit einer Annäherung der Frau zum Mann verbunden sein kann, nämlich die der Verschmelzung: „Das ist mir nicht ganz geheuer. Ich möchte mich gegenüber dem Mann mehr abgrenzen. Das hab' ich im Laufe der Frauenbewegung gemerkt, daß zu große Liebe gegenüber den Männern die Selbstbestimmung der Frau einschränkt!"

Die andere Gefahr, die für Frauen in der Beziehung zu einem Mann liegen kann, empfindet eine andere Teilnehmerin, die die Liebeserklärung der einen Frau gegenüber dem Mann so erregt hat, daß sie die Nacht über nur schlecht schlafen konnte und in der folgenden Sitzung zu spät kam. Nach anfänglichem Schweigen sagt sie schließlich: „Ich frage mich, was mit mir los ist, wenn ich Y. gegenüber nicht dieselben Gefühle der Zuneigung empfand, wie die anderen Frauen hier?" Sie habe da ihre Schwierigkeiten, denn „besonders die Pause nach der Frage: ‚Hast du mich gern?' ängstigt mich". Im Laufe der Assoziationen über die Frage wird deutlich, daß ‚Ich hab' dich gern' unbewußt auch bedeuten kann: ‚Ich brauche dich', und das heißt immer zugleich auch: „Ich bin von dir abhängig, und das macht mich verletzlich, denn du könntest ja auch sagen: ‚Ich hab' dich leider nicht gern'.""

Diese knappe Übersicht über den Verlauf einer Selbsterfahrungsgruppe zeigt, wie auch in kurzer Zeit vielfach verdrängte Probleme zwischen Männern und Frauen, zwischen Konkurrenten untereinander, zwischen Älteren und Jüngeren in einer

Gruppe wiederbelebt, zur Sprache gebracht und ein gutes Stück weit auch verarbeitet werden können. Die Folge ist die Chance neuer störungsfreier Beziehungen. – Damit kommen wir zum letzten Abschnitt dieses Kapitels über psychoanalytische Behandlungs- und Beratungsverfahren.

7.4 In der Familientherapie

Methode und Theorie

Ich spreche hier im Gegensatz zur „psychoanalytischen" Gruppentherapie, ausdrücklich nicht von „psychoanalytischer" Familientherapie. Ich bin nämlich der Meinung, daß es eine psychoanalytische Familientherapie, die sich genauso wie die psychoanalytische Gruppen-Psychotherapie von der Psychoanalyse herleitet, gar nicht gibt.

Die Psychoanalyse hat sich zwar neben ihrem Interesse an der Psyche Einzelner schon früh nicht nur mit künstlich zusammengesetzten Gruppen befaßt, sondern auch mit der natürlichen Gruppe der Familie. So veröffentlichte John Karl Flügel schon 1921 ein Buch über *The Psycho-analytic Study of the Family*, in dem nicht nur die Phantasien der Kinder, sondern auch die der Eltern über sich selbst und über die ganze Familie zum Gegenstand der Untersuchung gemacht wurden.

Was im Laufe der Jahrzehnte aber aus dieser Beschäftigung der Psychoanalyse mit der Familie geworden ist, hat nur noch wenig Ähnlichkeit mit Psychoanalyse, ist vielmehr überwiegend system-theoretisch orientiert. Nicht von ungefähr schlug die Debatte über die Frage des Paradigmenwechsels so hohe Wogen. Dabei ging es um die Frage, ob es auf dem Weg *Von der Psychoanalyse zur Familientherapie* (Stierlin 1975) zu einer völlig neuen wissenschaftlichen Orientierung sowohl in theoretischer als auch in methodischer Hinsicht gekommen ist.

Wenn ich heute die über Familientherapie vorliegende Literatur überschaue, so kann ich darin nur noch wenig Psychoanalytisches erkennen. *Die Konzepte von „Wunsch und Widerstand" sowie „Übertragung und Gegenübertragung" sind weitgehend durch systemtheoretische und kommunikationswissenschaftliche*

Begriffe ersetzt. Das Denken Gregory Batesons und der Palo Alto-Schule des „Mental Research Institute" in Californien gibt den Ton an. So ist das Vorgehen der Familientherapeuten heute weitgehend durch Theorien gekennzeichnet, die aus der modernen Kommunikationswissenschaft herrühren. Die *Faktizität* der *realen* Beziehungsprobleme der unmittelbaren Gegenwart steht ganz im Vordergrund, *während die irrealen oder unbewußten Prozesse in den Hintergrund gerückt sind.* In der Praxis werden die Familienmitglieder im Sinne einer familientherapeutischen „Grundregel" ermutigt, soweit es ihnen möglich ist, über Dinge miteinander zu sprechen, über die bisher nicht gesprochen wurde. Dabei werden von allen Familienmitgliedern die letzten verfügbaren Ressourcen an Bereitschaft zur Konfrontation, an Einsatz und an Opferbereitschaft gefordert.

Wie wir schon im dritten Kapitel über die Entwicklung der Psychoanalyse in Deutschland gesehen haben, sind in unserem Zusammenhang vor allem zwei Forscher zu nennen, nämlich Horst-Eberhard Richter in Gießen und Helm Stierlin in Heidelberg, die sich auf ihre eigene Weise mit Familien beschäftigt haben. Sie prägten neue Begriffe und schrieben Bücher über dieses Thema. Ich kann hier nur auf sie verweisen[8]. Auffallend in der Diskussion mit Studenten war immer wieder, wie ungewohnt, ja fremdartig, Denken und Handeln der Familientherapeuten im Unterschied zum psychoanalytischen Vorgehen wirken. Besonders die unübersehbaren moralischen Aspekte, das Gerechtigkeitsprinzip und das gegenseitige Aufrechnen von Verdienst und Verlust über eine Art von „Verdienstkonten" (Boszormenyi-Nagy und Spark 1981) stieß auf Unverständnis.

Für mich selbst hat die Konzentration auf die Familie etwas Widersinniges an sich, denn es wird ja – bei aller Wertschätzung der Familie und der durch sie vermittelten Geborgenheit – an etwas festgehalten, was in der Perspektive des epigenetischen Prinzips der Entwicklung zur Auflösung bestimmt ist. In meiner Einschätzung ist es geradezu pathologisch, wenn Mitglieder von Therapie-Gruppen in ihrer Phantasie ihre Ursprungs-Familie auf die real vorhandene Gruppe übertragen und damit genau die Beziehungen, die sie als Kind in ihrer eigenen Familie überlebt haben, regressiv wiederbeleben. Dies ist, wie ich in Kapitel VIII, insbesondere Abschnitt 4.2, hinreichend deutlich gemacht habe, als therapeutisches Mittel im Sinne einer Regression im Dienste der Progression durchaus hilfreich.

Das Ziel ist aber doch die Entwicklung neuer Beziehungen und nicht das Festhalten an den herkömmlichen Beziehungsmustern. Ich habe deswegen auch nie ganz verstanden, warum das Thema Familie für viele eine so große Faszination ausübt. Ich konnte mich auch nicht dazu entschließen, zusätzlich zu den von mir ausgeübten psychoanalytischen Methoden der Einzeltherapie und der Gruppentherapie noch Familientherapie praktisch anzuwenden.

Ich habe zwar in meiner früheren selbständigen psychoanalytischen Praxis als mehrjähriger Leiter einer Erziehungsberatungsstelle schon in den sechziger Jahren praktisch mit Familien gearbeitet und auch darüber veröffentlicht (Kutter 1965). Wenn ich mich damals nicht nur mit der Mutter und ihrem unruhigen Kind befaßte, sondern auch den Mann bzw. Vater einbestellte, betrieb ich, ohne es zu wissen, im Grunde Familientherapie. Dasselbe trifft zu, wenn ich die psychoanalytischen Gespräche mit einem Ehepaar dadurch ergänzte, daß das unter den Ehekonflikten seiner Eltern leidende Kind mit in die Gespräche einbezogen wurde. Dabei ging es mir aber immer um die unbewußten Prozesse in den betreffenden Personen, d. h. um die unbewußten Bilder, die alle Beteiligten von sich und den anderen hatten. Um diese unbewußten Bilder herauszubekommen, war es unerläßlich, genauso wie in der psychoanalytischen Einzel- oder Gruppentherapie die vorherrschenden unbewußten Prozesse in Übertragung und Gegenübertragung mit den dazu gehörigen Wünschen und Widerständen zu analysieren. Dazu bedurfte es keiner neuen Techniken wie *Symptomverschreibung* oder *paradoxe Intervention.** Es erforderte allerdings einiges an*

---

* Mit Symptomverschreibung oder paradoxer Intention ist gemeint, daß gerade das Nicht-Gewünschte verschrieben wird. Sie wird besonders dann angewandt, wenn das gewünschte Ziel mit den üblichen psychotherapeutischen Methoden nicht erreicht werden konnte. Die Technik stammt aus der Palo Alto-Schule um Gregory Bateson (von dem Ort Palo Alto in der Nähe der Stanford-University bei San Francisco, USA), von denen hierzulande besonders Paul Watzlawick mit seinen Büchern *Menschliche Kommunikation* (1969) oder *Wie*

Geduld, um die von allen Familienmitgliedern mehr oder weniger hartnäckig geteilten Widerstände gegen das Aufdecken der unterschwellig zwischen ihnen schwelenden Konflikte zu überwinden.

Diese Geduld scheinen die modernen Familientherapeuten nicht immer aufzubringen. Sie können nicht lange genug warten (Ekstein 1988) – eine basale Eigenschaft des Psychoanalytikers! –, neigen vielmehr zu einer vorschnellen Einschätzung der Familie. Sie prägten zwar eingängige Begriffe wie „Sanatorium" für die angstneurotische Familie, „Festung" für die paranoide und „Theater" für die hysterische Familie (Richter 1970), es mangelt ihnen aber an Geduld; sie können nicht abwarten, bis sich im Verlauf eines längeren psychoanalytischen Prozesses unter aktiver Beteiligung der Familienmitglieder langsam die entscheidende unbewußte Phantasie herauskristallisiert, die, ge-

---

wirklich ist die Wirklichkeit? (1976) bekannt geworden ist. Der Hintergedanke dabei ist der, daß man im Beispiel des „Sei spontan!" dann nicht mehr spontan sein kann, wenn man sich spontan verhalten soll, da die Aufforderung ja die Spontaneität ausschließt.

Meiner Einschätzung nach handelt es sich hierbei um einen „Trick", auf den der Patient zwangsläufig hereinfällt, denn es wird ja gerade über den „Trick" versucht, das zu erreichen, was der Therapeut will, nur daß es der Patient nicht weiß.

Michael Wirsching und Helm Stierlin bringen ein Beispiel einer Symptomverschreibung in ihrem Buch *Krankheit und Familie* (1972), in dem die Empfehlung ausgesprochen wird, mit dem bisherigen pathologischen Verhalten fortzufahren: „Weitermachen wie bisher, nicht schlappmachen oder ausruhen, keine Schwächen zeigen! So haben Sie es Ihr Leben lang getan ... Damit verhalten Sie sich anders als viele Menschen, die bei einer schweren Krankheit ihr Leben überdenken, die sich sagen, jetzt mache ich vieles anders. Dies ist jedoch bei Ihnen nicht nötig. Eine Veränderung würde alles nur durcheinander bringen und schwieriger machen. Deshalb empfehlen wir Ihnen auf jeden Fall, so weiterzuleben wie bisher ... deshalb, weil es hier nicht um Veränderung gehen kann, brauchen wir auch keine weiteren Gespräche zu führen ..." (S. 183/184).

nauso wie in der Gruppentherapie, die Familie insgesamt und die einzelnen Familienmitglieder in ihren Bann zieht.**

Könnten sich die Familientherapeuten so auf die Familie einstellen, dann würden sie merken, daß die Mitglieder einer Familie ebenso wie die Teilnehmer einer Therapiegruppe in Konflikten zwischen Wunsch und Widerstand gefangen sind und diese pathogenen Konflikte aufdecken und lösen. Kinder können dies am besten. Wenn wir sie zum Beispiel darum bitten, ihre Familie, wie in dem Test „Zeichne – deine – Familie – in – Tieren" (Brem-Gräser 1975), als Tierfamilie darzustellen, dann zeigen sie in oft frappierender Weise, wie sie zueinanderstehen, wobei das jüngste Kind meist den Vogel abschießt.

Wenden wir ernsthaft Psychoanalyse auf Familie an, wie dies Michael B. Buchholz am Institut für Psychoanalyse der Universität Frankfurt in seinem Buch *Psychoanalytische Methode und Familientherapie* (1982) getan hat, dann müssen wir vor allem die psychoanalytische Methode, wie ich sie besonders unter VIII.4 herausgearbeitet habe, genauso auf die Familie anwenden wie auf die Gruppe. Ich erinnere an die dabei möglichen *drei Perspektiven:*

1. Es wird *der Einzelne in der Familie* so betrachtet wie in der klassischen Psychoanalyse,

2. *die Familie wird so angesehen wie ein Individuum,* oder wir versuchen,

---

** Kritische Stimmen gegenüber der Familientherapie wurden kürzlich auch in „Psychologie heute" veröffentlicht, so von Wilhelm Körner und Hans Zygowski (1988). Die Autoren meinen, daß die Hoffnungen der Familientherapie insgesamt enttäuscht haben. Die Familienmitglieder würden in systemtheoretischer Perspektive zu „Systemelementen" degradiert und damit ihrer Individualität beraubt. Außerdem sei die Macht der Therapeuten zu groß und die Methode würde insofern immer direktiver, weil bei manchen Vertretern der Familiendynamik der Therapeut das alleinige Entscheidungsrecht hat, zwar nicht nur darüber, wer spricht, sondern auch darüber, wie die Störung der Familie einzuschätzen ist.

Dieser Kritik kann ich nur zustimmen. Richtig verstandene Psychoanalyse versteht sich dagegen als eine dialogische Methode, in der beide beteiligte Personen gemeinsam versuchen herauszufinden, was das Problem ist und wie es am besten gelöst werden kann. Es mag indessen Familientherapien geben, die diese Kritik nicht verdienen.

3. *sowohl die einzelnen in psychoanalytischer als auch die Familie in familien-analytischer Perspektive* zu sehen.

Ich vertrete den dritten Standpunkt. Das heißt: Die beiden bipolaren Prinzipien von Wunsch und Widerstand sowie Übertragung und Gegenübertragung werden genauso zweidimensional wie in der Therapiegruppe angewandt, in oszillierendem Wechsel zwischen der jeweiligen Beobachtung der intrapsychischen Prozesse der einzelnen Familienmitglieder, der Prozesse zwischen den einzelnen Familienmitgliedern und derjenigen in der Familie als Ganzes. Gehe ich auf diese Weise genuin psychoanalytisch vor, dann wird es mir auch gelingen, bei allmählichen Nachlassen der Widerstände, genau so wie in der Analyse des Individuums, über die sechs Wahrnehmungs- und Erkenntnisschritte zu einem sinnvollen Verständnis dessen zu kommen, was an unbewußten Prozessen in der Familie vorgeht.

Praxis

Ein kurzes *Fallbeispiel* möge auch in diesem Abschnitt die theoretische Darstellung ergänzen:

In einer durchschnittlichen Akademikerfamilie beklagt sich ein Vater darüber, daß er sich von seiner Familie ausgeschlossen fühlt: Er ist beruflich sehr ehrgeizig, hat in Wirklichkeit wenig Zeit für Frau und Kinder, sucht aber dennoch Schutz und Geborgenheit in seiner Familie und fühlt sich in der Sehnsucht danach enttäuscht. Werden nun die Frau und die Kinder in die Analyse der unbewußten Prozesse in und zwischen den Familienmitgliedern einbezogen, dann ergibt sich andererseits, daß die Frau des vielbeschäftigen Mannes sich genauso von diesem im Stich gelassen fühlt wie die beiden Kinder. Es wundert daher nicht, daß sich Mutter und Kinder zu einer Untergruppe zusammenschließen und sich mehr oder weniger bewußt/unbewußt darauf einigen, „dann helfen wir uns eben selbst". Damit hat unsere Beispielfamilie zwar im Sinne eines Selbstheilungsversuches eine Lösung gefunden, aber um den Preis neurotischen Leidens. Alle Beteiligten fühlen sich mehr oder weniger frustriert und entwickeln unterschiedliche Symptome: Während der Mann sich, abgesehen von seinen beruflichen Erfolgen, im Hinblick auf sein Privatleben leer und unerfüllt fühlt, leidet die Ehefrau an Migräne und Depressionen, flüchten sich die beiden heranwachsenden Kinder in die Gruppen der Altersgenossen. In nur wenigen Sitzungen, die allerdings nicht regelmäßig als Familiensitzungen durchgeführt wurden, sondern abwechselnd mit dem Mann, mit der Frau, aber auch mit dem Paar, gelang es, das Problem dieser Akademikerfamilie relativ rasch bewußt zu machen. Voraussetzung dazu war vor allem, daß der Mann bzw. Vater einzusehen lernte, daß er es war, der primär die Familie verließ und damit sekundär den Zusammenschluß von Frau und Kindern bewirkte: Er hatte ja geglaubt, „die anderen" hätten ihn (primär) verlassen, worauf er sich (sekundär) ausgeschlossen fühlte.

Der wichtigste Hebel der Veränderung war damit die individuelle Psychoanalyse einer zentralen Figur dieser Familie, nämlich des Vaters bzw. Mannes. Die Folge der neuen Einsichten war ein lockeres Verhalten dieses Familienmitglieds, was von allen anderen als spürbare Entspannung der gesamten Familienatmosphäre empfunden wurde. Ich denke abschließend, daß die günstige Entwicklung in unserer Beispielfamilie deswegen möglich war, weil sich der betreffende Therapeut in seinem Selbstverständnis nicht ausdrücklich als Familientherapeut verstand, sondern als Psychoanalytiker, dessen Aufgabe es ist, unbewußte Prozesse bewußt zu machen, nicht mehr und nicht weniger.

IX.
Psychoanalyse jenseits von Klinik und Sprechzimmer – mit dem psychoanalytischen Instrumentarium in Politik und Gesellschaft

1. Methodologische Probleme

Wie wir im letzten Kapitel gesehen haben, läßt sich die Methode der Psychoanalyse mit ihrem Ziel, Unbewußtes bewußt zu machen, auch auf kleinere überschaubare Gruppen (Therapiegruppen und Familien) anwenden. Dabei ergeben sich jedoch insofern Probleme, als die in der Anwendung auf die einzelne Psyche bewährte Psychoanalyse auf Gegenstände angewandt wird, die sich vom Individuum unterscheiden.

Wenn es *das oberste methodologische Prinzip ist, daß die Methode dem Gegenstand adäquat sein muß*, dann kann die Methode des Bewußtmachens unbewußter Prozesse in Gruppen und Familien nur dann psychoanalytisch genannt werden, wenn sie sich auf die einzelnen Personen bezieht. Im Hinblick auf den neuen Untersuchungsgegenstand Gruppe oder Familie handelt es sich dann jeweils um eine *neue Methode*, nämlich Gruppen-Analyse bzw. Familien-Analyse.

Wenn wir jetzt weiter gehen und auch die Prozesse *zwischen* Gruppen untersuchen und darüber hinaus *größere Gruppierungen von Menschen* oder *ganze Institutionen* zum Gegenstand psychoanalytischer Forschung machen, dann begeben wir uns auf Gebiete, mit denen sich andere Wissenschaften seit langem befassen:

Die *Soziologie* ist die Wissenschaft, in der gesellschaftliche Prozesse wie Produktion und soziale Strukturen, Sozialisation, Institutionen und soziale Bewegungen bis hin zu internationalen Beziehungen mit den verschiedensten Methoden untersucht werden, wobei die Methoden der empirischen Sozialforschung dominieren. Konjunktur, Wachstum und Verteilung, Markt und Plan, Geld und Währung in Betrieben und Öffentlichkeit sind Gegenstand der Betriebswirtschafts- und Volkswirtschaftslehre, oder moderner: der Wirtschaftswissenschaften.

Die *Politikwissenschaft* ihrerseits befaßt sich im engeren Sinne mit politischen Prozessen, d. h. mit den Prozessen, die mit Macht und Herrschaft, mit deren Verteilung und Kontrolle, mit Regierungsformen, wie totalitären oder demokratischen Systemen, mit politischer Bildung und Ökonomie bis hin zu Parteien und Verbänden zu tun hat. Die damit verbundenen rechtlichen Probleme werden von der Rechtswissenschaft behandelt.

Jede der genannten Wissenschaften hat über eigenständige Forschung ihr Fachwissen erweitert und vertieft. Trotzdem gibt es überall Bereiche, die noch nicht erforscht sind, über die man wenig weiß, die merkwürdig umgangen werden oder die in eigentümlich einseitiger Weise dargestellt werden. Beispiele dafür finden sich vor allem in der Politik in Hülle und Fülle. So waren und sind es die Grünen, die von Anfang an äußerst sensibel auf Probleme der Umweltverschmutzung reagierten, während die anderen Parteien lange Zeit benötigten, um die damit zusammenhängenden Probleme überhaupt zu erkennen. Auf der anderen Seite sehen die traditionellen Parteien die damit verbundenen wirtschaftlichen Probleme viel realistischer.

In der Regierungsverantwortung stehende Politiker machen den Eindruck, als ob sie die Verbindung zu denjenigen, die sie ursprünglich gewählt haben, völlig verloren hätten. Umgekehrt machen sich die ursprünglichen Wähler von ihren Politikern, wie jedes Stammtischgespräch erkennen läßt, Bilder, die von der Realität weit entfernt sind.

Hier gibt es also *Bereiche, in denen die bewußten Prozesse* des Denkens, Entscheidens und Handelns mehr oder weniger stark *durch unbewußte Prozesse beeinflußt*, verfälscht, zumindest aber verzerrt werden.

Die genannten Wissenschaften versuchen natürlich, diese nicht bewußten sozialen Prozesse in den Bereich des bewußten Wissens einzubeziehen. Sie haben dabei durchaus auch Erfolge. Dennoch kann ich mich des Eindrucks nicht erwehren, daß die betreffenden Wissenschaften da und dort an Grenzen kommen, die sie mit den Mitteln der empirischen Sozialforschung nicht überschreiten können. Es geht um die Grenzen zwischen bewußten und unbewußten Prozessen.

Diese Grenze läßt sich mit psychoanalytischen Methoden der Datengewinnung durchaus erweitern. Dazu gehört das psychoanalytische „Interview" mit einzelnen Menschen, unter Nutzung der freien Assoziation und regressiver Prozesse. Auch die *gruppenanalytische Methode* läßt sich in kleineren Gruppen, die noch überschaubar sind, gut zur Erforschung der unbewußten Prozesse in solchen Gruppen anwenden, analog dem Vorgehen in einer Therapiegruppe. Auch größere Gruppen bis etwa fünfzig Personen lassen sich mit psychoanalytischen Mitteln, d. h. unter Berücksichtigung der Konzepte von Wunsch und Widerstand sowie von Übertragung und Gegenübertragung, noch relativ gut erfassen (Kreeger 1977).

Bei Institutionen und Organisationen, wie sie Gegenstand der Soziologie und Politikwissenschaft sind, ist dies methodisch ungleich schwieriger. Dennoch ist die Annahme berechtigt, daß auch in größeren Kollektiven die bewußten Akte des Denkens, Sprechens und Handelns mehr oder weniger von unbewußten Prozessen gesteuert werden.

Schon Sigmund Freud hat in seinem berühmten Essay *Massenpsychologie und Ichanalyse* (1921 b) die Theorie aufgestellt, daß Massen, wie die Mitglieder einer Armee oder einer Kirche, sich alle mehr oder weniger mit ihrem Führer identifizieren, den sie an die Stelle des eigenen Ichideals setzen und sich gleichzeitig darin solidarisch fühlen. Jedem aufgeklärten Leser wird dabei die Analogie zu Hitler und dem deutschen Volk einfallen.

Um derartige Annahmen, Deutungen oder Interpretationen daraufhin *überprüfen* zu können, ob sie *zutreffen*, müßten wir nun, genauso wie in der klassischen Psychoanalyse mit dem Patienten, mit einer Person sprechen können, die Mitglied eines derartigen Kollektivs war. Dies ist grundsätzlich immer dann möglich, wenn es sich um Kollektive handelt, die Teile der *gegenwärtigen Gesellschaft* sind, etwa eine politische Partei oder ein Verein. Hier können psychoanalytische „Interviews", womöglich unterstützt durch projektive Tests, jederzeit durchgeführt werden. Im Hinblick auf die Zeit des Nationalsozialismus lassen sich auch heute noch Menschen finden, die, wenn sie dazu bereit sind, über jene Zeit sprechen können. Sind Mitglieder bestimmter Kollektive zufällig wegen neurotischer Leiden in Psychoanalyse, dann kann der Psychoanalytiker gleichsam nebenbei Informationen über das Erleben derartiger Kollektive erhalten. Insofern ist eine Kontrolle der Interpretationen durchaus möglich.

Wesentlich schwieriger ist es, sich ein Bild davon zu machen, was *Menschen vor Jahrhunderten* erlebt haben und was Menschen erleben, die in *uns fremden Kulturen* leben. Es ist aber auch hier grundsätzlich möglich, das Instrument der Psychoanalyse auf derartige Gegenstände anzuwenden.

Der Forscher muß sich nur, *gemäß der psychoanalytischen Regel, mit seinem Gegenstand partiell identifizieren und in seiner Gegenübertragung darauf achten, was er in ihm an Gefühlen auslöst*, z. B. Neugier und Bewunderung oder Ärger und Abscheu. Der Nachteil derartiger Forschung ist der, daß die Kontrolle durch das Gegenüber fehlt. Eine gewisse Absicherung der erhobenen Befunde ist aber dadurch möglich, daß *der Forscher seine Interpretationen im Gespräch mit der Kollegengruppe überprüft*. Letztendlich sind es die Leser als die „Endverbraucher", die darüber entscheiden, ob die mit Hilfe der psychoanalytischen Methode gewonnenen Informationen überzeugen oder nicht.

Dabei sind Widerstände zu erwarten. Freud (1911 a) formuliert selbst: „Die Gesellschaft wird sich nicht beeilen, uns Autorität einzuräumen. Sie muß sich im Widerstand gegen uns befinden, denn wir verhalten uns kritisch gegen sie. Wir weisen ihr nach, daß sie an der Verursachung der Neurosen selbst einen großen Anteil hat." Geht die Psychoanalyse, auf gesellschaftliche Gegenstände angewandt, dergestalt vor, dann betreiben wir (analog der Psycho-Analyse des Individuums, der Gruppen-Analyse der Gruppe und der Familien-Analyse der Familie) *Gesellschafts-Analyse, Kultur-Analysen* (Lorenzer 1988) oder *Gesellschafts-Kritik*. Dabei wird immer als Ergebnis der Analyse festgestellt: so ist es. Die Frage ist, ob damit die Aufgabe des Wissenschaftlers erfüllt ist.

Etwas völlig anderes wäre es, würde der Forscher darüber

hinaus Vorstellungen darüber entwickeln, wie es sein sollte. Dann würde nämlich das gewonnene Wissen in Richtung auf eine Änderung der Gesellschaft umgesetzt. *Damit würde wissenschaftliche Forschung durch politisches Handeln ergänzt.*

In der Psychoanalyse begnügt sich der Psychoanalytiker, wie wir in Abschnitt VIII.4.3 gesehen haben, damit, daß er mit dem Patienten zusammen die unbewußten Probleme aufdeckt, *es aber dem Patienten überläßt, wie er/sie die aufgedeckten Konflikte löst.* In der psychoanalytisch orientierten Psychotherapie dagegen handelt der Therapeut durchaus im Sinn von be-handeln oder etwas verändern. Würde der Forscher, der die gesellschaftlichen Prozesse diagnostiziert, seine Forschungsergebnisse auch in Handlung umsetzen, dann wäre dies *Gesellschafts-Therapie.*

An diesem heiklen Punkt scheiden sich die Geister: Während die einen, wie z. B. Paul Parin in Zürich, Horst-Eberhard Richter in Gießen oder Margarete Mitscherlich in Frankfurt, in Wort und Schrift auf gesellschaftliche Veränderungen hinzielen, beschränkt sich die Mehrheit der Psychoanalytiker, wenn sie sich überhaupt mit gesellschaftlichen Fragen befaßt, auf die Diagnose und das Bekanntgeben der Diagnose in der Öffentlichkeit. Sie überläßt es im übrigen den Verantwortlichen (Parlamentariern, Regierenden, Parteiführern usw.), daraus Konsequenzen zu ziehen.

Ich bin mit Sigmund Freud (1933 a, S. 162) der Meinung, daß es „nicht Sache des Analytikers [ist], zwischen den Parteien zu entscheiden", daß die Psychoanalyse ein „parteiloses Instrument" ist, „wie etwa die Infinitesimalrechnung" (Freud 1927, S. 360).

Sie ist freilich Partei insofern, als sie auf der Seite der Wahrheit steht, so unangenehm diese auch sein mag. Die Wahrheit hat aber keine Partei für sich gepachtet. Wir finden vielmehr in allen Gruppierungen, Institutionen und Organisationen Bereiche, in denen die Wahrheit nur dann ans Licht kommen kann, wenn die Widerstände gegenüber ihrer Erkenntnis überwunden sind.

Die Gründe für die Widerstände gegen das Aufdecken der Wahrheit sind vielfach *Ängste, die eigene Machtvollkommenheit dann zu verlieren,* wenn die latenten Machtfaktoren ans

Licht kommen. Psychoanalytiker brauchen sich daher nicht zu wundern, daß keine große Nachfrage danach besteht, sie als Experten beim Aufdecken unbewußter Prozesse in der Gesellschaft heranzuziehen: In der Schule fürchten Lehrer um ihre Macht gegenüber den Schülern, in Organisationen die Vorstände gegenüber ihren Mitgliedern, in der Politik die Machthaber gegenüber dem Volk.

Auf der anderen Seite – dies wird oft in der einschlägigen Literatur übersehen – gibt es auch in denjenigen Gruppierungen, die sich im eigenen Selbstverständnis sehr aufgeklärt und kritisch geben, ebenfalls Bereiche, in denen unbewußte Prozesse die Wahrnehmung der Realität trüben. Dies ist mit der Gefahr verbunden, die Welt in zwei Teile aufzuteilen, z. B. in solche, die kritisch und fortschrittlich sind, gegenüber solchen, die unkritisch und rückständig sind. Daran mag jeweils etwas Wahres sein. Aufgabe der Forschung wäre es dann, zu differenzieren, was daran wahr ist, d. h. der Realität entspricht und was nicht, d. h. was womöglich durch eigene Projektion verzerrt wahrgenommen wird.

Es ist also außerordentlich wichtig, folgende zwei Bereiche scharf voneinander zu unterscheiden:

a) *den realen Bereich gesellschaftlicher Prozesse,* wie er mit Hilfe der Methoden empirischer Sozialforschung erfaßt wird und

b) *jenen Bereich, der sich diesen Methoden gegenüber entzieht,* der aber mit Hilfe psychoanalytischer Mittel aufgedeckt werden kann.

Um zu illustrieren, was ich meine, ein naheliegendes Beispiel: Der Ost-West-Konflikt in den internationalen Beziehungen zeigt sich auf der realen Ebene in einer unterschiedlichen Verteilung der Macht zwischen den beiden Machtblöcken. Dies läßt sich durch entsprechende wirtschaftliche oder militärische Daten politologisch überprüfen. Der Ost-West-Konflikt ist jedoch auf der psychischen Ebene durch wechselseitige Projektionen kompliziert. Diese führen zu mehr oder weniger ausgeprägten Feindbildern, die nicht real begründet sind.

Durch psychoanalytisches Bewußtmachen der projizierten unbewußten Anteile am Feindbild kann dessen verzerrte Wahrnehmung aber grundsätzlich korrigiert werden; eine Chance,

auf die z. B. auch der Philosoph Ernst Tugendhat (1987) hinwies. Wenn Politiker sich z. B. in praktischen Begegnungen
persönlich kennenlernen, wie dies in jüngster Zeit in Gang
gekommen ist, dann besteht eine echte Chance, wechselseitige
Feindbilder zu erkennen und abzubauen; eine Entwicklung, die
durchaus zu Hoffnungen berechtigt.

Den Lesern dürfte klar geworden sein, daß ich mich hier
gegenüber der Gesellschaft genau so verhalte wie ein Familientherapeut der Familie gegenüber. Eine solche Position erlaubt
es, das psychoanalytische Instrument der Datengewinnung
überall dort anzuwenden, wo entsprechende Untersuchungsbe-
dingungen geschaffen werden können. Werden diese darüber
hinaus dadurch vertraglich abgesichert, daß sich z. B. die Verantwortlichen einer Institution mit einer Gruppe von Psychoanalytikern dahingehend einigen, die gegebenen Konflikte zwischen Führung und Gefolgschaft unter Einsatz psychoanalytischer Mittel zu untersuchen und aufzudecken, was immer auch
dabei herauskommen mag, dann handelt es sich meines Erachtens um eine legitime Anwendung der Psychoanalyse im gesellschaftlichen Feld.

Es wäre dagegen ein Mißbrauch der Psychoanalyse, psychoanalytische Methoden in der Absicht anzuwenden, um einer
bestimmten politischen Richtung zu folgen oder ein ganz bestimmtes politisches Ziel zu erreichen, sei dies nun auf kommu-
naler, Landes- oder Bundesebene.

*Um jedes Mißverständnis auszuschließen: Es gibt nur ein Ziel
der Psychoanalyse: das Bewußtmachen unbewußter Prozesse*
oder, pathetisch gesprochen: die Wahrheit. Wo immer die Psychoanalyse mit diesem Ziel angewandt wird, handelt es sich
nicht um Mißbrauch. Verbündet sie sich aber allzu sehr mit
einer besimmten gesellschaftlichen Gruppe wie z. B. mit der
Gruppe der Mediziner, dann bestünde die von Margarete Mitscherlich et al. (1983) herausgestellte Gefahr des „Medico-Zen-
trismus" zu recht.

Geht die Psychoanalyse z. B. mit einer bestimmten politischen Richtung, etwa dem Marxismus, einer Verbindung ein,
wie dies in den zwanziger Jahren und danach während der Zeit
der Studentenbewegung der siebziger Jahre der Fall war, dann
beschwört dies die Gefahr allzu einseitiger politischer Orientie-

rung herauf. Die Psychoanalyse gerät dabei leicht in den Dienst politischer Mächte und verliert ihre Freiheit.

Die umfangreichen schriftlichen Elaborate, in denen zuletzt in den Jahren der Studentenunruhen marxistische Überzeugungen mit psychoanalytischen Erkenntnissen zusammengebracht wurden, sind heute Makulatur. Aus der zeitlichen und räumlichen Distanz heraus können wir heute sagen, daß die vorschnelle Verbindung psychischen Leidens mit marxistisch verstandenen Merkmalen von Frühkapitalismus und Spätkapitalismus zumindest eine Perspektive war, die die Gesellschaft in sehr einseitiger Weise durchleuchtete und nur das sah, was Marx und Engels beschrieben haben, nämlich das Primat des Materiellen, die ökonomischen Ursachen, die Klassengegensätze und die Ausbeutung des Menschen im Interesse des Kapitals. Es werden also gesellschaftliche Verhältnisse beschrieben, die historisch im 19. Jahrhundert sicher bestanden haben und da und dort auch noch bestehen mögen, die jedoch in ihrer einseitigen Akzentuierung überzeichnet sind.

Wir wollen uns daher mit den Versuchen, Psychoanalyse und Marxismus zu verbinden, hier nicht weiter aufhalten, sondern uns in exemplarischer Weise anderen Bereichen zuwenden, in denen es der Psychoanalyse gelungen ist – meiner Einschätzung nach als Hilfswissenschaft –, für andere Wissenschaften nützliche Informationen zu liefern, die diskutabel sind. Dazu gehören Freuds *Religionskritik* ebenso wie die *psychoanalytische Vorurteilsforschung*, die Analyse der Probleme von Minderheiten, die stark psychoanalytisch inspirierten Untersuchungen des Frankfurter Instituts für Sozialforschung über den autoritätsgebundenen Charakter, mit so berühmten Autoren wie Theodor W. Adorno, Norbert Elias und Herbert Marcuse. Dazu zählen auch Alexander und Margarete Mitscherlichs psychoanalytische Beiträge zur Analyse aktueller gesellschaftlicher Prozesse in der Bundesrepublik, die den Akzent auf die kollektiv verdrängte Grausamkeit und unterlassene Trauerarbeit setzten. Zum Schluß möchte ich noch auf drei Beispiele emanzipatorischer Bewegungen eingehen, nämlich auf die Studentenrevolte, die Frauenemanzipation und die Friedensbewegung.

2. Freuds Gesellschaftskritik

Freud stellte bei seinen Patienten im Laufe der mit ihnen durchgeführten Psychoanalysen fest, daß sie meistens deswegen neurotisch krank wurden, weil sie nicht in der Lage waren, ihre sexuellen Bedürfnisse zu befriedigen. Sie erlebten Sexualität als verpönt, ließen daher deren Befriedigung nicht zu, verdrängten die entsprechenden Wünsche und entwickelten deswegen neurotische Symptome. Der Grund für die Verdrängung lag in ihnen selbst, nämlich in ihrem strengen Gewissen (nach dem Strukturmodell: das Überich).

Wenn es im Lauf der Psychoanalyse gelang, die Strenge des Überichs zu relativieren, dann konnte das Ich zu der Entscheidung kommen: „Ich gestatte mir sexuell die verpönte Befriedigung". Die Folge war, daß die neurotischen Symptome in aller Regel verschwanden und der einzelne Fall geheilt war.

Freud blieb nun aber dabei nicht stehen und fand als Antwort auf die Frage „Wo liegen die Ursachen für dieses strenge Gewissen?": In der herrschenden Kultur, genauer: in der *kulturellen Sexualmoral* (Freud 1908 a), und zwar in der „doppelten Sexualmoral" mit „Verpönung eines jeden Sexualverkehrs, mit Ausnahme des ehelich-monogamen". Er stellte unmißverständlich fest: „Unsere Kultur ist ganz allgemein auf die Unterdrückung von Trieben aufgebaut" (S. 149). Mit dieser Diagnose wurde Freud zum Kulturkritiker, und zwar aus Sorge um seine Patienten, wenn er feststellt: „Ein gewisses Maß direkter sexueller Befriedigung scheint für die allermeisten Organisationen unerläßlich" (S. 151). Wenn dies die Norm ist, so schließt Freud logisch, dann ist die „Unterdrückung... zu weit gegangen" (S. 160), d. h. die Unterdrückung seitens der Kultur.

Später schreibt er in *Zeitgemäßes über Krieg und Tod* (1915 b): Der „Staat fordert das Äußerste an Gehorsam und Aufopferung". Damit hat Freud eindeutig den Staat für die mannigfachen Mängel der herrschenden Gesellschaft verantwortlich gemacht. An anderer Stelle schreibt Freud im Hinblick auf den kriegführenden Staat: Er „gibt sich jedes Unrecht, jede Gewalttätigkeit frei, die den Einzelnen entehren würde. Er bedient sich nicht nur der erlaubten List, sondern auch der bewußten Lüge und des absichtlichen Betrugs" (S. 329 f).

Freuds Kulturkritik kulminiert schließlich in seiner bekannten Spätschrift *Das Unbehagen in der Kultur* (1930). Hier kritisiert er die „Unzulänglichkeit der Einrichtungen, welche die Beziehungen der Menschen untereinander in Familie, Staat und Gesellschaft regeln". Damit dürften Schule und Militär genau so gemeint sein wie wirtschaftliche Einrichtungen in Industrie und Handel oder politische wie Regierung und Rechtsprechung. Sie stellen nach Freud eine „soziale Leidensquelle" ersten Ranges dar, weil sie – wir erinnern uns an die von Freud betonten sexuellen Bedürfnisse – ein solches Maß an Versagung von den Menschen fordern, daß damit deren – wie wir heute sagen – Frustrationstoleranz überfordert ist. Freud stellt sarkastisch fest: „Die Absicht, daß der Mensch ‚glücklich' sei, ist im Plan der Schöpfung nicht enthalten" (S. 434). Mit „Schöpfung" sind, wenn wir an Freuds Religionskritik in *Die Zukunft einer Illusion* (1927) denken, die von ihm kritisierten, von Menschen geschaffenen, „Einrichtungen" gemeint, die es nicht gestatten, daß die Menschen nur nach ihrer Lust leben können. Die kulturellen Einrichtungen schützen den Menschen, beschneiden aber seine elementaren Triebe, daher das berühmt-berüchtigte „Unbehagen" in der Kultur.

So weit können wir Freud wahrscheinlich alle folgen. Ich kann jedenfalls bestätigen, daß auch die heute zum Psychoanalytiker kommenden Patienten im Laufe ihrer Analyse immer wieder berichten, sie seien entweder katholisch oder pietistisch streng religiös erzogen worden. Sexualität und Lust sei in ihrer Familie streng verboten gewesen. *Sexuelle* Wünsche seien deswegen mit Schuld- und Schamgefühlen verbunden usw.

Der andere Punkt ist das Problem der *Aggressivität*, das wir schon früher im Rahmen der psychoanalytischen Persönlichkeitstheorie (vgl. Kap. V.2.1) behandelt haben: Auch im Hinblick darauf lassen die gesellschaftlichen Einrichtungen den Menschen wenig „Auslauf"; mit Ausnahme der Kriege, die, wie die Geschichte zeigt, wie Seuchen über die Länder zogen, den Menschen Gelegenheit gaben, ganz „legal" zu töten und zu morden, Tod und Verwüstung hinter sich lassend.

Freud fragte sich: „Welcher Mittel bedient sich die Kultur,

um die ihr gegenüberstehende Aggression zu hemmen?" (1930, S. 482). Seine Antwort darauf ist: Die aggressiven Bedürfnisse, andere direkt zu verletzen, zu schädigen, sei es nun physisch oder psychisch, werden genauso unterdrückt wie die sexuellen Bedürfnisse. Der Preis ist ein zweiter „Triebverzicht", um Freuds Ausdruck[1] zu gebrauchen, den die Kultur den Menschen auferlegt, nachdem sie mit der Unterdrückung der Sexualität schon einen ersten Triebverzicht gefordert hat.

Um dem dadurch gesellschaftlich geschaffenen Unbehagen zu entgehen, stellt die Kultur indes „Linderungsmittel" bereit, wie Ablenkungen, viele Ersatzbefriedigungen und - Drogen. Der Gewinn der doppelten Unterdrückung (der sexuellen und der aggressiven Bedürfnisse) sind die Errungenschaften kulturellen Fortschritts, nämlich – im Sinne von Marx – der „kulturelle Überbau" wie Wissenschaften und Kunst. Ein weiterer Gewinn wären die für manche zweifelhaften Fortschritte der Zivilisation. Dazu gehören alle durch Materie und Technik überformten und perfektionistischen materiellen und sozialen Gegebenheiten einer Gesellschaft, zusammen mit ihren kollektiven Schutzeinrichtungen und vielfältigen Dienstleistungen wie Bildung und Freizeit.

Das Dilemma besteht in dem Spannungsfeld zwischen Natur und Kultur, einem unauflösbaren Widerspruch menschlichen Lebens: Würden nämlich einerseits alle sexuellen und aggressiven Bedürfnisse befriedigt werden, so wie es die Natur gebietet, dann würden wir wie die Tiere leben und uns jedes kulturellen oder zivilisatorischen Fortschritts begeben. Würden wir andererseits allen kulturellen Erfordernissen ausnahmslos gehorchen, uns streng an Normen der Moraltheologie und Ethik halten und alle Verbote und Gebote rechtlicher Einrichtungen und staatlicher Kontrolle einhalten, dann würden wir in logischer Schlußfolgerung alle krank werden, weil damit die Natur in uns völlig unterdrückt wäre.

Die herrschenden gesellschaftlichen Verhältnisse sind, je nach geographischen, historischen, wirtschaftlichen und politischen Bedingungen, jeweils *variabel* und können im Hinblick auf das Ausmaß der Triebunterdrückung als mehr oder weniger permissiv oder großzügig beziehungsweise mehr oder weniger unterdrückend oder verbietend eingeordnet werden. Ich überlasse es den Lesern, wie sie unsere herrschende Gesellschaft heute einschätzen. Ich persönlich bin der Meinung, daß immer noch zu sehr mit Verboten und Geboten versucht wird, die Menschen da zu steuern, wo kritisches Bewußtsein und eigene persönliche Entscheidung am Platze wären. Ich halte von pauschalen Verurteilungen der herrschenden Gesellschaft ebensowenig wie von Versuchen marxistischer Sozialwissenschaftler, die Ursachen des kulturellen Unbehagens einseitig an der kapitalistischen Gesellschaftsstruktur „festzumachen". Als konstruktiv schätze ich dagegen Herbert Marcuses (1955) Unterscheidung einer unvermeidlichen Unterdrückung von einer durchaus vermeidbaren „zusätzlichen" Unterdrückung ein, auf die wir weiter unten zurückkommen.

3. Psychoanalytische Vorurteilsforschung und Minderheitenprobleme

Vorurteile sind *„vorläufige" Urteile oder Urteile, die wir von anderen ungeprüft übernehmen.* Es sind Urteile, die, wenn sie stimmen, uns einiges an Aufwand ersparen, alles selbst beurteilen zu müssen. Vorurteile werden *kollektiv von vielen Menschen geteilt*, z. B. das Vorurteil, daß nur die eigene Gruppe gut und die andere Gruppe schlecht ist. Abschreckendstes Beispiel eines rassischen Vorurteils ist die nationalsozialistische Auffassung, daß nur die arische Rasse gut, die jüdische Rasse dagegen schlecht ist. Das Beispiel zeigt, wohin Vorurteile führen können. Dies ist Grund genug, um hier ihr Entstehen kurz zu untersuchen.

Zur Aufklärung der Vorurteile hat innerhalb der kritischen Theorie Horkheimers Studie 1963 wesentlich beigetragen. Vorurteile entstehen nämlich nicht ohne das, was wir schon in Kapitel VI.2.1, auf den einzelnen Menschen bezogen, als Projektion bezeichnet hatten, d. h. als eine der vielen Möglichkeiten (Abwehrmechanismen), eigenen Schwierigkeiten dadurch zu entgehen, daß sie anderen zugeschrieben werden: Nicht wir sind dann die Schwierigen, die anderen sind es. Dasselbe passiert mit Eigenschaften, die wir an uns nicht schätzen und deshalb über den Vorgang der Projektion in andere hineinverlegen. Daß wir so gehandelt haben, vergessen wir dann und erleben die als schlecht empfundenen Eigenschaften ausschließlich beim anderen. Dies ist mit dem entlastenden Gefühl verbunden: „Wir sind ja nicht so". Mit „wir" ist zum Ausdruck gebracht, daß es ganze Kollektive sind, die sich dieser unbewußten Prozesse bedienen. Sie einigen sich alle wie die Teilnehmer einer Therapiegruppe, ohne sich dessen bewußt zu sein, z. B. auf die Grundannahme „wir sind die Guten und die anderen sind die Schlechten". Diese gefährliche Zweiteilung kann so weit gehen, daß sie keinerlei Rücksicht auf tatsächlich gegebene Unterschiede nimmt und sich die Welt so aufbaut wie ein schizophren Erkrankter seinen Wahn.

Einige Leser werden hier wahrscheinlich an den Rassenwahn des Nationalsozialismus denken, der einer kollektiven Psychopathologie eines ganzen Volkes gleichkommt; eines Volkes, das sich selbstherrlich über andere Völker erhebt und eigene Schwierigkeiten, unangenehme Vorstellungen und Gefühle kollektiv auf Minderheiten projiziert. Am Beispiel des Antisemitismus können wir, Rudolph M. Loewenstein (1968) folgend, verschiedene Wurzeln dieses schrecklichen Vorurteils unterscheiden:

1. *eine religiöse Wurzel,* die sich aus der historischen Entwicklung der christlich-jüdischen Beziehungen und aus der Ambivalenz der Christen Gott gegenüber ableitet,
2. *eine xenophobische Wurzel,* derzufolge alles Fremde Angst und Abneigung auslöst,
3. *eine ökonomische Ursache,* bestehend aus Neid und Ressentiments der Besitzlosen gegenüber den Besitzenden und
4. *eine politische Wurzel,* über die die ohnehin schon bestehenden Vorurteile zusätzlich politisch gesteuert werden. Dies ist wiederum am deutlichsten dem abschreckenden Beispiel des Nationalsozialismus zu entnehmen.

Ich erinnere daran, daß wir schon aus der Persönlichkeitstheorie (Kap. V) lernen mußten, daß in uns allen zu jeder Zeit mehr oder weniger latente Aggressivität steckt, die uns immer wieder zu schaffen macht und die deswegen leicht auf andere projiziert wird. Heute sind es eher pauschal die Ausländer oder bestimmte Ausländer oder wiederum die Juden, die als Minderheit die eigenen schlechten, bösen oder sonstwie unerwünschten Anteile abbekommen.

Solange die Menschen in sich selbst so labil sind, weil sie permanent einerseits unter dem Druck andrängender Triebregungen und andererseits unter den Anforderungen schwer einzuhaltender gesellschaftlicher Normen stehen, so lange bleibt die Notwendigkeit, Abwehrprozesse einzusetzen, immer bestehen, individuell wie kollektiv.

Was wir dagegen tun können, sind folgende Gegenmaßnahmen:

– das eigene, wenn auch mühsam erlangte Gleichgewicht immer wieder in Frage stellen, „hinterfragen",
– eigene Vorstellungen über bestimmte Minderheiten an der Realität überprüfen,
– die eigenen Ideale daraufhin ansehen, ob sie nicht auf Kosten anderer zustande kommen,
– bei extremen Entwertungen, Haßgefühlen und Verurteilungen anderer an projektiv verzerrte Vorurteile denken und deswegen Vorurteile durch eigene kritische Urteile ersetzen.

4. Mitscherlichs Beiträge zu aktuellen Prozessen in der Bundesrepublik Deutschland

Wenn wir uns fragen, warum es in der Geschichte des deutschen Volkes zwischen 1933 und 1945 grausame Realität wurde, daß Millionen von Menschen getötet wurden und noch mehr Menschen unvorstellbares Leid erleiden mußten, die Feinde wie die Angehörigen des eigenen Volkes, dann erlauben die psychoanalytischen Beiträge Alexander und Margarete Mitscherlichs einige Antworten. Es sind Antworten, die die Vorurteilsforschung noch offen ließ.

Wie konnte es zu einer derartigen Begeisterung für einen

Führer kommen, von dem doch bei vernünftiger Betrachtung jeder auf Grund seiner mündlichen und schriftlichen Äußerungen hätte sehen müssen, daß hier Ziele verfolgt werden, die jeder ernsthaften Überprüfung Hohn sprechen? Müssen hier nicht alle jene kritischen Funktionen, die am Schluß des vorhergehenden Abschnitts aufgezählt sind, ausgesetzt gewesen sein? wir müssen vermuten, daß eine allgemein vorherrschende Begeisterung, die auch die Intellektuellen erfaßte, wie eine Naturkatastrophe wirkte, die alle Dämme niederriß. Die kritischen Funktionen waren überwiegend außer Kraft gesetzt. Eine realitätsgerechte Einschätzung der Verhältnisse war nicht mehr möglich. Wenn wir uns erinnern, was Sigmund Freud in seinem *Unbehagen in der Kultur* feststellte, nämlich das weitgehende Unbefriedigtgebliebensein sexueller und aggressiver Wünsche, dann können wir im Sinne der psychoanalytischen Abwehrlehre den Schluß ziehen, daß die bei vielen unterdrückten sexuellen Bedürfnisse in schwärmerische Verliebtheit in den Führer umschlugen, während die unbefriedigt gebliebenen aggressiven Impulse auf Minderheiten wie z. B. die Juden projiziert wurden.

Kein Wunder, daß bei einer derartigen Vorgeschichte die begangenen Taten und Untaten – und sei es nur das Zulassen der Taten und Untaten anderer – nach Kriegsende kollektiv verleugnet wurden. Sie wurden genauso im Sinne des Abwehrmechanismus der Verleugnung aus dem Bewußtsein ausgeblendet wie andere unangenehme Bereiche der Wirklichkeit. Das Erkennen der tatsächlich begangenen Untaten wäre nämlich unerträglich gewesen, weil es bedeutet hätte, die Schuld dafür anzuerkennen. Es hätte auch bedeutet, sich gegenüber den Völkern, in denend derartige Exzesse nicht vorkamen, zu schämen.

Das Ergebnis der Abwehr war einerseits die Flucht in die Aktivität mit rastlosem Wiederaufbau des Zerstörten, andererseits der Rückzug in Depression und Fatalismus.

Damit die Leser nicht glauben, derartige Schlußfolgerungen seien nur in den Köpfen der Psychoanalytiker entstanden, sei hinzugefügt, daß die Autoren ihre Schlußfolgerungen durch kasuistisch wiedergegebene Analysen von Menschen jener Zeit belegen.

Ich persönlich ziehe zwei Schlußfolgerungen aus der erschreckenden Erkenntnis der Vorurteilsforschung und aus der psychoanalytischen Erforschung des *Nazi-Phänomens**, die einander in tragischer Verstrickung gegenseitig ergänzen, nämlich

1. *die Neigung der Menschen, sich der Führung anderer zu überlassen,* ohne kritisch zu fragen, ob die sich als Führer anbietende Person überhaupt die Voraussetzungen hierzu mitbringt, und

2. *die potentielle Bereitschaft der Menschen, nicht nur aggressiv schädigend, verletzend und zerstörend zu handeln, sondern geradezu grausam.* Um Alexander Mitscherlichs (1969 b) meisterhafte Sprache zu verwenden:

„Die Grausamkeit war stärker als jede Kultur... Denn Grausamkeit ist Lustgewinn aus den Folgen des Gefolterten... Angesichts der verdeckten und unverdeckten Grausamkeit in aller Welt müssen wir uns eingestehen, daß die großen Sittenlehrer und Sittenlehren der Menschheit gescheitert sind... Freud nannte das ‚Kulturheuchelei'. ...Von den wissenschaftlichen Forschern des menschlichen Verhaltens haben wir zu lernen, daß die Zerstörungsleidenschaft einem Trieb in uns korrespondiert. ...Keine noch so fürsorgliche Gesellschaft kann uns die Aufgabe der Aggressionsmeisterung abnehmen. Dazu gehört die Überwindung des Wunsches, den Schwächeren zu quälen und in seinem Selbstwert zu erniedrigen. ...Produktives Schuldgefühl (und nicht bloß quälendes) kann erst entstehen, wo die Lust an der Zerstörung innerlich voll erlebbar wird. Erst dann kann man daran gehen, sich von ihrer überrumpelnden Herrschaft zu befreien."

Eine gute Kinderstube erleichtert dabei nicht nur das Erkennen eigener grausamer Anteile, sondern verhütet auch deren schlimme Entdifferenzierung. Untersuchungen von Gewalt und Gewaltlosigkeit haben gezeigt, daß eine Erziehung, in der Unterordnung, Prügel, Gefühls- und Kontaktarmut sowie Unfähigkeit zu rational orientierter Konfliktlösung dominieren, Rücksichtslosigkeit und Autoritätsfixierung hervorbringt.

Auf der anderen Seite führt eine Erziehung, in der Gefühle zum Ausdruck gebracht und Probleme der Kinder von den Eltern angesprochen werden, zu sozialem Bewußtsein, Verantwortung und Friedfertigkeit (Mantell 1972); Forschungsergebnisse, die uns sicher zu denken geben.

---

* Ein Ausdruck, den das Programm-Komitee der Internationalen Psychoanalytischen Vereinigung für den Hamburger Kongreß 1985 prägte.

Fragen mit ja zu beantworten. Ich erlebte es, daß Zweierbeziehungen untereinander extrem gemieden wurden zugunsten einer Arbeit in Gruppen. So wählten z. B. die Studierenden der Sozialpädagogik und Erwachsenenbildung der Freien Universität Berlin damals von den beiden Studienschwerpunkten „Arbeit mit Einzelnen" und „Arbeit mit Gruppen" mit überwältigender Mehrheit die „Arbeit mit Gruppen". Genau so ängstlich, wie Zweierbeziehungen überhaupt umgangen wurden, wurden die Beziehungen zu Vertretern der Autoritäten gemieden. Ich erlebte es einmal, daß Studenten nicht einmal in den Raum gingen, in dem vier Selbsterfahrungsgruppen stattfinden sollten, nur weil laut Ankündigung die vier Leiter darin saßen. Mich erinnerten die affektiv gespannten Gruppendiskussionen auch an kathartische Prozesse von Therapie-Gruppen, der gesteigerte Aktionismus an irrationales Agieren, an Ersatzhandlungen und an geradezu zwanghafte Prozesse. Alles, war nur entfernt nach Unterordnung oder Anpassung aussah, wurde mit panischer Abneigung gemieden. Das Denken war oft abgehoben von der Wirklichkeit, in der Form hoch abstrakt, in den Inhalten von der Lektüre der Marx-Engels-Werke und der Frankfurter Schule gekennzeichnet. Wenn ich schon damals versuchte, was ich jetzt hier wieder tue, nämlich psychoanalytische Kategorien auf die damaligen Verhältnisse anzuwenden, dann wurde dies von vielen aktiven Studenten jener Zeit als bornierte Pathologisierung oder gar Kriminalisierung entschieden zurückgewiesen, während eher zurückhaltende Studierende dem durchaus zustimmen konnten. Auf die Gruppe bezogen ließen die dort herrschenden Allmachtsphantasien und Größenideen an ungelöste Selbstwertprobleme denken, wie die zwanghafte Auflehnung gegenüber Autoritäten an ungelöste ödipale Konflikte mit Vaterfiguren.

Nehme ich dazu noch Befunde hinzu, die aus Psychoanalysen einzelner Patienten jener Zeit stammen, dann erhärtet sich der Verdacht noch mehr, daß hier unbewußt neurotische Prozesse im Spiel waren. Die Väter der Studierenden jener Generation waren vielfach Kriegsteilnehmer, nicht selten gefallen. Die Kinder waren infolgedessen muttergebunden und Vaterfiguren gegenüber ängstlich.

Auf diese Weise mit einer labilen Disposition aus eigener

Die Folge auf Seiten der Studenten waren „allgemeiner Frust" und eine massive Enttäuschung durch die Autoritäten („Trau keinem über dreißig"). Die Studenten sahen sich nicht ernst genommen und fühlten sich in ihren Anliegen, die Welt zu verbessern, gründlich mißverstanden, häufig gekränkt und entwertet. Als Gegenmaßnahme schlossen sie sich zu Gruppen zusammen und verfolgten das Ziel der Emanzipation, d. h. der Befreiung von den Fesseln überkommener Bindungen. Zu den Forderungen gehörte die Selbstbestimmung mit mindestens Drittelparität für die Studenten. Der Weg, um diese Ziele durchzusetzen, war passiver und aktiver Widerstand. Laufende Forderungen und entschlossene Resolutionen lösten einander ab. Punktuell kam es auch zu gezielter Gewaltanwendung.

Das sah alles nach einer echten bürgerlichen Revolution aus, nach gerechtem Widerstand gegen ungerechte Verhältnisse, nach gesundem Protest gegen kranke Universitäten mit ihrem „pathogenen", d. h. krank machenden Klima (E. Mahler 1969). Alles in allem ein bewußt durchgeführtes und rational gesteuertes Unternehmen.

Spielten aber nicht auch unbewußte Prozesse eine wesentliche Rolle? Mir war von Anfang an aufgefallen, daß die Studierenden jener Zeit sich nur in der Gruppe stark fühlten, nur im Schutz der anderen selbstbewußt redeten und fanatisch auf das gemeinsam gesteckte Ziel eingeschworen waren: die Veränderung der herrschenden Verhältnisse.

Die tatsächlichen Verhältnisse konnten nicht schlimm genug geschildert werden. Die herbeigesehnten neuen Verhältnisse wurden dagegen in den hellsten Farben gemalt. Legt diese Zweiteilung nicht den Verdacht der Aufspaltung komplizierter Verhältnisse nahe, in Extreme von Schwarz und Weiß? Das sind Spaltungen, wie sie häufig in Gruppen beobachtet werden können, die sich selbst idealisieren und andere verteufeln. Hat die Gruppe nicht die unbewußte Funktion, eigene Unwertgefühle durch den Wert, Glied einer so bedeutenden revolutionären Gruppe zu sein, zu kompensieren? Kann es nicht sein, daß eigene Gefühle der Leere durch politische Inhalte gefüllt werden?

Eigene Erfahrungen im Umgang mit einzelnen Studierenden und Studentengruppen sind denkbar geeignet, die gestellten

5. Beispiele emanzipatorischer Bewegungen

5.1 Studentenrevolte

Wenn wir dieses besondere gesellschaftliche Phänomen psychoanalytisch untersuchen, geht es wiederum nur um die möglichen unbewußten Anteile des Verhaltens jener, die in den Jahren 1968 bis etwa 1978 das mitbestimmten, was Studentenbewegung, Kulturrevolution oder Universitätsrevolte genannt wurde. Die Bewegung ging vom Sozialistischen Deutschen Studentenbund (SDS) und der außerparlamentarischen Opposition (APO) aus. Sie entzündete sich an den Notstandsgesetzen sowie am Tod des bei der Anti-Schah-Demonstration umgekommenen Studenten Benno Ohnesorg in Berlin. Sie erhielt entscheidende Impulse von der Hippie-Bewegung jenseits des Atlantik und von den Pariser Mai-Unruhen 1968.

Als Augen- und Ohrenzeuge erlebte ich die Studenten von 1970 bis 1971 an der Universität Stuttgart, von 1972 bis 1974 an der nahezu völlig revolutionär umgestalteten Freien Universität in Berlin und von 1974 an in Frankfurt. Ich erinnere mich noch sehr gut an jene Zeit der Demonstrationen, der Rektoratsbesetzungen, der „permanenten" Diskussionen, der öffentlichen Proteste, der „sit-ins", der „go-ins" und der ständigen Streiks an den Hochschulen. SDS und APO waren bald abgelöst von kommunistischen Kadergruppen wie dem Kommunistischen Bund Westdeutschland (KBW), den Marxisten-Leninisten und anderen K-Gruppen. Ich konnte also unmittelbar in der „Szene" arbeitend die Situation direkt beobachten und hatte Gelegenheit, unmittelbar zu erfahren, was es heißt, wenn militante marxistische Kadergruppen Vorlesungen boykottieren, und wie schwer es ist, sich ihrer zu erwehren.

Zum Teil mußte ich den protestierenden Studenten Recht geben, denn die Hörsäle an den Massenuniversitäten der großen Städte waren tatsächlich überfüllt. Manche Universitätsstrukturen waren in der Tat erstarrt. Die Autoritäten waren vielfach extrem konservativ und behaupteten hartnäckig alte überlieferte Besitzstände, Unterordnung fordernd und nicht immer fähig, souverän mit den protestierenden Studenten umzugehen.

Sozialisation hervorgegangen, entwickelten die Studenten eine hohe Sensibilität gegenüber all dem, was von Autoritäten kam. Die Gruppe ersetzte die Mutter. In der Gruppe wollten sie die von den Vätern verwüstete Welt verbessern.

In dieser psychoanalytischen Perspektive wäre die gesamte Revolte unterschwellig ein pathologisch zu nennendes „Agieren" gewesen, nämlich ein mehr oder weniger unbewußtes Handeln aus Widerstand gegenüber der schmerzlich empfundenen inneren psychischen Labilität und Selbstunsicherheit, gegenüber der unbewußten Suche nach einem Vater und gleichzeitiger Befreiung aus der Mutterbindung.

Der zeitliche Abstand läßt uns heute leidenschaftsloser darüber urteilen, was sich zwischen revoltierenden Studenten und den Autoritäten seinerzeit abgespielt hat. Meine These dazu lautet: *Die revoltierenden Studierenden machten in Wort und Tat den Vätern den Vorwurf:* „Ihr habt uns im Stich gelassen, ihr habt jede Menge Fehler gemacht, Kriege angezettelt, Menschen ausgebeutet!" Insofern ist es gerechtfertigt, mit Hilfe des Übertragungs-Gegenübertragungskonzeptes der Psychoanalyse anzunehmen, daß die Studenten dadurch, daß sie unbewußt die Kind-Position einnahmen, den Professoren, in denen sie Väter sahen, das vorwarfen, was eigentlich ihren Vätern aus der Kindheit galt. Die Vorwürfe galten somit nicht eigentlich den Professoren, sondern den Vätern.

Diesen *Übertragungen* entsprach exakt mein damaliges *Gegenübertragungsgefühl*. Gleichzeitig räume ich ein, daß die Väter ihrerseits partiell unbewußt in der Begegnung mit den Studierenden Konflikte austrugen, die sie mit ihren Kindern hatten, so wie Laios gegenüber seinem Sohn Ödipus; manche übersteigerte Gegenaktion der Autoritäten wäre sonst nur sehr schwer zu erklären.

Trotz dieser unbewußten Anteile der Studentenbewegung jener Zeit möchte ich deren Wirkung im Sinne einer Reform verkrusteter Strukturen der Institution Universität nicht unerwähnt lassen. Es handelte sich um einen effektiven gesellschaftlichen Innovationsprozeß, über den veraltete Sozialordnungen erneuert und konstruktive Änderungen bewirkt wurden, wie z. B. mehr Demokratie anstatt autoritärer Entscheidungen, mehr kritisches Denken anstatt unkritischer Vorurteile, mehr politisch verantwortliches Handeln anstatt politischer Apathie, mehr Beteiligung der Studierenden an den Entscheidungsprozessen anstatt passiver Anpassung und eine größere Transparenz gefaßter Beschlüsse statt „Mauscheln" hinter verschlossenen Türen.

5.2 Frauenemanzipation

Mir geht es hier wieder vor allem um mögliche unbewußte Anteile, die bei den Prozessen innerhalb der Frauenbewegung sowie zwischen dieser und der übrigen Gesellschaft ablaufen. Über die Tatsachen der Frauenbewegung können sich die Leser in jedem Lexikon informieren*.

Die soziologisch zu definierende Ausgangssituation ist in der Tat reformbedüftig: Frauen führen, verglichen mit Männern, immer noch sogenannte „niedere" Arbeiten aus, erhalten weniger Lohn und sind immer noch stärker an die Kinder gebunden als Männer, obwohl ihnen 1949 in Artikel 3, Abs. 2 des Grundgesetzes die volle Gleichberechtigung zugestanden wird. Insofern hat die Frauenbewegung ihre soliden realen Gründe, sich für ihre proklamierten Ziele einzusetzen, sich aus Bindung, Abhängigkeit und Bevormundung zu befreien.

Dem kann ich aus psychoanalytischer Sicht nur zustimmen, denn es ist immer wieder erschreckend festzustellen, wie sehr sich Frauen heute noch durch Männer dominieren lassen, ohne es zu merken.

In einer Selbsterfahrungsgruppe mit Studenten, von denen sieben Frauen und nur ein Mitglied ein Mann war, dauerte es drei Tage, bis die Frauen mit Hilfe der Interpretation des männlichen Leiters entdeckten, daß sie sich bislang ausschließlich über den Mann definiert haben und nicht unabhängig als Frau.

---

* Die Frauenbewegung ist eine besondere gesellschaftliche Reformbewegung von Frauen mit dem Ziel der gleichen Rechte in Wirtschaft, Bildung und Politik. Sie richtet sich vor allem gegen die in weiten Kreisen der Gesellschaft herrschenden Norm, daß Frauen nur daraufhin erzogen werden, einmal zu heiraten oder allenfalls sogenannte Frauenberufe zu ergreifen wie z. B. Krankenschwester, Kindergärtnerin, Wohlfahrtspflegerin, Lehrerin, Kinderärztin.

Es stimmt also, daß Frauen leichter Opfer werden, und zwar deswegen, weil sie früh gelernt haben, daß es besser ist, sich anzupassen als sich zu wehren. Insofern hat Ursula Scheu (1977) recht, wenn sie für ihr Buch zur frühkindlichen Erziehung in unserer Gesellschaft den provokanten Titel wählt: *Wir werden nicht als Mädchen geboren – wir werden dazu gemacht.* In dieselbe Richtung zielt Alice Schwarzers (1975) nicht minder provokanter Titel, auf das berühmt-berüchtigte Konzept vom Penisneid anspielend: *Der ‚kleine Unterschied‘ und seine großen Folgen. Frauen über sich – Beginn einer Befreiung.* Betty Friedan (1963) hält in ihrem Buch *Der Weiblichkeitswahn oder Selbstbefreiung der Frau, ein Emanzipationskonzept* die Vorstellung über die traditionelle Rolle der Frau als Hausfrau für einen Wahn, der nur der Absatzsteigerung dient.

Im Gegensatz zu solcher feministischer Literatur sind die Bücher einiger Psychoanalytikerinnen ausgewogen und fachbezogen, bemühen sich um mehr Information über die Sexualität der Frau (z. B. Chasseguet-Smirgel 1974; Fleck 1977), über die Angst bei der Emanzipation (Gambaroff 1984), über den Einfluß der frühen Mutter-Tochter-Beziehung (Chodorow 1978) und vor allem über die Probleme, die Frauen mit der Aggressivität haben (M. Mitscherlich-Nielsen 1985).

In welchem Ausmaß bei Männern unbewußte Prozesse gegenüber der Frauenbewegung mitspielen, wurde mir persönlich als Leiter von Selbsterfahrungsgruppen bewußt. In diesen lernten die Frauen, ihre anerzogenen Ängste vor Männern (in der Übertragung auf den männlichen Gruppenleiter und auf andere männliche Gruppenteilnehmer) langsam zu erkennen und abzubauen. Gleichzeitig machten sie aber den Männern klar, was es heißt, ständig in einer Welt zu leben, in der das andere Geschlecht bestimmt, und zwar bis in die Sprache hinein. Mir wurde dabei klar, daß ich in meiner Redeweise bei Veranstaltungen immer die männliche Form wählte wie z. B. „der" Psychoanalytiker oder „der" Patient. Was dies für Frauen bedeuten kann, wenn ständig in der männlichen Sprachform geredet wird, wurde mir dadurch erst bewußt.

Ich machte mir klar, was es für mich bedeuten würde, wenn ich meinerseits immer wieder vom anderen Geschlecht „die" Psychoanalytikerin und „die" Patientin hören müßte. Über die

Identifizierung mit der Frau war es mir also möglich, etwas von dem zu spüren, was es bedeuten kann, als Frau in einer von Männern dominierten Welt zu leben.

Hier ist noch viel Aufklärungsarbeit auf Seiten der Männer zu leisten; eine Aufklärung, die nur gegen Widerstände geleistet werden kann, denn – so können wir in Identifizierung mit dem Mann schlußfolgern – es ist nicht leicht, angestammte Vorrechte aufzugeben, Macht abzugeben und Frauen als gleichberechtigte Partnerinnen im privaten wie beruflichen Sektor anzuerkennen.

Aber auch auf der Seite der Frauen legen manche Erscheinungen der Frauenbewegung das Wirken unbewußter Abwehrprozesse nahe. So verbergen sich z. B., wie Psychoanalysen von Frauen zeigen, hinter der Ablehnung der Männer häufig unbewußte Racheimpulse, in denen sich Frauen für die jahrhundertelange Unterdrückung durch Männer rächen.

Ich konnte sowohl in Lehrveranstaltungen wie in Selbsterfahrungsgruppen, besonders aber dann, wenn die vier bisher simultan tagenden Gruppen zu einer gemeinsamen großen Gruppe im „Plenum" zusammenkamen, immer wieder hören, daß jetzt die Zeit gekommen sei, das Patriarchat durch das Matriarchat abzulösen, die Männerherrschaft durch Frauenherrschaft zu ersetzen.

Auf der Ebene der aktuellen Interaktionen war zu beobachten, daß sich, quer durch die Gruppen, die Frauen gegenseitig annäherten, zusammenschlossen und die Männer ausschlossen. Männer wurden zu Feinden erklärt, die in einer Frauengesellschaft nichts zu suchen hätten. Damit wird in typischer gruppendynamischer Gesetzmäßigkeit die Eigengruppe idealisiert und die Fremdgruppe schlechtgemacht.

Die Frauen einigen sich, gewissermaßen unbewußt, dadurch, daß sie sich sagen: „Es liegt doch nicht an uns, wenn wir uns nicht verstehen und sogar befehden. Es liegt am Mann, er ist unser Feind". Hier müßten sich die Frauen fragen, ob bei ihrem begründeten Kampf gegen die Männervorherrschaft *nicht auch unbewußte Projektionen eigener Aggressivität* auf den Mann beteiligt sind. Ich habe Sigmund Freud und Alexander Mitscherlich immer so verstanden und finde dies in meiner psychoanalytischen Praxis täglich bestätigt, daß Aggressivität in uns allen steckt. Wenn also Feindseligkeiten von Männern auf Frauen, von Frauen auf Männer ebenso verschoben werden wir von den Jüngeren auf die Älteren und umgekehrt, dann kommen wir nicht weiter. *Jeder muß bei sich selbst anfangen*, eigene aggressive Impulse wahrzunehmen, zu erneuern und damit konstruktiv umzugehen.

Auf zwei Punkte möchte ich noch hinweisen: 1. auf die Konsequenzen der Frauenbewegung für Erziehung und 2. auf die mit der Frauenbewegung verbundene Gefahr für das Kind.

Mögliche Konsequenzen für die Erziehung

Es genügt nicht, wenn gleiche *Rechte* zwischen Frauen und Männern bestehen. Es müssen auch die gleichen *Kompetenzen* vorhanden sein. Ich möchte hier keineswegs auf biologisch vorgegebene Unterschiede zwischen Mann und Frau zurückgreifen. Dies ist nicht die Aufgabe eines Psychoanalytikers. Ich möchte vielmehr vorsichtig fragen, ob es nicht auch Unterschiede zwischen Menschen und damit zwischen Frauen und Männern gibt, ebenso zwischen Frauen untereinander und zwischen Männern untereinander.

Ich räume ein, daß unterschiedliche Kompetenzen weitgehend erziehungsbedingt sind. Es sind freilich innere Einstellungen, die uns kollektiv meistens nicht bewußt sind, die uns als Eltern dazu bringen, die Tochter zu loben, wenn sie mit Puppen spielt und sie zumindest nicht zu loben, wenn sie sich wie ein Junge für Autos interessiert. Auf der anderen Seite freuen wir uns, wenn sich der Sohn in der Auseinandersetzung mit anderen behauptet, und fördern dieses Verhalten, während wir es bei den Töchtern zumindest nicht belohnen. Die Konsequenz ist, sich derartige Leitbilder bei der Erziehung bewußt zu machen und ihnen entgegenzuwirken, um jedem Geschlecht die Möglichkeit zu geben, die eigenen Anlagen so ungehindert wie möglich zu entfalten.

Mögliche Gefahren für das Kind

Der andere Punkt, den ich, auch auf die Gefahr hin, von Feministinnen deswegen kritisiert zu werden, nicht unterdrücken möchte, ist die mögliche Gefahr für das Kind. Eine Allensbach-Studie[2] zeigt, daß Frauen heute im Beruf eine größere Chance sehen, sich selbst zu verwirklichen, als in Ehe und Familie. Die Mehrzahl der Frauen möchte heute beides, nämlich Beruf und Kinder und beides möglichst zu gleicher Zeit. Dagegen ist grundsätzlich nichts einzuwenden. Wenn aber deswegen das Kind zugunsten der Selbstverwirklichung im Beruf vernachlässigt wird, dann halte ich dies für bedenklich. Ich übersehe natürlich nicht, daß es auch ohne Frauenemanzipation vernachläßigte Kinder gibt. Ich habe aber zuviele Patienten in Erinnerung, deren Hauptklage es war, daß die Mutter sie zugunsten des Berufs vernachlässigt hatte. Das muß nicht immer, kann aber so sein. Welche Triebwünsche, Bedürfnisse und Notwendigkeiten dabei wichtig sind, wurde oben gebührend herausgestellt (vgl. S. 165 f.). Ebenfalls dürfte klar geworden sein, zu welch deletären Folgen Mängel in der notwendigen Befriedigung dieser elementaren Wünsche führen können: zu Neurosen und Psychosen, zu delinquentem Verhalten, zu Drogenabhängigkeit und zu psychosomatischen Krankheiten (vgl. S. 237 ff.).

Wenn wir im Sinne echter Prävention, also Vorbeugung, verhüten wollen, daß immer wieder neue psychische Störungen produziert werden, dann müssen wir uns ernsthaft fragen, *wer für die elementare Zuwendung bei unseren Kindern sorgt*: Die Männer können sich nicht mehr darauf verlassen, daß es die Frauen tun. Die Frauen können sich noch weniger darauf verlassen, daß es die Männer tun. In diesem Dilemma scheint es ein Ausweg zu sein, daß Kinder immer mehr professionellen Kräften oder gar Institutionen überlassen werden. Eine „Kinderfrau" betreut gegen Entgelt das Kind in den Zeiten, in denen beide Eltern arbeiten, oder das Kind wird einfach morgens in einen „Hort" gebracht und abends wieder abgeholt. Es ist sicher vorteilhaft, wenn Kinder unter solchen Umständen früh, zusätzlich zu den Eltern, andere Bezugspersonen kennenlernen. Meiner Erfahrung nach überwiegen aber die Nachteile. Ich höre auch in diesem Zusammenhang meine Patienten sprechen:

„Warum hat mich Mutter nur der Kinderfrau überlassen? War
ich ihr nicht wichtig genug? War der Beruf wichtiger als ich?".
Kinderfrauen und Horte können also nicht die Lösung aus dem
Dilemma sein.

Männer wie Frauen müssen sich etwas anderes einfallen lassen, um den Kindern *die* Zuwendung zu gewähren, die sie
brauchen. Teilzeitverträge für Frau und Mann, wie sie verein-
zelt bereits heute in privilegierten Berufen wie Lehrer, Künstler, freie Mitarbeiter schon Wirklichkeit sind, könnten eine
bessere Lösung des Problems sein. Der Preis für die Emanzipation der Frau wäre sonst zu hoch.

5.3 Friedensbewegung

Während viele Repräsentanten des Militärs glauben, daß die
völlige Abschaffung der Nuklearwaffen zu internationaler In-
stabilität, zur Krisenanfälligkeit, ja sogar unter Umständen zur
Kriegsgefahr führen könnte, sind die Vertreter der Friedensbewegung gegenteiliger Ansicht: Sie verfolgen mit Betroffenheit,
Sorge und Angst die Eskalation der Rüstungsanstrengungen in
Ost und West. Sie glauben nicht an das Gleichgewicht der
Abschreckung oder an eine Politik der Stärke. Besonders nach
dem sogenannten NATO-Doppelbeschluß und nach dem Aufstellen der Pershing II und der landgestützten Marschflugkör-
per unternahm die Friedensbewegung verstärkte Anstrengungen, Probleme der Sicherheitspolitik in der breiten Öffentlichkeit zu diskutieren, die Bevölkerung gegen die Raketenstatio-
nierung zu mobilisieren und alte wie neue Massenvernichtungs-
waffen in jedem Falle abzulehnen. Die von militärischer Seite
vorgelegten Zahlen über Trägersysteme und Gefechtsköpfe
wurden bezweifelt. Man machte die Waffenarsenale der amerikanischen Armee in der Bundesrepublik aus und verhinderte
durch Sitzstreiks und zivilen Ungehorsam manche Raketensta-
tionierungen, besonders während des heißen Herbstes 1983.
Neue Abrüstungsstrategien wurden erörtert. Man gründete
Vereinigungen zur Verhinderung des Atomkrieges. Zahlreiche
Bündnisse zwischen einzelnen nationalen Friedensbewegungen

innerhalb der Europäischen Gemeinschaft ließen die Friedensbewegung hoffen[3].

Psychoanalytiker setzten sich in Appellen für vernünftige Ziele der Friedensbewegung ein. Sie interpretierten das Wettrüsten auf dem Hintergrund der psychoanalytischen Theorie als „irrationale Eskalation der Rüstungsschraube" und als „wechselseitige Drohgebärde". Sie befürchteten eine „wahnhafte Verschärfung der internationalen Konfliktlage". Die Psychoanalytiker in der Friedensbewegung befürchteten ein „Versagen der Abwehrstrategien" und einen „Durchbruch des verdrängten Konfliktpotentials". Sie deuteten die Friedensbewegung als „notwendige Reaktionen... auf die Androhung einer gewaltsamen Zerstörung der Menschheit".

Viele Analytiker schlossen sich diesen Appellen an. Andere organisierten Tagungen über „Krieg und Frieden aus psychoanalytischer Sicht" (vgl. den Vortragsband von Passett & Modena 1983) und schrieben Bücher zu diesem Thema (z. B. Richter 1982). Von mancher politischen Seite erfuhr die Friedensbewegung starke Unterstützung[4]. Von höchster politischer Warte aus wurde die Friedensbewegung zum „Ungehorsam mit Augenmaß" aufgefordert, zum moralisch begründeten Protest, ja zur vorsätzlichen Verletzung einzelner Rechtsnormen (vgl. Habermas 1983). Damit sollte die Friedensbewegung dem Diktat der Politiker und Juristen als „Volk in Gestalt seiner Bürger, auch einzelner Bürger" dort Grenzen setzen, wo die Regierung ihrerseits, sich auf den Rechtsstaat berufend, Rechte der Bürger verletzt.

Damit haben Psychoanalytiker, Politiker und Philosophen *eindeutig Partei ergriffen*. Niemand wird ihnen den guten Willen für eine gute Sache abstreiten. Trotzdem möchte ich auch hier versuchen, wie schon zuvor bei der Erörterung der Studentenrevolte und der Frauenbewegung, das Geschehen von einer überparteilichen neutralen Position aus zu analysieren. Ich werde mich dabei bemühen, wie ich dies insbesondere in der Analyse unbewußter Prozesse in kleineren und größeren Gruppen gelernt habe, je nach der jeweils eingenommenen Position und der daraus jeweils resultierenden anderen Perspektive, zu beschreiben, was ich sehe.

Auf die Staaten und deren internationale Beziehungen bezogen, sehe ich mit Sigmund Freud (1933 b) Interessenkonflikte zwischen Staaten, einen Kampf um die besseren Waffen und ein Ringen um geistige Überlegenheit. Gleichzeitig gehe ich davon aus, daß, wie oben erörtert (vgl. S. 94 f.), die „aggressiven Neigungen der Menschen nicht einfach abgeschafft werden können" (Freud 1933 b, S. 23), vor allem, wenn das Ausmaß der schon in frühester Kindheit auf uns einwirkenden Versagungen nicht abnimmt, sondern eher zunimmt. Alexander Mitscherlich (1969 a) hat in seiner Frankfurter Antrittsvorlesung im Januar 1968 davor gewarnt, die „mangelnde Friedfertigkeit" der Menschen zu leicht zu nehmen und die Gefahren der Machtkonzentration in der Politik zu übersehen.

Später wurde die Angst angesichts der existentiellen Bedrohung durch einen möglichen Atomkrieg Thema psychoanalytischen Interesses (vgl. Petri 1983). Diese Angst ist so bedrohlich, daß sie lähmt und eher zu politischer Apathie führt als zu einem verstärkten Bemühen, den Gefahren zu begegnen. Einige Psychoanalytiker sahen in der drohenden Selbstvernichtung der Menschheit Kräfte des Todestriebes am Werke, die die Menschen nicht wie die Lemminge ins Meer, aber doch ins sichere Verderben führen. Manche sahen darin schon die Erfüllung der Apokalypse im Sinne einer sich selbst erfüllenden Prophezeiung (vgl. E. Mahler 1982). Andere wieder betonen das Freund-Feind-Denken in der Bundesrepublik Deutschland, wo man dazu neigt, die Sowjetunion als einen „Feind" und die USA als einen „Freund" zu sehen: ein „Feind", den es zu bekämpfen gilt und einen „Freund", mit dem man sich „blind" identifiziert und den man sich in einer „Tradition des Gehorsams" unterwirft[5].

Ich kann mich mit der Friedensbewegung sehr gut identifizieren und ihre Position teilen. Ich verstehe ihre Beunruhigung, ihre ernste Sorge und ihre Angst. Ich stimme auch darin mit der Friedensbewegung überein, daß auf mögliche Feindbilder hingewiesen wird, d. h. auf unbewußte Prozesse, die zu verzerrten Bildern der Realität führen, so daß im Ergebnis ein unter Umständen von der Realität völlig abweichendes Bild entsteht.

Diesem Ja folgt indes ein einschränkendes Aber: als Psychoanalytiker kann ich auch die Friedensbewegung von dem Verdacht der projektiven Verzerrung der Realität nicht ganz freisprechen. Diese Vermutung ist besonders dann berechtigt,

wenn sich die Interpretationen der friedensbewegten Psychoanalytiker zu sehr von der Realität entfernen, wenn sie z. B. nur
die Fehler der USA sehen und die der UdSSR übersehen. Wie
ich schon an anderer Stelle sagte (vgl. S. 336), lassen sich Vorurteile in Urteile verwandeln, indem wir selbst vorher prüfen, ehe
wir urteilen.

Den Anteil an Phantasie, der in unseren Vorstellungen eine
Rolle spielt, können wir dadurch überprüfen, daß wir Phantasie
und Realität miteinander vergleichen. Ein derartiger Vergleich
ist allerdings in unserem Zusammenhang denkbar schwierig. Es
ist für Laien außerordentlich schwer, angesichts der Komplexi-
tät politischer Zusammenhänge zu beurteilen, was von dem
wirklich zutrifft, was wir täglich, vermittelt durch die Medien,
über die große und kleine Politik erfahren. Ich persönlich fühle
mich in dieser Beziehung völlig als Laie und würde es nie
wagen, höchst komplizierte politische Prozesse, ohne fachkun-
dige Unterstützung von Politologen oder Soziologen psychoanalytisch zu interpretieren. Dort geht es nämlich um sich
wechselseitig beeinflussende Systeme, die aufeinander Macht
ausüben, ihre Macht vermehren, zumindest aber erhalten wollen. In den westlichen Demokratien sind zwar eine ganze Reihe
von Kontrollen in das Gesamtsystem eingebaut, wie die Ge-
waltenteilung in Legislative, Exekutive und Rechtsprechung;
mit Presse, Funk und Fernsehen als vierter Gewalt. Trotzdem
lassen sich diese Kontrollsysteme für den Laien sehr schwer
durchschauen.

Ich würde daher nicht so schnell Kategorien, die im zwischenmenschlichen Zusammenleben angemessen sind, wie z. B.
Unterwerfung, auf das internationale Verhältnis zwischen Bundesrepublik Deutschland und den USA übertragen. Ehe ich von
einem Feindbild Sowjetunion oder einem Freundbild USA
spreche, würde ich in Zusammenarbeit mit Politikern und Poli-
tikwissenschaftlern prüfen, wie die politischen Verhältnisse real
einzuschätzen sind. Erst dann könnte ich mögliche unbewußte
wechselseitige Projektionen vermuten.

Zuweilen habe ich den Eindruck, daß es die der Friedensbewegung nahestehenden Psychoanalytiker schwer ertragen,
nicht handeln zu können. Weil ihnen die fachlichen Kompetenzen in Sachen Gesellschaft und Politik fehlen, neigen sie allzu-

sehr zu professionellen Grenzüberschreitungen. Sie wollen es oft besser wissen als die Politiker.

Als Psychoanalytiker sollten wir aber aus unserer täglichen Arbeit gelernt haben, daß wir erst genügend Informationen gesammelt haben müssen, ehe wir überhaupt an eine Interpretation denken können. Aus der Arbeit mit kleineren und größeren Gruppen haben wir darüber hinaus gelernt, daß Prozesse in Gruppen erst von den verschiedensten Positionen aus in den unterschiedlichsten Perspektiven betrachtet werden müssen, ehe wir uns ein Urteil erlauben können.

In einer Diskussion mit Studenten, organisiert von ASTA und Fachschaft Psychologie, habe ich dennoch einige Urteile über die Problematik von Krieg und Frieden abgegeben, mit denen ich schließen möchte[6]:

Frieden ist nicht nur Abwesenheit von Krieg, sondern muß positiv definiert werden. Unser Einfluß darauf ist leider sehr beschränkt: Wir können uns in Wort und Schrift äußern, uns an Parlamentarier und die Regierenden direkt wenden und über die in der jeweiligen Wissenschaft entdeckten Zusammenhänge informieren. Die Psychoanalyse kann dazu folgende Informationen liefern:

In politische Entscheidungen können unbewußte emotionale Prozesse hineinwirken. Die Gefahr einer Eskalation durch Kontrollverlust aus Ärger und Frustration ist nicht von der Hand zu weisen. Andererseits können aus Überlegenheit stammende Droh-Haltungen durchaus friedliche Verhältnisse schaffen (vgl. Etzioni 1979). Will ich also nicht, daß der andere mich angreift, dann ist es sinnvoll und zweckmäßig, wenn ich mich vorsehe. Genau dies ist der Standpunkt des Realpolitikers.

Es wäre aber sinnlos und unzweckmäßig, sich ständig verteidigungsbereit zu halten, wenn der andere gar nicht ernsthaft die Absicht hat, anzugreifen. Es kommt also auf die Ebene der Auseinandersetzung an:

Verläuft sie *auf einer sehr archaischen Ebene*, dann gilt der Standpunkt des Realpolitikers. Bewegt sie sich dagegen *auf einer „reiferen", vernunft-gesteuerten Ebene*, dann wäre es sinnvoll, nicht ständig weiterzurüsten und nicht jederzeit mit dem Angriff des „Gegners" zu rechnen.

Ich persönlich gebe in dieser Hinsicht die Hoffnung nicht auf, daß sich zwischenmenschliches Denken und Handeln im Laufe der Geschichte von „unreifen" Vorstufen zu „reiferen" Stufen entwickelt, zumal die Einsicht bei allen Beteiligten zugenommen hat, daß sich auch feindliche Staaten angesichts der zunehmenden Begrenzung der Ressourcen und der Unmöglichkeit, den anderen zu vernichten, ohne sich selbst zu zerstören, miteinander arrangieren müssen.

Wir sollten aber auch nach wie vor unbewußte Prozesse wie Neid und Besitzstreben ebensowenig unterschätzen wie unterdrückte Angst vor dem Tod, die sich nicht nur in Katastrophenphantasien, sondern auch in übereiltem politischen Handeln ausdrücken kann. Beim Fabrizieren von immer komplizierteren Waffensystemen spielen nicht nur wirtschaftliche und politische Interessen eine Rolle, sondern *wahrscheinlich auch eine mehr oder weniger unbewußte Lust und Befriedigung* an Macht, Abenteuer, Einschüchterung, Drohung, ja Vernichtung. Ich erinnere an Mitscherlichs Thesen über Grausamkeit (vgl. S. 340).

Auf der anderen Seite kann Angst, Ohnmacht und Hilflosigkeit nach dem Motto: „Angriff ist die beste Verteidigung" *leicht zu vorschneller Aktivität* führen. Dies ist eine allgemein gültige Gesetzmäßigkeit, die sich nicht nur in den internationalen Beziehungen von Staaten, sondern auch in der Friedensbewegung auswirkt.

Ich kann mich des Eindrucks nicht erwehren, daß derartige Prozesse bei manchen Aktivitäten zumindest partiell beteiligt sind. Aber nicht nur das *Handeln*, sondern *auch das Wahrnehmen kann durch unbewußte Prozesse beeinträchtigt sein.*

Es kommt also darauf an, bestehende Gefahren, die uns Angst machen, *daraufhin zu überprüfen, was an ihnen real begründet ist und was nicht.*

Angst ist, im Sinne von Freuds Signaltheorie der Angst, ein sinnvolles Signal. So ist Angst vor einer nuklearen Bedrohung sinnvoll, wenn sie uns herausfordert, wie vernünftige Menschen miteinander zu reden, hart und offen zu verhandeln, um auf diese reifere Weise zu einer Lösung der durch die nukleare Bedrohung geschaffenen Probleme zu kommen. Es wäre dagegen wenig sinnvoll, deswegen in Panik zu geraten oder wie die drei berühmten Affen die Ohren zuzuhalten, die Augen zu schließen und zu schweigen.

Die Psychoanalyse kann besonders dann fachlich sinnvolle Beiträge leisten, wenn es darum geht, unbewußte Anteile an politischem Handeln herauszufinden. Dies gilt besonders dort, wo in größeren Gruppen und zwischen den unterschiedlichsten Gruppierungen unseres gesellschaftlichen Lebens unbewußte Anteile eine Rolle spielen, von denen einige hier aufgezeigt wurden. Machen wir uns nämlich bewußt, in welchem Ausmaß wir auch noch als aufgeklärte Menschen dazu neigen, Gefahren wie Neurotiker neurotisch zu verarbeiten, abzuwehren, zu verdrängen, zu verleugnen und zu projizieren, können wir die Gefahren auch so wahrnehmen, wie sie sind, sie realistisch einschätzen und entsprechend handeln. Dann besteht auch begründete Aussicht darauf, daß wir auf Grund des vermehrten Wissens und der größeren Erfahrung das Not-wendende tun.

Anmerkungen

1. Menschliche, allzu menschliche Konflikte

[1] Für die interessierten Leser hier die genauen Literaturangaben der erwähnten Werke:

Homer. Odyssee. München: Goldmann 1984.

Vergil. Aeneis. Artemis: München 1981.

Sophokles (vor 425). König Ödipus. Ditzingen: Reklam (Nr. 630.)

Sophokles. Ödipus auf Kolonos. Hollfeld: Bange.

Sophokles (442). Antigone. Ditzingen: Reclam (Nr. 659.)

Aischylos (467). Sieben gegen Theben.

Aischylos. Orestie. Ditzingen: Reclam (Nr. 1059, 1063, 1097).

Aischylos. Der gefesselte Prometheus. Heidelberg: Schneider Lambert 1984.

Kleist, H. v. (1808). Penthesilea. Frankfurt: Insel 1980.

Shakespeare, W. (1621). Die Komödie der Irrungen. Ditzingen: Reclam (Nr. 273).

Shakespeare, W. (1597). Romeo und Julia. Ditzingen: Reclam (Nr. 5).

Shakespeare, W. (1623). Der Widerspenstigen Zähmung. Ditzingen: Reclam Nr. 26.

Eschenbach, W. v. (1210). Parzifal. Ditzingen: Reclam (Nr. 3681, 3682).

Mann, Th. (1901). Buddenbrooks. Frankfurt: Fischer 1985.

Hesse, H. (1943). Das Glasperlenspiel. Frankfurt: Suhrkamp 1977.

Dostojewski, F. M. (1879/80). Die Brüder Karamasow. Frankfurt: Fischer 1984.

Dostojewski, F. M. (1866). Schuld und Sühne. München: Goldmann 1982.

Dostojewski, F. M. (1868/69). Der Idiot. München: Goldmann 1982.

Tolstoi, L. N. (1878). Anna Karenina. München: Goldmann 1976.

Tolstoi, L. N. (1868/69). Krieg und Frieden. Frankfurt: Insel 1982.

Tolstoi, L. N. (1886). Der Tod des Iljitsch. Frankfurt: Fischer 1979.

Tolstoi, L. N. (1889). Die Kreuzersonate. München: Goldmann 1981.

Tolstoi. L. N. Herr und Knecht. Ditzingen: Reclam (Nr. 337).

[2] Kleist durchleuchtet die Psyche der Amazonen-Königin gleichsam psychoanalytisch, indem er besonders den Konflikt zwischen Gefühlen einerseits und Staatsraison andererseits herausarbeitet: Soll sich Penthesilea ihren Gefühlen überlassen und Achill lieben, oder soll sie als Königin des Amazonen-Staates Achill als Feind betrachten und töten? Innerhalb ihrer Gefühlswelt besteht ein weiterer Konflikt, nämlich der zwischen Lieben und Hassen: Soll sie Achill lieben oder hassen? Im weiteren sind die Haßgefühle ihrerseits in sich gespalten: Soll sie sie nach außen gegen Achill wenden oder gegen sich selbst?

Besonders eindrucksvoll war in der Inszenierung Hans Jürgen Syberbergs und in der Darstellung Edith Clevers der Durchbruch archaischer Gefühle der Wut, des Hasses, der Grausamkeit und der Zerstörungslust. Bemerkenswert ist ferner das nachfolgende Verdrängen und zögernde Erkennen dessen, was sie tat (ganz analog dem zögernden Erkennen der Wahrheit durch Ödipus): „Mit diesem kleinen Händen hätt ich ihn – ? (zu ergänzen: umgebracht?)". Später kommt die bekannte Stelle: „So war es ein Versehen. Küsse, Bisse, das reimt sich und wer recht von Herzen liebt, kann schon das eine für das andere greifen."

Penthesilea fühlt sich gegenüber der Staatsraison schuldig („Ich sage vom Gesetz der Frauen mich los, und folge diesem Jüngling hier"). Gleichzeitig scheint sie nicht in der Lage zu sein, zu erkennen und auszuhalten, daß sie in ihrer Wut den Geliebten umgebracht hat und tötet sich deshalb selbst.

[3] Ein Film von Thomas Brasch, in dem nicht nur die Identitätskrise einer von Katharina Thalbach dargestellten Schauspielerin im Mittelpunkt steht, vielmehr deren Beziehunglosigkeit, Verlassenheit und Einsamkeit. Sie wird durch eine zuweilen bizarr erscheinende hektische Aktivität, psychoanalytisch gesehen, „abgewehrt".

[4] Dieser literarisch mit Hilfe von Peter Handke zustande gekommene Film Wim Wenders', mit Bruno Ganz und Soveig Dommartin in den Hauptrollen, zeigt sehr schön, wie Phantasie und Wirklichkeit ineinander übergehen, wenn z. B. der unwirkliche Engel den wirklichen Menschen über die Schulter schaut, und – im übertragenen Sinne – berührt. In den Szenen, in denen der Engel zum Menschen wird, kommt außerdem überzeugend zum Ausdruck, was es heißt, *nicht* zu fühlen *oder* das Leben mit allen Sinnen und Empfindungen seelisch und körperlich in vollen Zügen zu genießen.

[5] Der Titel des Films heißt ins Deutsche übersetzt: „Schöne des Tages". Hier handelt es sich um die Geschichte einer äußerlich in glücklicher Ehe lebenden attraktiven Frau. Séverine, dargestellt von Cathérine Deneuve, deren Phantasien von Luis Buñuel genau so zum Gegenstand des Films gemacht werden, wie in der Psychoanalyse zum Gegenstand der Analyse. Insofern zeigt gerade dieser Film besonders deutlich wesentliche Aspekte der psychoanalytischen Methode, deren Ziel es ja ist, unbewußte Phantasien bewußt zu machen. Die Inhalte sind vorwiegend sexuelle Wünsche, und zwar ebenso voyeuristische wie exhibitionistische, sadistische oder masochistische. Der „Fall" der Séverine kann auch als Beispiel für eine Heilung von zwanghaft auftretenden Phantasien gelten, die dadurch erfolgt, daß die Phantasien in Taten umgesetzt werden.

[6] Dieses filmhistorisch besonders interessante Beispiel eines Films aus der Stummfilmzeit kam in der Regie von Georg Wilhelm Pabst mit

Beratung von zwei Psychoanalytikern zustande, nämlich Karl Abraham und Hanns Sachs. Der Film zeigt die Leiden, Träume und Visionen eines eifersüchtigen Mannes, meisterhaft gespielt von Werner Krauß. Der Zuschauer wird Zeuge, wie eine Neurose durch falsche Verknüpfungen aus harmlosen Anlässen entsteht und über nicht mehr selbst zu steuernde unbewußte Prozesse das Seelenleben immer mehr beherrscht. Harmlose Gegenstände des täglichen Lebens nehmen ungeahnte Bedeutungen an. So werden aus Messern mögliche Mord-Instrumente.

Der Film wirkt für Zuschauer der Gegenwart als Relikt aus der Vergangenheit und erscheint zuweilen trivial. Die expressionistisch verfremdeten Inszenierungen der sexuellen Wünsche und Ängste des Patienten entbehren aber nicht des filmischen Reizes (Produktion Ufa).

7 Pasolinis eigenwillige filmische Interpretation des Ödipus-Mythos wählt ein charakteristisches Nebeneinander und Nacheinander des klassischen Ödipus-Dramas und einer in der heutigen Zeit spielenden modernen Version. Der Vater des Ödipus ist nämlich Offizier in den zwanziger Jahren unseres Jahrhunderts. Dieser moderne Laios hat Angst vor dem in der Wiege liegenden Sohn.

Der Film zeigt also nicht nur die von Freud herausgearbeitete klassische Sicht aus der Perspektive des Ödipus (von Franco Citti gespielt), sondern auch die aus der Sicht des Vaters und der Mutter (Jokaste wird von Silvana Magnano dergestellt).

Jokastes Perspektive kommt in den meisten Ödipus-Darstellungen zu kurz. Christiane Olivier weist daher in ihrem Buch *Jokastes Kinder* (Die Psyche der Frau im Schatten der Mutter. Düsseldorf: Claassen 1987) zu Recht darauf hin, daß es Jokaste ist, die Ödipus begehrt und an sich bindet. Natürlich ist es andererseits Ödipus, der sich begehren und gefangen nehmen „läßt".

Der moderne Ödipus besteht in meiner Interpretation nicht mehr darin, daß der Sohn den Vater tötet, sondern, daß der Sohn sich vom Vater gar nicht bedroht fühlt, weil dieser ihn eher gelten läßt. Anstelle der kämpferischen Auseinandersetzung ist daher eher Enttäuschung über deren Ausbleiben und Sehnsucht nach einem „starken" Vater getreten. Im Hinblick auf die Beziehung zwischen Sohn und Mutter bzw. Mutter und Sohn bestehen heute weniger direkt sexuelle Bindungen, vielmehr in der frühen Mutter-Kind-Beziehung wurzelnde Abhängigkeiten, die die Potentiale vieler Männer gebunden halten. Anstelle des kämpferischen ödipalen Konfliktes wäre damit die Abgrenzungs-Problematik getreten.

III. Die Entwicklung der Psychoanalyse in Deutschland

[1] Die Geschichte des Stuttgarter Instituts spiegelt sich indirekt in den Beiträgen früherer Mitglieder wider, wie sie gesammelt sind in: Hans Schmid (Hg.) (1983). Wege zur Indentität. Würzburg: Königshausen & Neumann.

Eine kritische Würdigung stammt von Werner Bohleber (1986). Zur Geschichte der Psychoanalyse in Stuttgart. Psyche, 40, 377–411.

Der Band *Märchenforschung und Tiefenpsychologie* wurde von Wilhelm Laiblin (1969) herausgegeben (Darmstadt: Wissenschaftliche Buchgesellschaft).

[2] Zum Beispiel Nr. 4: Computersimulation eines Modells neurotischer Abwehrmechanismen, Nr. 6: Computersimulation von Schlaf-Traum-Prozessen, Nr. 9: Wunsch, Selbst, Objektbeziehung: Entwurf eines Regulierungsmodells kognitiv-perzeptiver Prozesse, Nr. 11: Über methodologische Probleme und neue Wege der Darstellung und Analyse komplexer psychologischer Systeme, Nr. 13: Vergleichende Untersuchungen zum körperlichen Verhalten von Stotterern und Nichtstotterern in einer sozialen Interaktion, Nr. 14: Skizze eines Prozeßmodells der psychoanalytischen Therapie.

[3] Von Peter Dettmering sind z. B. erschienen: Dichtung und Psychoanalyse I (Sammlung Dialog). München: Nymphenburger Verlagsbuchhandlung 1969 mit psychoanalytischen Interpretationen über Thomas Mann, Rainer Maria Rilke und Richard Wagner; sowie Dichtung und Psychoanalyse II (Darmstadt: Wissenschaftliche Buchgesellschaft 1978) mit Aufsätzen über Shakespeare, Jean Paul, Goethe und Heimito von Doderer.

Eine psychoanalytische Deutung der Psychodynamik in der Dichtung Heinrich von Kleists findet sich in Peter Dettmerings weiterem Buch: Heinrich von Kleist. Zur Psychodynamik in seiner Dichtung. Frankfurt: Fachbuchhandlung für Psychologie, 3. Aufl. 1986.

Weitere psychoanalytische Interpretationen beziehen sich auf Filme. Vgl. Dettmering, (1984). Literatur – Psychoanalyse – Film. Stuttgart: Frommann-Holzboog.

[4] Z. B. in dem von Alexander Mitscherlich herausgegebenen Band Psychopathographien I. Frankfurt: Suhrkamp 1972; in dem Buch Jean Starobinski (1973). Psychoanalyse und Literatur, Frankfurt: Suhrkamp oder in der Aufsatzsammlung von Janine Chasseguet-Smirgel (1971). Kunst und schöpferische Persönlichkeit. Zur Anwendung der Psychoanalyse im außertherapeutischen Bereich. München: Verlag Internationale Psychoanalyse 1988.

IV. Die Psychoanalyse in der Landschaft der Wissenschaften

1 Von Max Horkheimer und Theodor Adorno ist deren *Dialektik der Aufklärung* (1947, Frankfurt: Fischer 1984) an erster Stelle zu nennen, die die Studierenden der Philosophie, Soziologie und Psychologie zur Zeit der Studentenbewegung erheblich bewegt hat. Eine ganze Gesellschaft von gesellschaftskritisch denkenden Wissenschaftlern wurde davon beeinflußt, z. B. Helmut Dahmer, Klaus Horn, Alfred Lorenzer u. v. a. Von den Schriften Jürgen Habermas' ist in unserem Zusammenhang besonders *Erkenntnis und Interesse* (1968) zu erwähnen.

2 Z. B. Smiley Blantons Tagebuch: Meine Analyse bei Sigmund Freud. Berlin: Ullstein 1971. Oder die von Hilda Doolittle mit den Initialen H. D. verfaßte: Huldigung an Freud. Rückblick auf eine Analyse: Ullstein 1956.

V. Die psychoanalytische Persönlichkeitstheorie

1 Für die Erarbeitung der Objektbeziehungspsychologie eignet sich der Reader: Kutter, P. (Hg.) (1982). Psychologie der zwischenmenschlichen Beziehungen. Psychoanalytische Beiträge zu einer Objektbeziehungs-Psychologie. Darmstadt: Wissenschaftliche Buchgesellschaft.
2 Hemingway, E. (1940). Wem die Stunde schlägt. Frankfurt: Fischer 1983.
Hemingway, E. (1952). Der Sieger geht leer aus. Reinbek: Rowohlt 1952.
Hemingway, E. (1952). Der alte Mann und das Meer. Reinbek: Rowohlt 1952.

3 In diesem Film Rainer Werner Fassbinders, der im Untertitel „Ein Pakt mit dem Teufel", heißt, wird ein Matrose gezeigt, der zwar starke sexuelle, vorwiegend homosexuelle, Begierde zu den Menschen empfindet, aber unfähig ist, liebevolle Beziehungen „aufzubauen". Er „reizt" die anderen, läßt sie dann aber, sich achtlos abwendend, unbefriedigt zurück. Das Ergebnis ist eine sehr reduzierte Sexualität, die der Liebe ermangelt und gleichzeitig mit destruktiver Gewalt „aufgeladen ist" (Produktion: Planet/Albatros/Gaumont).

4 Film und Drehbuch von Woody Allen (Orion Pictures Company 1983). In den Hauptrollen wird der Patient Leonhard Zelig von Woody Allen, dessen Psychiaterin Dr. Eudora Fletcher von Mia Farrow dargestellt.

VI. Psychoanalytische Krankheitslehre

[1] Vgl. Ovid: Metamorphosen. Epos. Die ergreifende Geschichte von Narziß und Echo steht im dritten Buch. Die Zitate stehen in gleicher Reihenfolge: Zeile 348, 355, 389, 391, 446–463.

[2] Vgl. Die kasuistischen Berichte der Psychoanalytikerinnen: Lange, J. (1976). Beitrag zur Struktur und Behandlung von Phobikern. Unveröffentlichtes Manuskript, sowie: Raisich, E. (1976). Betrachtungen über den psychoanalytischen Prozeß in der Behandlung agoraphobischer Patientinnen. Unveröffentlichtes Manuskript.

[3] Peter Handke (1969). Die Innenwelt der Außenwelt der Innenwelt. Frankfurt: Suhrkamp. Hier handelt es sich um eine Zusammenstellung von Erfahrungen, Zeichen und Wörtern, Besitzverhältnissen, Verwechslungen, die sehr schön zum Ausdruck bringen, wie sich die Außenwelt in der Innenwelt spiegelt und umgekehrt.

[4] Der Film gibt Einblick in das Erleben einer 19jährigen Frau, dargestellt von Sandy Ratcliff, an der Schwelle zum Erwachsenwerden. Der Regisseur (Kenneth Loach) ermöglicht dem Zuschauer, offensichtlich unter dem Einfluß moderner Schizophrenie-Theoretiker, wie Bateson, Laing u. a. mitzuvollziehen, wie die zentrale Figur des Films von ihren Eltern durch deren widersprüchliche Botschaft und unbewußte Ablehnung immer mehr in Selbstzweifel und schließlich in die „Verrücktheit" hineingetrieben wird. Die traditionelle psychiatrische Behandlung der Schizophrenie steigert nur die innere Verwirrung. Erst über eine moderne psychoanalytische Gruppentherapie gelingt es der Frau, sich nach und nach in der verwirrenden Vielfalt von phantasierten und realen Beziehungen zurechtzufinden.

[5] Bekannte Selbstdarstellungen von Patienten stammen z. B. aus der Feder von Mary Barnes (1979). Meine Reise durch den Wahnsinn. Frankfurt: Fischer oder von Beulah Parker (1974). Meine Sprache bin ich. Modell einer Psychotherapie. Frankfurt: Suhrkamp.

[6] Hier bricht eine Frau, dargestellt durch Gudrun Landgrebe, genau wie in *Belle de Jour*, aus dem bürgerlichen Leben aus. Im Gegensatz zur „Schönen des Tages" beschränkt sich die in diesem Film dargestellte Frau jedoch nicht auf eine Teillösung, sondern bricht radikal mit dem Schein und der Heuchelei angepaßter gesellschaftlicher Umgangsformen.

VII. Diagnostische Verfahren in der Psychoanalyse

[1] In welchem Ausmaß sich die Übertragung auf die Testsituation auswirkt, ist für die näher Interessierten in folgender Arbeit nachzulesen: Jappe, G., John, G.D. & Vogel, H. (1965). Die Testsituation als spezifisches Übertragungsfeld. Psyche 19, 40–67.
Eine weitere Übersicht über psychoanalytische Gesichtspunkte bei der Testuntersuchung gibt die Arbeit von H. Vogel (1968). Psychoanalytische Aspekte der Psychodiagnostischen Testuntersuchung. Psyche 22, 754–761.

[2] Von den Skalen des Narzißmusfragebogens sind für narzißtische Störungen von Bedeutung insbesondere die Items folgender Skalen: 5 (Kleinheitsselbst), 6 (Narzißtische Wut), 7 (Objektabwehr), 9 (Hypochondrische Angst), 11 (Symbiotischer Selbstschutz), 12 (Größenselbst), 13 (negatives Körperselbst), 15 (Werte-Ideale), 16 (Gier nach Lob und Bestätigung) und 17 (Suche nach dem idealen Selbstobjekt).

[3] Der FAF ist ein „Fragebogen zur Erfassung von Aggressivitätsfaktoren". Er wurde 1975 von Hampel und Selg vorgelegt. Erfaßt sind die „spontane Aggressivität", die „reaktive Aggressivität" sowie „ Selbst-Aggression" und „Aggressionshemmung".

VIII. Psychoanalytische Behandlungs- und Beratungsverfahren

[1] H. V. Werthmann gibt seine Beurteilung über die Verhaltenstherapie im Auftrage des Vorstandes der Deutschen Gesellschaft für Psychotherapie, Psychosomatik und Tiefenpsychologie ab. Sie ist veröffentlicht in: Zeitschrift für psychosomatische Medizin und Psychoanalyse, 25 (1979) S. 319–331.

[2] Rainer Krause schrieb einen informativen Aufsatz: Zur Auseinandersetzung zwischen der „Verhaltenstherapie" und den „psychodynamischen Schulen" (Zeitschrift für Klinische Psychologie und Psychotherapie 21, 1973, 156–163). Er beschreibt eine Kombination therapeutischer Vorgehensweisen in: Jankowski et al. (Hg.). Klientenzentrierte Psychotherapie heute (S. 208–213). Göttingen: Hogrefe 1976.

[3] Eva Jaeggis provokativer Aufsatz lautet „Nun seien Sie doch vernünftig!" und hat den Untertitel „Das Menschenbild der kognitiven Verhaltenstherapie". Er ist veröffentlicht in „Psychologie heute" (Februar 1981, 31–36).

[4] Vgl. H.-V. Werthmanns Gutachten über „Gesprächspsychotherapie" in Zeitschrift für Psychosomatische Medizin und Psychoanalyse 25, 1979, 310–318.

[5] In diesem Zusammenhang sind folgende Beiträge aus linguistischer Perspektive zu nennen:
Ehlich, K. (1980). Erzählen im Alltag. Frankfurt: Suhrkamp oder: Flader, D., Grodzicki, W.-D. & Schröter, K. (1981). Psychoanalyse als Gespräch. Interaktionsanalytische Untersuchungen über Therapie und Supervision. Frankfurt: Suhrkamp sowie: Keseling, G. & Wrobel, A. (Hg.) (1983). Latente Gesprächstrukturen. Untersuchungen zum Problem der Verständigung in Psychotherapie und Pädagogik. Weinheim: Beltz.

[6] Jeffrey M. Masson, ehemaliger Sanskrit-Professor und späterer Psychoanalytiker, vertritt in seinem Buch *The Assault on Truth*, wörtlich übersetzt „Der Mord an der Wahrheit", die These, daß Freud die Wahrheit, nämlich das häufige Vorkommen von Verführungen und anderen Traumatisierungen der Kinder, unterdrückt hätte und zwar zugunsten der leichter akzeptierbaren Theorie, dies sei alles Phantasie. Konsequenterweise bekam die deutsche Übersetzung des Buches den provokativen Titel *Was hat man dir, Du armes Kind, getan?*

[7] Ich nenne einige Autoren und Titel:
Peter Blos (1973). Adoleszenz, eine psychoanalytische Interpretation. Stuttgart: Klett-Cotta.
Christoph Ertle (1971). Erziehungsberatung. Stuttgart: Klett.
Anna Freud und Thesi Bergmann (1972). Kranke Kinder. Frankfurt: Fischer.
Serge Lebovici und Michel Soulé (1978). Die Persönlichkeit des Kindes. München: Kindler.
Horst-Eberhard Richter (1963). Eltern, Kind und Neurose. Stuttgart: Klett.
Spiros Simitis u. a. (1979). Kindeswohl. Frankfurt: Suhrkamp.
Allgemeine Aspekte der Beratung in der Psychologie behandeln
Anton Houben (1975). Klinisch-psychologische Beratung. München/Basel: Reinhardt.
Wolfram Lüders (1974). Psycho-therapeutische Beratung. Göttingen: Vandenhoeck & Ruprecht.
Helmut Junker (1973). Das Beratungsgespräch. München: Kösel.

[8] Das erste Buch Helm Stierlins *Von der Psychoanalyse zur Familientherapie* (1975) wurde schon genannt. Das nächste entstand aus dem Kreis der Mitarbeiter Helm Stierlins, zusammen mit Ingeborg Rücker-Emden, Norbert Wetzel und Michael Wirsching und heißt *Das erste Familiengespräch* (1977). Weitere Forschungen ergaben, daß in Familien ganz unterschiedliche Umgangsformen vorherrschen, die dann, wenn sie stark ausgeprägt auftreten, zur Erkrankung eines Familien-

mitgliedes, meist des schwächsten, führen. Nähere Einzelheiten in dem gemeinsam von Michael Wirsching und Helm Stierlin verfaßten Band *Krankheit und Familie. Konzepte – Forschungsergebnisse – Therapie.* Stuttgart: Klett-Cotta 1982.

Das erste Buch Horst-Eberhard Richters zur Familiendynamik und -Therapie ist unter dem Titel *Eltern, Kind und Neurose* schon 1963 erschienen. Es behandelt die Art und Weise, mit denen Eltern ihre Kinder in bestimmte Positionen drängen. Das nächste Buch aus der Feder Horst-Eberhard Richters hat die Familie als Ganzes zum Gegenstand. Der Titel lautet daher folgerichtig: *Patient Familie. Entstehung, Struktur und Therapie von Konflikten in Ehe und Familie* (1970).

Der Übersichtsband *Familie und seelische Krankheit. Eine neue Perspektive der psychologischen Medizin und der Sozialtherapie* ist v. Horst-E. Richter, Hans Strotzka u. Jürg Willi herausgegeben (1976).

IX. Psychoanalyse jenseits von Klinik und Sprechzimmer – mit dem psychoanalytischen Instrumentarium in Politik und Gesellschaft

[1] Der Ausdruck „Triebverzicht" erscheint mehrfach in Freuds *Das Unbehagen in der Kultur.* Damit ist der Verzicht auf Triebbefriedigung gemeint; ursprünglich aus Angst vor den Strafen der Eltern, später aus Angst vor deren Abbildern im Über-Ich., z. B. S. 487.

[2] „Beruf, Haushalt und Familie unter einem Hut". Das Selbstverständnis der Frauen hat sich gewandelt. Verhalten vieler Männer widersprüchlich. Ergebnis einer Allensbach-Studie. FAZ, 9.7.1983, S. 7.

[3] Zehn Thesen zur Friedensbewegung: Uni-Journal, 1 (1984) 4, 3–22.

[4] Z.B. die von dem Politiker Peter Glotz herausgegebenen Beiträge, (u.a. von Jürgen Habermas) unter dem Titel: Ziviler Ungehorsam im Rechtsstaat. Frankfurt: Suhrkamp 1983.

[5] Vgl. den Rundbrief der Friedensinitiative Psychologie/psychosoziale Berufe, mit dem Titel „Feindbild Sowjetunion und Freundbild USA in der Bundesrepublik Deutschland – psychoanalytisch gesehen", verfaßt von Carl Nedelmann.

[6] Es handelte sich um eine vom ASTA (Allgemeiner Studentenausschluß) organisierte Diskussion von Studierenden mit Werner Bauer (Institut für Psychologie) und Peter Kutter (Institut für Psychoanalyse) unter dem Titel „Psychologie und Unfrieden" am 1.2.1984 im Hörsaal I der Universität Frankfurt.

Literatur

Abelin, E. L. (1971). The Role of the Father in the Separation-Individuation Process. In J. B. McDevitt & C. F. Settlage (Eds.), Separation-Individuation (p. 229–252). New York: International Universities Press.

Abraham, K. (1921). Äußerungsformen des weiblichen Kastrationskomplexes. Internationale Zeitschrift für Psychoanalyse, VII, 422–452.

Adler, A. (1922). Über den nervösen Charakter. Grundzüge einer vergleichenden Individual-Psychologie und -Psychotherapie. München, Wiesbaden: J. F. Bergmann.

Adorno, T. W. (1966). Postscriptum. Zum Verhältnis von Soziologie und Psychologie. Kölner Zeitschrift für Soziologie und Sozialpsychologie, 18, 37–42.

Adorno, T. W., Frenkel, E., Levinson, D. J., Sanford, R. N. u. a. (1950). The Authoritarian Personality. New York: Harper. (Dt. Der autoritäre Charakter. Studien über Autorität und Vorurteil. Amsterdam: De Munter 1968.)

Aichhorn, A. (1925). Verwahrloste Jugend. Die Psychoanalyse in der Fürsorgeerziehung. Leipzig/Wien/Zürich: Internationaler Psychoanalytischer Verlag.

Alexander, F. (1950). Psychosomatic Medicine. (Dt. Psychosomatische Medizin. Berlin: de Gruyter 1951.)

Alexander, F. & Staub, H. (1929). Der Verbrecher und seine Richter. In T. Moser (Hg.), Psychoanalyse und Justiz (S. 227–433). Frankfurt: Suhrkamp 1971.

Angriff auf das Reich des König Ödipus. Der Spiegel Nr. 52/1984, 116–132.

Argelander, H. (1970). Das Erstinterview in der Psychotherapie. Darmstadt. Wissenschaftliche Buchgesellschaft.

Arlow, J. (1977). Die Affekte und die psychoanalytische Situation. Psyche, 31, 637–659.

Arlow, J. (1986). Die Entstehung der Deutung. Forum der Psychoanalyse, 2, 89–97.

Balint, M. (1937). Frühe Entwicklungsstadien des Ichs. Primäre Objektliebe. In A. Balint & M. Balint, Die Urformen der Liebe und die Technik der Psychoanalyse (S. 93–115). Frankfurt: Fischer 1969.

Balint, M. & Balint, E. (1961). Psychotherapeutic Techniques in Medicine. (Dt. Psychotherapeutische Techniken in der Medizin. Bern/Stuttgart: Huber/Klett 1962.)

Bally, G. (1961). Einführung in die Psychoanalyse Sigmund Freuds. Reinbek: Rowohlt.

Barbach, L. G. (1975). For Yourself. Berlin: Ullstein 1977.

Bateson, G. et al. (1969). Schizophrenie und Familie. Frankfurt: Suhrkamp.

Bateson, G. (1972). Steps to an Ecology of Mind. New York: Ballantine Books. (Dt. Ökologie des Geistes. Frankfurt: Suhrkamp 1981.)

Bauriedl, T. (1980). Beziehungsanalyse. Das dialektisch-emanzipatorische Prinzip der Psychoanalyse und seine Konsequenzen für die psychoanalytische Familientherapie. Frankfurt: Suhrkamp.

Bauriedl, T. (1985). Psychoanalyse ohne Couch. München: Urban & Schwarzenberg.

Bauriedl, T. (1986). Die Wiederkehr des Verdrängten. Psychoanalyse, Politik und der Einzelne. München: Piper.

Beauvoir, S. de (1949). Das andere Geschlecht. Eine Deutung der Frau. Reinbek: Rowohlt 1960.

Becher, W. (Hg.) (1972). Klinische Seelsorgeausbildung – Clinical Pastoral Education. Schriften der evangelischen Akademie in Hessen und Nassau. Heft 98. Frankfurt: Verlag Evangelischer Presseverband für Hessen und Nassau.

Becker, H., (1974). Außenseiter. Frankfurt: Suhrkamp.

Becker, H. (1981). Konzentrative Bewegungstherapie. Integrationsversuch von Körperlichkeit und Handeln in dem psychoanalytischen Prozeß. Stuttgart: Thieme.

Becker, S. (1975). Überlegungen zum Verständnis körperlicher Subjektivität in Psychoanalyse und psychosomatischer Medizin. Unveröffentlichtes Manuskript: Universität Frankfurt, Fachbereich Psychologie, Institut für Psychoanalyse.

Becker, W. (1972). Idealistische und materialistische Dialektik. Stuttgart: Kohlhammer.

Beckmann, D. (1975). Der Analytiker und sein Patient. Bern: Huber.

Beckmann, D. & Richter, H. E. (1972). Gießen-Test. Ein Test für Individual- und Gruppendiagnostik. Bern: Huber.

Beckmann, D. & Richter, H. E. (1979). Erfahrungen mit dem Gießen-Test. Forschung und Tabellen. Bern: Huber.

Beiderwieden, J., Windaus, E. & Wolff, R. (1986). Jenseits der Gewalt. Hilfen für mißhandelte Kinder. Frankfurt: Stroemfeld/Roter Stern.

Békei, M. (1981). A Specific Disturbance of Early Development as a Conditioning Factor of Psychosomatic Disease. Vortrag auf dem 32. Internationalen Psychoanalytischen Kongreß in Helsinki am 30. 7. 1981.

Benedetti, G. (1983). Todeslandschaften der Seele. Psychopathologie, Psychodynamik und Psychotherapie der Schizophrenie. Göttingen: Vandenhoeck & Ruprecht.

Bennis, W. G. & Shepard, H. A. (1956). A Theory of Group Development. Human Relations, 9, 415–437.

Bergman, M. S. (1987). The Anatomy of Loving. New York: Columbia Press.

Berne, E. (1974). Games People Play. New York: Grove Press. (Dt. Spiele der Erwachsenen. Reinbek bei Hamburg: Rowohlt 1967.)

Bibring, E. (1953). The Mechanism of Depression. In Ph. Greenacre (Ed.), Affective Disorders. New York: International Universities Press.

Bion, W.R. (1961). Experiences in Groups and other Papers. London: Tavistock Publs. (Dt. Erfahrungen in Gruppen und andere Schriften. Stuttgart: Klett 1974.)

Bleuler, E. (1911). Dementia praecox oder die Gruppe der Schizophrenien. Leipzig/Wien: Aschaffenburgs Handbuch der Psychiatrie. Nachdruck Tübingen: Edition diskord 1988.

Boor, de, C. (1965). Zur Psychosomatik der Allergie, insbesondere des Asthma bronchiale. Bern/Stuttgart: Huber/Klett.

Boszormenyi-Nagy, I. & Spark, G. (1981). Unsichtbare Bindungen. Die Dynamik familiärer Systeme. Stuttgart: Klett-Cotta.

Bowlby, J. (1951). Materne Care and Mental Health. World Health Organisation, Monograph Series 2, 355–534 (Dt. Mütterliche Zuwendung und geistige Gesundheit. München: Kindler 1973.)

Bowlby, J. (1969). Attachment and Loss, Vol. 1, Attachment. London: Hogarth. (Dt. Bindung. München: Kindler 1975.)

Bowlby, J. (1973). Attachment and Loss, Vol. 2, Separation. London: Hogarth, (Dt. Trennung. München: Kindler 1976.)

Bowlby, J. (1980). Attachment and Loss, Vol. 3, Loss. London: Hogarth. (Dt. Verlust. Frankfurt: Fischer 1983.)

Boyer, B. (1976). Die psychoanalytische Behandlung Schizophrener. München: Kindler.

Brähler, E. (1986). Körpererleben. Ein subjektiver Ausdruck von Leib und Seele. Beiträge zur psychosomatischen Medizin. Berlin: Springer.

Brecht, K., Friedrich, V., Hermanns, L.M., Kaminer, I.J. & Juelich, D.H. (Hg.) (1985). „Hier geht das Leben auf eine sehr merkwürdige Weise weiter...". Zur Geschichte der Psychoanalyse in Deutschland. Hamburg: Michael Kellner.

Brem-Gräser, L. (1975). Familie in Tieren. München, Basel: Reinhardt.

Brenner, Ch. (1967). Grundzüge der Psychoanalyse. Frankfurt: S. Fischer.

Breuer, J. & Freud, S. (1895). Studien über Hysterie. In S. Freud, Gesammelte Werke. Nachtragsband (S. 196–320). Frankfurt: Fischer 1987.

Brückner, P. (1961–63). Sigmund Freuds Privatlektüre. Psyche, 15. Jg., 1961/1962, 881–901, sowie Psyche, 16. Jg., 1962/1963, 721–743 und 881–895.

Brückner, P. (1972). Zur Sozialpsychologie des Kapitalismus. Frankfurt: Europäische Verlagsanstalt.

Buchholz, M.B. (1982). Psychoanalytische Methode und Familientherapie. Frankfurt: Fachbuchhandlung für Psychologie.

Caruso, I. (1972). Soziale Aspekte der Psychoanalyse. Reinbek: Rowohlt.

Chasseguet-Smirgel, J. (Hg.) (1974). Psychoanalyse der weiblichen Sexualität. Frankfurt: Suhrkamp.

Chodorow, N. (1978). The Reproduction of Mothering. Psychoanalysis and the Sociology of Gender. Los Angeles: The Regents of the University of California. (Dt. Das Erbe der Mütter. Psychoanalyse und Soziologie der Geschlechter. München: Frauenoffensive 1985.)

Ciompi, L. (1982). Affektlogik. Stuttgart: Klett.

Codignola, E. (1986). Das Wahre und das Falsche. Essay über die logische Struktur der psychoanalytischen Deutung. Frankfurt: Fischer.

Cohen, A. K. (1955). Delinquent Boys. The Culture of the Gang. Glencoe, Ill.: Free Press.

Cremerius, J., Morgenthaler, F., Rothschild, B. et al. (1974). Zurück ins Paradies. Frankfurt: Syndikat/Eva.

Dahl, G. (1974). Hermann Broch: „Der Tod des Vergil". Eine psychoanalytische Studie. In J. Cremerius (Hg.), Psychoanalytische Textinterpretationen (S. 71–127). Hamburg: Hoffmann und Campe.

Dahmer, H. (1980). Analytische Sozialpsychologie. Band 1 und 2. Frankfurt: Edition Suhrkamp 953.

Dahmer, H. (1982). Libido und Gesellschaft. Studie über Freud und die Freudsche Linke. Frankfurt: Suhrkamp.

Degenhardt, A. & Trautner, H. M. (Hg.) (1979). Geschlechts-typisches Verhalten. Mann/Frau in psychologischer Sicht. München: C. H. Beck.

Deneke, F.-W. & Müller, R. (1985). Eine Untersuchung zur Dimensionalität des narzißtischen Persönlichkeitssystems. Psychotherapie, Psychosomatik, Medizinische Psychologie. Stuttgart: Thieme.

Denker, R. (1985). Selbst-Bild als Fremdentwurf. Ansätze zur Philosophie von Kant bis Bloch. Tübingen: Paul (Edition Skarabäus).

Deusinger, I. M. (1986). Die Frankfurter Selbstkonzeptskalen (FSKS). Göttingen: Hogrefe.

Devereux, G. (1981). Baubo. Die mythische Vulva. Frankfurt: Syndikat.

Drigalski, D. von (1979). Blumen auf Granit. Eine Irr- und Lehrfahrt durch die deutsche Psychoanalyse. Frankfurt: Ullstein.

Eco, U. (1972). Einführung in die Semiotik. München: Wilhelm Fink.

Ehlich, K. (1980). Erzählen im Alltag. Frankfurt: Suhrkamp.

Eicke, D. (1973). Der Körper als Partner. Plädoyer für eine psychosomatische Krankheitslehre. München: Kindler.

Ekstein, R. (1988). Muß der Psychoanalytiker eine bestimmte Grundeinstellung zu seiner Arbeit haben? In P. Kutter, R. Paramo-Ortega & P. Zagermann (Hg.). Die psychoanalytische Haltung. Auf der Suche nach dem Selbstbild der Psychoanalyse (S. 31–42). München: Verlag Internationale Psychoanalyse.

Elhardt, S. (1971). Tiefenpsychologie: Stuttgart: Kohlhammer (UTB).

Elias, N. (1969). Über den Prozeß der Zivilisation. Bern: Francke. Neudruck Frankfurt: Suhrkamp.

Erdelyi, M. H. (1985). Psychoanalysis. Freud's Cognitive Psychology. New York: Freemann.

Erdheim, M. (1982). Die gesellschaftliche Produktion von Unbewußtheit. Eine Einführung in den ethno-psychoanalytischen Prozeß. Frankfurt: Suhrkamp.

Erikson, E. H. (1950a). Childhood and Society. New York: Norton. (Dt. Kindheit und Gesellschaft. Stuttgart: Klett 1961).

Erikson, E. H. (1950b). Wachstum und Krisen der gesunden Persönlichkeit. In ders. (1959), Identität und Lebenszyklus. Frankfurt: Suhrkamp 1966.

Erikson, E. H. (1975). Lebensgeschichte und historischer Augenblick. Frankfurt: Suhrkamp 1977.

Eschenröder, C. T. (1984). Hier irrte Freud. Zur Kritik der psychoanalytischen Theorie und Praxis. München: Psychologie Verlags Union.

Etzioni, A. (1979). Sozialpsychologische Aspekte internationaler Beziehungen. In Die Psychologie des 20. Jahrhunderts, Bd. VIII, 601–618. München: Kindler.

Eysenck, H. J. (1985). Sigmund Freud. Niedergang und Ende der Psychoanalyse. München: List.

Eysenck, H. J. & Wilson, G. D. (1973). The Experimental Study of Freudian Theories. London: Methner & Co. (Dt. Experimentelle Studien zur Psychoanalyse Sigmund Freuds. Eine kritische Bestandsaufnahme. Wien: Europaverlag 1979.

Fairbairn, W. R. D. (1952). Psychoanalytic Studies of the Personality. London: Tavistock.

Federn, P. (1936). Ich-Psychologie und die Psychosen. Bern: Huber.

Ferenczi, S. (1931). Kinderanalysen mit Erwachsenen. In ders., Bausteine zur Psychoanalyse, Band III (490–510) Bern: Huber 1964.

Ferenczi, S. (1932). Sprachverwirrung zwischen den Erwachsenen und dem Kind. Die Sprache der Zärtlichkeit und der Leidenschaft. In ders., Bausteine der Psychoanalyse, Band III (511–525), a. a. O.

Fetscher, R. (1978). Grundlinien der Tiefenpsychologie von S. Freud und C. G. Jung in vergleichender Darstellung. Stuttgart-Bad Cannstatt: Frommann-Holzboog.

Feuerlein, W. (1979). Alkohol-Mißbrauch und -Abhängigkeit. Stuttgart: Thieme.

Fine, R. (1987). The Forgotten Man: Understanding the Male Psyche. New York/London: Haworth Press.

Firestone, S. (1970). The Dialectic of Sex. New York: W. Morrow (Dt. Frauenbefreiung und sexuelle Revolution. Frankfurt: Fischer 1975.)

Flader, D., Grodzicki, W.-D. & Schröter, K. (1982). Psychoanalyse als Gespräch. Interaktionsanalytische Untersuchungen über Therapie und Supervision. Frankfurt: Suhrkamp.

Fleck, L. (1977). Weiblicher Orgasmus. München: Kindler.

Flügel, J. K. (1921). The Psycho-Analytic Study of the Family. London: The International Psychoanalytical Press.

Foulkes, S. H. (1948). Introduction to Group-Analytic Psychotherapy. London: Heinemann.

Foulkes, S. H. (1974). Gruppenanalytische Psychotherapie. München: Kindler.

Freud, A. (1936). Das Ich und die Abwehrmechanismen. In dies., Die Schriften der Anna Freud, Bd. 1, München: Kindler 1980.

Freud, S. (1895). Entwurf einer Psychologie. In Sigmund Freud: Aus den Anfängen der Psychoanalyse. 1897–1902, S. 297–384. Frankfurt: Fischer.

Freud, S. (1897). Brief an Wilhelm Fließ vom 21. 9. 1897. In Sigmund Freud: Briefe an Wilhelm Fließ. 1887–1904. Ungekürzte Ausgabe Hg. v. J. M. Masson. Frankfurt: Fischer 1986.

Freud, S. (1900). Die Traumdeutung. Gesammelte Werke (GW) II/III London: Imago 1942.

Freud, S. (1901). Zur Psychopathologie des Alltagslebens. GW IV.

Freud, S. (1904). Die Freudsche psychoanalytische Methode. GW V, S. 1–26.

Freud, S. (1905a). Über Psychotherapie. GW V, S. 11–26.

Freud, S. (1905b). Drei Abhandlungen zur Sexualtheorie. GW V, S. 27–145.

Freud, S. (1905c). Bruchstück einer Hysterieanalyse. GW V, S. 161–286.

Freud, S. (1905d). Der Witz und seine Beziehung zum Unbewußten. GW VI.

Freud, S. (1908a). Die „kulturelle" Sexualmoral und die moderne Nervosität. In GW VII, S. 141–167.

Freud, S. (1908b). Über infantile Sexualtheorien. GW VII, S. 169–188.

Freud, S. (1908c). Charakter und Analerotik. GW VII, S. 201–209.

Freud, S. (1909a). Analyse der Phobie eines fünfjährigen Knaben. GW VII, S. 241–377.

Freud, S. (1909b). Bemerkungen über einen Fall von Zwangsneurose. GW VII, S. 379–463.

Freud, S. (1911a). Die zukünftigen Chancen der psychoanalytischen Therapie. GW VIII, S. 103–115.

Freud, S. (1911b). Psychoanalytische Bemerkungen über einen autobiographisch beschriebenen Fall von Paranoia (Dementia paranoides). GW VIII, S. 130–320.

Freud, S. (1913). Die Disposition zur Zwangsneurose. GW VIII, S. 442–452.

Freud, S. (1914a). Erinnern, wiederholen und durcharbeiten. GW X, S. 125–136.

Freud, S. (1914b). Zur Einführung des Narzißmus. GW X, S. 137–170.

Freud, S. (1915a). Triebe und Triebschicksale. GW X, S. 209–232.

Freud, S. (1915b). Zeitgemäßes über Krieg und Tod. GW X, S. 323–340.

Freud, S. (1916). Trauer und Melancholie. GW X, S. 428–446.

Freud, S. (1917). Eine Kindheitserinnerung aus „Dichtung und Wahrheit". GW XII, 13–26.

Freud, S. (1918). Aus der Geschichte einer infantilen Neurose. GW XII, S. 27–157.

Freud, S. (1920). Jenseits des Lustprinzips. GW XIII, S. 1–69.

Freud, S. (1921a). Ein Kind wird geschlagen. GW XII, S. 195–226.

Freud, S. (1921b). Massenpsychologie und Ich-Analyse. GW XIII, S. 71–161.

Freud, S. (1923a). „Psychoanalyse" und „Libidotherapie". GW XIII, S. 209–233.

Freud, S. (1923b). Das Ich und das Es. GW XIII, S. 235–289.

Freud, S. (1926a). Hemmung, Symptom und Angst. GW XIV, S. 111–205.

Freud, S. (1926b). Die Frage der Laienanalyse. Unterredungen mit einem Unparteiischen. GW XIV, S. 207–296.

Freud, S. (1927). Die Zukunft einer Illusion. GW XIV, S. 323–380.

Freud, S. (1930). Das Unbehagen in der Kultur. GW XIV, S. 419–506.

Freud, S. (1933a). Neue Folge der Vorlesungen zur Einführung in die Psychoanalyse. GW XV.

Freud, S. (1933b). Warum Krieg? GW XVI, S. 13–27.

Freud, S. (1937a). Konstruktionen in der Analyse. GW XVI, S. 41–56.

Freud, S. (1937b). Die endliche und die unendliche Analyse. GW XVI, S. 57–99.

Freud, S. (1938). Abriß der Psychoanalyse. GW XVII, S. 63–138.

Freud, S. & Jung, C. G. (1974). Briefwechsel. Hrsg. v. William Mc Guire u. Wolfgang Sauerländer. Frankfurt: S. Fischer.

Friedan, B. (1963). The Feminine Mystique. New York: Norton. (Dt. Der Weiblichkeitswahn oder die Selbstbefreiung der Frau. Ein Emanzipationskonzept. Reinbek: Rowohlt 1966).

Fromm, E. (1932). Die psychoanalytische Charakterologie und ihre Bedeutung für die Sozialpsychologie. In ders., Analytische Sozialpsychologie und Gesellschaftstheorie. Frankfurt: Suhrkamp 1970.

Fromm, E. (1959). Die Kunst des Liebens. Frankfurt: Ullstein.

Fromm-Reichmann, F. (1957). Intensive Psychotherapie. Stuttgart: Hypokrates.

Fuchs, M. (1974). Funktionelle Entspannung. Stuttgart: Hippokrates.

Gadamer, H.-G. (1960). Wahrheit und Methode. Grundzüge einer philosophischen Hermeneutik. Tübingen: J. C. B. Mohr (Paul Siebeck).

Gambaroff, M. (1984): Utopie der Treue. Reinbek. Rowohlt.

Gambaroff, M. (1987). Sag mir, wie sehr liebst du mich? Reinbek: Rowohlt.

Gardiner, M. (1972). Der Wolfsmann vom Wolfsmann. Frankfurt: Fischer.

Geerlings, P. (1984). Psychotherapie bei Drogenabhängigen. Drogen-Report 2, 5–7, sowie Drogen-Report 3, 13–16.

Gente, H.-P. (Hg.) (1970). Marxismus – Psychoanalyse – Sexpol. Band 1 und 2. Frankfurt: Fischer.

Giese, H. (1967). Die sexuelle Perversion. Frankfurt: Akademische Verlagsanstalt.

Goeppert, S. (1976). Grundkurs Psychoanalyse. Reinbek: Rowohlt.

Görlich, B., Lorenzer, A. & Schmidt, A. (1980). Der Stachel Freud.

Beiträge und Dokumente zur Kulturismus-Kritik. Frankfurt: Suhr-kamp.

Green, A. (1977). Conceptions of affect. International Journal of Psy-choanalysis 58, 129–156.

Green, H. (1964). I Never Promised you a Rosegarden. New York: Holt, Rinehart & Winston. (Dt. Ich hab' Dir nie einen Rosengarten versprochen. Stuttgart: Radius 1981.)

Greenson, R. R. (1967). The Technique and Practice of Psychoanalysis. New York: International Universities Press. (Dt. Technik und Pra-xis der Psychoanalyse. Stuttgart: Klett 1973.)

Grünbaum, A. (1984). The Foundations of Psychoanalysis. A Philoso-phical Critique. Berkeley/Los Angeles: University of California Press. (Dt. Die Grundlagen der Psychoanalyse. Eine philosophische Kritik. Stuttgart: Reclam 1988.)

Habermas, J. (1968). Erkenntnis und Interesse. Frankfurt: Suhrkamp 1975.

Habermas, J. (1983). Ungehorsam mit Augenmaß. Der Rechtsstaat braucht des Bürgers Mißtrauen. Die Zeit, Nr. 39 vom 23. 9. 1983, S. 9.

Häsing, H., Stubenrauch, H. & Ziehe, T. (1979). Narziß: Ein neuer Sozialisationstypus. Bensheim: päd.-extra Buchverlag.

Hampel, R. & Selg, H. (1975). FAF. Fragebogen zur Erfassung von Aggressivitätsfaktoren. Göttingen: Hogrefe.

Hand, E. (1986). Verhaltenstherapie und kognitive Therapie in der Psychiatrie. Psychiatrie der Gegenwart, Band 1: Neurosen, psycho-somatische Erkrankungen, Psychotherapie. Berlin: Springer.

Hanusch, U. (1988). Tanz in der Sozialarbeit. Unveröffentl. Dipl.-Arbeit. Fachhochschule Frankfurt.

Hartmann, H. (1927). Die Grundlagen der Psychoanalyse. Nachdruck Stuttgart: Klett 1972.

Hartmann, H. (1939). Ich-Psychologie und Anpassungsprobleme. In Zeitschrift für Psychoanalyse 24, 62–135. Nachdruck Psyche, 14, 1960/61, 81–164.

Hartmann, H., Kris, E. & Loewenstein, R. M. (1946). Anmerkung zur Entwicklung der psychischen Struktur. In P. Kutter & H. Roskamp (Hg.), Psychologie des Ich. Psychoanalytische Ich-Psychologie und ihre Anwendungen (S. 105–140). Darmstadt: Wissenschaftliche Buchgesellschaft 1974.

Hartmann-Kottek-Schröder, L. (1986). Gestalttherapie. In T. Seifert & A. Waiblinger (Hg.), Therapie und Selbsterfahrung. Einblick in die wichtigsten Methoden. Stuttgart: Kreuz Verlag.

Heigl-Evers, A. & Heigl, F. (1979). Struktur und Prozeß in der analyti-schen Gruppenpsychotherapie. In A. Heigl-Evers (Hg.), Lewin und die Folgen, Band VIII der Psychologie des 20. Jahrhunderts (S. 778–789). München: Kindler.

Henseler, H. (1974). Narzißtische Krisen. Zur Psychodynamik des Selbstmords. Reinbek: Rowohlt.

Hermann, I. (1974). Goethes Aufsatz „Die Natur" und Freuds weitere philosophisch-psychologische Lektüre aus den Jahren 1880–1900. Jahrbuch der Psychoanalyse, Band VII, 77–100.

Hite, S. (1976). The Hite Report. A Nationwide Study of Female Sexuality. (Dt. Hite Report. Das sexuelle Erleben der Frau. München: Bertelsmann 1977.)

Hoffmann, S. O. & Hochapfel, G. (1984). Einführung in die Neurosenlehre und psychosomatische Medizin. Stuttgart/New York: Schattauer (UTB).

Horkheimer, M. (1963). Über das Vorurteil. Köln: Westdeutscher Verlag.

Horkheimer, M. & Adorno, Th. (1947). Dialektik der Aufklärung. Frankfurt: Fischer 1984.

Horn, K. (1972). Psychoanalyse – Kritische Theorie des Subjekts. Aufsätze. Frankfurt: Roter Druckstock.

Husserl, E. (1900/1901). Logische Untersuchungen. Band 1 u. 2. Halle: Niemeyer.

Irigaray, L. (1977). Le sexe qui n'est pas un. Paris: Les Editions de Minuit. (Dt. Das Geschlecht, das nicht eins ist. Berlin: Merve 1979).

Israel, L. (1983). Die unerhörte Botschaft der Hysterie. München: Ernst Reinhardt.

Janov, A. (1970). The Primal Scream. (Dt. Der Urschrei. Ein neuer Weg der Psychotherapie. Reinbek: Rowohlt 1975.)

Janssen, P. L. (1987). Psychoanalytische Therapie in der Klinik. Stuttgart: Klett-Cotta.

Jaspers, K. (1956). Philosophie. Band II. Existenzerhellung. Berlin: Springer.

Jung, C. G. (1912). Symbole der Wandlung. Gesammelte Werke, Bd. 5. Olten, Freiburg i. Br.: Walter.

Jung, C. G. (1921). Psychologische Typen. Gesammelte Werke, Bd. 6, a. a. O.

Jung, C. G. (1928). Die Beziehungen zwischen dem Ich und dem Unbewußten. Grundwerk C. G. Jung, Bd. 3, Olten, Freiburg i. Br.: Walter.

Kächele, H. (1976). Maschinelle Inhaltsanalyse in der psychoanalytischen Prozeßforschung. Habilitations-Schrift der klinisch-medizinischen Fakultät der Universität Ulm.

Kernberg, O. F. (1975). Borderline Conditions and Pathological Narcissism. New York: Jason Aronson. (Dt. Borderline-Störungen und pathologischer Narzißmus. Frankfurt: Suhrkamp 1978).

Kernberg, O. F. (1976). Object Relations Theory and Clinical Psychoanalysis. New York: Jason Aronson. (Dt. Objektbeziehungen und Praxis der Psychoanalyse. Stuttgart: Klett-Cotta 1981.)

Kernberg, O. F. (1980). Internal World and External Reality. Object Relations Theory Applied. New York: J. Aronson. (Dt. Innere Welt und äußere Realität. Anwendungen der Objektbeziehungstheorie. München: Verlag Internationale Psychoanalyse 1988.)

Kerz, P. H. (1986). Ideologie, Kritik und Naturwissenschaft von der Seele. Das Verhältnis von Psychoanalyse und Positivismus – ein bisher nicht zur Kenntnis genommenes Dokument. Frankfurter Allgemeine Zeitung 6. 4. 1986, Nr. 82, S. 33.

Keseling, G. & Wrobel, A. (Hg.) (1983). Latente Gesprächsstrukturen. Untersuchungen zum Problem der Verständigung in Psychotherapie und Pädagogik. Weinheim: Beltz.

Khan, M. M. R. (1974). The Privacy of the Self. London: Hogarth Press. (Dt. Selbsterfahrung in der Therapie. Theorie und Praxis. München: Kindler 1977.)

Kinsey, A. et al. (1948). Sexual Behaviour in the Human Male. Philadelphia: W. B. Saunders. (Dt. Das sexuelle Verhalten des Mannes. Frankfurt: Fischer 1970.)

Kinsey, A. et al. (1953). Sexual Behaviour in the Human Female. Philadelphia: W. B. Saunders. (Dt. Das sexuelle Verhalten der Frau. Frankfurt: Fischer 1970).

Klauber, J. (1980). Schwierigkeiten in der analytischen Begegnung. Frankfurt: Suhrkamp.

Kleij, van der, G. (1982). About the Matrix. Group Analysis, XV, 3, 219–234.

Klein, M. (1937). A Contribution to the Psychogenesis of Manic-Depressive States. International Journal of Psychoanalysis, 16. (Dt. in dies., Das Seelenleben des Kleinkindes. Stuttgart: Klett-Cotta, 2. Aufl. 1983.)

Klein, M. (1952). Some Theoretical Conclusions Regarding the Emotional Life of the Infant. In The Developments in Psychoanalysis. London: The Hogarth Press. (Dt. Über das Seelenleben des Kleinkindes. In dies., Das Seelenleben des Kleinkindes und andere Beiträge zur Psychoanalyse. Stuttgart: Klett 1962).

Koch, C. (1981). Fragebogen zur Abschätzung des psychosomatischen Krankheitsgeschehens (FAPK). Theoretische Grundlagen und Handanweisungen. Weinheim: Beltz.

König, K. (1981). Angst und Persönlichkeit. Göttingen: Vandenhoeck & Ruprecht.

Körner, J. (1985). Vom Erklären zum Verstehen in der Psychoanalyse. Göttingen: Vandenhoeck & Ruprecht.

Körner, W. & Zygowski, H. (1988). Im System gefangen. Psychologie heute, 4, 38–45.

Kohut, H. (1971). The Analysis of the Self. A Systematic Approach to the Psychoanalytic Treatment of Narzissistic Personality Disorders. New York: International Universities Press. (Dt. Narzißmus. Eine Theorie der psychoanalytischen Behandlung narzißtischer Persönlichkeitsstörungen. Frankfurt: Suhrkamp 1973.)

Kohut, H. (1977). The Restoration of the Self. New York: International Universities Press. (Dt. Die Heilung des Selbst. Frankfurt: Suhrkamp 1979.)

Kohut, H. (1984). How does analysis cure? Chicago & London: The University of Chicago Press. (Dt. Wie heilt die Psychoanalyse? Frankfurt: Suhrkamp 1987.)

Krause, R. (1988). Eine Taxonomie der Affekte und ihre Anwendung auf das Verständnis der „frühen" Störungen. Psychotherapie, Medizinische Psychologie, 38, 77–86.

Krause, R. & Lütolf, P. (1988). Facial Indicators of Transference Processes within Psychoanalytic Treatment. In H. Dahl & H. Kächele, Psychoanalytic Process Research Strategies. Heidelberg: Springer.

Kreeger, L. (1977). Die Großgruppe. Stuttgart: Klett.

Kubie, L. S. (1956). Psychoanalyse ohne Geheimnis. Reinbek: Rowohlt.

Küng, H. (1987). Freud und die Zukunft der Religion. München: Piper.

Kuiper, P. C. (1968). Die seelischen Krankheiten des Menschen. Stuttgart: Klett.

Kuiper, P. C. (1976). Die Verschwörung gegen das Gefühl. Psychoanalyse als Hermeneutik und Naturwissenschaft. Stuttgart: Klett-Cotta.

Kutter, P. (1965). Familien- und Betriebsneurosen. In ders., Gesellschaft und Neurose (S. 81–98). Stuttgart: Klett.

Kutter, P. (1968). Narzißtische Neurosen. In Das Lebensproblem und die Krankheit. Almanach des Stuttgarter Instituts für Psychotherapie und Tiefenpsychologie. Stuttgart: Klett.

Kutter, P. (1975). Über moderne Neuroseformen und ihre gesellschaftliche Bedingtheit. In S. Goeppert (Hg.), Die Beziehung zwischen Arzt und Patient (S. 215–226). München: List.

Kutter, P. (1976). Elemente der Gruppentherapie. Göttingen: Vandenhoeck & Ruprecht.

Kutter, P. (1978). Die menschlichen Leidenschaften. Stuttgart/Berlin: Kreuzverlag. (Taschenbuchausgabe: Leidenschaften. Eine Psychoanalyse der Gefühle. Reinbek: Rowohlt 1989.)

Kutter, P. (1980a). Emotionalität und Körperlichkeit. Anmerkungen zu einer Emotiogenese psychosomatischer Störungen. Praxis der Psychotherapie und Psychosomatik, 25, 131–145.

Kutter, P. (1980b). Über die Rolle der Emotionen in der Psychoanalyse. Psychoanalyse, 1. Jahrgang, Heft 3, 188–201.

Kutter, P. (Hg.) (1982). Psychologie der zwischenmenschlichen Beziehungen. Psychoanalytische Beiträge zu einer Objektbeziehungs-Psychologie. Darmstadt: Wissenschaftliche Buchgesellschaft.

Kutter, P. (1983). Empathische Kompetenz. Begriff, Training, Forschung. Psychotherapie, Psychosomatische Medizin, Psychologie, 31, 37–41.

Kutter, P. (1984a). Psychoanalyse in der Bewährung. Methode, Theorie und Anwendung. Frankfurt: Fischer.

Kutter, P. (1984b). Die Dynamik psychosomatischer Erkrankungen – damals und heute. Psyche, 38, 544–562.

Kutter, P. (1985). Psychoanalytische Interpretation und empirische Methoden. Ein zweidimensionaler Ansatz von Forschung in der Psychoanalyse am Beispiel von Selbsterfahrungs- und Supervisionsgruppen an der Universität. Frankfurt: Fachbuchhandlung für Psychologie.

Kutter, P. (1988). Empirische Überprüfung des Konzeptes vom „Basis-konflikt". Unveröffentlichtes Manuskript.

Kutter, P. Páramo-Ortega, R. & Zagermann, P. (Hg). (1988). Die psychoanalytische Haltung. Auf der Suche nach dem Selbstbild der Psychoanalyse. München und Wien: Verlag Internationale Psycho-analyse.

Kutter, P & Roskamp, H. (Hg.) (1974). Psychoanalytische Ich-Psy-chologie und ihre Anwendungen. Darmstadt: Wissenschaftliche Buchgesellschaft.

Lacan, J. (1966). Ecrits. Paris: Editions du Seuil. (Dt. Schriften Band 1–3. Olten: Walter 1973–1980 und Weinheim: Quadriga-Verlag 1986.)

Laing, R. D. (1960). The Divided Self. London: Penguin Books. (Dt. Das geteilte Selbst. Köln: Kiepenheuer & Witsch 1972.)

Langs, R. (1987). Die therapeutische Verschwörung. Stuttgart: Klett-Cotta.

Laplanche, J. (1975). Hölderlin und die Suche nach dem Vater. Stutt-gart-Bad Cannstatt: Frommann-Holzboog.

Lersch, P. (1948). Der Aufbau des Charakters. Leipzig: Barth.

Leupold-Löwenthal, H. (1987). Handbuch der Psychoanalyse. Wien: Orac.

Lewin, B. D. (1961). Psychoanalysis of Elation. (Dt. Das Hochgefühl. Frankfurt: Suhrkamp 1982.)

Lichtenberg, J. D. (1987). Die Bedeutung der Säuglingsbeobachtung für die klinische Arbeit mit Erwachsenen. Zeitschrift für psychoana-lytische Theorie und Praxis, 2, 123–147.

Limentain, A. (1977). Die Affekte und die psychoanalytische Situation. Psyche, 31, 660–679.

Lobner, H. (1986). Psychoanalyse heute. Festschrift zum 60. Geburts-tag von Harald Leupold-Löwenthal. Wien: Orac.

Loch, W. (1965). Voraussetzungen, Mechanismen und Grenzen des psychoanalytischen Prozesses. Bern: Huber.

Loch, W. (Hg.) (1967a). Die Krankheitslehre der Psychoanalyse. Stutt-gart: Hirzel, 4. Aufl. 1983.

Loch, W. (1967b). Psychoanalytische Aspekte zur Pathogenese und Struktur depressiv-psychotischer Zustandsbilder. Psyche, 21., 758–779.

Loch, W. (1969). Balint-Seminare. Instrumente zur Diagnostik und Therapie pathogener zwischenmenschlicher Verhaltensmuster. Jahr-buch der Psychoanalyse, Band 6.

Loch, W. (1972). Zur Theorie, Technik und Therapie der Psychoana-lyse. Frankfurt: Fischer.

Loch, W. (1974). Der Analytiker als Gesetzgeber und Lehrer. Psyche, 28, 431–460.

Loch, W. (1975). Über Begriffe und Methoden der Psychoanalyse. Bern: Huber.

Loch, W. (1986). Perspektiven der Psychoanalyse. Stuttgart: Hirzel.

Loch, W. & Jappe, G. (1974). Die Konstruktion der Wirklichkeit und die Phantasien. Anmerkungen zu Freuds Krankengeschichte des „Kleinen Hans". Psyche 28, 1–31.

Lockot, R. (1985). Erinnern und Durcharbeiten. Zur Geschichte der Psychoanalyse und Psychotherapie im Nationalsozialismus. Frankfurt: Fischer.

Loewenstein, R. M. (1968). Psychoanalyse des Antisemitismus. Frankfurt: Suhrkamp.

Lohmann, H.-M. (1984). Psychoanalyse und Nationalsozialismus. Beiträge zur Bewältigung eines unbewältigten Traumas. Frankfurt: Fischer.

Lohmann, H.-M. (1987). Alexander Mitscherlich. Mit Selbstzeugnissen und Bilddokumenten. Reinbek: Rowohlt.

Lorenzer, A. (1970). Sprachzerstörung und Rekonstruktion. Vorarbeiten zu einer Metatheorie der Psychoanalyse. Frankfurt: Suhrkamp.

Lorenzer, A. (1971). Symbol, Interaktion und Praxis. In A. Lorenzer, H. Dahmer, K. Horn, K. Brede & E. Schwanenberg, Psychoanalyse als Sozialwissenschaft. Frankfurt: Suhrkamp.

Lorenzer, A. (1972). Zur Begründung einer materialistischen Sozialisationstheorie. Frankfurt: Suhrkamp.

Lorenzer, A. (1974). Die Wahrheit der psychoanalytischen Erkenntnis. Frankfurt: Suhrkamp.

Lorenzer, A. (1984). Intimität und soziales Leid. Frankfurt: Fischer.

Lorenzer, A. (1985). Das Verhältnis der Psychoanalyse zu ihren Nachbardisziplinen. Vortrag auf dem wissenschaftlichen Kolloquium zu Ehren Hermann Argelanders am 20. 2. 1985 im Institut für Psychoanalyse der Universität Frankfurt. Veröffentlicht unter dem Titel „Tiefenhermeneutische Kulturanalyse" (1988).

Lorenzer, A. (1988). Tiefenhermeneutische Kulturanalyse. In A. Lorenzer (Hg.), Kultur-Analysen. Frankfurt: Fischer Wissenschaft.

Lorenzer, A., Dahmer, H., Korn, K., Brede, K. & Schwanenberg, E. (1971). Psychoanalyse als Sozialwissenschaft. Frankfurt: Suhrkamp.

Lowen, A. (1975). Bioenergetic. (Dt. Bioenergetik. Therapie der Seele durch Arbeit mit dem Körper. Reinbek: Rowohlt 1979.)

Luborsky, L. (1984). Principles of Psychoanalytic Psychotherapy. New York: Basic Books.

Mahler, E. (1969). Psychische Konflikte und Hochschulstruktur. Psyche, 23, 772–795.

Mahler, E. (1982). Die Apokalypse – eine sich selbst erfüllende Prophezeiung? Fragmente 4, Kassel: Gesamthochschule.

Mahler, M., Pine, F. & Bergman, A. (1975). The Psychoanalytical Birth of the Human Infant. New York: Basic Books. (Dt. Die psychische Geburt des Menschen. Frankfurt: Fischer.)

Mantell, D. M. (1972). Familie und Aggression. Zur Einübung von Gewalt und Gewaltlosigkeit. Eine empirische Untersuchung. Frankfurt: Fischer.

Marcuse, H. (1955). Eros and Civilisation. Boston: The Beacon Press. (Dt. Eros und Kultur. Suhrkamp 1957, später: Triebstruktur und Gesellschaft 1969.)

Marty, P. & M'Uzan de, M. (1963). La Pensée Operatoire. Revue Française de Psychanalyse, 27, 345–356.

Maslow, A. H. (1954). Motivation and Personality. New York: Harper & Row. (Dt. Motivation und Persönlichkeit. Reinbek: Rowohlt 1981.)

Masson, J. M. (1984). The Assault on Truth. New York: Farrar, Strans & Giroux. (Dt. Was hat man dir, du armes Kind, getan? Reinbek: Rowohlt 1986.)

Masters, W. H. & Johnson, V. E. (1966). Human Sexual Response. Boston: Mass. Little, Brown & Co. (Dt. Die sexuelle Reaktion. Reinbek: Rowohlt 1970.)

Masterson, J. F. (1980). Psychotherapie bei Borderline-Patienten. Stuttgart: Klett-Cotta.

Matussek, P. (1976). Psychotherapie schizophrener Psychosen. Hamburg: Hoffmann & Campe.

Menninger, K. & Holzmann, P. (1958). Theory of Analytic Technique. New York: Basic Books. (Dt. Theorie der psycho-analytischen Technik. Problemata 52. Stuttgart: Frommann-Holzboog.)

Mentzos, S. (1984). Angstneurose. Psychodynamische und psychotherapeutische Aspekte. Frankfurt: Fischer.

Merleau-Ponty, M. (1968). Die Abenteuer der Dialektik. Frankfurt: Suhrkamp 1972.

Mertens, W. (1981). Psychoanalyse. Stuttgart: Kohlhammer (UTB).

Merton, R. K. (1971). Social Theory and Social Structure. New York: Free Press. Enlarged edition 1986.

Meyer, A.-E. (1981). Psychoanalytische Prozeßforschung zwischen der Skylla der „Verkürzung" und der Charybdis der „systematischen akustischen Lücke". Zeitschrift für psychosomatische Medizin, 27, 103–106.

Milgram, S. (1969). Obedience to Authority. New York: Harper & Row. (Dt. Das Milgram-Experiment. Zur Gehorsamsbereitschaft gegenüber Autorität. Reinbek: Rowohlt 1974.)

Miller, A. (1979). Das Drama des begabten Kindes und die Suche nach dem wahren Selbst. Frankfurt: Suhrkamp.

Miller, A. (1980). Am Anfang war Erziehung. Frankfurt: Suhrkamp.

Miller, A. (1981). Du sollst nicht merken. Variationen über das Paradies-Thema. Frankfurt: Suhrkamp.

Mirsky, I. A. (1958). Physiologic, Psychologic and Social Determinants in the Etiology of Duodenal Ulcer. American Journal of Digestive Diseases 3, 285–341.

Mitchell, J. (1976). Psychoanalyse und Feminismus. Frankfurt: Suhrkamp.

Mitscherlich, A. (1963). Auf dem Weg zur vaterlosen Gesellschaft. Ideen zur Sozialpsychologie. München: Piper.

Mitscherlich, A. (1967). Bedingungen der Chronifizierung psychosomatischer Krankheiten. Die zweiphasige Abwehr. In Krankheit als Konflikt. Studien zur psychosomatischen Medizin, 2. Frankfurt: Suhrkamp.

Mitscherlich, A. (1969a). Die Idee des Friedens und die menschliche Aggressivität. Frankfurter Antrittsvorlesung am 26. 1. 1968. In ders., Die Idee des Friedens und die menschliche Aggressivität (S. 105–137). Frankfurt: Suhrkamp.

Mitscherlich, A. (1969b). Thesen über Grausamkeit. Stuttgarter Zeitung 11. 10. 1969.

Mitscherlich, A. & Mitscherlich, M. (1967). Die Unfähigkeit zu trauern. Grundlagen kollektiven Verhaltens. München: Piper.

Mitscherlich-Nielsen, M. (1961/62). Besonderheiten der Behandlungstechnik bei neurotischen Patientinnen. Psyche, 15, 669–680.

Mitscherlich-Nielsen, M. (1962/63). Probleme der psychoanalytischen Technik in bezug auf die passiv-feminine Gefühlseinstellung des Mannes. Psyche, 16, 345–354.

Mitscherlich-Nielsen, M. (1965). Über Schlage-Phantasien und ihr Erscheinen in der Übertragung. Psyche, 19, 24–39.

Mitscherlich-Nielsen, M. (1970). Was macht einen guten Analytiker aus? Psyche, 14, 577–599.

Mitscherlich-Nielsen, M. (1971). Entwicklungsbedingte und gesellschaftsspezifische Verhaltensweisen der Frau. Psyche, 25, 911–931.

Mitscherlich-Nielsen, M. (1975). Psychoanalyse und weibliche Sexualität. Psyche, 29, 699–788.

Mitscherlich-Nielsen, M. (1978a). Das Ende der Vorbilder. Vom Nutzen und Nachteil der Idealisierung. München: Piper.

Mitscherlich-Nielsen, M. (1978b). Zur Psychoanalyse der Weiblichkeit. Psyche, 32, 669–694.

Mitscherlich-Nielsen, M. (1985). Die friedfertige Frau. Frankfurt: Fischer.

Mitscherlich-Nielsen, M. (1987a). Erinnerungsarbeit. Zur Psychoanalyse der Unfähigkeit zu trauern. Frankfurt: Fischer.

Mitscherlich-Nielsen, M. (1987b). Theorie in der Krise. Psyche, 41, 961–968.

Mitscherlich-Nielsen, M. et al. (1983). Das Unbehagen in der Psychoanalyse. Eine Streitschrift: Frankfurt: Qumran.

Mittasch, B. (1987). Über „emotionale Dissonanz"und Kreativität am Beispiel von Poeten und Wissenschaftlern. Unveröffentlichte Diplomarbeit, Fachbereich Psychologie der Universität Frankfurt.

Moberly, E. R. (1983). Psychogenesis. The Early Development of Gender Identity. London: Routledge & Kegan Paul.

Möller, H.-J. (1978). Psychoanalyse, erklärende Wissenschaft oder Deutungskunst? München: Wilhelm Fink.

Morgenthaler, F. (1974). Die Stellung der Perversionen in Metapsychologie und Technik. Psyche, 28, 1007–1098.

Morgenthaler, F. (1984). Homosexualität, Heterosexualität, Perversion. Frankfurt: Qumran.

Moser, T. (1972). Jugendkriminalität und Gesellschaftsstruktur. Frankfurt: Fischer.

Moser, T. (1974). Lehrjahre auf der Couch. Bruchstücke meiner Psychoanalyse. Frankfurt: Suhrkamp.

Moser, T. (1976). Gottesvergiftung. Frankfurt: Suhrkamp.

Moser, T. (1979). Grammatik der Gefühle. Mutmaßungen über die ersten Lebensjahre. Frankfurt: Suhrkamp.

Moser, T. (1984). Stufen der Nähe. Ein Lehrstück für Liebende. Frankfurt: Suhrkamp.

Moser, T. (1986). Das erste Jahr. Eine psychoanalytische Behandlung. Frankfurt: Suhrkamp.

Moser, U. (1953). Psychologie der Arbeitswahl und der Arbeitsstörungen. Bern: Huber.

Moser, U. (1957). Psychologie der Partnerwahl. Bern: Huber.

Moser, U. (1964). Zur Abwehrlehre: Das Verhältnis von Verdrängung und Projektion. Jahrbuch der Psychoanalyse, Band III, S. 56–58. Bern: Huber.

Muck, M., Schröter, K., Klüwer, R., Eberenz, U., Kennel, D. & Horn, K. (1974). Information über Psychoanalyse. Therapeutische, theoretische und interdisziplinäre Aspekte: Frankfurt: Suhrkamp.

Nemiah, J. C. & Sifneos, P. E. (1970). Affect and Phantasy in Patients with Psychosomatic Disorders. In O. W. Hill (ed.), Modern Trends in Psychosomatic Medicine (p. 26–34). London: Butterworth.

Norwood, R. (1985). Wenn Frauen zu sehr lieben. Reinbek: Rowohlt 1987.

Nunberg, H. & Federn, E. (Hg.) (1976–1981). Protokolle der Wiener Psychoanalytischen Vereinigung. Bd. 1 (1906–1908), Bd. 2 (1908–1910), Bd. 3 (1910–1911), Bd. 4 (1912–1918). Frankfurt: Fischer.

Obholzer, K. (1980). Gespräche mit dem Wolfsmann. Reinbek: Rowohlt.

Oevermann, U., Allert, T., Gripp, H., Konau, E., Krambeck, J., Schröder-Caesar, E. & Schütze, Y. (1976). Beobachtungen zur Struktur der sozialisatorischen Interaktion. Theoretische und methodologische Fragen der Sozialisationsforschung. In: M. Auwärter, E. Kirsch & K. Schröter, Seminar: Kommunikation, Interaktion, Identität (S. 371–403). Frankfurt: Suhrkamp.

Ohlmeier, D. (1973). Psychoanalytische Entwicklungspsychologie. Freiburg: Rombach.

Passett, P. & Modena, E. (1983). Krieg und Frieden aus psychoanalytischer Sicht. Basel/Frankfurt: Stroemfeld/Roter Stern.

Perrez, M. (1972). Ist die Psychoanalyse eine Wissenschaft? Bern: Huber.

Petri, H. (1983). Atomare Bedrohung und Psychoanalyse. Psyche, 37, 555–567.

Pervin, L. A. (1981). Persönlichkeitspsychologie in Kontroversen. München: Urban & Schwarzenberg.

Pflanz, M. (1962). Sozialer Wandel und Krankheit. Ergebnisse und Probleme der medizinischen Soziologie. Stuttgart: Enke.

Popper, K. R. (1970). Was ist Dialektik? In E. Topitsch (Hg.), Logik der Sozialwissenschaften. Köln: Athenäum 1984.

Psychologie heute (1988). Verlassene Männer. Bericht über eine Untersuchung von Bertha Collin (Braunschweig). April 1988, S. 17.

Racker, H. (1978). Übertragung und Gegenübertragung. München: Ernst Reinhardt.

Rapaport, D. (1959). The Structure of Psychoanalytical Theory: A Systematizing Attempt. (Dt. Die Struktur der psychoanalytischen Theorie. Stuttgart: Klett 1973.)

Rapoport, A. (1972). Bedeutungslehre. Eine semantische Kritik. Darmstadt: Verlag Darmstädter Blätter.

Reich, W. (1925). Der triebhafte Charakter. Eine psychoanalytische Studie zur Pathologie des Ich. Leipzig/Wien/Zürich: Internationaler Psychoanalytischer Verlag.

Reich, W. (1933). Charakteranalyse. Wien: Selbstverlag. Neuauflage München: Kiepenheuer & Witsch 1970. Frankfurt: Fischer 1973.

Reicher, J. W. (1976). Die Entwicklungspsychopathie und die analytische Psychotherapie von Delinquenten. Psyche, 30, 604–612.

Reik, T. (1935). Der überraschte Psychologe. Über Erraten und Verstehen unbewußter Vorgänge. Leiden: A. W. Sijthoff's.

Reiwald, P. (1948). Die Gesellschaft und ihre Verbrecher. Zürich: Pan-Verlag.

Richter, H.-E. (1963). Eltern, Kind, Neurose. Stuttgart: Klett.

Richter, H.-E. (1970). Patient Familie. Entstehung, Struktur und Therapie in Ehe und Familie. Reinbek: Rowohlt.

Richter, H.-E. (1972). Die Gruppe. Hoffnung auf einen neuen Weg, sich selbst und andere zu befreien. Psychoanalyse in Kooperation in Gruppeninitiativen. Reinbek: Rowohlt.

Richter, E.-E. (1974). Lernziel Solidarität. Reinbek: Rowohlt.

Richter, H.-E. (1976). Flüchten oder Standhalten. Reinbek: Rowohlt.

Richter, H.-E. (1978). Engagierte Analysen. Über den Umgang des Menschen mit den Menschen. Reinbek: Rowohlt.

Richter, H.-E. (1979). Der Gotteskomplex. Reinbek: Rowohlt.

Richter, H.-E. (1982). Zur Psychologie des Friedens. Reinbek: Rowohlt.

Richter, H.-E. (1986). Die Chance des Gewissens. Erinnerungen und Assoziationen. Hamburg: Hoffmann & Campe.

Richter, H.-E. & Beckmann, D. (1969). Herzneurose. Stuttgart: Thieme.

Richter, H.-E., Strotzka, H. & Willi, J. (1976). Familie und seelische Konflikte. Eine neue Perspektive der psychologischen Medizin und der Sozialtherapie. Reinbek: Rowohlt.

Ricoeur, P. (1969). Die Interpretation. Ein Versuch über Freud. Frankfurt: Suhrkamp.

Riesmann, D. (1950). The Lonely Crowd. A Study of the Changing American Character. (Dt. Die einsame Masse. Eine Untersuchung der Wandlungen des amerikanischen Charakters. Reinbek: Rowohlt 1977.)

Rivera, J. de (1977). A Structural Theory of the Emotions. Psychological Issues, 10, Monography 40, New York: International Universities Press.

Röhr, D. (1972). Prostitution. Eine empirische Untersuchung über abweichendes Sexualverhalten und soziale Diskriminierung. Frankfurt: Suhrkamp.

Rogers, C. R. (1957). The Necessary and Sufficient Conditions of Therapeutic and Personality Change. Journal of Consulting Psychology, 21, 95–103.

Rogers, C. R. (1959). A Theory of Therapy, Personality and Interpersonal Relationships, as Developed in the Client-Centered Framework. In S. Koch (ed.), Psychology. A Study of Science. Study I. Conceptual and Systematic. Vol. 3. Formulations of the Person and the Social Context. New York: McGraw-Hill.

Rogers, C. R. (1961). On Becoming a Person. Boston: Houghton Mifflin Company. (Dt. Entwicklung der Persönlichkeit. Stuttgart: Klett 1973.)

Rohde-Dachser, C. (1979). Das Borderline-Syndrom. Bern: Huber.

Rohracher, H. (1948). Einführung in die Charakterkunde. Leipzig: Urban & Schwarzenberg.

Rosen, D. H. (1974). Lesbianism. A Study of Female Sexuality. Springfield, Ill.: Thomas.

Rosenbaum, M. & Merbaum, M. (1984). Self-control of Anxiety and Depression: an Evaluative Review of Treatments. In C. Franks (ed.), New Developments in Behavior Therapy. New York: Haworth.

Rosenfeld, D. (1985). Referat auf der Plenarsitzung „Identifizierung und ihre Schicksale im Zusammenhang mit dem Nazi-Phänomen". Internationaler Psychoanalytischer Kongress in Hamburg am 30. 7. 1985.

Rosenfeld, H. (1966). Psychotic States. A Psychoanalytical Approach. New York: International University Press. (Dt. Zur Psychoanalyse psychotischer Zustände. Frankfurt: Suhrkamp 1981.)

Rosenhan, D. (1967). On the Social Psychology of Hypnosis Research. In J. E. Gordon (Ed.), Handbook of Clinical and Experimental Hypnosis. New York: Macmillan, p. 481–510.

Rost, W. D. (1981). Objektpsychologische Modellvorstellungen zur Theorie, Erforschung und Behandlung psychosomatischer („alexithymer") Störungen. Inaugural-Dissertation. Fachbereich Psychologie, Universität Frankfurt.

Rost, W. D. (1987). Psychoanalyse des Alkoholismus. Theorie, Diagnostik, Behandlung. Stuttgart: Klett.

Rotmann, M. (1978). Über die Bedeutung des Vaters in der „Wiederannäherungsphase". Psyche, 32, 1105–1147.

Sandler, A. & Sandler, J. (1978). On the Development of Object Relationships and Affects. International Journal of Psycho-Analysis, 59, 285–296.

Sandler, J. (1961). Sicherheitsgefühl und Wahrnehmungsvorgang. Psyche 15, 124–131.

Sandner, D. (1978). Psychodynamik in Kleingruppen. München: Reinhard.

Schacht, L. (1978). Die Entdeckung der Lebensgeschichte. Psyche, 32, 97–111.

Schafer, R. (1954). Psychoanalytic Interpretation in Rorschach Testing. Theory and Application. New York: Grune & Stratton.

Schaps, R. (1982). Hysterie und Weiblichkeit. Frankfurt: Campus.

Scharfenberg, J. (1968). Sigmund Freud und seine Religionskritik als Herausforderung für den christlichen Glauben. Göttingen: Vandenhoeck & Ruprecht.

Schepank, H. (1987). Psychogene Erkrankungen der Stadtbevölkerung, eine epidemiologisch-tiefenpsychologische Feldstudie in Mannheim. Berlin: Springer.

Scheu, U. (1977). Wir werden nicht als Mädchen geboren, wir werden dazu gemacht. Zur frühkindlichen Erziehung in unserer Gesellschaft. Frankfurt: Fischer.

Schindler, W. (1951). Family Pattern in Group Formation and Therapy. International Journal of Group Psychotherapy, 1, 100–105.

Schindler, W. (1980). Wilhelm Stekel: Aktive Psychoanalyse. Eklektisch gesehen. Bern: Hans Huber.

Schlegel, L. (1979). Grundriß der Tiefenpsychologie, Band 5: Die transaktionale Analyse nach Eric Berne und seinen Schülern. München: Francke.

Schlesier, R. (1981). Konstruktionen der Weiblichkeit bei Sigmund Freud. Frankfurt: Europäische Verlagsanstalt.

Schöfer, G. (1980). Gottschalk-Gleser-Sprachinhaltsanalyse. Weinheim: Beltz.

Schopenhauer, A. (1819). Die Welt als Wille und Vorstellung. Insbesondere 2. und 4. Buch. Köln: Atlas 1977.

Schultz-Hencke, H. (1951). Lehrbuch der analytischen Psychotherapie. Stuttgart: Thieme.

Schure, M. (1971). Labeling Deviant Behavior. New York: Harper & Row. (Dt.: Abweichendes Verhalten und soziale Kontrolle. Frankfurt: Campus 1974.)

Schwarzer, A. (1975). Der „kleine Unterschied" und seine großen Folgen. Frauen über sich – Beginn einer Befreiung. Frankfurt: Fischer.

Sechehaye, M. A. (1954). Psychotherapie der Schizophrenen. Stuttgart: Klett-Cotta.

Slater, P. E. (1970). Microkosmos. Eine Studie über Gruppendynamik. Frankfurt: Fischer.

Smart, C. (1976). Women, Crime and Criminology, a Feministic Critique. London: Routledge & Kegan Paul.

Socarides, C. W. (1968). The Overt Homosexuell. New York: Grune & Stratton. (Dt. Der offene Homosexuelle. Frankfurt: Suhrkamp 1971.

Sommer, J. (1987). Dialogische Forschungsmethoden. München/Weinheim: Psychologie Verlags Union.

Spiegel, Y. (1972). Psychoanalytische Interpretationen biblischer Texte. München: Kaiser.

Spiegel, Y. (1978). Doppeldeutlich. Die Tiefendimensionen biblischer Texte. München: Kaiser.

Spiegel, Der (1984). Angriff auf das Reich des König Ödipus. Nr. 52, 116–132.

Spitz, R. A. (1954). Genése des premières relations objectales. Revue Francaise de Psychanalyse, 18, 479–574. (Dt. Die Entstehung der ersten Objektbeziehungen. Direkte Beobachtungen an Säuglingen während des ersten Lebensjahres. Stuttgart: Klett 1960.)

Spitz, R. A. (1957). No and Yes. On the Genesis of Human Communication. New York: International Universities Press. (Dt. Nein und Ja. Die Ursprünge der menschlichen Kommunikation. Stuttgart: Klett-Cotta 1978).

Spitz, R. A. (1965). The First Year of Life. A Psychoanalytic Study of Normal and Deviant Development of Objectrelations. New York: International Universities Press. (Dt. Vom Säugling zum Kleinkind. Naturgeschichte der Mutter-Kind-Beziehungen im ersten Lebensjahr. Stuttgart: Klett 1967.)

Spitz, R. A. (1976). Vom Dialog. Studien über den Ursprung der menschlichen Kommunikation und ihre Rollen in der Persönlichkeitsbildung. Stuttgart: Klett.

Stefan, V. (1975). Häutungen. München: Frauenoffensive.

Stekel, W. (1908). Störungen des Triebs- und Affektlebens. Wien: Urban & Schwarzenberg 1924.

Stierlin, H. (1969). Conflict and Reconciliation. A Study in Human Relations and Schizophrenia. New York: Science House.

Stierlin, H. (1975). Von der Psychoanalyse zur Familientherapie. Stuttgart: Klett.

Stierlin, H., Rücker-Emden, I., Wetzel, N. & Wirsching, M. (1977). Das erste Familiengespräch. Stuttgart: Klett-Cotta.

Stoller, R. J. (1968). Sex and Gender. Vol. I. London: The Hogarth Press.

Stoller, R. J. (1973). Splitting. A Case of Female Masculinity. London: The Hogarth Press.

Stoller, R. J. (1975a). Sex and Gender. Vol. II. London: The Hogarth Press.

Stoller, R. J. (1975b). Perversion: The Erotic Form of Hatred. New York: Random House. (Dt. Perversion. Die erotische Form von Haß. Reinbek: Rowohlt 1979.)

Stolze, H. (Hg.) (1984). Die Konzentrative Bewegungstherapie. Grundlagen und Erfahrungen. Berlin: Verlag Mensch und Leben.

Stone, L. (1973). Die psychoanalytische Situation. Frankfurt: Fischer.

Stork, J. (Hg.) (1987). Über die Ursprünge des Ödipuskomplexes. Versuch einer Bestandsaufnahme. Stuttgart: Frommann-Holzboog.

Strachey, J. (1934). The Nature of the Therapeutic Action of Psychoanalysis. International Journal of Psychoanalysis, 50, 1969, 275–292.

Süllwold, L. (1977). Symptome schizophrener Erkrankungen. Uncharakteristische Basisstörungen der Schizophrenie. Heidelberg/New York/Wien: Springer.

Thomä, H. (1961). Anorexia nervosa. Bern/Stuttgart: Huber/Klett.

Thomä, H. (1981). Schriften zur Praxis der Psychoanalyse: Vom spiegelnden zum aktiven Psychoanalytiker. Frankfurt: Suhrkamp.

Thomä, H. & Kächele, H. (1985). Lehrbuch der psychoanalytischen Therapie. Band 1: Grundlagen. Berlin: Springer.

Tugendhat, E. (1987). Überlegungen zum Dritten Weltkrieg. Philosophische Gedanken zu einem unphilosophischen Thema. Die Zeit, Nr. 49, 27. 11. 1987, S. 76.

Volkan, V. D. (1975). Psychoanalyse der frühen Objektbeziehungen. Zur psychoanalytischen Behandlung psychotischer, präpsychotischer und narzißtischer Störungen. Stuttgart: Klett-Cotta.

Wachtel, P. (1981). Psychoanalyse und Verhaltenstherapie. Ein Plädoyer für ihre Integration. Stuttgart: Klett-Cotta.

Watzlawick, P. (1969). Menschliche Kommunikation. Bern: Huber.

Watzlawick, P. (1976). Wie wirklich ist die Wirklichkeit? Wahn, Täuschung, Verstehen. München: Piper.

Watzlawick, P. (1985). Anleitung zum Unglücklichsein. München: Piper.

Wellek, A. (1950). Die Polarität im Aufbau des Charakters. Bern: Francke.

Widok, W. (1978). Krisen im Umkreis stationärer Psychotherapie. In F. Beese, (Hg.), Stationäre Psychotherapie. Göttingen: Vandenhoeck & Ruprecht.

Willi, J. (1975). Die Zweierbeziehung. Reinbek: Rowohlt.

Winnicott, D. W. (1958). Through Paediatrics to Psychoanalysis. (Dt. Von der Kinderheilkunde zur Psychoanalyse. München: Kindler 1976.)

Winnicott, D. W. (1965a). The Family and Individual Development. (Dt. Familie und individuelle Entwicklung. Hrsg. v. J. Stork, München: Kindler 1978.)

Winnicott, D. W. (1965b). The Maturational Process and the Facilitating Environment. (Dt. Reifungsprozesse und fördernde Umwelt. München: Kindler 1974.)

Wirsching, M. & Stierlin, H. (1972). Krankheit und Familie. Stuttgart: Klett-Cotta.

Wolf, E. S. (1988). Atmosphäre und Abstinenz. In P. Kutter, R. Páramo-Ortega & P. Zagermann (Hg.), Die psychoanalytische Haltung (S. 187–206). München: Verlag Internationale Psychoanalyse.

Wolff, C. (1973). Psychologie der lesbischen Liebe. Eine empirische Studie der weiblichen Homosexualität. Reinbek: Rowohlt.

Zepf, S. (Hg.) (1986). Tatort Körper. Spurensicherung. Berlin/Heidelberg: Springer.

Ziehe, T. (1975). Pubertät und Narzißmus. Frankfurt: Europäische Verlagsanstalt.

Zimmer, D. E. (1986). Tiefenschwindel. Die endlose und beendbare Psychoanalyse. Reinbek: Rowohlt.

Personenverzeichnis

Sachverzeichnis

Bildnachweis